RÜCKKEHR DER EROBERER

EIN FLIRTHANDBUCH FÜR CHRISTLICHE MÄNNER

VON MICHA BETZ UND ANDY STARK

© Copyright 2014 by Asaph-Verlag
1. Auflage 2014
Umschlaggestaltung: joussenkarliczek/Philine Delekta, D-Schorndorf
Satz/DTP: Jens Wirth
Druck: cpibooks
Printed in the EU

ISBN 978-3-940188-82-3
Bestellnummer 147482

Für kostenlose Informationen über unser umfangreiches Lieferprogramm
an christlicher Literatur, Musik und vielem mehr wenden Sie sich bitte an:

Asaph, Postfach 2889, D-58478 Lüdenscheid
asaph@asaph.net – www.asaph.net

Inhalt

Vorwort

Aus einem Labyrinth herauszufinden ist leicht – vorausgesetzt, man kennt den Weg. Dann muss man nur noch einen Fuß vor den anderen setzen und kann einfach so aus dem Irrgarten hinausspazieren. Kennt man den Weg allerdings nicht, ist ein Labyrinth eine furchtbare Sache. Dann rennt man von einer Sackgasse in die nächste und wird dabei immer wütender und trauriger.

Frustriert, enttäuscht und hilflos – so fühlen sich auch viele christliche Single-Männer beim Thema Partnersuche. Sie kämpfen mit ihrer Angst, eine Frau anzusprechen, und wenn sie es sich dann trauen, wissen sie oft nicht, was sie zu ihr sagen und wie sie ein Date mit ihr bekommen sollen. Oft probieren sie zwar verschiedene Dinge aus, die sie beim Flirt oder Date mit einer Frau anwenden wollen, fallen dann aber doch wieder auf die Nase.

Wir Buchautoren waren selbst eine Zeitlang Singles und wissen, mit welchen Problemen und Fragen man dabei zu kämpfen hat. Wir wissen, wie frustrierend es ist, wenn man sich eine Partnerin wünscht, aber keine Beziehung in Sicht ist. In solchen Situationen ist es dann gut, wenn man einen Freund hat, der weiß, wie es einem geht, und sagt: „Ich war früher auch einmal dort, wo du jetzt gerade stehst. Ich hatte die gleichen Ängste und Probleme wie du. Aber ich habe einen Weg aus dem Labyrinth hinausgefunden! Und diesen Weg möchte ich dir gern zeigen.“

Durch dieses Buch wollen wir so jemand für dich sein. Wir haben uns in den letzten Jahren intensiv mit den Themen Flirten und Partnersuche beschäftigt, indem wir viele Ideen gesammelt und sie im echten Leben ausprobiert haben. Dabei haben wir Wege gefunden, die aus dem Labyrinth des Singledaseins hinausführen. Mit unserem Buch wollen wir dir unsere Erfahrungen und unser Wissen zur Verfügung stellen. Es soll für dich wie eine Landkarte sein, die dir hilft, aus dem Labyrinth hinauszukommen. Es mag zwar sein, dass du auch nach dem Lesen dieses Buchs noch ab und zu in einer Sackgasse landest, aber dann kannst du jederzeit auf die Landkarte schauen und deinen Kurs korrigieren.

Wir haben dieses Buch zwar für Männer geschrieben, doch unsere Absicht ist es, dass am Ende beide Geschlechter davon profitieren. Denn wenn Männer wieder anfangen, aktiv auf Partnersuche zu gehen und zu flirten, haben natürlich auch die Frauen etwas davon. Wir wollen dich dabei begleiten, wie du immer mehr deine ureigene Rolle als Mann in Bezug auf Flirten, Liebe und Partnerschaft entdeckst und damit die Frau deiner Träume eroberst. Das Ziel am Ende des Weges sollte eine glückliche und feste Beziehung sein, in der du und deine Partnerin gemeinsam leben.

Das Herzstück dieses Buches sind die praktisch anwendbaren Flirthilfen. Du wirst durch sie viel Neues über Frauen erfahren, selbst wenn du in der Vergangenheit schon Beziehungen hattest. Es werden sich auf einmal etliche Schleier vor deinen Augen lüften und du wirst auf offene Fragen in Bezug auf Frauen und Flirten eine Antwort bekommen. Am Ende wirst du viele Dinge wissen, die den meisten Männern verborgen sind.

In den letzten Jahren ist die Zahl der Singles in christlichen Kreisen stark gestiegen. Vor allem die Generation der 25- bis 35-Jährigen ist davon betroffen. Wir haben dieses Buch geschrieben, weil wir dagegen etwas tun wollen. Wir wünschen uns von Herzen, dass Männer und Frauen mit christlichem Hintergrund wieder leichter zueinanderfinden und dass die Männer besser auf die tatsächlichen Bedürfnisse und Wünsche von Frauen eingehen können.

Manche Männer trauen sich heute gar nicht mehr richtig an Frauen heran und verehren sie bloß aus der Ferne. Andere wiederum sind zwar aktiv, folgen dabei aber einem verkehrten Idealbild und glauben, dass man Frauen durch Geschenke und nettes Verhalten von sich überzeugen müsste statt durch seinen Charakter. Dabei geht ihnen aber viel von ihrer männlichen Wildheit und Stärke verloren, wodurch sie in den Augen der Frauen an Reiz und Attraktivität verlieren.

Weil ihnen die „braven" Männer in ihrer Gemeinde zu langweilig sind und ihnen der Geduldsfaden irgendwann reißt, lassen sich viele christliche Frauen dann aus Frust auf Männer ein, die nicht an Gott glauben und die sie im Sportverein, im Studium oder in der Disko kennengelernt haben. Sie stürzen sich in Beziehungen mit diesen Männern, passen sich ihrem Lebensstil an und kehren der Gemeinde und manchmal auch dem Glauben an Jesus den Rücken. Ähnlich geht es auch den Männern: Wenn die Partnersuche in den Gemeinden nicht klappt, suchen sie sich manchmal aus Frust Partnerinnen, die ihre Werte und ihren Glauben nicht teilen. Mit unserem Buch wollen wir helfen, dass sich diese Situation verändert. Wir wollen männlichen Singles durch praktische Tipps zeigen, wie man erfolgreich flirten und Frauen kennenlernen kann. Dadurch wollen wir zugleich auch einen Beitrag leisten, dass christliche Gemeinden wieder zu einem Ort werden, an dem Menschen den Partner fürs Leben finden. Es soll zu einer „Rückkehr der Eroberer" kommen.

Grundsätzlich kannst du alle in diesem Buch beschriebenen Flirthilfen sofort umsetzen. Wir empfehlen aber Personen, die große Schwierigkeiten mit ihrem Sozialverhalten haben, unter psychischen Problemen leiden oder im Falle einer Ablehnung durch andere Menschen schnell aggressiv werden, dass sie bei der Ausübung der Flirthilfen am Anfang einen Freund oder eine gute Freundin als Begleitung hinzuziehen.

An diesem Buch sind zwei Autoren beteiligt: Micha ist der Hauptautor und hat das Buch aus seiner Sicht geschrieben. Sein Wissen und seine Erfahrungen im Umgang mit Frauen bildeten dabei die Grundlage. Die Praxisbeispiele, die er im Buch anführt, hat er alle selbst erlebt, die darin vorkommenden Personen wurden jedoch anonymisiert und ihre Namen geändert. Das Buch enthält aber auch die Sichtweisen von Andy, der langjährige Erfahrung und einen reichen Wissensschatz zu den Themen Flirten und Dating besitzt, wodurch er Micha inspiriert und dieses Buch bereichert hat.

Als Autoren wünschen wir dir beim Lesen unseres Buchs viele neue Erkenntnisse, praktische Anregungen und natürlich viel Spaß! Schon allein die Tatsache, dass du dieses Buch in den Händen hältst, zeigt, dass du ein besonderer Mensch bist, der sich aufmachen möchte, um sein Leben zu verändern und sich persönlich weiterzuentwickeln. Auf den folgenden Buchseiten wollen wir dir als persönliche Coachs dabei helfen. Und nun lass uns losziehen! Denn der Weg hinaus aus dem Labyrinth liegt bereits in diesem Moment unter deinen Füßen …

Ein irrer Trip

Jede Reise beginnt mit dem ersten Schritt.
Lao Tze, chinesischer Philosoph

Vor einigen Jahren saß ich in meinem Zimmer und war am Boden zerstört. Die einzige Frau, für die ich mich damals interessierte, hatte mir einen Korb gegeben. Und dabei hatte ich mich doch so gut angestellt! Ich hatte die Lage vorsichtig bei ihrer Freundin abgecheckt und erfahren, dass sie gerade Single war. Auf einer Party hatte ich mich mit ihr unterhalten und ihr zwei Tage später einen Brief geschrieben, in dem ich ihr ein lockeres Treffen vorschlug. Als darauf keine Reaktion kam, schnappte ich mir den Telefonhörer und rief sie an. Sie klang freundlich und sagte, dass sie sich sehr über meinen Brief gefreut hätte und sich gern mit mir treffen würde.

Überglücklich schrieb ich ihr daraufhin einen zweiten Brief, in dem ich ihr in romantischen Worten von meiner tiefen Zuneigung erzählte und ihr sagte, was für eine wunderschöne Frau sie sei. Doch es kam keine Antwort. Ich schrieb ihr einen dritten Brief und fragte, was los sei. Es kam nichts. Schließlich trudelte eine SMS bei mir ein, in der sie mir kurz und knapp sagte, dass sie einen Freund habe. Das war komplett gelogen – sie hatte mich einfach nur abblitzen lassen. Ich war frustriert und verstand die Welt nicht mehr. Ich war doch so romantisch und einfühlsam gewesen, wie der Hauptdarsteller in einem Liebesfilm. Was hatte ich nur falsch gemacht? Jahre später wusste ich die Antwort: einfach alles!

Lass mich raten: Du bist ein Mann zwischen zwanzig und Mitte dreißig. Du bist Christ und fragst dich, warum um alles in der Welt du keine Frau in deinem Leben hast und vielleicht noch nie eine hattest.

Möglicherweise hast du mein oben beschriebenes Erlebnis auch schon so oder so ähnlich gehabt und dich vielleicht besser angestellt als ich damals. Du hast eine Frau kennengelernt und dich verliebt. Du dachtest: *„Wenn ich ihr nur sage, was für Gefühle ich für sie habe, findet sie mich bestimmt toll und wir werden schnell ein Paar."* Du hast dir große Hoffnungen gemacht, warst ein Gentleman, hast ihr Blumen und Geschenke gekauft, sie zum Essen ausgeführt, sie vielleicht mit einem tollen Auto abgeholt, warst aufmerksam, einfühlsam und galant. Doch am Ende passierte nichts von dem, was du dir erhofft hattest. Die Seifenblase deines Traums zerplatzte und du standst wieder allein da, mit dem dumpfen Gefühl, irgendeinen Fehler gemacht zu haben, den du wohl nie herausfinden würdest. Wut und Hilflosigkeit stiegen in dir auf.

Deine Traumfrau, die noch am Anfang eures Kennenlernens ein gewisses Interesse gezeigt hatte, antwortet dir plötzlich nicht mehr oder sie schreibt dir nur noch kurze und knappe E-Mails, in denen zum Beispiel steht, dass du für sie nur *„ein ganz lieber und guter Freund"* bist, den sie zwar nicht verlieren will, mit dem sie sich aber auch keine Beziehung vorstellen kann. Vielleicht bist du aber auch schon weiter gekommen und warst mit einer tollen Frau zusammen. Alles fühlte sich gut für dich an, doch dann machte sie plötzlich Schluss und ließ dich mit einem mysteriösen Satz sitzen, zum Beispiel, dass es für sie von Gott her gerade nicht dran sei, einen Mann zu haben, oder dass sie erst einmal Zeit brauche, um zu sich selbst zu finden. Drei Monate später hast du sie dann am Arm eines anderen Mannes im Park spazieren sehen.

Glaube mir, ich kenne das Problem und ich kann dir sagen: Es ist lösbar! Der Grund, warum Männer – egal ob Christen oder nicht – bei der Eroberung ihrer Traumfrau scheitern, liegt oft nicht am Aussehen, einem zu kleinen Auto, zu wenig Romantik oder zu wenig Einfühlungsvermögen, sondern schlicht und ergreifend an Unerfahrenheit beim Flirten und im Umgang mit Frauen. Und dafür brauchst du dich auch gar nicht zu schämen. Denn von wem könnte man denn heutzutage lernen, wie man eine Frau erobert? Unsere Väter, Freunde und Gemeindepastoren haben oft selbst keine Ahnung von diesem Thema. Fragt man sie um Rat, wie man es konkret angehen soll, eine Frau zu erobern, zucken sie meist mit den Schultern und sagen so etwas wie *„Na ja, wenn es Zeit ist, dann wird es schon passieren"*, oder *„Sei einfach du selbst"*. Das mag zwar stimmen, hilft dir aber auch nicht weiter, wenn du darüber grübelst, wie du eine bestimmte Frau, die du magst und interessant findest, ansprechen sollst.

Forscht man in der Beziehungsgeschichte christlicher Pärchen nach, findet man auch oft heraus, dass nicht der Mann die Frau erobert hat, sondern dass vielmehr die Frau zuerst Interesse an dem Mann bekundet und die Umstände dann so geschickt gesteuert hat, dass der Fisch den Köder schluckte und sie zu umwerben begann. Dabei tat der Mann dann im Grunde nichts anderes, als bereits für ihn geöffnete Türen einzurennen. Doch wie stellt man(n) es am besten an, wenn man eine Frau besser kennenlernen möchte, die einen bisher nur wenig beachtet? Ich selbst war lange Zeit an diesem elenden Ort namens „Unwissenheit" gefangen. Oft hatte ich das Gefühl, bei Frauen immer wieder gegen eine unsichtbare Wand zu rennen, obwohl mir jeder aus meinem Umfeld erzählte, dass die Partnerfindung doch eigentlich ganz einfach wäre. Heute weiß ich: Es ist wirklich nicht so schwer. Und wenn man die richtigen Schritte kennt, kann man diesen Bereich seines Lebens von einer Niederlage in Erfolg verwandeln. Man muss nur wissen, worauf es ankommt.

Ich habe Männer gesehen, die waren klein, dick oder hatten mit fünfundzwanzig gerade mal noch so viel Haare auf dem Kopf wie Bruce Willis. Aber wenn sie eine hübsche Frau ansprachen, nahmen sie fast immer ihre Telefonnummer mit nach Hause und hatten wenig später ein Date mit ihr. Heute weiß ich, was diese Männer anders machten, und Flirten ist für mich zu einer schönen und sehr unterhaltsamen Sache geworden. Und ich habe gemerkt, dass Frauen es sehr schätzen, wenn ein Mann sich damit etwas auskennt.

Es klingt vielleicht ein bisschen merkwürdig, aber ein erfolgreicher Umgang mit Frauen ist tatsächlich erlernbar, so wie man auch eine Kampfkunst oder das Spielen eines Musikinstrumentes erlernen kann. Und das Beste ist: Du kannst sofort damit anfangen und brauchst dafür nicht einmal dicke Muskeln oder eine musikalische Begabung mitzubringen. Alles, was du tun musst, ist, dich einmal gründlich mit diesem Thema zu beschäftigen und das „Flirtspiel" und die Einstellung der Frauen dazu besser kennenzulernen. Dann brauchst du nur noch ein klein wenig Mut, das Gelernte auch in die Tat umzusetzen, und du wirst sehen, wie du immer mehr Frauen kennenlernst und Erfolge hast.

Die Informationen und Tipps, die ich dir in diesem Buch gebe, sind keine Gedankenspiele, die ich mir am Schreibtisch ausgedacht habe. Ich habe sie selbst draußen im echten Leben getestet und immer wieder darüber nachgedacht, um hilfreiche und weniger hilfreiche Ideen voneinander zu trennen. Auf meinem Weg habe ich manches durch eigene Erfahrungen gelernt, anderes wiederum von Männern, die im Umgang mit Frauen bereits sehr gut waren und mit denen ich viel Zeit verbracht habe. Ich habe ihnen Löcher in den Bauch gefragt, mir ihr Vorgehen angeschaut, ihr Verhalten studiert und Bücher gelesen, die solche Männer geschrieben haben. Aber testen musste ich das alles selbst und dabei habe ich manche kalte Abfuhr, peinliche Situation und menschliche Enttäuschung in Kauf nehmen müssen. Doch mit der Zeit kamen der Erfolg und wunderbare Durchbrüche, von denen ich vorher nicht einmal zu träumen gewagt hätte.

Schaue ich heute zurück, kann ich nur dankbar sein für diesen herausfordernden, spannenden und oftmals auch sehr witzigen Weg, den ich in den letzten Jahren gehen durfte. Und nun wartet dieser Weg auf dich! Du bist zu beneiden, denn vor dir liegt eine der schönsten Erfahrungen deines Lebens. Wenn du dich darauf einlässt, kann dieses Buch dir helfen, dein Leben zu verändern, deine Unsicherheit bei Frauen für immer zu überwinden und im Bereich Flirten und Beziehung die Kontrolle zu übernehmen. Und glaube mir, die Frauen in deinem Umfeld werden diese positiven Veränderungen deiner Persönlichkeit schnell bemerken. Ich selbst und auch viele meiner Freunde haben das erlebt. Alles, was du dazu brauchst, ist der *Wille* zur Veränderung, *Mut*, das Gelernte anzuwenden, und vor allen Dingen das *Wissen*, wie man erfolgreich mit Frauen umgehen kann. Den Willen und den Mut musst du selbst mitbringen. Aber das Wissen gebe ich dir in diesem Buch. Und ich versichere dir: Es wird eine abgefahrene und lohnenswerte Reise!

Erste Erkenntnisse

Manche Männer bemühen sich lebenslang, das Wesen einer Frau zu verstehen. Andere befassen sich mit weniger schwierigen Dingen, zum Beispiel der Relativitätstheorie.

Albert Einstein, Physiker

Aus der Sicht einer Frau

Gleich zu Beginn möchte ich mit dir über etwas reden, was du täglich vor deiner Nase hast, worüber du dir aber bestimmt noch nie Gedanken gemacht hast. Den wenigsten Männern ist diese Sache bewusst, aber wenn du darüber Bescheid weißt, kann sie dir enorm weiterhelfen: Eine attraktive Frau wird in Deutschland (und auch in anderen westlichen Ländern) zwar nur selten direkt auf der Straße, im Supermarkt oder in der Uni-Mensa von Männern angesprochen. Doch Signale, dass die Männer ihres Umfeldes Interesse an ihr haben, bekommt sie zuhauf, egal ob durch verstohlene Blicke, schüchterne Komplimente oder durch ein freches Hinterherpfeifen. Sie ist sich ihrer Schönheit bewusst, denn sie kann die besonderen Reaktionen der Männer auf ihr Äußeres täglich wahrnehmen.

Wenn sie in ihrem Alltag Männern begegnet, werden diese plötzlich besonders höflich und nett oder treten respektvoll zur Seite. Man lächelt sie an, sie wird bevorzugt behandelt und kommt meist ohne Probleme mit ihren Extrawünschen durch. Sie merkt auch, dass sie wesentlich schneller Aufmerksamkeit erhält als ihre Freundinnen und dass sie auf Partys oder im Club öfter von Männern angeflirtet wird als andere Frauen. Diese Reaktionen ihres Umfeldes nimmt eine attraktive Frau nicht erst mit Mitte zwanzig wahr, sondern bereits wesentlich früher, ab der Pubertät, sobald sie zur Frau reift.

Am Anfang mag das alles für sie noch etwas komisch und ungewohnt sein. Doch mit der Zeit gewöhnt sie sich daran, bis diese Sonderbehandlung schließlich zur Normalität für sie geworden ist. Sie weiß dann, dass sie Extrawünsche einfordern *kann*, dass sie durch knappe Klamotten und mit einem Lächeln eine bestimmte Macht über Männer ausüben *kann* und dass man ihr gewisse Dinge ungestraft durchgehen lässt, die sich andere Menschen nicht erlauben dürften. Dieses Phänomen ist so offensichtlich, dass man es inzwischen sogar erforscht. Die Sozialforscher haben es den *„Halo-Effekt"* genannt. Er besagt, dass wir hübschen und gut gekleideten Menschen gern Vorschusslorbeeren geben. Wir nehmen dabei automatisch an, dass sie kompetenter und vertrauenswürdiger sind als durchschnittlich aussehende Menschen. Den meisten hübschen Frauen ist das alles gar nicht bewusst, doch im Laufe der Zeit gewöhnen sie sich an ihren Status als „Prinzessinnen" und eben auch daran, von Männern überdurchschnittlich viel Aufmerksamkeit zu bekommen.

Rechnen wir das doch einmal durch: Nehmen wir an, eine normale Frau wird ab ihrem vierzehnten Lebensjahr ein Mal pro Tag auf die ein oder andere Weise angeflirtet, eine besonders attraktive Frau sogar vier Mal pro Tag. Das wären dann pro Jahr zwischen 360 bzw. 1.400 dieser „Mini-Flirts". Mit fünfundzwanzig Jahren wurde die eine Frau also 4.000 Mal angeflirtet und eine besonders attraktive sogar 16.000 Mal, bei vielen hübschen Frauen dürfte die Zahl sogar noch höher liegen. Und nun stell dir vor, es geht wieder einmal ein Typ auf so eine Frau zu und spricht sie an. Vielleicht hat er lange überlegen müssen, was er zu ihr sagt, und musste seinen ganzen Mut zusammennehmen. Er geht auf die Frau zu und macht ihr ein Kompliment, vielleicht zu ihrem hübschen Gesicht oder zu ihrer tollen Frisur. Viele Männer meinen nun, dass sie etwas Außergewöhnliches und besonders Tolles getan hätten. **Doch muss man hier fragen: außergewöhnlich für *wen*?**

Du kannst dir sicher sein, dass du einer hübschen Frau nichts Neues erzählst, wenn du ihre Schönheit, ihre Frisur oder ihre Kleidung lobst, denn wahrscheinlich haben das bereits hundert andere Kerle vor dir getan. Für eine attraktive Frau ist das in etwa so interessant, wie wenn du ihr erzählst, dass der Himmel heute blau ist. Für sie ist es einfach *offensichtlich*, dass sie hübsch ist – sie bekommt es ja täglich durch das Verhalten ihres Umfeldes signalisiert!

Was wird also passieren? Entsprechend deiner Ausstrahlung und deinem Auftreten wird sie dich entweder komplett ignorieren (nach dem Motto: *„Zisch ab! Du bist so öde wie alle anderen vor dir"*), oder sich höflich für das nette Kompliment bedanken. Trotzdem bist du am Ende nichts weiter als Verehrer Nummer einundzwanzig in diesem Monat, der ihr sagt, dass ihre Haare phänomenal aussehen und die tolle Jeans ihre sagenhafte Figur betont. Während es dich also Überwindung kostet, sie anzusprechen, hört sie solche Komplimente nahezu jeden Tag, hat sich mittlerweile daran gewöhnt und findet diese Art, angeflirtet zu werden, inzwischen furchtbar langweilig. Wieso? Weil solche Komplimente recht oberflächlich, da nur auf ihr Äußeres gerichtet sind und sie so etwas schon hundert Mal gehört hat.

So funktioniert es also nicht. Doch wie könntest du es anders machen? Zum Beispiel, indem du nicht mit dem Strom der breiten Masse schwimmst und dadurch anders bist als die anderen Männer – anders auf eine *begehrenswerte* Art. Ein Mann, der sich anders verhält und zum Beispiel nicht gleich ehrfürchtig vor ihr niederfällt, nur weil sie gut aussieht, der nicht jede ihrer Launen widerspruchslos erträgt und der ihr keine Sonderbehandlung einräumt, sobald sie mit den Fingern schnippst, ist für eine attraktive Frau oft genauso selten zu finden wie ein Pinguin in der Wüste oder ein Korkenzieher auf einer Abstinenzler-Konferenz – und damit hochinteressant! Ich möchte dir das anhand einer Situation erklären, die ich selbst erlebt habe:

> Ich hatte eine Mitfahrgelegenheit im Internet gebucht. Der Fahrer und sein Kumpel holten mich zur verabredeten Uhrzeit mit dem Auto ab und wir fuhren los. Unterwegs mussten wir noch eine weitere Mitfahrerin aufgabeln. Als sie einstieg, verschlug es uns drei Männern die Sprache: Sie war eine der hübschesten Frauen, die ich in meinem Leben gesehen habe. Eine blonde Schönheit, bei deren Anblick Models und Hollywood-Schauspielerinnen vor Neid erblasst wären. Sie stieg hinten ein und setzte sich direkt neben mich auf die Rückbank. Wir fuhren los und der Fahrer und sein Kumpel stürzten sich sofort mit allen möglichen Fragen auf sie und fingen an mit ihr zu flirten. Ich saß stattdessen ruhig auf meinem Platz, blickte etwas gelangweilt aus dem Fenster und ließ die beiden einfach mal machen. Die beiden Männer rannten Angriff um Angriff

gegen die Festung der hübschen „Miss Rücksitz", die ihnen höflich, aber distanziert antwortete. Schon nach fünf Minuten kam das Gespräch ins Stocken. Stille breitete sich aus. Das Mädchen begann nervös auf ihrem Sitz herumzurutschen. Ich sagte immer noch nichts und schaute einfach nur zufrieden mit mir und der Welt aus dem Fenster. Schließlich sprach sie mich an: „Sag mal, wer bist du denn eigentlich?" Erst jetzt gab ich ihr meine Aufmerksamkeit und der Flirt konnte beginnen. Es stellt sich heraus, dass sie nicht nur hübsch, sondern auch ein wirklich sympathischer Mensch war. Als ich am Ende der Fahrt aus dem Auto stieg, hatte ich ihre Telefonnummer in der Tasche und später auch ein Date mit ihr.

Bitte verstehe mich nicht falsch: Ich spreche Frauen sehr direkt an und werde dir in diesem Buch auch zeigen, wie du das am besten machen kannst. Doch höfliches Desinteresse am Anfang kann manchmal klug sein, weil es dich interessant macht und von der breiten Masse abhebt. Der Grund dafür ist ganz einfach: Hübsche Frauen sind es gewohnt, dass die meisten Männer sich für sie interessieren, sobald sie in deren Blickfeld treten. Wenn du dich nun nicht in die Schlange der sabbernden Verehrer einreihst, unterscheidet sich dein Verhalten total von dem der anderen Männer. Du bist dann auf eine attraktive Weise anders, fast geheimnisvoll, und das ist viel interessanter, wenn du eine Frau gleich mit hundert Fragen überfällst. Denn Männer, die sich hübschen Frauen allzu sehr aufdrängen, wirken ganz schnell wie verzweifelte Gebrauchtwagenhändler, die versuchen, jemandem einen verrosteten Fiat Panda anzudrehen.

Außerdem wirken Menschen, die nicht gleich alles von sich preisgeben, einfach interessanter als andere. Du hast das sicher schon in deinem Freundeskreis beobachten können: Manche Single-Männer hecheln fast schon verzweifelt jeder Frau hinterher. Sobald sie dann eine Freundin gefunden haben, sind sie auf einmal viel ruhiger und entspannter und werden dadurch plötzlich für Frauen interessant, die ihnen vor Kurzem noch einen Korb gegeben haben. **Frauen ziehen aus einem entspannten, fast schon gleichgültigen Verhalten ihnen gegenüber nämlich oft den Schluss, dass ein Mann die Anwesenheit von Frauen in seinem Leben gewohnt ist.** Sie nehmen dann unterbewusst an, dass er genug Kontakte zu Frauen hat und mit dem schönen Geschlecht auch umzugehen weiß, was wiederum für seine Qualitäten als möglicher Partner spricht.

Vielleicht ist dir das jetzt zu theoretisch und abgehoben. Was du aber als Tipp mitnehmen solltest, ist, dass du immer dann, wenn du eine attraktive Frau siehst, entspannt bleiben und dich nicht gleich auf sie stürzen solltest wie der Fuchs aufs Kaninchen. Bleib locker, denn du bist ein wertvoller Mensch und hast es nicht nötig, dich anderen aufzudrängen.

Du solltest auch einmal hinterfragen, wieso du eine attraktive Frau anders behandeln solltest als andere Menschen auch. Hübsche Frauen sind hübsch – na und? Was haben sie dafür geleistet? Es ist ein genetisches Geschenk an sie, für das sie genauso wenig können wie du für deine Augenfarbe oder Will Smith für seinen dunklen Teint. Wenn ein Mensch einen Marathon läuft oder Klavierspielen lernt, kann man ihn dafür bewundern. Schönheit aber ist angeboren und verdient keine Sonderbehandlung. Lass dich also nicht zu sehr davon beeindrucken und erst recht nicht einschüchtern.

Wenn du dich auf diese Weise selbstbewusst verhältst, werden Frauen den Unterschied in deinem Verhalten schnell bemerken. Wichtig ist aber, dass du dabei nicht abweisend oder gar beleidigt wirkst, sondern einfach nur gelassen und mit dir selbst zufrieden. Auf eine Formel gebracht könnte man sagen: **Ein Mann, der ein entspanntes Desinteresse zeigt, gleichzeitig aber locker mit einer Frau flirtet, wirkt auf sie sehr anziehend und weckt ihr Interesse.** Die Haltung, die du dabei innerlich gegenüber einer Frau einnehmen solltest, lautet: *„Ich flirte zwar mit dir, das Ergebnis ist mir aber erst einmal egal. Ich nehme dich nicht allzu wichtig und muss nichts erzwingen. Ich will einfach nur eine gute Zeit mit dir haben. Alles anderen sehen wir dann später."*

Du sollst dabei nicht so tun, als ob sie dir komplett egal und unwichtig wäre (denn das würde sie garantiert aus deinem Leben vertreiben), sondern es geht darum, dass du am Anfang eures Gesprächs entspannt bist und keinen unnötigen Erwartungsdruck aufbaust. Sei locker und habe auch noch mit den anderen Leuten um euch herum Spaß und nicht nur mit dieser einen Frau.

Wenn du auf diese Weise unverkrampft an die Sache herangehst, die Frau aber gleichzeitig ein bisschen neckst (das heißt, sie auf freche, aber gleichzeitig sympathische Art ärgerst) und zum Lachen bringst, wird ihr Interesse an dir steigen. Vor allem in den ersten Gesprächsminuten ist diese lockere Ausstrahlung wichtig. Unterhält sich die Frau dann weiter mit dir und zeigt ein gewisses Interesse, „belohnst" du sie, indem du dich ihr ebenfalls mehr zuwendest und ihr nach und nach mehr von deiner Aufmerksamkeit schenkst. Dieser Prozess geschieht meist innerhalb der ersten fünf Minuten eines ersten Gespräches. Frauen wenden diese Taktik übrigens oft selbst an, wenn sie mit einem Mann flirten: Sie warten am Anfang etwas ab und steigern ihr Interesse erst nach und nach. Probiere diese Ideen einfach mal aus! Im Endeffekt tust du dabei nichts anderes, als dein Interesse gegenüber einer Frau zu dosieren und ihr nicht gleich von Anfang an zu viel von deiner Aufmerksamkeit zu geben. Sie ist ja schließlich nicht der Mittelpunkt der Welt, nur weil sie hübsch ist! Höre dabei aber auch auf dein soziales Gefühl. Denn diese Taktik passt nicht in *jede* Situation und du solltest dadurch nicht auf die Idee kommen, alle interessanten Frauen in deinem Umfeld gleichgültig behandeln zu müssen.

Wenn eine Frau zum Beispiel eher zurückhaltend und schüchtern ist oder wenn sie schon früh ein gewisses Interesse an dir zeigt, z. B. indem sie dich oft anlächelt oder sich gern mit dir unterhält, solltest du das merken und entsprechend reagieren. Denn es geht bei dieser Idee nur darum, dass du dich von der Masse abhebst und einer Frau kommunizierst, dass du nicht zu ihren übrigen austauschbaren Verehrern gehörst. Zeigt sie aber bereits ein gewisses Interesse an dir, kannst du diesen Punkt getrost überspringen. Folge einfach deinem Bauchgefühl und deiner bisherigen Erfahrung im Umgang mit Menschen und experimentiere mit dieser Idee im Alltag herum. Das gilt übrigens für alle Tipps, die ich dir in diesem Buch gebe: **Meistens ist es klar, wann du etwas einsetzen kannst, doch solltest du beim Lesen nie deinen Kopf ausschalten und immer mitdenken, was in welcher Situation am besten passen könnte.** Mach dir aber keine Sorgen: Man entwickelt relativ schnell ein sicheres Gefühl für die einzelnen Flirtsituationen und merkt, wie man am besten reagieren sollte.

Der Fehler Nummer 1: *„Neediness"*

Vielleicht hat dir diese kleine Einführung schon ein bisschen weitergeholfen und dir die eine oder andere Erkenntnis gebracht. Es gibt aber noch eine zweite Sache, die sehr wichtig ist. Sie ist kein Tipp, sondern ein Fehlverhalten, mit dem du fast jede Frau aus deinem Leben vergraulen wirst. Fast alle Männer haben diesen Fehler schon einmal in ihrem Leben begangen und manche wiederholen ihn sogar immer wieder, ohne es zu merken. Die Rede ist vom *Festklammern* aus Angst, eine Frau zu verlieren.

Viele frisch verliebte Männer stellen ihre Herzensdame bereits früh im Kennenlernprozess oder in einer Beziehung auf ein Podest und machen sie zum Mittelpunkt ihres Lebens. Durch ihr Verhalten fangen sie an, sich an der Frau festzuklammern wie ein Ertrinkender an einem Rettungsring, und ordnen ihr alles andere unter: ihre Träume, ihre übrigen Freundschaften, ihre Hobbys, ihren Beruf oder das Studium. Aus Angst, der Frau plötzlich nicht mehr gefallen zu können, verleugnen sie sich und ihre eigenen Wünsche und richten sich immer mehr nach der Frau: *„Ja Schatz, natürlich können wir uns eine Stunde später zu unserer Verabredung treffen. Ich verstehe natürlich, dass du dich mit deiner Freundin noch länger unterhalten musst ... Ich sitze zwar schon seit vierzig Minuten im Café und warte auf dich, aber lass dir ruhig Zeit. Das macht mir gar nichts aus ... "* Dieser Satz mag dir vielleicht übertrieben vorkommen, doch leider entspringt er nicht meiner Fantasie, sondern der Realität. **Und die ängstliche Haltung, die dahintersteckt, ist oft der Grund, weshalb Beziehungen bereits nach kurzer Zeit scheitern.**

In der internationalen Flirtcoach-Szene hat sich der englische Begriff *„neediness"* (zu übersetzen mit „Bedürftigkeit") für dieses Verhalten etabliert. Das Wort stammt vom Englischen *„to need"* ab, was man in diesem Zusammenhang mit *„etwas dringend brauchen"* übersetzen kann. Jemand, der *needy* ist, glaubt, ohne die Frau nicht mehr leben zu können, und klammert sich deshalb panisch an ihr fest. Meist steckt dahinter die Angst, die Frau zu verlieren, oder das Gefühl, ihrer nicht würdig zu sein.

Nach außen hin zeigt sich *Neediness* oft durch ein unterwürfiges und klammerndes Verhalten gegenüber einer Frau. ***Neediness* ist pures Gift für jeden Flirt und jede Beziehung.** Sie trieft nur so vor Unsicherheit und mangelndem Selbstrespekt des Mannes. Deshalb ist sie leider der schnellste Weg, eine Frau dazu zu bringen, das Interesse an dir zu verlieren und sich aus deinem Leben zu verabschieden. *Neediness* ist nämlich das genaue Gegenteil von Stärke und Selbstsicherheit – zwei Eigenschaften, die sich fast jede Frau in ihrem Mann wünscht.

Aus diesem Grund ist *Neediness* der Hauptfeind, wenn es um die Eroberung einer Frau geht. Nicht andere Männer und auch nicht die seltsamen Launen der Frauen sind die größte Gefahr, sondern deine eigene ganz persönliche Versagens- und Verlustangst, die sich als *Neediness* äußert. Aber wie macht sich *Neediness* im Alltag bemerkbar und woran kann man sie erkennen? Schauen wir uns dazu einmal den fiktiven Tagebucheintrag einer Frau an:

„Liebes Tagebuch,

jetzt sind Peter und ich schon seit zwei Wochen ein Paar und irgendwie fängt er an, mir gehörig auf die Nerven zu gehen. Er will sich jeden Tag mit mir treffen, dabei habe ich wirklich noch andere Dinge zu tun. Ich möchte endlich mal wieder Zeit mit meinen Freundinnen verbringen oder Klavier spielen, ohne dass er ständig um mich herumschwirrt. Jeder Mensch braucht doch ab und zu einen gewissen Freiraum für sein Leben und für seine Hobbys. Aber das versteht Peter irgendwie nicht. Jeden Tag ruft er bei mir an und schreibt mir dazwischen auch noch zahlreiche SMS. Darin erzählt er mir dann ständig von seinen Liebesgefühlen und wie glücklich er ist, dass er mich gefunden hat. Dabei kommt mir das wirklich übertrieben vor, denn so lange kennen wir uns jetzt auch noch nicht. Wir stehen doch erst am Anfang unserer Beziehung und lernen uns jetzt erst richtig kennen. Ich glaube, dass er vor mir noch keine andere Freundin hatte.

Am schlimmsten ist jedoch seine ständige Angst, dass ich einen anderen Mann kennenlernen und ihm untreu werden könnte! Neulich habe ich zusammen mit Mark aus meinem Uni-Kurs auf eine Prüfung gelernt. Ich stehe überhaupt nicht auf Mark, doch Peter ist trotzdem total ausgerastet. Er war furchtbar eifersüchtig und sagte, dass er Angst hat mich zu verlieren und dass er glaubt, dann nie wieder eine so tolle Frau wie mich finden zu können. Das fand ich zuerst total süß, aber im Nachhinein haben mich diese Worte auch ziemlich schockiert. Glaubt Peter etwa, dass ihn außer mir keine andere Frau haben will? Ist er als Mann denn so wenig wert? Ich weiß, ich sollte so etwas nicht denken, aber wenn er glaubt, dass ihn keine Frau haben möchte, wieso sollte dann ausgerechnet ich ihn nehmen? Außerdem nervt es mich, dass er inzwischen gar keine eigene Meinung mehr hat! Ständig fragt er mich, was wir machen sollen, und sobald ich etwas nicht möchte, lenkt er sofort ein und beugt sich meinen Wünschen. Neulich wollte er zum Beispiel mit ein paar Freunden auf ein Rock-Konzert fahren, auf das er sich schon lange gefreut hatte. Kurz vorher habe ich ihm aber gesagt, dass ich das nicht möchte und dass er lieber mit mir zusammen in die Stadt fahren und mich beim Schuhkauf beraten sollte. Eigentlich wollte ich das nicht wirklich, es war irgendwie bloß eine Art Test, um zu schauen, wie er reagiert. Doch er hat tatsächlich seine Pläne über den Haufen geworfen und ist nicht zu dem Konzert gefahren, sondern war mit mir Schuhe kaufen! So, als wäre er mein dressiertes Äffchen! Das Einkaufen mit ihm fand ich dann auch ziemlich doof. Bevor wir in eine Beziehung gekommen sind, war er irgendwie anders. Aber inzwischen klammert er sich total an mir fest. Manchmal kommt er mir vor wie ein kleiner Junge, der an Mamas Rockzipfel hängt und ständig Aufmerksamkeit und Anerkennung bei mir sucht. So kann das nicht weitergehen! Ich fühle mich immer weniger zu ihm hingezogen und verliere immer mehr das Interesse an ihm. Vielleicht ist es das Beste, wenn wir uns für eine Weile nicht sehen."

Ziemlich unschön, nicht wahr? Vor allem, weil dieser Text letztlich nicht meiner Fantasie entsprungen ist, sondern sich an realen Fällen orientiert. Und das hier wäre sogar der Tagebucheintrag einer sehr geduldigen Frau. Denn die meisten würden einen Mann, der solche starken Symptome von *Neediness* zeigt, schneller aus ihrem Leben kicken, als du gucken kannst. Unser erfundener „Beziehungs-Crashtest-Dummy" Peter hat hier nämlich die Frau zum absoluten Zentrum seines Universums gemacht und lässt sein Handeln sehr stark von seiner Verlustangst bestimmen. **Tragischerweise wird er mit diesem Verhalten aber genau das auslösen, was er am meisten fürchtet: Seine Freundin wird sich immer weniger von ihm angezogen fühlen und ihn schließlich verlassen.** Seine Angst wird somit zu einer selbsterfüllenden Prophezeiung. (Übrigens können auch Frauen dieses klammernde Verhalten in einer Beziehung an den Tag legen – und das ist dann ebenfalls nicht gut.)

Neediness entsteht meist aus dem Gefühl, keine großen Chancen bei der Partnerfindung zu haben. Als Folge daraus entwickelt sich auch oft eine starke Form von Eifersucht, durch die der Mann seiner Frau aber nur unterbewusst signalisiert: „*Bitte verlasse mich nicht! Ich habe Angst, sonst niemand anderen zu finden!*" Diese Haltung macht einen sehr schwächlichen Eindruck auf die Frau und ist deshalb schlecht für eure Beziehung. Ich kannte einmal einen Mann, der seine Freundin jeden Tag mit Anrufen und SMS bombardierte und ständig wissen wollte, was sie gerade tat und mit wem sie sich traf. Die Frau litt sehr unter dieser Eifersucht und gab ihm schließlich den Laufpass. Peter aus unserem Beispiel hat dasselbe Problem – und noch eine ganze Menge anderer! Dabei liegt die Lösung doch so nahe: Er müsste einfach mehr zu sich selbst und seinen Wünschen stehen, seiner Freundin mehr Freiraum geben und vor allem die falsche Vorstellung über Bord werfen, er wäre keiner anderen Frau würdig. Dadurch hätte er gleich eine viel glücklichere Beziehung und obendrein noch ein schöneres Leben.

Neediness **betrifft aber nicht nur Männer in einer Beziehung, sondern auch sehr viele Singles.** Deshalb hört man als Single auch so oft den Rat, dass man sich bei der Partnersuche keinesfalls verkrampfen soll. Im Grunde ist das nichts anderes als eine Warnung vor *Neediness*. Denn wenn du am Beginn der Kennenlernphase schon sehr früh mit der Tür ins Haus fällst und deine Liebe gestehst oder einer Frau zu früh zu viel Aufmerksamkeit schenkst, wird sie sich von dir zurückziehen, weil sie dieses Verhalten als unattraktiv empfindet.

Gerade wir Männer werden in der Gegenwart schöner Frauen oft unsicher und nervös oder versuchen eine Fassade von Selbstbewusstsein aufzubauen. Deshalb ist Angeberei auch eine Form von *Neediness*, denn sie bedeutet im Grunde nichts anderes als: *„Schau her, was ich kann und was für ein toller Kerl ich bin! Bitte, bitte akzeptiere mich jetzt!"*

Dahinter steckt oft eine große Unsicherheit und bei notorischen Angebern sogar ein massiver Minderwertigkeitskomplex. Das permanente Gefühl, nicht zu genügen, versuchen diese Männer dann durch eine übertriebene Selbstdarstellung oder Zurschaustellung ihrer materiellen Schätze zu kompensieren. Selbstbewusste Männer kennen dagegen ihren Wert und haben es nicht nötig, sich anderen Leuten aufzudrängen oder ihnen dauernd unter die Nase zu reiben, was für tolle Kerle sie sind. **Sie leben in dem entspannten Vertrauen darauf, dass ihr Umfeld und auch die dort befindlichen Frauen ganz von alleine mitbekommen, was für coole Jungs sie sind.**

Während wir Männer uns über solche Dinge häufig nur wenig Gedanken machen, wissen die meisten Frauen darüber sehr gut Bescheid. Sie sind oft sozial empfindsamer als wir Männer und haben ein feines Gespür, mit dem sie ihren zukünftigen Ehemann genau unter die Lupe nehmen. Frauen riechen *Neediness* zehn Kilometer gegen den Wind und können ihre verschiedenen Erscheinungsformen schnell identifizieren. Schlagen ihre Alarmsensoren an, machen sie um solche unsicheren Männer einen großen Bogen oder nutzen sie im schlimmsten Fall so lange aus, bis sie keine Lust mehr auf sie haben.

In diesem Buch werde ich dir viele Tipps und Einsichten geben, die dich vor *Neediness* bewahren. Aber das ist noch nicht alles: Am Ende wirst du deutlich besser über Frauen Bescheid wissen und einen ganzen Haufen praktisch anwendbarer Tipps kennen. Du wirst wertvolle Verhaltensweisen und Fähigkeiten lernen, von denen du dein ganzes Leben lang profitieren wirst, und zwar nicht nur im Bereich Flirten und Frauen. Flirttraining hat viel mit der eigenen Persönlichkeitsentwicklung zu tun. Denn die beste Voraussetzung, um eine Frau zu erobern und sie zu halten, ist, nicht von ihr abhängig zu sein und ein eigenständiges Leben mit Träumen und Zielen zu führen. Die meisten Frauen wollen einen Mann, der sie mitnimmt auf die Reise seines Lebens. **Sie wollen nicht selbst das Zentrum seines Lebens oder seiner Reise sein, sondern ein Teil davon, quasi die Reisegefährtin.**

Mein Weg und die Entstehung dieses Buches

Ich glaube, es wird Zeit, dass ich mich dir vorstelle: Ich bin dreißig Jahre alt und arbeite in der Medienbranche. Ich habe mit Erfolg ein Uni-Studium in Deutschland absolviert und während eines Austauschsemesters auch in Kalifornien studiert. In meiner Freizeit spiele ich leidenschaftlich gern E-Gitarre, lese gern, flirte gern und bewerfe manchmal Enten im Park mit Brotkrumen. ☺ Ich bin 1,78 Meter groß, habe dunkle Haare und eine normale Statur.

Zwar haben mir Frauen in Deutschland und in den USA immer wieder gesagt, ich würde gut aussehen, doch gebracht hat mir das lange Zeit nichts. Denn obwohl ich immer schon ein sehr kommunikativer Typ war, wusste ich früher in der Gegenwart von hübschen Frauen nicht, wie ich sie ansprechen und was ich sagen sollte, um ein Date mit ihnen zu bekommen. Hinzu kommt, dass ich sehr wählerisch bin und von Anfang an alles richtig machen wollte. In meinem christlichen Umfeld hörte ich außerdem immer wieder, dass Liebesbeziehungen eine ernste Sache seien, auf die man sich nur einlassen solle, wenn man sich ganz sicher ist, die Frau fürs Leben gefunden zu haben. All diese Dinge wurden im Laufe der Zeit zu einer großen Hürde, mich überhaupt auf eine Frau einzulassen.

Wenn ich zurückblicke, muss ich feststellen, dass ich ein ziemlicher Spätzünder war, was Flirten und Beziehungen angeht. Wie bekam ich diesen Lebensbereich schließlich doch noch in den Griff, sodass ich heute sogar ein Buch darüber schreiben kann?

Als ich in meinem zweiten Semester an einer süddeutschen Universität studierte, zog ein neuer Mitbewohner in unsere Studenten-WG. Sein Name war Andy und wir wurden schnell Freunde. Andy war genau wie ich in einem christlichen Elternhaus aufgewachsen und glaubte an Jesus. Er war jedoch einige Jahre älter als ich und hatte in seinen Zwanzigern eine ziemlich wilde Zeit gehabt, in der er sich mit vielen Frauen getroffen und auch mit einigen geschlafen hatte. Als Andy meine Unerfahrenheit im Umgang mit Frauen bemerkte, nahm er mich sofort unter seine Fittiche. Er gab mir einen Flirtratgeber, geschrieben von einem amerikanischen Dating-Coach, und sagte, ich solle darin mal ein bisschen lesen. Doch ich war skeptisch. Flirtratgeber waren mir immer schon suspekt gewesen und ich glaubte, das Ganze sei nichts weiter als dämliches Macho-Gerede und eine Anleitung zum Lügen, um Frauen herumzukriegen. Doch weil Andy Christ war, vertraute ich ihm – und wurde nicht enttäuscht.

Ich prüfte das, was ich in dem Flirtratgeber las und was Andy mir in vielen Gesprächen über Frauen erzählte. Bald stellte ich fest, dass das meiste davon Sinn machte und in der realen Welt auch praktisch anwendbar war. In der folgenden Zeit brachte Andy mir als Freund und Mentor viel über Frauen bei und half mir, mich selbst und die Frauen besser zu verstehen. Ich hatte bald schon meine ersten Erfolge und gab mich damit zufrieden. Schließlich war ich erst Anfang zwanzig und hatte noch viel Zeit, das Thema Partnersuche entspannt anzugehen. Einige Zeit später verliebte ich mich Hals über Kopf. Da ich bereits einiges über das Flirten gelernt hatte, ging ich selbstbewusst an die Sache heran, doch dann flog ich wieder auf die Nase und es wiederholte sich, was ich zu Beginn des Buches beschrieben habe: Ich war frustriert und hatte das Gefühl, nichts an meiner Situation ändern zu können. Heute bin ich dankbar für diesen Korb, denn er war der notwendige Tropfen, der das Fass zum Überlaufen brachte. Ich nahm mir endlich vor, richtig gut im Flirten zu werden und nicht aufzugeben, bis ich diesen Lebensbereich im Griff haben würde.

Ich las weitere Bücher zu diesem Thema und fand schließlich über das Internet eine Gruppe junger Männer, die regelmäßig in Diskos und Einkaufspassagen unterwegs war, um dort Frauen anzusprechen, mit ihnen zu flirten und sich ihre Telefonnummern zu holen. Ich wurde einer von ihnen und meine Lernzeit begann. Die Gemeinschaft in unserer Gruppe war sehr gut und ich freundete mich schnell mit ein paar der Jungs an.

Wir waren fast wie Brüder, denn wir saßen alle im selben Boot: Wir wollten besser im Flirten werden und unsere Ängste beim Ansprechen fremder Frauen überwinden. Oft zogen wir in kleinen Gruppen los, freuten uns, wenn einer erfolgreich eine Telefonnummer geholt oder mit einer Frau auf der Straße oder in der Disko herumgeknutscht hatte. Wir teilten unsere Erfahrungen, halfen uns gegenseitig wieder auf die Beine, wenn einer eine Abfuhr kassiert hatte, und gaben uns gegenseitig Tipps, wie man es das nächste Mal besser machen könnte. Obwohl ich nicht jedes Wochenende mit den Jungs unterwegs war, machte ich trotzdem innerhalb weniger Monate rasante Fortschritte. Das Gefühl, bei der Partnersuche nichts tun zu können oder auf irgendeine schicksalhafte Führung angewiesen zu sein, verschwand völlig. Denn auf einmal lag es in meiner Hand, Frauen anzusprechen und sie kennenzulernen. Ich sprach Frauen in Clubs, auf der Straße, im Park oder im Internet an, holte mir ihre Kontaktdaten und hatte viele Dates. Es war wie ein Strom von Frauen, der plötzlich in mein Leben kam, und ein paar von ihnen hätte man locker als Models auf irgendein Magazincover drucken können.

In dieser Zeit sprach ich auch oft mit meinen Eltern über das Thema Partnersuche. Immer wieder sagte ich zu ihnen: *„Eines Tages werden unsere Gemeindeleiter und Pastoren aufwachen und erkennen, dass dieses Thema in unseren Gemeinden wichtig ist, weil viele junge Christen unter ihrem Singledasein leiden. Dann wird irgendein pfiffiger Autor aus den USA endlich ein Buch mit Flirttipps für Christen schreiben."* Doch die Jahre gingen ins Land und es tat sich nichts auf dem christlichen Buchmarkt. Ende November 2013 unterhielt ich mich wieder einmal mit meinem Vater über das Thema. Plötzlich sagte er: *„Schreib du doch dieses Buch, von dem du da ständig redest!"* Ich hielt das am Anfang für eine unrealistische Idee, ließ mich dann aber auf den Gedanken ein und beschloss, einfach mal die ersten fünfzig Seiten zu schreiben und sie spaßeshalber einem Verlag vorzulegen. Ich sprach mit meinem Freund und Mentor Andy darüber und er erklärte sich sofort bereit, als Berater in das Projekt mit einzusteigen. Also machte ich mich ans Werk. Da ich weiterhin meinem Beruf nachgehen musste, schrieb ich hauptsächlich abends und am Wochenende. Drei Monate später hatte ich bereits hundert Seiten geschrieben, sie aber immer noch keinem Verlag gezeigt.

Anfang März bekam ich von Gott plötzlich den starken Impuls, ich solle einmal wieder auf meinen Youtube-Kanal surfen und dort mein

E-Mail-Postfach checken. Ich hatte nämlich vor einer Weile eine Predigt mit dem sperrigen Titel *„Christliche Singles auf Partnersuche"* eingesprochen und dort hochgeladen, die sich mehrere tausend Leute angehört hatten. Ich folgte diesem Impuls und stellte fest, dass mir ein Mann aus der Schweiz eine E-Mail geschrieben hatte. Es stellte sich heraus, dass er der Betreiber eines Online-Singleportals namens *Chringles.ch* war, und er sagte, dass er mit mir reden wolle. Als ich ihn anrief, fragte er, ob ich mir vorstellen könne, für seine Webseite Artikel zum Thema Partnersuche zu schreiben und als Vortragsredner in der Schweiz zu sprechen. Am Ende fragte er mich dann noch, ob ich mir vorstellen könne, ein Buch mit Flirttipps für Singles zu schreiben, denn er habe eine entsprechende Verlagsanfrage auf dem Tisch. Ich war etwas überrascht und erbat mir eine Woche Bedenkzeit. Obwohl es genau das war, was ich mir gewünscht hatte, zögerte ich. Bedenken stiegen in mir auf und ich befürchtete, dass viele Christen in meinem Umfeld mich kritisieren oder komisch anschauen könnten, wenn ich einen Flirtratgeber schreiben würde. In der darauffolgenden Nacht hatte ich einen sehr besonderen Traum, von dem ich bis heute glaube, dass Gott darin zu mir gesprochen hat. Er forderte mich auf, ihm zu vertrauen und dieses Buch zu schreiben. Von diesem Moment an machte ich mich ernsthaft an die Arbeit.

Einen Monat später setzte ich mich mit dem Verlag in Kontakt, der großes Interesse an dem Buch zeigte und sagte, dass er es noch im selben Jahr herausbringen wolle. Es war mir alles einfach so zugefallen. Während ich das Buch schrieb, datete ich natürlich weiterhin Frauen. Aber irgendwie wollte mir keine davon so recht gefallen. Ich betete darüber und hatte den Eindruck, als ob Gott zu mir sagte: *„Bleibe ruhig, ich werde dir eine Frau geben. Gehe du nur weiter auf deinem Weg und tue das, was ich dir aufgetragen habe."* Ich vertraute darauf, schrieb weiter an dem Buch und suchte weiter. Zwei Monate später lernte ich meine heutige Freundin kennen.

Andys Weg

Natürlich sollst du auch den Co-Autor dieses Buches, Andy Stark, kennenlernen. Hier ist seine Geschichte: Ich bin 37 Jahre alt, seit mehreren Jahren glücklich verheiratet und arbeite als IT-Projektleiter. Aufgewachsen bin ich in Südafrika mit einem deutschen und einem Schweizer Elternteil. Mein christliches Elternhaus und meine Kirchengemeinde waren konservativ geprägt. Als ich mit einundzwanzig Jahren von Südafrika nach Deutschland umzog, war ich schon lange auf der Suche nach „der einen Frau". Ich glaubte, dass es eine ganz bestimmte Frau gäbe, die Gott schon vor meiner Geburt für mich bestimmt hätte. Deshalb hielt ich ständig Ausschau nach besonderen Zeichen Gottes, dieses oder jenes Mädel anzusprechen, doch es kam nichts.

In Deutschland verliebte ich mich schließlich in eine junge Frau, die meine Liebe auch erwiderte. Doch schon bald kam ich in schwere Glaubenskonflikte, denn meine Freundin ging zwar in die Kirche, war aber, gemessen an den Werten meiner konservativen Erziehung, nicht „richtig" gläubig. Außerdem ging sie mit dem Thema Sexualität liberaler um als ich, was mich in Gewissenskonflikte brachte. Obwohl ich diese Frau liebte, trennte ich mich deshalb schon nach wenigen Wochen wieder von ihr.

In den folgenden Monaten quälten mich jedoch meine Liebesgefühle, die ich immer noch für sie hatte, und ich haderte mit meinem Glauben. Ich fragte Gott innerlich: „*Wieso kann ich aus Glaubensgründen nicht mit dieser Frau zusammen sein, obwohl sie mich liebt und ich sie?*" Nach etwa drei Monaten innerer Kämpfe entschied ich mich aus meiner damaligen Sicht gegen Gott und für die Liebe. Im Nachhinein ist mir klar, dass ich damals nicht mit Gott kämpfte, sondern mit meinen eigenen Glaubensvorstellungen. Ich fühlte mich als schlimmer Sünder und glaubte, dass ich nicht mehr zu Gott kommen dürfte und dass er wütend auf mich wäre, weil ich eine Frau liebte, die nicht nach seinem Willen lebte. Im Rückblick sehe ich aber, dass Gott mich auch in dieser Zeit nie verlassen hat und dass es mein eigenes falsches Gottesbild war, das mir im Weg stand. Ich kam wieder mit meiner Ex-Freundin zusammen, doch einige Zeit später zerbrach die Beziehung.

Nach dem Aus dieser Beziehung fand ich eine neue christliche Freundin und ging mit ihr in eine Gemeinde. Doch auch hier gab es Probleme: Einem Gemeindeältesten missfiel die Art, wie ich und meine Freundin unsere Beziehung lebten, worauf die Beziehung zerbrach. Wieder stand scheinbar der Glaube zwischen mir und dem Liebesglück. Abermals kämpfte ich mit meinen Glaubensvorstellungen und entschied mich, jetzt erst recht meine eigenen Wege zu gehen.

In diesen Jahren stieß ich durch Bücher auf die Kunst des Flirtens und Tipps, wie man Frauen kennenlernen kann. Dadurch eröffnete sich mir eine völlig neue Welt und eine wilde Zeit mit vielen Dates und Frauen begann. Doch irgendwann hatte ich genug davon und ich begann wieder, nach „der einen" zu suchen. Bald darauf lernte ich eine Frau über eine christliche Webseite kennen. Obwohl sie mir sagte, dass sie aktuell kein Interesse an einer längeren Beziehung habe, wurden wir nach einigen Wochen ein Paar. Mein mittlerweile angesammeltes Wissen über Frauen und Flirtmethoden half mir dabei. Ich wusste einfach, wie viel Nähe und wie viel Weite sie brauchte, dass nicht nur Zuhören, sondern auch zärtliche Berührungen wichtig sind und dass ich sie nicht zum Ziel meiner Reise machen, sondern sie auf meine Erkundungs- und Abenteuerreisen mitnehmen musste. Einige Zeit später heirateten wir und sind bis heute ein glückliches Ehepaar.

Ich kann dir deshalb aus eigener Erfahrung sagen, dass die Flirttipps, die wir dir in diesem Buch geben, funktionieren. Denn genau wie Micha habe ich sie selbst schon oft in der realen Welt ausprobiert. Sie können dir aber nicht nur helfen, eine Frau zu erobern, sondern auch, sie in einer Beziehung glücklich zu machen. Ich selbst wende die Flirthilfen immer wieder bei meiner Frau an, um unsere Beziehung zu beleben und uns beiden damit eine Freude zu machen. Diese Prinzipien funktionieren nämlich nicht nur beim Flirten, sondern auch im Alltag einer Ehe. Denn jede Frau wünscht sich einen Mann, der sie immer wieder aufs Neue erobert.

Deine Vorurteile gegenüber diesem Buch

Ich kann mir vorstellen, dass du gegenüber diesem Buch ein bisschen skeptisch bist. Das ist okay. Mir ging es genauso, als ich mich zum ersten Mal mit Flirtratgebern beschäftigt habe, und ich halte das für ein gesundes Maß an Misstrauen. Denn schließlich geht es hier um ein sensibles und auch intimes Thema, bei dem niemand den verkorksten Ideen irgendeines Typen folgen möchte. Fragen und Hinterfragen ist erlaubt und auch die Bibel ruft uns dazu auf, alle Dinge zu prüfen und dabei das Gute zu behalten und das Schlechte wegzuwerfen (1. Thessalonicher 5,21–23). Im folgenden Kapitel möchte ich deshalb auf Vorurteile und Bedenken eingehen, die du vielleicht gegenüber diesem Buch hast und die ich früher teilweise selbst hatte. Ich möchte diese Bedenken ernst nehmen und dir darauf Antworten geben.

„Man kann den Umgang mit Frauen nicht aus einem Buch lernen!
Man muss solche Erfahrungen selbst machen."

Auch mit den Tipps aus diesem Buch wird es dir nicht erspart bleiben, viele Erfahrungen selbst zu machen. Und glaube mir, du wirst davon manchmal die Nase ziemlich voll haben. Doch wenn du dieses Buch liest, werden dir viele peinliche Fettnäpfchen und schmerzhafte Erfahrungen erspart bleiben, weil du aus den Fehlern anderer lernen konntest.

Die Bibel führt uns das Leben großer Männer wie Abraham, Mose und David vor Augen. Sie zeigt uns aber nicht nur deren gute Seiten, sondern auch die Fehler dieser Männer, damit wir daraus lernen können. Denn man muss ja nicht jeden Mist selbst erlebt haben. Niemand würde zum Beispiel auf die Idee kommen, sich mit dem Hammer einen Nagel in den Fuß zu schlagen, nur um dann aus eigener Erfahrung sagen zu können, dass dies keine gute Idee ist. Oft reicht es, die Auswirkungen von Fehlern im Leben anderer Menschen zu beobachten, um daraus Rückschlüsse für das eigene Leben zu ziehen. Gott hat uns die Fähigkeit geschenkt, aus den Fehlern anderer zu lernen. Wieso sollten wir davon nicht auch beim Thema Frauen Gebrauch machen?

Denn eines kann ich dir versichern: Es gibt keinen Mann, der quasi als Meister im Umgang mit Frauen vom Himmel gefallen wäre. Jeder muss es irgendwann im Leben lernen. Nur tun das die einen vielleicht schon früh im Kindergarten, wohingegen die anderen es eben etwas später lernen. Sogar in den Memoiren des berühmten Frauenhelden Giacomo Casanova kann man nachlesen, dass er sich am Anfang nicht besonders gut mit Frauen auskannte und sich recht ungeschickt anstellte. Die Tipps in diesem Buch können dir deshalb viel Ärger und Kummer ersparen.

„Alle Frauen sind verschieden. Wie kann man da von Gemeinsamkeiten oder Regeln im Umgang mit Frauen sprechen?"

Es ist wahr, Frauen sind wie wunderschöne Schneeflocken: Keine gleicht der anderen und jede ist ein Unikat Gottes. Außerdem bevorzugt jede Frau einen anderen Männertyp. Die eine will vielleicht einen wilden Motorradfahrer mit zerrissener Jeans, der in einer Rockband singt, wohingegen die andere lieber einen eleganten Anzugträger bevorzugt, der in seiner Freizeit Golf spielt und französische Gedichte liest. Doch es gibt Gemeinsamkeiten, die alle Frauen teilen, Grundregeln sozusagen.

Lass es mich mit den Benimmregeln bei Tisch vergleichen. Auch hier gibt es Grundregeln: Mit vollem Mund spricht man nicht, die Suppe isst man mit dem großen Löffel, der kleine ist für den Nachtisch. So ähnlich ist es auch hier: Alle Frauen haben Vorlieben und Bedürfnisse, in denen sie übereinstimmen, ganz einfach weil sie Frauen sind. Keine Frau wird es schätzen, wenn du mit fettigen Haaren und einem verdreckten Hemd zum ersten Date erscheinst. Und kaum eine Frau wird es attraktiv finden, wenn du vor den Problemen in deinem Leben ständig nur davonläufst, anstatt deinen Mann zu stehen. Diese Beispiele sind offensichtlich und leuchten jedem ein. Deshalb werden wir uns in diesem Buch nicht mit solchen Binsenweisheiten aufhalten und stattdessen in die Tiefe gehen. Ich werde dir Regeln und Muster zeigen, über die du vielleicht noch nie nachgedacht hast und über die nicht einmal deine Freunde oder deine Eltern Bescheid wissen.

„Muss ich mich da verstellen? Werde ich durch deine Tipps und Flirthilfen zum ‚Schauspieler', der anderen etwas vormacht?"

Ganz klares NEIN! Ich bin fest davon überzeugt, dass ein Flirt oder Beziehungen, die auf Lügen aufgebaut sind, schnell wieder in sich zusammenstürzen werden. Niemand will mit einem Menschen zusammen sein, der sich dauernd verstellt. Und ich rate dir auch nicht, dich einer Frau so sehr anzupassen, dass du dich selbst und deine Wünsche dabei aufgibst. Es kann aber sein, dass du dir neue Verhaltensweisen antrainieren musst, die für dich am Anfang noch etwas ungewohnt sein werden – nicht unangenehm, aber eben ungewohnt. Und manchmal musst du zuerst dein Denken ändern, bevor du anders handeln kannst.

Das hat aber alles nichts mit Schauspielerei oder Lügen zu tun, sondern gehört zum Prozess einer Persönlichkeitsentwicklung dazu. Statt dich zum Schauspieler zu machen, erreichen die in diesem Buch gegebenen Flirttipps langfristig betrachtet sogar das Gegenteil: Sie statten dich mit Selbstbewusstsein und Wissen aus, damit du ganz du selbst sein kannst. Durch sie gewöhnst du dir Verhaltensweisen an, die Frauen in Männern suchen. In diesem Buch geht es also nicht darum, dass du eine Fassade aufbaust, sondern **dass du mithilfe der hier beschriebenen Erfahrungen, Einsichten und Tipps an dir arbeiten, deine Persönlichkeit und deine sozialen Fähigkeiten weiterentwickeln kannst.**

Auf deinem Weg durch dieses Buch wirst du immer mehr dazulernen und bald merken, dass du lockerer und entspannter im Umgang mit Frauen, aber auch generell mit anderen Menschen wirst. Das hilft dir ungemein dabei, authentisch gegenüber anderen Menschen und Frauen im Besonderen zu sein. Ich behaupte sogar: Wenn Männer die in diesem Buch beschriebenen Flirthilfen nicht kennen, ist die Wahrscheinlichkeit groß, dass sie Frauen eher etwas vormachen. Sie kleiden sich dann zwar schick und spielen auf ihren Dates den Kavalier, zeigen aber nicht, wer sie wirklich sind. Wer dagegen selbstbewusst auf ein Date geht, kann von vornherein zu sich selbst stehen. Sobald du merkst, dass dir die Tipps und Flirthilfen in diesem Buch wirklich weiterhelfen, wird das dein Selbstbewusstsein aufbauen und damit wirst du bei Frauen mehr Pluspunkte sammeln als durch einen schicken Anzug oder ein teures Auto.

„Nimmt es der Liebe nicht ihren Zauber, wenn ich so genau über Frauen Bescheid weiß? Kann ich mich dann überhaupt noch richtig verlieben?"

Die Liebe ist etwas Wunderbares und Mystisches. Kein Buch der Welt kann sie so auseinandernehmen und erklären, dass du sie danach nicht mehr empfinden könntest. Es gibt Menschen, die behaupten, dass Liebe bloß eine chemische Reaktion im Gehirn ist, die in Gang kommt, sobald ein potenzieller Partner bestimmte genetische und körperliche Merkmale aufweist, die uns ansprechen. Doch selbst diese Menschen können sich noch Hals über Kopf verlieben. Dieses Buch wird dir zwar die Augen über Zusammenhänge öffnen und dich an der einen oder anderen Stelle ein bisschen wachrütteln. Aber die Liebe entzaubern oder wegnehmen wird es dir nicht. Wenn diese Gefahr bestehen würde, hätte ich dieses Buch niemals geschrieben.

Ich habe mit vielen Frauen über die Flirttipps gesprochen, die ich dir in diesem Buch beibringen werde. Alle waren sie begeistert davon und haben mich dazu ermutigt, sie anderen Männern weiterzusagen. Denn letztes Endes profitieren ja auch die Frauen davon, wenn Männer mit einer charmanten und selbstbewussten Art auf Partnersuche gehen.

„Ich finde es irgendwie komisch, dass ich so ein Buch lese ..."

Wieso denn? Irgendwann muss sich jeder einmal mit dem Thema Partnersuche auseinandersetzen und bestimmte Dinge lernen, egal ob von den Kumpels, den Eltern oder aus einem Buch. Wir Menschen haben ja

auch kein Problem damit, die Hilfe und Erfahrung von anderen einzu-
holen, wenn es darum geht, wie man angelt, programmieren lernt oder
ein besserer Fußballspieler wird. Wieso sollte das nicht auch beim Thema
Flirten und Beziehungen erlaubt sein? Wenn jemand schüchtern ist und
sich nicht traut, vor einem Publikum zu sprechen, dann geht er zu einem
Rhetorik-Coach. Der hilft ihm dann mit ein paar Tipps und Tricks weiter
und zeigt ihm, wie er sich und seine Botschaft am besten präsentieren
kann. Und beim nächsten Mal am Rednerpult wird es gleich viel besser
klappen. So ähnlich ist es auch mit diesem Buch. Denn Flirttraining ist
zum Großteil einfach nur ein Aspekt der Persönlichkeitsentwicklung.

Von netten Jungs und echten Kerlen

Die Mehrheit der jungen deutschen Männer befindet sich in einem
großen Irrtum, was den Umgang mit Frauen angeht. Sie glauben, Frauen
vor allem durch ein zurückhaltendes und höfliches Verhalten erobern zu
können, also indem sie einfach „nett" zu ihnen sind. Fragt ein Mann seine
Mutter, was bei Frauen gut ankommt, sagt sie meistens so etwas wie: *„Sei
romantisch, sei ein Gentleman, kaufe ihr Blumen, führe sie zum Essen aus."*

**Auch in Filmen oder Büchern wird dieses Verhalten als der op-
timale Weg zur Eroberung einer Frau dargestellt.** Auf der Leinwand
sehen wir dann, dass ein nettes Verhalten zum Erfolg führt und dass der
blasse, schüchterne Junge auf diese Weise am Ende die tolle Traumprin-
zessin erobern kann. Er muss ihr nur lange genug seine Gefühle zeigen,
den geduldigen Zuhörer spielen und sich vollkommen für sie aufopfern,
dann wird sie ihn schon irgendwann erhören. Doch das Leben ist kein
Film mit Hugh Grant in der Hauptrolle, und nicht umsonst wird Hollywood auch „die Traumfabrik" genannt.

Die Regisseure und Drehbuchautoren wissen zwar, wie man eine
gute Story schreibt, haben aber oft selbst keine Ahnung davon, wie man
mit Frauen flirtet. Sie sind zwar Filmprofis, aber sonst auch nur ganz
normale Männer, denn ein Studium an der Filmhochschule beinhaltet
nicht die Fächer Flirten und Liebe.

Auch das Frauenbild, das uns in Filmen gezeigt wird, ist oft falsch.
Dort werden Frauen häufig so dargestellt, als ob sie sich schnell verlieben und sehr aktiv von sich aus auf Männer zugehen, ja, geradezu über
sie herfallen würden. Doch das hat mit der Realität nichts zu tun. Es

sind Männerfantasien, entstanden am Schreibtisch und ausgeführt von bezahlten Models oder Schauspielerinnen. Die meisten Frauen sind von Natur aus nicht so gestrickt, dass sie aktiv auf Männer zugehen und diese anflirten. Wenn sie wirklich auf Männerjagd gehen, reicht ihnen meist schon ein Minirock und ein Lächeln im Gesicht, um genug Verehrer auf sich aufmerksam zu machen. **In punkto Partnersuche verhalten sich Frauen also eher passiv und warten darauf, dass die Männer den ersten Schritt machen.** Nahezu jede Frau träumt von einem starken, selbstbewussten Mann, der aktiv ist und von sich aus die Führung im Flirt- und Kennenlernprozess übernimmt.

Meine Erfahrungen haben mir immer wieder gezeigt, dass selbst die taffsten und frechsten Mädels, die zum Beispiel Fußball spielen, Kampfsport machen und Motorrad fahren, darauf warten, dass ein Mann den ersten Schritt macht und sie anspricht. Sollte es wirklich einmal vorkommen, dass eine Frau dich deutlich anbaggert, dann ist es meist eine Verzweiflungstat, weil du einfach nicht kapierst, dass sie auf dich steht. Ich habe es zwar schon erlebt, dass Frauen über mich „hergefallen" sind und von sich aus anfingen, wild mit mir herumzuknutschen. Doch das waren seltene Ausnahmen und außerdem hatte ich dann bereits im Vorfeld mit diesen Frauen geflirtet, die ersten Schritte gemacht und war als Mann aktiv geworden.

Ein weiterer Faktor, der unsere Vorstellungen von der Partnersuche fehlgeleitet hat, ist die Werbung mit ihren Bildern und Versprechungen. Sie trichtert uns Männern ein, dass wir den neuesten Deoduft, den schicken Anzug, die coole Sonnenbrille, den Ferrari oder am besten gleich das Batmobil (Sorry, Batman, ich bringe es demnächst wieder zurück …) brauchen, um das Herz einer Frau erobern zu können. Eine Menge Leute verdienen mit diesen Lügen einen ganzen Haufen Geld, weil Männer rund um den Globus tatsächlich glauben, dass man Frauen mit solchen Dingen „kaufen" kann. Es mag zwar stimmen, dass du dir auf diese Weise Aufmerksamkeit und Interesse erkaufen kannst, aber wahre Liebe baut auf völlig anderen Dingen auf.

All diese Dinge – falsche Ratschläge, die Medien und die Werbung – haben unsere Sicht auf den Partnerfindungsprozess stark verzerrt. Das Ergebnis ist, dass sich viele Männer heutzutage an diesen falschen und konsumgesteuerten Rollenbildern orientieren – und damit grandios scheitern. Sie meinen, sich einer Frau von Anfang an unterwerfen zu müssen, machen ihr teure Geschenke und ein Kompliment nach dem anderen und sagen zu allem Ja und Amen, was aus ihrem lieblichen Mund hervorkommt. **Doch in Wahrheit ödet ein solch unterwürfiges Verhalten die meisten Frauen einfach nur an!** Sie halten sich solche Männer zwar manchmal in der Umlaufbahn ihrer Verehrer, weil sie ihre Aufmerksamkeit genießen. Doch gleichzeitig wahren sie eine gewisse Distanz und lassen sich nicht auf eine Beziehung mit ihnen ein.

Es gibt einen Begriff für solche Männer, die versuchen, Frauen durch Nettigkeit und Geschenke zu erobern. Man nennt sie *„Nice Guys"* (nette Jungs) und du kennst bestimmt viele von ihnen in deinem Umfeld. Dieser Begriff klingt zunächst zwar toll, ist aber überhaupt nicht positiv gemeint. In den Ohren einer Frau ist er gleichbedeutend mit „Weichei" oder „kleiner Bubi, der keine Ahnung vom Leben und vom Umgang mit Frauen hat".

Nice Guys glauben zum Beispiel, dass man Frauen recht früh im Kennenlernprozess durch Geschenke, Blumen oder Restaurantbesuche beeindrucken müsste. Sie stehen der Frau aber auch als guter Kumpel und Hobby-Psychologe zur Verfügung. Ich rede hier nicht von gelegentlichem Zuhören unter Freunden, sondern von der Sorte Mann, die sich von Frauen um drei Uhr nachts anrufen lassen, um als „Sorgenmülleimer" zur Verfügung zu stehen oder sich die Ohren über den ach so bösen Ex-Freund der Frau vollheulen zu lassen. Heimlich hoffen solche Männer, dadurch Eindruck bei der Frau zu schinden. Doch schon zwei Tage später darf der *Nice Guy* dann mit ansehen, wie besagte Frau wieder händchenhaltend mit ihrem Ex-Freund (bzw. Nun-wieder-Freund) die Straße entlangflaniert, während er nur ein kurzes „Hallöchen" zugeworfen bekommt.

Leidenschaft und Berührungen erlebt der *Nice Guy* eher selten mit Frauen, oft hat er sogar Angst oder Hemmungen davor. Den Satz „Du bist ein wirklich guter Freund, aber ich möchte nicht, dass mehr aus uns wird" hat er dafür aber schon öfter in seinem Leben gehört, als ihm lieb ist. Sein Verhältnis zu Frauen läuft meist sehr kumpelhaft ab, ohne sexuelle Spannung oder dass sein romantisches Interesse von der Frau erwidert wird. Viele Frauen schauen auf *Nice Guys* sogar herab und sehen sie einfach nur als Schwächlinge an. Denn schneller, als du „Sommerschlussverkauf" sagen kannst, stellt das weibliche Unterbewusstsein fest, dass es solchen Männern völlig an männlichem Selbstbewusstsein, Dominanz und einer gesunden sexuellen Energie fehlt. Ich möchte dir anhand eines fiktiven Beispiels, das sich aber an realen Vorbildern orientiert, einen typischen *Nice Guy* vor Augen führen:

Alle kennen Alfred als netten und gutmütigen jungen Mann. Er studiert Sport und Englisch auf Lehramt, mag Strickpullis und engagiert sich ehrenamtlich in einer Kinderkrippe. Frauen gegenüber ist er immer höflich und respektvoll. Er hat stets ein offenes Ohr für ihre Sorgen und beteiligt sich auch mal gern bei einer Tasse Tee am neuesten Klatsch aus der Kirchengemeinde. Wenn er sich einmal mit einer Frau verabredet, lässt er meistens sie entscheiden, wohin sie gehen und was sie machen wollen. Konflikten oder Meinungsverschiedenheiten geht er grundsätzlich aus dem Weg, denn schließlich ist er Pazifist und gut erzogen. Neulich wollte er mit einer Freundin in diesen coolen Ritterfilm gehen, doch an der Kinokasse hatte sie spontan Lust auf eine ungarische Liebeskomödie mit französischen Untertiteln. Alfred spricht kein Ungarisch und hatte in Französisch immer eine Vier im Zeugnis, doch natürlich hat er sofort nachgegeben und ist mit ihr in den Film gegangen. Denn schließlich will er ein wahrer Gentleman sein. Komisch nur, dass er mit seinen siebenundzwanzig Jahren noch nie eine Freundin hatte. Geknutscht hat er auch noch nie, und den einzigen Körperkontakt, den er mit Frauen hatte, war in einem Kurs für afrikanische Trommeltänze. Das frustriert Alfred inzwischen und er versteht nicht, was er falsch macht. Er ist doch zu allen immer so nett.

Viele *Nice Guys* imitieren Frauen und passen ihr Verhalten dabei dem weiblichen Verhalten an. Das ist ihre unterbewusste Strategie, um bei Frauen anzukommen. Sie glauben, wenn sie nur nett und lieb genug sind und viel über ihre Gefühle sprechen, werden die Frauen irgendwann bemerken, was für tolle Männer sie sind, und sich in sie verlieben. **Dabei verlieren sie aber etwas ganz Entscheidendes: ihre Männlichkeit, also die Eigenschaft, der männliche Gegenpol zu sein, den sich jede Frau so sehnlich wünscht.** Denn es stimmt zwar, dass Frauen bestimmte eher „weibliche" Eigenschaften auch bei Männern schätzen, wie zum Beispiel Kommunikationsfähigkeit, Einfühlungsvermögen und einen gewissen Sinn für Romantik. Doch manche *Nice Guys* (wie Alfred in unserem Beispiel) übertreiben das. Manchmal müsste man ihnen dann nur noch die Fingernägel lackieren und ihnen eine Gucci-Tasche in die Hand drücken, damit sie mit Ina und Tina beim Kaffeeklatsch sitzen könnten, ohne groß dabei aufzufallen. Solche Männer werden von Frauen vielleicht als „männliche Freundin" oder als Handtaschenträger akzeptiert, aber nicht als potenzielle Partner gesehen.

Wenn du jetzt denkst, dass ich hier nur von käseweißen Schwächlingen mit Oberarmen dünn wie Strohhalmen rede oder dass nur ein kleiner Teil der Männer vom *Nice-Guy*-Syndrom betroffen ist, irrst du dich. Es betrifft sehr viele, denn auch wenn die Symptome bei jedem Mann unterschiedlich stark ausfallen, ist das Problem dahinter doch weit verbreitet. Da wir in unserer christlichen Welt aber alle so furchtbar nett zueinander sind, wird diese Wahrheit nur selten ausgesprochen, denn sie gilt irgendwie als anstößig.

Vielleicht bist du jetzt empört, doch wenn du ehrlich in dich hineinhörst, kannst du eine leise Stimme vernehmen, die sagt: *„Es ist zwar eine unschöne Wahrheit, aber es stimmt leider."* Denn wir Christen unterscheiden uns, wenn es um das Thema Partnerwahl geht, von dem nichtgläubigen Teil der Welt oft nur dadurch, dass wir neben den Auswahlkriterien Schönheit, Erfolg und Selbstbewusstsein von unserem potenziellen Partner auch noch erwarten, dass er oder sie ein standfester Christ ist. Als ich das zum ersten Mal feststellte, war ich schon kurz enttäuscht.

Aber dann schaute ich mir genauer an, wieso Frauen so wenig mit *Nice Guys* anfangen können, und was man dagegen tun kann. Dabei fand ich ein paar spannende Dinge heraus: Du musst wissen, dass Liebe und Anziehung nicht auf bewussten Entscheidungsprozessen und logisch abgewogenen Fakten beruhen. Kein Mann stellt sich hin und sagt: *„Also rational betrachtet ist es bestimmt klug, sich in diese Frau dort vorne zu verlieben. Ich will meinem Gehirn signalisieren, sie demnächst attraktiv zu finden."* Ebenso wenig tun Frauen das. **Stattdessen entstehen die Gefühle der Anziehung und des erotischen Interesses auf einer instinktiven und unterbewussten Ebene.** Sie sind Produkte einer Urkraft, die es seit Beginn der Welt gibt und der wir uns nur schwer widersetzen können. Das Unterbewusstsein einer Frau ist nun so geschaffen, dass sie einen Mann instinktiv auf bestimmte Punkte hin überprüft, sobald sie sich näher für ihn zu interessieren beginnt. Es stellt dann zum Beispiel folgende Fragen:

> Ist er stark genug, um dich und euren möglichen Nachwuchs beschützen zu können? Kann er seinen Mann stehen und sich in einer sozialen Gruppe, zum Beispiel bei einer Diskussion, gegen andere behaupten? Kannst du dich in schwierigen Zeiten oder brenzligen Situationen auf seine Führung verlassen und bei ihm Geborgenheit finden? Hat er Ziele und weiß, wo er im Leben hin will? Verfügt er über einen gesunden Körper und über gutes genetisches Erbmaterial für eure zukünftigen Kinder?

Ein Suchraster, durch das jeder *Nice Guy* gnadenlos durchfällt! Und es nutzt nichts, sich aufzuregen oder darüber zu jammern, dass Frauen so geschaffen sind, denn es sind tief verankerte natürliche Prozesse, die hier ablaufen. Frauen merken es oft einmal selbst nicht, wenn dieses Programm in ihrem Inneren anläuft.

Bei uns Männern ist es übrigens dasselbe: Wir haben ebenfalls ein solches Programm in uns, auch wenn es anders aussieht. Sobald wir einer Frau begegnen, scannt unser Auge automatisch ihre Silhouette ab, und wenn sie bestimmte Proportionen aufweist, finden wir sie attraktiv oder eben nicht. Grund dafür sind Instinkte, die uns aufgrund der Körperform einer Frau Rückschlüsse auf ihre Fähigkeit, Kinder zu gebären, ziehen lassen. Erst nachdem dieses instinktive Programm abgelaufen ist, fließen unsere persönlichen Vorlieben und Wünsche in die Gesamtrechnung, ob wir eine Person attraktiv finden, mit ein.

Doch woher kommen diese Instinkte? Ich bin kein Anhänger der Evolutionstheorie, aber ich glaube, dass Gott den Lebewesen seiner Schöpfung die Fähigkeit zur Anpassung gegeben hat. Im Laufe der Zeit haben wir Menschen uns den Herausforderungen des Lebens gestellt und bestimmte Überlebensstrategien entwickelt, die noch heute am Wirken sind: die Instinkte. In diesem Buch stehen die weiblichen Instinkte im Fokus, weil sie dir helfen werden, weibliches Verhalten besser nachvollziehen und verstehen zu können.

Der Ursprung unserer Instinkte liegt in der Frühzeit des Menschen. Als sie gerade erst aus dem Paradies geflogen waren und sich in kleinen Gruppen durch die Steppe bewegten, lebten unsere Vorfahren in ständiger Angst vor wilden Tieren und waren den Widrigkeiten einer vom Sündenfall betroffenen Natur ausgeliefert. Die Instinkte halfen ihnen dabei zu überleben. Zu ihren prominentesten Vertretern gehört die „*Fight or flight*"-Reaktion. Sie lässt uns in bedrohlichen Situationen zittrig werden, unsere Hände werden feucht, unser Magen fühlt sich flau an und das Adrenalin schießt in unsere Blutbahnen. Unseren Vorfahren half das früher, vor feindlichen Kriegern oder Säbelzahntigern davonzurennen. Heute erleben wir dieselbe Reaktion mit ihren körperlichen Symptomen zum Beispiel vor stressigen Klausuren oder wenn wir einen Vortrag halten müssen und am liebsten weglaufen würden.

Die Instinkte stecken also auch heute noch in uns. Doch die schrittweise Zivilisierung des Menschen sowie die moderne Erziehung und konsumorientierte Rollenbilder haben viele unserer alten Instinkte für

überflüssig erklärt. Wir Männer mussten uns anpassen und haben dabei vieles, was eigentlich unserer Natur entspricht, verdrängt. Das traurige Ergebnis ist der *Nice Guy*, der nur noch wenig mit dem Mammutjäger von früher zu tun hat und eben bloß nett statt männlich-wild ist. Wenn heutzutage viele Frauen darüber klagen, dass die Herren der Schöpfung in ihren Augen viel zu schwach geworden sind und es keine „echten Männer" mehr geben würde, kommt dadurch ihre tiefe Sehnsucht nach bestimmten männlichen Verhaltensweisen und alten Instinkten zum Ausdruck, die uns andere Frauen wiederum im Kindergarten oder in der Schule abtrainiert haben. Frauen suchen aber nach wie vor nach Männern, die ihnen das geben, wonach sie sich seit Jahrtausenden instinktiv sehnen.

Eine ganze Reihe von Frauen nutzt *Nice Guys* aus, lässt sie zum Beispiel bei Umzügen helfen, missbraucht sie als private Handwerker oder als wandelnde Geldbörse und Getränkespender an der Bar. Sie haben gelernt, dass sie diesen Männern nur hin und wieder kleine Gunstbezeugungen zuwerfen müssen, um sie bei der Stange zu halten. Doch für eine feste Beziehung oder gar Ehe muss dann schon ein richtiger Kerl her.

Das Tragische an den *Nice Guys* ist neben ihrer völlig falschen Strategie auch die Tatsache, dass sie meinen, durch ihr unterwürfiges Verhalten besonders echt und authentisch zu sein, weil man sich als richtiger Gentleman doch so verhalten müsse. Schließlich sieht man es doch ständig so in irgendwelchen Filmen, und was der Mensch oft genug sieht, das glaubt er irgendwann und beginnt es nachzuahmen. (Auf dieselbe Weise lernen wir übrigens auch im Babyalter zu laufen und die ersten Worte zu bilden – wir beobachten unser Umfeld und ahmen es nach.) Wenn du aber genauer hinschaust, erkennst du, dass sich die *Nice Guys* in Wahrheit furchtbar verstellen. **Sie versuchen, Frauen eine kurzfristig aufpolierte Version ihres Ichs zu verkaufen und sie durch Höflichkeit und Geschenke in eine Beziehung hineinzumanipulieren.** Nicht gerade authentisch.

„Aber halt", sagst du jetzt, *„geben die Statistiken den Nice Guys nicht recht?"* Denn fragt man Frauen auf der Straße, was für Eigenschaften sie bei Männern am meisten schätzen, heißt es doch immer: 1.) Humor, 2.) Treue, 3.) dass er ein zuvorkommender Gentleman ist.

Ich stelle dir die Gegenfrage: Was siehst du in der Wirklichkeit deines Alltages? Während der liebe Günther der hübschen Gisela doch nur seine Kaninchenzucht zeigen und mit ihr keusch über Cappuccino-Geschmackssorten reden wollte, verabschiedet die sich plötzlich unter einem fadenscheinigen Vorwand und fährt lieber mit dem fiesen Frieder auf dem Motorrad zum Campen nach Italien – und zwar im Zweimannzelt! Ich möchte dir an dieser Stelle ein Geheimnis verraten: **Was Frauen *sagen*, dass sie wollen, und was sie *wirklich* wollen, sind manchmal zwei verschiedene Dinge.**

Denn Frauen lernen in unserer Gesellschaft und erst recht in unseren christlichen Gemeinden früh, was man von ihnen erwartet und was sie brav zu antworten haben, wenn der Pastor fragt. Fast jede Frau, die ich kenne, findet zum Beispiel den Film *„Notting Hill"* gut, und viele schwärmen dabei vom Hauptdarsteller Hugh Grant. Er spielt darin einen introvertierten Mann, der um die Liebe seines Lebens kämpft (oder sagen wir besser: wimmert). Würden die gleichen Frauen so einen Waschlappen aber im echten Leben treffen, wäre es mit der Begeisterung schnell vorbei. Er würde durch ihr Raster fallen, eben gerade, weil er so starke weibliche Züge aufweist. **Den meisten Frauen reicht nämlich *ein* femininer Teil in einer Beziehung – und das sind sie selbst!** Außerdem wollen sie einen richtigen Kerl und keinen Bubi, auch wenn der für hundertzwanzig Minuten Hollywood-Märchen ab und zu mal taugt.

Ich will damit nicht sagen, dass sich Frauen ständig verstellen und dir etwas vorlügen. Aber ich möchte dir zeigen, dass wir Menschen oft versuchen, einander nicht zu verletzen, und dabei eine gewisse Oberflächlichkeit an den Tag legen. Viele christliche Frauen hören zwar, welche Art von Mann sie laut dem Pastor oder ihren Eltern wählen sollten. Aber zugleich spüren sie, dass es sie in eine andere, wildere und lustvollere Richtung zieht, wodurch sie in einen Zwiespalt kommen: Auf der einen Seite ist da der *Nice Guy* aus der Gemeinde, der im Konfirmationsanzug und mit dem Rosenstrauß vor der Tür wartet, auf der anderen Seite der freche und leicht anzügliche Typ aus dem Volleyballverein, der bei den Mädels gut ankommt, es mit dem Glaubensleben aber nicht so ernst nimmt. *„Ich weiß, dass er mir nicht guttut, aber irgendwie fühle ich mich trotzdem zu ihm hingezogen"*, ist in solchen Situationen eine typische Aussage, und der *Nice Guy* wird dann oftmals bloß als Kumpel-Freund betrachtet, den man nicht verletzen möchte.

Vielleicht bist du beim Lesen der letzten Seiten ein bisschen wütend auf Frauen geworden. Doch wir können das Spiel genauso gut auch anders herum spielen: Mit welcher Frau würdest du denn lieber eine Verabredung haben, mit dem braven, aber langweiligen Mauerblümchen im grauen Kleid und der Bibel unter dem Arm – oder dem durchgestylten Model mit dem viel zu kurzen Rock und dem verführerischen Augenaufschlag? Welche dieser beiden Frauen hing früher als Poster an deiner Zimmerwand oder schlich durch deine Träume? **Wir Menschen suchen in unserem Partner neben Gemeinsamkeiten im Glauben und gemeinsamen Interessen eben auch einen gewissen sexuellen Reiz, etwas Wildes und Unberechenbares.** Und Frauen brauchen das mehr als Männer, denn ihre Rolle ist besonders in unseren christlichen Gemeinden oft auf die der sanften, ruhigen Mutter festgelegt. Da braucht es einen Ausgleich, einen männlichen Gegenpol, der eben anders ist als die typischen Wesenszüge einer Frau. Doch woher soll der kommen in einer Gesellschaft, die ständig versucht, Männer zu zähmen, und sie systematisch, schon im Kindergarten, zu *Nice Guys* erzieht? Trotzdem hört man junge Frauen nur selten über ihre Bedürfnisse und diese Wahrheiten sprechen. Aus Angst vor gegenseitigen Verletzungen nimmt man davon erst gar nicht Notiz und sucht lieber woanders weiter. Das ist schade. Denn die Wahrheit – auch wenn sie kurz weh tut – wäre oft besser.

So aber bleibt alles beim Alten und dieselbe Geschichte wiederholt sich von einer Generation zur nächsten: Während die netten Jungs schüchtern mit einem Getränk in der Ecke einer x-beliebigen Jugendkreisparty oder einer Disko stehen und sich nicht recht an die Frauen herantrauen, greifen sich die frechen, vorlauten Typen auf der Tanzfläche die heißen Mädels ab. Typen, die oft alles andere als gut, nett und treu sind, ganz im Widerspruch zu dem, was viele Frauen bei Straßenumfragen so von sich geben.

Diese Sorte Jungs, bei denen jeder Jugendpastor sorgenvoll die Augenbrauen hochzieht, sind auch als *„Bad Boys"* („böse" bzw. „harte Kerle") bekannt. In der Regel entspricht der typische *Bad Boy* nicht dem klassisch-romantischen Ideal eines Gentlemans, und oft hat man sogar den Eindruck, dass er Frauen auch nicht als gleichwertiges Gegenüber ansieht. Manche *Bad Boys* reden sogar ziemlich abfällig vom schönen Geschlecht und prahlen damit, wie viele Mädels sie bereits ins Bett gekriegt haben. Doch trotz ihrer Rüpeleien und Frechheiten sind sie stets die Ersten, die auf dem Sommerbibelcamp oder bei der Party eine Frauengruppe um sich geschart haben. *Nice Guys* machen meist einen Bogen um solche Typen, beneiden sie aber insgeheim.

> In der siebten Klasse war ich eher zurückhaltend und schüchtern gegenüber Frauen. Ganz anders dagegen Dominik: Er war ein lebhafter, frecher Junge, der die Mädels immer wieder

mit seinen Späßen ärgerte und provozierte. Manchmal war er dabei aber auch ziemlich egoistisch. Oft dachte ich: „Jetzt hat er es übertrieben, das werden ihm die Frauen nicht verzeihen!" Doch irgendwie schaffte er es immer wieder mit einem frechen Lächeln und einem „Sorry, war doch nur ein kleiner Spaß ..." davonzukommen. Vielen Mädchen gefiel seine freche und wilde Art sogar. Er war bei ihnen recht beliebt, wurde auf jede Party eingeladen und hatte schon früh eine Freundin.

Der Erfolg scheint den *Bad Boys* Recht zu geben, und deshalb kommt es immer wieder vor, dass frustrierte *Nice Guys* eine totale Kehrtwende hinlegen. Sie beschließen dann, *„auch so ein Arschloch"* zu werden, auf das die Frauen ja scheinbar stehen, fallen dabei aber oft bloß auf der anderen Seite vom Pferd und übertreiben es. Deshalb rate ich dir entschieden davon ab, dich auf „die dunkle Seite" zu schlagen. Am Ende dieses Weges steht nämlich ein unreifer und verletzter Mann, der es nicht geschafft hat, über seine früheren Enttäuschungen hinwegzukommen, und der nun meint, sich durch sein schlechtes Verhalten an den Frauen rächen zu müssen. Wenn du genauer hinschaust, wirst du feststellen, dass viele *Bad Boys* ihr Leben nicht wirklich im Griff haben und unter Alkohol- und Drogensucht, emotionalen Problemen oder anderen Dingen leiden. Trotzdem fühlen sich Frauen mehr zu den bösen Jungs hingezogen als zu den netten, weil sie einfach interessanter, wilder und abenteuerlicher sind und dadurch den männlichen Gegenpol verkörpern, nach dem sich jede Frau unterschiedlich stark sehnt.

Ich gebe zu, dass die Einteilung in *Nice Guys* und *Bad Boys* etwas vereinfacht ist. Trotzdem lassen sich die meisten Männer mehr oder weniger einer dieser beiden Gruppen zuordnen. Hat man als Mann also nur die Wahl zwischen „nett, aber langweilig" und „böse, aber interessant"? **Nein, denn zum Glück gibt es noch einen Mittelweg – den Weg des Eroberers.** Er ermöglicht es dir, großen Erfolg bei Frauen zu haben, ohne dass du dabei gewissenlos handeln musst. Und keine Sorge: Du musst dich dafür nicht verstellen und auch kein schwertschwingender Wikinger werden, der in seiner Freizeit mit bloßen Händen Grizzlybären erwürgt. Der **Eroberer** kombiniert das Männlich-Wilde der *Bad Boys* mit dem Einfühlungsvermögen und der Integrität der *Nice Guys* und verbindet somit das Beste aus beiden Welten. Das Schlechte wirft er einfach über Bord.

Auf diesem Weg wirst du sogar mehr Erfolg bei Frauen haben als die *Bad Boys*, deren negative Seiten früher oder später einen Schatten auf ihre Beziehungen werfen. Doch wie geht man auf diesem Weg des Eroberers und wie findet man ihn? Bevor ich das beantworte, werfen wir noch kurz einen Blick in die Geschichte.

Der Schatten der Ritterlichkeit

Ich war früher ein *Nice Guy*, wie er im Buche steht – tiefromantisch, sensibel und gegenüber Frauen eher zurückhaltend. Das Ergebnis war, dass ich so gut wie keine Frauen kennenlernte, geschweige denn in eine Beziehung kam. Als ich dann jedoch erfuhr, wie man richtig mit Frauen umgehen und flirten kann, begann ich mich zu fragen, woher meine falschen Glaubenssätze von damals eigentlich gekommen waren und wo sie ihren Ursprung hatten. *Nice Guys* bezeichnen sich oft als tugendhaft und ehrenvoll oder – um es mit einem altmodischen Wort zu sagen – als „ritterlich". Dieses Wort brachte mich schließlich auf die richtige Spur.

Stöbert man in der Geschichte, findet man schnell heraus, dass das ritterliche Idealbild unser heutiges Verständnis vom Gentleman stark geprägt hat. Es entstand in der Zeit des Hochmittelalters (1170–1250 nach Christi Geburt) und erlebte dann durch Ritterromane und Gedichte im Zeitalter der Romantik eine zweite Popularitätswelle in Deutschland. Dieses Idealbild entstand aber zu einer Zeit, als die Ritter alles andere als ritterlich waren. Die meisten waren damals ziemlich wilde Kerle in zerbeulten Rüstungen und bei den Bauern und Händlern als Räuber verschrien. Sie waren wenig zimperliche Zeitgenossen, deren Handwerk darin bestand, anderen Kriegern kräftig eins mit dem Schwert oder der Streitaxt überzubraten. Man kann sie sich ein bisschen wie die Mitglieder einer heutigen Motorrad-Gang vorstellen und sie verhielten sich gegenüber Frauen oft grob und ungehobelt, nach dem Motto: *„Ich bin stärker als du, also darf ich mit dir machen, was ich will."* Irgendwann hatten bestimmte Adelskreise und auch die Kirche die Nase voll von diesen gepanzerten Rüpeln. Sie entwarfen das Bild eines *guten Ritters*, der von christlichen Werten, Edelmut und Anstand – insbesondere Frauen gegenüber – geprägt sein sollte. Dieses Bild wurde anschließend durch umherziehende Minnesänger (diese waren zu der damaligen Zeit das wichtigste „Massenmedium", so wie für uns heute der Fernseher) in alle Himmelsrichtungen verbreitet. Auf einmal wurde es unter den Rittern modern, sich gesittet zu benehmen und Frauen – bildlich gesprochen – auf ein Podest zu stellen. Der sogenannte „Minnedienst" an einer Frau kam auf und wurde zu einem zentralen Element der höfischen Kultur. So verankerte sich das neue Bild immer mehr im Selbstverständnis der Ritter.

Dieses Bild hatte man von Anfang an als ein Idealbild konzipiert, das heißt als ein unerreichbar hohes Ziel, nach dem man zwar streben, das man aber eigentlich nicht erreichen konnte. Und vor allem: Man entzog ihm den erotischen Charakter und verschob diesen in eine theoretisch-philosophische Dimension. Dadurch sollten Frauen besser vor den sexuellen Übergriffen der Ritter geschützt werden. Das Ideal vom unsterblich verliebten Edelmann entstand, der auf den Knien um die Gunst seiner Herzensdame buhlt, sie geradezu vergöttert und bereit ist, alles für sie zu tun.

Es dauerte eine Weile, aber der Plan ging auf. Es entstand ein romantisch verklärtes Bild von Liebe, und die Macht lag nun in den Händen der Frauen, die dadurch vor dem groben Verhalten der Männer geschützt waren. Es war ein schönes und idealistisches Bild. Doch zugleich leider auch ein völlig unpraktisches Bild, das mit dem echten Leben nicht viel zu tun hat (auch wenn der Disney-Konzern es später begeistert für seine Filme aufgegriffen hat). **Denn die meisten Frauen wollen keinen Liebesverse säuselnden Bubi als Anhang, sondern einen Mann, der mit beiden Beinen im Leben steht und entschlossen handelt.**

Ich plädiere damit nicht für einen Rückfall ins Barbarentum. Viele Einzelheiten des ritterlichen Idealbildes sind gut und empfehlenswert. Doch als Ganzes taugt es nicht. In der Literatur ist die Figur des Don Quijote die Karikatur, also eine ins Lächerliche gezogene Darstellung dieses Rittertums: eine arme verwirrte Gestalt, die nicht mehr ganz in die moderne Zeit passt. Und so geht es auch vielen Männern heute, die sich zu sehr in dieses Idealbild verrannt haben.

Hin- und hergerissen zwischen den hohen Ansprüchen an sich selbst auf der einen und ihren Gefühlen und Trieben auf der anderen Seite, verklären sie Frauen oft zu feenhaften Überwesen, merken aber zugleich, dass dadurch eine Annäherung praktisch unmöglich wird. Ich möchte dich an dieser Stelle ermutigen, deine innere Haltung auf solche unrealistischen Idealvorstellungen hin zu überprüfen, denn sie können dir sehr im Weg stehen. **Finde die Mitte zwischen Wildheit und Ritterlichkeit.** Denn wer immer nur Idealen nachjagt und in Frauen engelsgleiche Geschöpfe sieht, wird es schwer haben, die in der realen Welt existierenden Frauen mit ihren Wünschen und Sehnsüchten zu erobern.

> Eine Freundin sagte mir, als sie zweiundzwanzig Jahre alt war: „Weißt du, es gibt schon nette Jungs in christlichen Kreisen. Aber die sind alle so unglaublich langweilig und harmlos! Wenn ich im Sommer mit einem kurzen Kleid an einer Baustelle vorbeilaufe und die Bauarbeiter pfeifen mir hinterher, dann tue ich zwar so, als ob mich das stört, und zeige mich genervt. Aber in Wahrheit muss ich innerlich schmunzeln und es gefällt mir – weil ich merke, dass sie mich als attraktive Frau wahrgenommen haben. Christliche Männer sind dagegen oft einfach viel zu brav und zeigen ihr männliches Interesse an einer Frau zu wenig."

Solche Aussagen habe ich schon von vielen Christinnen gehört. **Der Grund ist, dass Frauen – und seien sie noch so fromm und erfüllt vom Heiligen Geist – immer noch Frauen sind.** Und alle Frauen wollen begehrt und erobert werden, einen Mann verzaubern und erfüllende Sexualität erleben. Deshalb schminken sie sich stundenlang, probieren zehn verschiedene Kleider an und kontrollieren ihr Aussehen in jeder spiegelnden Oberfläche, die auf ihrem Weg zum Club oder zu einem Date auftaucht. Sie tun das nicht für sich selbst, weil es sich für sie einfach gut anfühlt, auch wenn sie dir das manchmal weismachen wollen. Denn seien wir einmal ehrlich: Welche Frau kennst du, die sich vor einem Filmabend mit ihrem Mädelshauskreis aufwendig schminkt oder sich, wenn sie allein zu Hause ist, in ein extra schickes Kleid wirft, weil „*es sich so gut anfühlt*"? Ich kenne keine.

Sie tun es für uns Männer, damit wir ihnen unsere Bewunderung, Aufmerksamkeit und Liebe schenken, und manchmal auch, um andere Frauen zu übertrumpfen. **Sie wollen wissen, dass sie schön sind und dass du sie begehrst.** Nur solltest du das geschickt und im richtigen Rahmen kommunizieren. Ich rede also nicht von dumpfen Anmachsprüchen und sexuell belästigendem Verhalten, sondern von einer feineren Art der Kommunikation, die man Flirten nennt. Wie du das am besten anstellst, erfährst du ausführlich in den späteren Kapiteln.

Teil 2

Der „Alpha-Mann"
oder: Wieso manche Männer bei Frauen besonders gut ankommen

Die große Frage, die ich trotz meines dreißigjährigen Studiums der weiblichen Seele nicht zu beantworten vermag, lautet: „Was will eine Frau eigentlich?"
Sigmund Freud, Begründer der modernen Psychoanalyse

Im Kapitel über die *Nice Guys* und die *Bad Boys* sind dir sicher schon ein paar Dinge aufgefallen, die bisher in deinem Leben nicht so gut gelaufen sind, und vielleicht deprimiert dich das ein bisschen. Doch ich kann dich beruhigen: So geht es vielen Männern, wenn sie anfangen, sich intensiver mit dem Thema Partnerfindung zu beschäftigen. Und es ist gut, dass dir Fehler aus deiner Vergangenheit bewusst werden, denn das zeigt, dass du auf dem richtigen Weg bist, dich zu verändern und weiterzuentwickeln. Es ist wie beim Bodybuilding: Zuerst kommen der Schmerz und der Muskelkater durch das Training, danach erst kommt das Muskelwachstum. In diesem Kapitel wollen wir ein paar Geheimnisse lüften, über die sich fast jeder Mann schon einmal den Kopf zerbrochen hat. Wir wollen uns anschauen, wonach Frauen bei der Partnerwahl Ausschau halten, wieso sie das tun und wie du das nutzen kannst, um mehr Erfolg bei Frauen zu haben.

Sobald mehr als zwei Menschen auf einem Haufen sind, spricht man von einer Gruppe. Das können drei Freunde sein, die zusammen eine Urlaubstour durch Italien machen, oder ein ganzer Fußballverein. Und in jeder dieser sozialen Gruppen gibt es Rangstufen und Hierarchien. Du kennst das sicher aus Filmen und Fernseh-Serien – taucht dort eine Gruppe auf, sind die Rollen meistens klar verteilt: Es gibt den Anführer, den Cleveren, den Witzigen, den Starken etc. In Filmen werden diese Charaktere und ihre Eigenschaften oft übertrieben dargestellt, denn in der Realität kann man die einzelnen Gruppenmitglieder nicht so einfach in irgendwelche Schubladen stecken. Doch ganz so weit weg von der Realität ist diese Darstellung trotzdem nicht.

Auch im echten Leben suchen wir uns eine Rolle in einer Gruppe, egal, ob es sich um unsere Freundesclique, eine Rockband, ein Unternehmen oder die Gemeinde handelt. Psychologen haben herausgefunden, dass wir sogar in unserer Herkunftsfamilie nach einer Rolle suchen, mit der wir uns von unseren Geschwistern und Eltern unterscheiden. Da gibt es zum Beispiel den wilden Typen, der oft aus dem Rahmen fällt, daneben seinen stillen Bruder und das verwöhnte Nesthäkchen. Unterbewusst analysieren wir unser soziales Umfeld ständig, stufen dabei die Rangstellung der anderen Gruppenmitglieder ein und ziehen daraus Rückschlüsse auf unsere eigene Position innerhalb der Gruppe.

Fühlen wir uns den Anführern oder der Mehrheit der anderen Gruppenmitglieder überlegen, sind wir bereit, die Gruppenführung zu übernehmen oder diese sogar mit Gewalt an uns zu reißen. Haben wir stattdessen aber das Gefühl, dass bereits erfolgreiche Anführer vorhanden sind, ordnen wir uns lieber erst einmal unter, um eventuell später in der Hierarchie aufzusteigen.

Diese sozialen Gruppeninstinkte sind angeboren und es hat sie schon immer gegeben. Sie bestimmen Gruppenstrukturen schon seit Jahrtausenden, egal ob du an die Mammutjäger der Steinzeit denkst, an Indianerstämme, moderne Unternehmen oder an Fußballvereine. Du kannst sie sogar bei spielenden Kindern im Sandkasten beobachten und erst recht in Schulklassen: Dort gibt es fast immer einen oder zwei Anführer mit ihren Unteranführern, dann die breite Masse der Mitläufer und am unteren Ende der Leiter ein paar sture Verweigerer, Sonderlinge und Prügelknaben, die traurigerweise oft gemobbt werden. Das klingt jetzt vielleicht wenig freundlich, trotzdem sind diese Gruppenstrukturen wichtig für uns. Denn als Menschen brauchen wir schützende Ordnungen, in denen wir friedlich zusammenleben und uns entfalten können. Das kannst du gut erkennen, sobald eine Gruppe ohne Anführer dasteht:

Meistens wird sie dann schnell orientierungslos, verfällt in Untätigkeit oder löst sich sogar in Streit und Kampf auf.

„Schön und gut", denkst du jetzt, *„aber was hat das alles mit dem Thema Partnerwahl zu tun?"* Eine ganze Menge! Denn welche Gruppenmitglieder, glaubst du, haben den größten Erfolg bei Frauen? Denke an deine Schulzeit zurück! Welche Jungs waren ständig von den hübschen Frauen umgeben und bei jeder Party eingeladen? **Es ist eine offensichtliche Tatsache, dass Frauen sich von Gruppenanführern sehr stark angezogen fühlen.**

Unterbewusst bewertet jede Frau die Männer in ihrem Umfeld nach deren sozialer Rangstellung und zieht daraus Rückschlüsse auf ihren Wert als potenzielle Partner. Denn je höher die Rangstellung eines Mannes ist, umso besser kann er seine Frau innerhalb der Gruppe versorgen und beschützen. Erinnere dich an die Fragen aus dem letzten Kapitel, auf die das weibliche Unterbewusstsein uns Männer instinktiv abklopft. Fällt die Antwort auf die Mehrheit dieser Fragen positiv aus, signalisiert das der Frau: *„Er hat einen hohen Status, er wird geachtet und respektiert. Er ist ein guter Fang als Partner und du musst ihn haben!"* Als Gruppenanführer hat man dabei natürlich die besten Karten.

In der Biologie gibt es den Begriff des „Alpha-Männchens". Damit ist das männliche Tier gemeint, das ein Rudel oder eine Gruppe anführt und sich dort mit den meisten Weibchen paart. In der Flirtcoach-Szene hat man diesen Begriff übernommen und spricht deshalb vom **„Alpha"**, wenn man den Anführer und Bestimmer einer Gruppe meint. Ich will damit nicht sagen, dass wir Menschen Tiere sind, doch hat sich der Begriff vom Alpha inzwischen als fester Ausdruck etabliert und ich finde, er drückt ziemlich gut aus, worum es hier geht. **Frauen halten in Gruppen immer Ausschau nach dem Alpha oder den Alphas, denn manchmal gibt es mehrere von ihnen.** Haben sie die Gruppenanführer ausgemacht, versuchen sie oft, diese für sich zu gewinnen.

Dabei halten Frauen vor allem nach bestimmten *Eigenschaften* die Augen offen, die Alphas in der Regel besitzen und durch die sie oft in die Leitungsposition einer Gruppe gekommen sind. Zusätzlich spielen aber auch äußere Merkmale eine Rolle. **Der wahre Grund, wieso reiche und mächtige Männer bei Frauen so erfolgreich sind,** liegt in dem weiblichen Bedürfnis nach Sicherheit und Schutz für sich selbst und die gemeinsamen Kinder.

Signalisierte früher eine bestimmte Kleiderfarbe, ein kostbarer Schmuck oder eine Krone, dass ein Mann der Anführer einer Gruppe war, so tut dies heute der Porsche, der teure Anzug oder die Rolex-Uhr. Die Symbole haben sich im Lauf der Zeit zwar gewandelt, die Absicht dahinter aber nicht: Sie sollen den eigenen hohen Gruppenstatus nach außen hin sichtbar machen und zeigen: *„Ich bin ein Alpha!"* Und es funktioniert: Wenn du mit einem Lamborghini die Straße entlangfährst, sind dir die Blicke sämtlicher Frauen gewiss.

Ihr Unterbewusstsein signalisiert ihnen einfach, dass Alpha-Männer die beste Wahl sein *müssen,* **weil sie schließlich an der Spitze der Gesellschaft stehen.** Doch das stimmt nicht immer! Denn Geld und Macht sind nur die Früchte eines Alpha-Mannes, nicht aber der Ursprung seiner Kraft. Ein reicher Mann kann sein Geld zum Beispiel auch nur geerbt haben, ohne dass er dafür irgendetwas leisten musste. Oder er kann durch einen glücklichen Zufall an seinen Reichtum gekommen sein, indem er zum Beispiel eine Smartphone-App entwickelt hat, die Furzgeräusche imitiert und massenhaft von pubertären Jungs heruntergeladen wurde. Und wie viele reiche und berühmte Rockstars gibt es, die scharenweise von Frauen angehimmelt werden, menschlich gesehen aber eine Katastrophe sind! **Diese Männer besitzen zwar Geld und Macht als starke Anziehungspunkte für Frauen, haben aber nicht die entsprechende** *Persönlichkeit* **eines reifen Mannes, eines echten Alphas.** Verlieren sie dann plötzlich ihr Geld und ihre coolen Autos, bleibt nichts mehr von ihrem Alpha-Status übrig.

Ich will dir damit sagen, dass du niemals an das Märchen glauben sollst, dass solche Männer irgendwie besser wären oder attraktive Frauen mehr verdient hätten als du. Das sind Lügen, die von solchen in die Welt gesetzt werden, die sich Konkurrenz vom Leib halten wollen. Und es ist absoluter Schwachsinn! Einer der berühmtesten Flirtcoachs Deutschlands, Maximilian Pütz, war nach eigenen Aussagen jahrelang Sozialhilfeempfänger. Trotzdem war er in Edeldiskos unterwegs und schnappte dort den reichen Männern die Frauen vor der Nase weg.

Du solltest unbedingt verstehen, dass du gut genug bist, um attraktive Frauen zu erobern, und dass du dafür kein tolles Auto und auch sonst keine materiellen Gimmicks brauchst. Alles, was du brauchst, sind die Eigenschaften und Verhaltensweisen des Alpha-Mannes. Hast du sie übernommen, wirst du deine Anziehung auf Frauen nie verlieren, egal wie es auf deinem Bankkonto aussieht. **Eigenschaften zählen also oftmals mehr als Äußerlichkeiten.** Aus diesem Grund ist zum Beispiel auch nicht jeder Abteilungsleiter einer Firma automatisch auch ein Alpha. Vielleicht wurde er nur deshalb auf diesen Posten befördert, weil er brav und ohne aufzumucken das tut, was ihm die oberste Chefetage befiehlt, während in Wahrheit einer seiner Untergebenen das höchste Ansehen innerhalb der Gruppe und bei den Frauen genießt, weil er über die Eigenschaften des Alpha-Mannes verfügt.

Natürlich gibt es verschiedene Führungsstile: vom egoistischen, aber erfolgreichen Ellbogentyp angefangen bis hin zum konsensorientierten und freundlichen Alpha. Beide Typen können großes Ansehen innerhalb einer Gruppe gewinnen, wobei der Letztere aber deutlich sozialverträglicher ist und deshalb von einer Gruppe langfristig als Anführer bevorzugt wird. **In diesem Buch werden wir uns auf diesen sozial eingestellten Alpha-Typ konzentrieren.**

Doch wie wird man ein Alpha? Am wichtigsten ist dabei deine innere Einstellung. Wenn du die Fähigkeiten des Alpha-Mannes entwickelst und anfängst, dich selbst als solchen zu sehen und dich so zu verhalten, werden Frauen darauf positiv reagieren. Sie werden deine innere Überzeugung wahrnehmen und anfangen, dich wie einen Alpha zu behandeln, eben weil du die Ausstrahlung eines Alphas hast. Im Folgenden wollen wir uns die Eigenschaften des Alpha-Mannes deshalb genauer anschauen.

a.) Kommunikationsfähigkeit und Humor

Ein Alpha zeichnet sich oft dadurch aus, dass er gut auf andere Menschen zugehen kann. Ihm fällt es leicht, mit Menschen ins Gespräch zu kommen, egal ob es sich dabei um seine Freunde oder fremde Personen an der Bushaltestelle oder im Park handelt. Manchmal stellt er einfach eine Bemerkung in den Raum, zum Beispiel *„Brrr, ist das heute wieder kalt"*, oder: *„ Wow, wo willst du denn mit diesem großen Paket hin? "*, und schon entwickelt sich ein Gespräch daraus. Er ist extrovertiert und oft so gesprächig wie eine ganze Gruppe italienischer Austauschstudentinnen.

Außerdem hat er oft einen Scherz oder einen flotten Spruch auf Lager und bringt andere gern zum Lachen, jedoch ohne sich dabei zu verkrampfen oder ständig den Pausenclown spielen zu müssen. Manchmal schlägt er mit seinen Witzen oder Streichen auch etwas über die Stränge. Doch andere Menschen vergeben ihm schnell, weil sie spüren, dass er es nicht böse gemeint hat. Alphas haben immer irgendetwas zu erzählen, sei es eine Geschichte aus ihrem letzten Urlaub oder einfach nur ein Erlebnis, das sie gestern im Baumarkt hatten. Sie genießen die Gesellschaft anderer Menschen und treten oft als Sprecher oder Wortführer einer Gruppe auf. Dabei reißt ein Alpha diese Rolle meistens gar nicht an sich, sie wird ihm von den anderen Gruppenmitgliedern aufgrund seiner offenen und selbstbewussten Ausstrahlung einfach übergeben.

Ein Alpha geht Konflikten nicht aus dem Weg, sondern sucht das Gespräch und versucht dann eine vernünftige Lösung zu erreichen, mit der alle Beteiligten leben können. Gibt es zum Beispiel Ärger mit den Nachbarn, geht er einfach zu ihnen rüber und klärt die Situation in einem ruhigen und freundlichen, aber selbstbewussten Ton. Alphas kommen mit Frauen genauso leicht ins Gespräch wie mit Männern. Oft necken sie Frauen mit einer besonderen Form des frechen Humors, den wir uns später noch genauer anschauen werden (im Kapitel „C&F – frech und witzig"). Mit fremden Frauen reden Alphas manchmal so vertraut und selbstverständlich, als ob sie schon lange mit ihnen befreundet wären, obwohl sie sich erst vor ein paar Minuten kennengelernt haben.

b.) Selbstbewusstsein

Ein Alpha tut oft nur das, was er will, und zieht dabei sein Ding durch. Er fragt sich nicht ständig mit sorgenvollem Blick, was andere von ihm halten könnten, sondern richtet sich nach dem, was er für gut und richtig hält. In dieser Hinsicht lebt er also ziemlich selbstbestimmt. Ein sozialer Alpha-Mann wird dabei aber nicht zum Egoisten, denn er handelt nicht auf Kosten oder zum Nachteil anderer.

Er nimmt Rücksicht und lässt sich auch mal umstimmen, wenn ihn die Argumente der anderen wirklich überzeugen. Zugleich besitzt er aber auch genug Durchsetzungsvermögen, um sein Ding notfalls alleine durchzuziehen, wenn es sein muss, auch gegen den Widerstand seines Umfeldes. Wacht ein Alpha eines Morgens auf und beschließt, sein Haus rosa zu streichen, dann tut er es einfach und pfeift dabei auf die Meinung der Nachbarn. Denn Alphas handeln oft unabhängig von der Meinung anderer Leute. Sie denken zudem eigenständig und hinterfragen immer wieder bestehende Dinge und Ordnungen. Deshalb sind sie gegen Manipulationsversuche auch nahezu immun.

Gibt es ein Problem, sitzen sie nicht heulend in der Ecke, sondern überlegen, welche Lösungsmöglichkeiten es gibt. Geht ihnen einmal etwas schief, schieben sie ihr Versagen nicht auf andere, sondern übernehmen selbst die Verantwortung – auch das ist ein starkes Zeichen von Selbstbewusstsein. Obwohl der soziale Alpha meistens versucht, sein Leben selbst zu regeln, wird er dabei nicht zum Einzelkämpfer. Er kann die Hilfe anderer Menschen dankbar annehmen, weil er weiß, dass eine Hand die andere wäscht. Darum sieht er sich auch nicht als Einsiedler auf einer einsamen Insel, sondern als wichtiger Teil bzw. Kopf einer Gruppe oder eines Netzwerkes.

c.) Soziale Vernetzung

Fast jeder Alpha mag Menschen und ist darum sozial gut vernetzt. Häufig ist er in verschiedenen Gruppen oder Vereinen aktiv. Einem Alpha fällt es leicht, auf neue Gruppenmitglieder und fremde Menschen zuzugehen, weil er neugierig ist und ein ehrliches Interesse an anderen hat. Als unmittelbare Folge daraus verfügt er über einen großen Freundes- und Bekanntenkreis und wird oft zu Geburtstagen oder Partys eingeladen. Dort hebt der Alpha oft schon kurz nach seiner Ankunft die Stimmung durch seine extrovertierte und humorvolle Art. Viele *Nice Guys* mögen Alphas nicht, weil sie insgeheim neidisch auf sie sind.

Ein sozial eingestellter Alpha-Typ ist sich bewusst, was sein Umfeld von ihm erwartet, und handelt entsprechend, soweit es nicht mit seinen eigenen Interessen kollidiert. Er besitzt die Fähigkeit, jedes einzelne Gruppenmitglied einzubeziehen und auch Außenseiter durch seine freundliche Art zu integrieren. Oft kann er andere gut ermutigen und motivieren. Seine Freunde sind ihm sehr wichtig und selbst die hübscheste Frau wird ihn nicht dazu bringen, wertvolle Freundschaften aufzugeben. Meistens hat der Alpha viele Frauen in seinem Bekanntenkreis, und zwar sowohl Flirts als auch Kumpel-Freundinnen.

d.) Selbstbeherrschung

Männer mit Alpha-Status ruhen in sich selbst und sind mit sich und der Welt im Reinen. Sie strahlen eine Ruhe und Gelassenheit aus, bei der selbst Mister Miyagi aus dem Film *„Karate Kid"* neidisch werden würde. Von Gruppenmitgliedern mit niedrigerem Status lässt sich ein Alpha nicht provozieren und zeigt sich davon so unbeeindruckt wie ein Berggorilla, um den ein kleines Äffchen tanzt. Gibt es einmal Zoff unter den übrigen Gruppenmitgliedern, reicht meist schon das bloße Auftreten des Alphas, um die Wogen zu glätten und die Konfliktparteien zu beruhigen.

Ein sozialer Alpha hat gelernt, sich so anzunehmen, wie er ist, und kann auch über seine eigenen Schwächen lachen. In körperliche Auseinandersetzungen ist er selten bis gar nicht verwickelt, da er bereits im Vorfeld deeskalierend wirkt. Außerdem besitzt er ein Auftreten und ein Selbstbewusstsein, das seine Gegner vorsichtshalber einen Schritt nach hinten treten lässt, weil sie mindestens einen schwarzen Gürtel in irgendeiner Kampfkunst vermuten. Ich habe jedenfalls noch nie erlebt, dass ein sozial eingestellter Alpha von sich aus gewalttätig geworden wäre.

Greift man ihn jedoch verbal oder physisch an, wird er sich wehren, sei es durch witzige Bemerkungen, die seinen Gegner lächerlich machen, oder durch einen Faustschlag. Die meisten Alphas versuchen das aber zu vermeiden, denn sie wissen, dass Gewalt im Grunde nichts anderes ist als das Eingeständnis der Unfähigkeit, Konflikte wie ein erwachsener Mensch zu lösen. Es ist ein kindisches Verhalten. Die meisten psychisch gesunden Frauen machen deshalb auch einen großen Bogen um gewalttätige Männer und wollen mit diesen nichts zu tun haben.

e.) Dominanz und Körpersprache

Alphas sind oft „Macher-Typen". Sie formen ihre Umwelt und stoßen Dinge an, sei es ein Ausflug mit den Freunden zum Paintballspielen oder eine Firmengründung. Frauen lieben Männer, die initiativ sind, Entscheidungen treffen und sowohl in einer Gruppe als auch in einer Liebesbeziehung die Führung übernehmen können. Alphas scheuen sich nicht, lautstark Ansprüche für sich oder ihre Gruppe zu erheben, und halten mit ihrer Meinung nicht hinter dem Berg.

Ihre Körpersprache ist meist locker, aber zugleich dominant. Sie legen anderen Menschen oft die Hand auf die Schulter, klopfen ihnen kumpelhaft auf den Rücken, fassen Frauen an der Hüfte, um sie zur Seite zu schieben, und haben generell wenig Hemmungen, jemanden zu berühren (wie dir das beim Flirten helfen kann, liest du später im „KINO"-Kapitel). Meistens tun sie das ganz selbstverständlich und ohne groß darüber nachzudenken.

Noch ein Wort zum Thema Dominanz: Fast alle Stammesführer, Könige oder Präsidenten sind in ihre hervorgehobenen Positionen gekommen, weil sie Alphas waren. Wer aber ständig nur auf seine Führungsrolle pocht und andauernd meint, den Bestimmer spielen zu müssen, ist weit davon entfernt, ein sozialer Alpha-Typ zu sein. Denn der Unterschied zwischen einem Alpha und einem Tyrannen besteht darin, dass sozial eingestellte Alphas es neben ihrem Selbstbewusstsein und der Verfolgung ihrer Ziele auch verstehen, andere Menschen zu begeistern, sie mit einzubeziehen und ihnen Anteil am Erfolg zu geben. Das Wohl der Gruppe ist ihnen nicht egal.

f.) Verantwortung

Alphas übernehmen oft Aufgaben und Verantwortung, vor denen andere zurückschrecken. Sie haben früh gelernt, dass man mit der Verantwortung wächst und die eigene Persönlichkeit dadurch reift. Haben sie ein Projekt oder eine Aufgabe übernommen, sind sie bereit mit anzupacken und Dinge aufzubauen. Deshalb sind sie oft die tragenden Säulen einer Organisation oder Gemeinschaft.

Sozial eingestellte Alpha-Typen übernehmen Verantwortung, schlichten Streit oder klären schwierige Situationen. Sie verachten die Schwachen und Außenseiter nicht, sondern versuchen, sie in die Gruppe zu integrieren. Ein solcher Alpha-Mann steht zu seinem Wort. Er wird zum Beispiel niemals versprechen, dir bei einem Umzug zu helfen, und dann aus lauter Faulheit nicht erscheinen. Zur Not würde er sogar an Krücken zu dir humpeln und sei es auch nur, um die anderen Umzugshelfer mit seiner humorvollen Art aufzuheitern.

g.) Eine Mission

Alphas haben klare Ziele vor Augen und machen Pläne, wie sie diese erreichen können. Das kann die Restaurierung eines alten Motorrads ebenso sein wie das Meistern eines Musikinstruments, Erfolg im Job oder die Annahme einer geistlichen Berufung.

Alphas lieben Herausforderungen und können sehr ehrgeizig sein. Oft verfolgen sie ihre Pläne mit der Unerbittlichkeit einer Abrissbirne. Taucht ein Problem auf, finden sie einen Weg drum herum. Sie sind davon überzeugt, dass sie alles erreichen können, was sie sich vorgenommen haben. Es ist vor allem dieses Selbstbewusstsein, das Frauen bei Alphas so stark anzieht. Denn sie spüren, dass sie sich bei einem solchen Mann fallen lassen können und ihre Rolle als schwaches Geschlecht leben dürfen, weil ihr Mann sie durch alle Schwierigkeiten hindurch tragen kann. Einen solchen Mann werden sie respektieren und ihm ihre Liebe schenken.

Frauen schätzen und bewundern Männer, die eine Mission und ein großes Ziel vor Augen haben. Sie wollen einen Mann und kein Männchen, das wie eine Fahne im Wind jederzeit seine Richtung ändert. Außerdem fühlen sie sich von Alphas angezogen, weil sie spüren, dass solche Männer sie niemals zum alleinigen Mittelpunkt ihres Lebens machen und sie auch nicht über alles andere stellen werden (das Gegenteil hierzu ist *Neediness*). Ein Alpha ist wie ein Schiff, das fest auf seinem Kurs bleibt und nicht wegen der Sonderwünsche irgendeines Passagiers Umwege fährt. Zur Not trennt sich das Schiff von dem Passagier und setzt ihn im Schlauchboot aus. Frauen spüren das und werden davon stark angezogen. Also gehe hinaus in die Welt, folge deinen Zielen und lebe deine Bestimmung. Und wenn du noch keine hast, dann suche dir eine und folge dabei deinem Herzen!

Vielleicht liest sich das jetzt alles ein bisschen wie die Beschreibung von *Superman*. Doch niemand kommt als Alpha auf die Welt. Jeder Mann muss diese Fähigkeiten entwickeln und manche davon auch jahrelang trainieren. Dass diese Eigenschaften auf Frauen aber tatsächlich sehr männlich und anziehend wirken, hast du bestimmt schon bei dem ein oder anderen Mann aus deinem Bekanntenkreis festgestellt und beim Lesen musstest du gerade an diese Person denken. Oft kleben Frauen an solchen Alpha-Männern wie Lakritze zwischen den Zähnen – und nun weißt du auch, wieso.

Fast jede Frau träumt von einem starken Mann, der die Kontrolle über sich selbst und die Situation hat und sie mit ihren Launen kontrollieren bzw. auf eine liebevolle Art „beherrschen" kann. Einem Mann, der wie ein Fels in der Brandung ihrer emotionalen Stürme steht.

Bei der Interaktion zwischen den Geschlechtern gibt es aus meiner Sicht zwei prägende Motive: Frauen sind vom **Motiv des Empfangens** geprägt, während bei uns Männern das **Motiv des Eindringens** eine große Rolle spielt. Der Mann dringt schon am Anfang in den Sichtkreis und das Leben einer Frau ein, indem er sie anspricht und um sie wirbt. Die wichtigen Schritte auf dem Weg in eine Beziehung gehen von ihm aus, und dieses Motiv zieht sich schließlich bis zum sexuellen Akt, in dem der Mann ebenfalls der aktive Part ist und in die Frau eindringt. Sie wiederum empfängt den Mann in ihrem Leben, akzeptiert sein Werben und reagiert positiv darauf. Sie öffnet sich beim sexuellen Akt körperlich für ihn und empfängt am Ende ein Kind. Diese beiden Prinzipien sind der Kern des Weiblichen und des Männlichen. Deshalb gerät etwas aus dem Gleichgewicht, wenn der Mann seine aktive Rolle an die Frau abgibt und untätig bleibt. **Alphas haben dieses Konzept verinnerlicht und handeln danach, oft sogar ohne sich dessen bewusst zu sein.**

Man muss nicht zwingend ein Alpha-Typ sein, um irgendeine Frau zu bekommen. Doch die Eigenschaften des Alpha-Mannes werden deine Chancen bei Frauen und vor allem bei den sehr attraktiven Frauen massiv erhöhen. Das heißt aber nicht, dass du die Alpha-Kriterien jetzt auswendig lernen und krampfhaft versuchen solltest, sie in den nächsten Wochen umzusetzen. **Sie sollen dir eher wie ein Kompass als Orientierungshilfe bei deinem persönlichen Wachstumsprozess dienen.** Es ist nicht schlimm, wenn man auch nach Jahren noch etwas an seinem eigenen Charakter entdeckt, an dem man arbeiten möchte.

Was du aber in nächster Zeit tun solltest, ist, die Augen nach Alphas offen zu halten und ihr Verhalten zu beobachten. Als Erstes empfehle ich dir einen Blick auf die Führungsriege deiner Firma oder deiner Gemeinde. Denn viele Mitglieder der dortigen Leitungs- und Ältestenkreise sind Alphas. In diesem Zusammenhang ist mir eine Sache aber sehr wichtig: **Brich mit deinem neugewonnenen Wissen keinen Streit mit den Alphas aus deinem Umfeld vom Zaun. Und reagiere auch nicht giftig, wenn mal ein anderer Mann – und nicht du – eine Gruppe anführt.** Denn das würde dir nichts bringen und dich nur sozial isolieren. Schaue dir lieber das positive Alpha-Verhalten solcher Männer ab und nimm sie dir zum Vorbild. Freunde dich mit ihnen an und lerne von ihnen. **Dann kannst du mit der Zeit auf eine freundliche und rücksichtsvolle Art in der Gruppenstruktur aufsteigen, denn es können mehrere soziale Alphas friedlich nebeneinander existieren.**

Trotzdem kann es sein, dass Menschen in deinem Umfeld zunächst etwas irritiert sind, wenn sie merken, dass du dein Verhalten änderst und auf einmal selbstbewusster auftrittst. Das kann daran liegen, dass sie auf einmal Konkurrenz durch dich wittern oder dass sie instinktiv um die Gruppenstabilität fürchten. Sei dann einfach kommunikativ, entspannt und freundlich, jedoch ohne das Gefühl, dich dabei rechtfertigen zu müssen. **Denn *du* bestimmst deinen Lebensstil – nicht die Gruppe!** Wenn du selbstbewusst, aber freundlich gegenüber deinem Umfeld bist, wird es dein neues Ich relativ schnell akzeptieren.

Viele Männer verstehen das Konzept des Alpha-Mannes am Anfang leider oft falsch. Deshalb möchte ich dir an dieser Stelle noch einmal kurz vor Augen führen, was ein christlich-sozialer Alpha *nicht* ist: Ein solcher Alpha ist kein eingebildeter Macho, der den lieben langen Tag breitbeinig durch die Gegend läuft und alle Menschen – und besonders Frauen – schlecht behandelt oder herumkommandiert wie ein Diktator. Er ist kein kaltherziger Egoist und ihm sind die Gefühle anderer Menschen auch nicht egal. Er befindet sich nicht in einem Dauerclinch mit den Männern seines Umfeldes und muss auch nicht ständig rebellieren aus Angst, von irgendjemand anderem übertrumpft zu werden. Wer sich so verhält, ist kein Alpha, sondern hat einfach nur einen Minderwertigkeitskomplex und macht sich lächerlich.

Stattdessen ist ein Alpha das, was man gemeinhin unter einem „echt tollen Typen" versteht. Er ist beliebt, weil er selbstbewusst und zugleich offen und freundlich ist. **Auf eine Formel gebracht, ist der Alpha ein kommunikativer und sozialer Mann, der aktiv lebt und der sein Umfeld formt und prägt, anstatt sich nur von seinem Umfeld formen und prägen zu lassen. Und er ist ein Mann, der sich seinen Ängsten stellt und Verantwortung übernimmt.**

Du kannst gute Darstellungen von Alphas auch in Filmen finden, wobei ich dir besonders den Streifen „*P.S. Ich liebe Dich*" ans Herz legen möchte, in dem **Gerard Butler** die perfekte Vorstellung eines Alpha-Mannes abgibt. Der Film ist eine typische Liebesschnulze und dreimal darfst du raten, wieso Frauen ihn so gerne anschauen und dahinschmelzen.

An weiteren Beispielen für Alpha-Verhalten fällt mir **Tom Cruise** in der „*Mission Impossible*"-Reihe ein, so ziemlich jeder **James-Bond-Film** (besonders die mit **Sean Connery** und **Daniel Craig**) oder **Mel Gibson** als William Wallace in „*Braveheart*". Und auch **Vin Diesel** ist in „*The Fast and the Furious*" ein typischer, wenn auch etwas knurriger Alpha, der unbeirrt seinen Weg geht und sich gleichzeitig aufopferungsvoll um seine Familie kümmert. Außerdem findet man noch viele weitere Alphas in der Musik- und Filmbranche und natürlich solltest du dir ein Beispiel am größten Alpha aller Zeiten nehmen, dem König der Könige und Sohn Gottes – **Jesus Christus**.

Die Bedeutung des Aussehens

Vielleicht hast du dich schon gewundert, warum ich bisher noch nichts zum Thema Äußeres und Schönheit gesagt habe. Der Grund dafür ist ganz einfach der, dass es bei uns Männern keine große Bedeutung hat.

Während uns das Aussehen einer Frau oft sehr wichtig ist, kann man den Umkehrschluss nicht automatisch ziehen. Viele Männer begehen aber diesen Fehler: **Sie gehen davon aus, dass das Aussehen eines Mannes für Frauen eine sehr große Rolle spielt.**

Es stimmt zwar, dass auch Frauen ein hübsches Gesicht und einen gepflegten Körper zu schätzen wissen und einem durchtrainierten Rettungsschwimmer mit Sixpack-Bauchmuskeln würden sie auch sicher nicht die Haustür vor der Nase zuschlagen. Doch im Vergleich zu uns Männern spielt für sie das Aussehen bei der Partnerwahl eine wesentlich geringere Rolle. Stattdessen achten sie aber auf Dinge, die uns Männern oft fremd sind. Die typischen Alpha-Eigenschaften, Humor und Berührungen sind für Frauen oft wichtiger als das Aussehen. Kann ein Mann ihnen diese Dinge geben, wird er bei ihnen mehr erreichen als ein perfekt durchtrainierter Bodybuilder, der das nicht tut. Deshalb musst du auch nicht jeden Tag stundenlang im Fitnessstudio abhängen und trainieren, um Erfolg bei Frauen zu haben. Denn die meisten Frauen ziehen eine gesunde athletische V-Form und einen normal trainierten Mann jedem Muskelprotz vor. Lediglich ein sehr kleiner Teil sind ausgesprochene Muskel-Fetischisten und stehen aus Prinzip nur auf Arnold-Schwarzenegger-Typen. Die meisten Frauen finden zu stark trainierte Oberarme aber eher abstoßend – das werden sie dir auf Nachfrage gern bestätigen.

Ein gutes Aussehen schadet dir also nicht, doch spielt es bei der Partnersuche für Frauen auch nicht die Hauptrolle, sondern kommt erst hinter den Punkten Persönlichkeit und Alpha-Eigenschaften.

Noch ein Wort zur Körpergröße: Natürlich gibt es Frauen, die unbedingt einen Mann haben wollen, der deutlich größer ist als sie. Die meisten sind da aber flexibel und deshalb solltest du dir darüber auch keine Gedanken machen. Ich selbst bin 1,78 Meter groß und habe schon Frauen gedatet, die einen dreiviertel Kopf größer waren als ich, ohne dass es ein Problem für sie oder mich gewesen wäre. Und ich habe schon Männer gesehen, die gerade mal 1,70 Meter groß und trotzdem sehr erfolgreich bei Frauen waren. Wenn du dennoch einmal mit deiner

Größe hadern solltest, dann erinnere dich daran, dass auch bekannte Frauenschwärme aus Hollywood wie Tom Cruise, Mark Wahlberg, Matt Damon, Daniel Craig, Johnny Depp, Robert Downey Junior oder Til Schweiger alle unter 1,80 Meter groß sind. Denn was für Frauen viel mehr zählt als die Körpergröße eines Mannes, ist das Selbstvertrauen und die positive Ausstrahlung, die er hat.

Heraus aus der Komfort-Zone!

Um die Alpha-Eigenschaften zu entwickeln, gibt es eine schnelle Methode: Geh raus und misch dich unter die Leute! Verbringe Zeit mit anderen Menschen und bau dir ein soziales Netzwerk im echten Leben auf. Schnapp dir dein Telefon, ruf jemanden an und frage, ob die Person etwas mit dir unternehmen möchte. Einer der Hauptgründe, wieso Menschen ein langweiliges Leben führen, sich selbst für komisch halten oder traurig sind, ist, dass sie zu wenig rausgehen und Zeit mit anderen verbringen.

Die meisten Menschen bewegen sich immer nur in den gleichen Bahnen ihres Alltages. Sie tun dieselben Dinge, gehen immer an die gleichen Orte und treffen dort immer die gleichen Leute. Es gibt kaum Veränderung in ihrem Leben. Oft haben sie auch Angst, diese „Komfort-Zone" zu verlassen, in der sie sich auskennen und sicher fühlen. Statt rauszugehen, sitzen sie dann zu Hause und träumen von dem Leben, das sie leben könnten. Selbst attraktive Frauen sind davon betroffen und manche sind nur deshalb mit irgendeinem Mann aus ihrem Freundeskreis zusammengekommen, weil eben kein anderer da war oder weil sich kein anderer an sie herangetraut hat.

Doch das Leben ist zu kurz und zu wertvoll, um es mit Langeweile und unerfüllten Träumen zu vergeuden! **Lass dein Leben nicht von den Umständen bestimmen, sondern bestimme du die Umstände und gestalte dein Leben selbst!** Denn das Leben, das du in ein paar Jahren leben wirst, kann nur in dem Maß schön und gut sein, wie du es dir heute vorstellen kannst. (Wenn dich dieses Thema noch mehr interessiert, empfehle ich dir das Buch *„Der Weg zur finanziellen Freiheit"* von dem deutschen Selfmade-Millionär Bodo Schäfer.)

Du wolltest zum Beispiel immer schon eine Kampfsportart lernen? Dann geh ins Internet und suche dir einen Sportkurs in deiner Umgebung aus! Und was ist mit dieser Reise nach Hawaii, von der du schon so lange träumst? Verschaffe dir einen Job und rechne aus, wie lange du arbeiten und sparen musst, bis du das Geld zusammen hast! In der Bibel heißt es in **Sprüche 13,12:** *„Endloses Hoffen macht das Herz krank; ein erfüllter Wunsch schenkt neue Lebensfreude."* Die Bibel ermutigt uns, nicht antriebslos durchs Leben zu dümpeln, sondern uns Ziele zu setzen und sie anzustreben. Erstelle dir einen Fahrplan, bei dem du die einzelnen Stationen auf dem Weg zur Erfüllung deines Zieles klar benennst – und dann mach dich ans Werk!

Vor allem aber solltest du es dir angewöhnen, dich ab und zu selbst herauszufordern, deine gewohnten Grenzen zu verlassen und Neues auszuprobieren. Das bedeutet nicht, dass du unverantwortlich handeln sollst. **Doch wage Neues!** Wenn ein Sportler aufhört zu trainieren und nur noch faul auf der Couch herumliegt, bauen sich seine Muskeln ab und seine sportliche Leistungsfähigkeit lässt nach. Beginnt er dann wieder zu trainieren, bekommen seine Muskeln neue Wachstumsimpulse und bauen sich wieder auf. Genauso ist es auch mit unserem Leben: Wenn wir nicht wachsen und uns selbst herausfordern, dann treten wir auf der Stelle und verkümmern. Doch wie schön ist das Gefühl, wenn wir uns einer Sache stellen und dann stolz auf das zurückschauen können, was wir geschafft haben!

Das muss ja nicht gleich ein Hausbau oder ein Fallschirmsprung sein, sondern vielleicht erst mal nur das Ziel, deine Joggingstrecke in einer schnelleren Zeit zu laufen als sonst oder etwas anzupacken, was du schon lange vor dir herschiebst. Mit der Zeit werden dir dann immer mehr Dinge einfallen, mit denen du dich herausfordern kannst. Aktive Männer, die Hobbys und Ziele in ihrem Leben haben, wirken viel attraktiver auf Frauen als solche, die immer nur antriebslos und gelangweilt sind. Und außerdem fühlt man sich selbst auch einfach lebendiger und ausgeglichener, wenn man etwas in seinem Leben tut und erreicht, wodurch sich letztlich auch die Ausstrahlung verbessert.

Ein kluger Mann hat einmal gesagt, dass **die meisten Menschen am Ende ihres Lebens nicht die Dinge bereuen, die sie getan haben, sondern die Dinge, die sie *nicht* getan haben, weil ihnen der Mut dazu fehlte.** Ich wünsche dir, dass du am Ende deines Lebens nicht zu diesen gehörst, sondern dich den Herausforderungen deines Lebens gestellt hast. Egal, ob es darum geht, eine Reise zu unternehmen oder fremde Frauen auf der Straße anzusprechen. Denn wenn du dich deinen Herausforderungen und Ängsten stellst, bezwingst du sie nicht nur, sondern entwickelst dich auch weiter und reifst in deiner Persönlichkeit. Träume also nicht länger von dem Leben, das du leben könntest, sondern fange an, es einfach zu leben! (Ein inspirierender Film zu diesem Thema ist übrigens die Komödie „Der Ja-Sager" mit Jim Carrey in der Hauptrolle.)

Teil 3

Fundamente

Wenn du nach der Person suchst,
die dein Leben verändern kann, dann schau in den Spiegel!
Verfasser unbekannt

Auf deinem Weg zu mehr Erfolg bei Frauen gibt es Bereiche, die viel mit deiner inneren Einstellung zu tun haben und die wir uns in späteren Kapiteln noch ausführlich anschauen werden. Andere Dinge betreffen dagegen deine Selbstpräsentation nach außen. Es geht darum, wie andere Menschen dich wahrnehmen und was für Einblicke sie in dein Leben bekommen. Um diese äußerlichen Dinge geht es in diesem Kapitel.

Stell dir einmal folgende Frage: *„Welchen Frauentyp würde ich gern als Partnerin haben? Und was für einen Typ Mann wünscht sich so eine Frau vermutlich an ihrer Seite?"* Schreibe auf, welche Fähigkeiten ein solcher Mann hat und wie sein Leben wohl aussieht. Dann versuche, *dein* Leben in diese Richtung zu entwickeln. Das Motto lautet dabei: **Tue alles, was du tun kannst, um dich zu verbessern!** Wenn du dich zum Beispiel selbst nicht für einen gutaussehenden Strahlemann hältst, kannst du dich trotzdem gut kleiden. Und nur dass du vielleicht Segelohren hast, hält dich ja noch lange nicht davon ab, zum Friseur zu gehen und dir einen coolen Haarschnitt zuzulegen. Aber tue diese Dinge nicht nur, um bei Frauen gut anzukommen, sondern tue sie auch für dich, weil du es dir selbst einfach wert bist! Das ist der erste Schritt zu mehr Selbstbewusstsein.

a.) Kleidung und Körperpflege

Frauen lieben Männer, die schick angezogen sind! Und besonders attraktive Frauen achten sehr auf den Kleidergeschmack eines Mannes. Sie tun das, weil sie dadurch Rückschlüsse auf die anderen Lebensbereiche des Mannes ziehen können, z. B. auf seinen sozialen Status, Körperhygiene, Aufmerksamkeit und Selbstbewusstsein. Es ist erstaunlich, aber Frauen haben wirklich einen ganz besonderen Blick für Kleidung. Sie scannen dein Äußeres ab und bemerken dabei Dinge, die weder dir noch deinen Kumpels auffallen würden. Deshalb ist es so wichtig, dass du dich um deinen Kleidungsstil kümmerst. Und keine Ausreden! Auch wenn du ein Student mit einem schmalen Geldbeutel bist, kannst du es dir leisten, eine gewisse Garderobe aufzubauen. Denn es gibt genug Klamottenläden, in denen du Kleidung zu vernünftigen Preisen kaufen kannst. Du musst übrigens nicht dauernd mit teuren Markenklamotten herumlaufen, um Frauen zu beeindrucken. Denn auch günstige No-Name-Labels bieten schöne Kleidungsstücke an, die voll im aktuellen Modetrend liegen. Als ich noch Student war, zog ich zum Beispiel oft mit einer 30-Euro-Jeans und einem 20-Euro-Hemd durch die Clubs und kam trotzdem mit vielen Frauen ins Gespräch.

Wenn du ein Shopping-Muffel bist oder glaubst keinen guten Modegeschmack zu besitzen, dann **frage am besten eine Kumpel-Freundin, ob sie zusammen mit dir einkaufen geht** und dich berät. Die meisten Frauen sind offen für solche Vorschläge und werden dir gern dabei helfen. Hast du aber keine Kumpel-Freundin zur Hilfe, fragst du einfach die Verkäuferinnen in den Kleiderläden um Rat, denn das ist schließlich ihr Job. Orientiere dich bei deiner Auswahl der Kleidungsstücke am besten daran, was gerade modisch ist und erwachsen wirkt. Vermeide deshalb T-Shirts mit „witzigen" Sprüchen oder Comicfiguren darauf und überlasse es lieber pubertären Jungs, so etwas zu tragen.

Um ein Gefühl für aktuelle Mode und Farben zu bekommen, musst du übrigens keine Modenschau in Paris besuchen. **Oft reicht es, durch die Straßen einer Stadt zu laufen und sich dort umzuschauen, was andere Männer derzeit tragen.** Du kannst dir die aktuellen Trends aber auch im Internet auf den Webseiten der Modeversandhäuser anschauen. Orientiere dich dabei an Männermodels, die dir von Haar- und Hautfarbe sowie Statur ähnlich sehen, und schaue dir genau an, welche Farben und Klamottenschnitte sie tragen und welche eher nicht.

Solltest du von anderen Leuten immer wieder gesagt bekommen, dass du eine gewisse Ähnlichkeit mit einem bekannten Schauspieler oder Sänger hast, dann nutze auch das zu deinem Vorteil! Suche im Internet nach Bildern von dieser Person und lasse dich von ihrem Kleidungsstil inspirieren. Denn meistens haben solche Stars professionelle Berater, die ihnen Modetipps geben, von denen du auf diese Weise völlig kostenlos profitieren kannst. Achte aber darauf, es nicht zu übertreiben, und laufe am Ende nicht als *„Mister Overdressed"* mit Smoking und Fliege durch den Alltag.

Orientiere dich einfach am sogenannten *„casual style"*, das heißt sportlich-schick. Kaufe dir zum Beispiel zwei oder drei gute Polo- und T-Shirts und dazu noch dunkelblaue Jeans. Diese Kombination passt zu sehr vielen Anlässen und ist weder *over-* noch *underdressed*. Eine weitere gute Kleider-Kombination ist zum Beispiel ein Hemd mit einem Jackett und einer schicken Jeans. Das Jackett sieht nach Gentleman aus, während die Jeans gleichzeitig für die nötige Lässigkeit sorgt und den ganzen Look nicht zu steif wirken lässt.

Lege dir auch eine schicke Armbanduhr zu, die zu deinem Stil passt. Und solltest du einmal ein Hemd tragen, dann mach auf jeden Fall die oberen zwei Knöpfe auf! (Drei offene Hemdknöpfe wirken zu lässig und nur einer wirkt zugeknöpft.)

Jetzt noch ein paar Worte zum Thema Körperpflege: Achte darauf, die **Haare an deinem Körper** zu stutzen, im Sommer vor allem unter den Achseln. Benutze **Zahnseide**, denn sie sorgt für eine bessere Mundhygiene und deutlich weniger Karies. Kaufe dir ein Deo und benutze es auch, und lege dir ein gutes **Männerparfüm** zu, das zu deinem Typ passt. Im Zweifel fragst du einfach die Parfümverkäuferinnen im Laden, was sie dir empfehlen würden. Sprühe zwei Stunden vor einem Date aber immer nur ein bis zwei Spritzer Parfüm an deine Halsschlagader und nicht mehr. Du willst ja schließlich nicht wie ein ganzer Laden für orientalische Duftwässer riechen.

Und noch ein Geheimtipp: **Frauen achten auf Schuhe!** Ich höre von Frauen immer wieder, dass sie bei Männern zuerst auf die Schuhe schauen. Das hat mehrere Gründe: Unter Frauen gelten Schuhe als Statussymbol und sind schon allein deshalb für sie wichtig. Wir Männer kümmern uns dagegen nicht so sehr um das Aussehen unserer Schuhe, weil wir sie für unwichtig halten. Das wissen auch die Frauen. **Trägt ein Mann deshalb gute und gepflegte Schuhe, finden Frauen das sexy.** Denn sie schlussfolgern daraus, dass er auch in anderen Lebensbereichen auf sich achtgibt, dass er Ahnung von gutem Stil hat und gepflegt ist und vor allem, **dass er weiß, was bei Frauen gut ankommt.** Auch dadurch kannst du dich von anderen Männern abheben. Nutze diese Infos und versuche deshalb immer, modische und saubere Schuhe zu tragen, egal ob sportliche Sneakers oder Business-Schuhe.

b.) Körpersprache und Stimme

Laut Experten kommunizieren wir Menschen nur zu 20 Prozent mit Worten und zu 80 Prozent durch unsere Körpersprache miteinander. Deine Körpersprache ist also sehr wichtig! Der Gesichtsausdruck, die Körperhaltung und die Gestik mit den Händen macht dabei den größten Teil aus.

Du solltest dir deshalb **eine aufrechte Körperhaltung** angewöhnen: Lass die Schultern leicht nach hinten hängen, schiebe den Brustkorb nach vorn und richte die Augen geradeaus anstatt auf den Boden. Übe diese Körperhaltung auch ruhig vor dem Spiegel. Sie sollte sich auf jeden Fall unverkrampft und alltagstauglich für dich anfühlen.

Ein weiterer Tipp ist, dass du dich bewusst langsamer bewegst, als du es normalerweise tun würdest. **Vermeide zackige und hektische Bewegungen, denn sie werden oft als ein Anzeichen von Nervosität interpretiert.** Selbstbewusste Menschen machen dagegen fließende und entspannte Bewegungen.

Wenn du irgendwo sitzt, dann überschlage nicht die Beine, wie eine Frau es tut, sondern lehne dich entspannt zurück und nimm mit deinen Beinen Raum ein. Außerdem solltest du deine Arme nicht vor der Brust verschränken, wenn du mit einer Frau redest, denn das wirkt unsicher oder verschlossen. Lass deine Arme einfach locker am Körper herunterbaumeln oder hake die Daumen lässig in deine vorderen Hosentaschen ein. **Wenn dir jemand direkt in die Augen schaut, dann halte diesem Blick so lange stand, bis er wegsieht.** Denn das zeugt von deiner Selbstsicherheit. Wenn du hingegen einer Person ins Gesicht schaust, dann starre ihr nicht dauernd in die Augen, denn das wird deinem Gegenüber schnell unangenehm. Psychologen haben herausgefunden, dass es am besten ist, wenn man seinem Gesprächspartner auf den Nasenansatz zwischen den Augen schaut. Dein Gegenüber fühlt sich dann nämlich ernst genommen, ohne dass dein Blick ihn durchbohrt.

Wenn du redest und anderen etwas erzählst, **benutze deine Hände, um zu gestikulieren** und deine Worte damit zu unterstreichen. Auch das kannst du ein bisschen vor dem Spiegel üben.

Wenn du undeutlich sprichst, Worte verschluckst oder nuschelst, wird es Zeit, dieses Problem anzugehen! Beim Sprechen verhaspelt man sich oft nur deshalb, weil man sich in einer Gesprächssituation unwohl fühlt. Wenn dich das betrifft, versuche in Zukunft einfach langsamer zu reden und die Worte deutlich auszusprechen. Stell dir beim Sprechen innerlich eine schöne Situation oder einen schönen Ort vor. Das wird dir helfen, deine Nervosität in den Griff zu bekommen und dich stark und selbstbewusst zu fühlen.

Baue beim Sprechen auch bewusste Sprechpausen ein, um deinen Worten Nachdruck zu verleihen, und sprich nicht wie ein Maschinengewehr. Statt: *„HeySusiwillstdumitmireinenKaffeetrinkengehen?"* sage: *„Hey Susi, [Pause] ... wie wär's denn, wenn du [Pause] ... und ich [Pause] ... mal zusammen einen Kaffee trinken würden?"* Dadurch wirkst du gleich viel entspannter und selbstbewusster.

Frauen lieben außerdem sonore Männerstimmen mit bassigem Brustton. Wenn du also eine sehr hohe Männerstimme hast, dann gewöhne dir an, tiefer zu sprechen. Es gibt auch Sprech- und Stimmtraining als Audio- und DVD-Programme. Wenn du also der Meinung bist, dass du auf diesem Gebiet noch etwas üben solltest, kannst du dir ein solches Programm kaufen oder in der Bücherei ausleihen. Dann kannst du deine Stimme zu Hause, auf dem Weg zur Arbeit im Auto oder beim Waldspaziergang trainieren.

c.) Deine Wohnung

Ich habe bereits erwähnt, dass Frauen deinen Kleidungsstil und deine Körperpflege beachten, um daraus Rückschlüsse auf dein Selbstwertgefühl und deine Gesundheit zu ziehen. Das Gleiche gilt auch für dein Zuhause: Vom Zustand deines Zimmers oder deiner Wohnung wird eine Frau schlussfolgern, ob du ordentlich bist und das gemeinsame Nest für eure möglichen zukünftigen Kinder sauber halten kannst. Das heißt jetzt nicht, dass du die gestapelten Handtücher im Bad mit dem Lineal aufreihen musst, aber deine Wohnräume sollten fremden Menschen gegenüber vorzeigbar sein. Denn keine Frau schätzt Dreck und Unordnung. Hast du bisher also auf einer Müllhalde gelebt, solltest du das schleunigst ändern.

Halte deine Wohnräume in einem normalen Maß sauber und verschönere sie, so gut du kannst. Lege dir ein paar schöne Bilder oder großformatige Fotografien zu und schaffe dir eine Zimmerpflanze an, die du pflegst. Schaue dir auch in Magazinen oder im Internet Fotos von modernen Inneneinrichtungen an und hole dir dadurch neue Ideen für die Gestaltung deiner Wohnräume. Denn Frauen lieben Männer, die auch in solchen Lebensbereichen Stil und guten Geschmack beweisen.

d.) Hobbys

Es ist eine gute Idee, wenn du dir eine interessante Freizeitbeschäftigung zulegst, die dir auch Spaß macht. Wenn dich dann eine Frau nach deinen Hobbys fragt, kannst du etwas Besseres antworten als: *„Ich sitze den ganzen Tag vor dem PC und spiele ‚World of Warcraft'."* Lerne zum Beispiel ein Musikinstrument zu spielen, schaffe dir eine gute Kamera an und lerne zu fotografieren, spiele Fußball oder betreibe einen Kampfsport, der ohne ostasiatische Esoterik auskommt, wie zum Beispiel Taekwondo, Filipino Kali, israelisches Krav Maga oder Kickboxen.

Wenn eine Frau dich zu Hause besuchen kommt, kannst du Gegenstände, die zur Ausübung deiner Hobbys benötigt werden, „zufällig" herumliegen lassen, wodurch sich oft gute Gespräche ergeben. Du kannst ihr dann zum Beispiel etwas auf deinem Instrument vorspielen, deine Fotos zeigen oder ihr auf andere Art Einblicke in deine Hobbys geben. Das kommt fast immer gut an, denn Menschen, die mit Freude einem interessanten Hobby nachgehen, wirken anziehend und selbstbewusst auf andere.

An dieser Stelle noch ein grundsätzlicher Tipp: **Werde selbstständiger!** Lerne ein paar gute Gerichte zu kochen, wie man ein Bett bezieht und wie man ein Bad putzt. Deine Mutter wird dir das alles sicher gern zeigen. Frauen finden es nämlich sexy, wenn Männer solche Dinge beherrschen und dadurch beweisen, dass sie selbstständig sind und nicht mehr an Mamas Rockzipfel hängen. Denn es ist schon ziemlich peinlich, wenn ein erwachsener Mann seine schmutzige Wäsche immer noch bei seiner Mutter abliefert.

Teil 4

Der geistliche Teil
oder: Wieso Gott will,
dass du eine Freundin kriegst!

*Drei Dinge sind mir rätselhaft, und auch das Vierte verstehe
ich nicht: der Flug des Adlers am Himmel, das Schleichen
der Schlange über einen Felsen, die Fahrt des Schiffes über
das tiefe Meer und die Liebe zwischen Mann und Frau!*
Sprüche 30,18−20

Stand der Dinge: katastrophal!

In unserer kleinen christlichen Welt läuft einiges schief zwischen den
Geschlechtern. Die Frauen beschweren sich darüber, dass die Männer viel
zu passiv geworden sind und nicht mehr auf sie zugehen. Gleichzeitig
beklagen sich Männer, dass die Frauen sie dauernd abblitzen lassen und
zu hohe Ansprüche haben. Und während die Schuldfrage auf diese Weise
hin- und hergeschoben wird, steigt die Zahl der christlichen Singles weiter
an, ohne dass damit jemandem geholfen wäre. Das kannst du manchmal
in deiner eigenen Gemeinde beobachten, aber auch an den wachsenden
Mitgliederzahlen christlicher Single-Webseiten im Internet. Und wenn
du glaubst, ich rede hier Blödsinn, dann frage einfach mal bei deinem
Gemeindeseelsorger oder Pastor nach, wie viele Singles zu ihm in die
Sprechstunde kommen …

Soziale und gesellschaftliche Hintergründe

Wie ist es zu dieser Situation gekommen? Und welche Gründe spielen dabei eine Rolle? Man stellt schnell fest, dass es immer mehr Singles gibt, nicht nur in den christlichen Gemeinden, sondern in unserer gesamten Gesellschaft. Laut aktueller Statistik gibt es in Deutschland, Österreich und der Schweiz insgesamt etwa 12 Millionen Singles – Tendenz steigend.

Zugleich werden die Partner heutzutage öfter gewechselt, als es noch in früheren Generationen der Fall war. Bekannt geworden ist die Geschichte eines alten Ehepaares, das auf die Frage, wie sie es geschafft haben, so lange verheiratet zu bleiben, antwortete: *„Wir haben einfach zu einer Zeit geheiratet, in der man Dinge, die kaputt waren, versucht hat zu reparieren, anstatt sie sofort auf den Müll zu werfen."* In dieser kleinen Geschichte steckt ein wichtiger Hinweis auf etwas, was uns heute manchmal fehlt: Beständigkeit, Geduld und die Bereitschaft, auf den Partner zuzugehen. **Wir sind geprägt von einer Wegwerfmentalität in Bezug auf Gegenstände, aber eben auch mit Blick auf Beziehungen.**

Hinzu kommt, dass wir eine Generation sind, die eine viel größere Fülle von Angeboten zur Auswahl hat, als es noch bei unseren Eltern und Großeltern der Fall war. Durch das Internet sind Produkte vom Buch bis zum Bettgestell rund um die Uhr verfügbar geworden und können innerhalb weniger Stunden oder Tage an unsere Haustüre geliefert werden. Dadurch sind unsere Ansprüche enorm gestiegen.

> Vor ein paar Jahren wollte ich mir ein Samuraischwert als Wanddekoration kaufen. Also fuhr ich in die nächste Stadt und ging in einen Waffenladen. Dort sah ich mich eine Weile um, doch irgendwie gefiel mir keines dieser Schwerter wirklich. Deshalb fragte ich den Verkäufer: „Ist das alles, was sie im Sortiment haben?" Er schaute mich verdutzt an und deutete auf die zwanzig verschiedenen Samuraischwerter in seinem Laden. „Ja, aber das reicht doch, oder?", sagte er. Ich verließ den Laden ohne Schwert, ging ins Internet und suchte einen Onlineshop auf. Dort klickte ich mich durch ein riesiges Angebot von über hundert Schwertern, bis ich das Richtige für mich gefunden hatte.

Ich möchte dir durch diese Geschichte zeigen, wie wählerisch wir heute geworden sind. Hätte ich noch Anfang der 1990er-Jahre so ein Schwert haben wollen, hätte ich wahrscheinlich keine andere Wahl gehabt, als eines aus dem Laden zu kaufen. Denn das Internet war damals noch nicht so verbreitet wie heute. Inzwischen haben wir aber eine enorm große Auswahl, und deshalb muss für uns alles *super-perfekt* sein – auch im partnerschaftlichen Bereich!

Das zeigt sich auch an dem **zunehmenden Trend zur Unverbindlichkeit**, den wir in unseren Gemeinden feststellen können. Manche Christen wechseln ihre Gemeinde inzwischen schon so häufig, dass man bereits vom Phänomen des *„Gemeinde-Hoppings"* („Gemeinde-Springen") redet. Geistliche Dienste wollen auch immer weniger Menschen übernehmen, weil sie zu sehr auf eine bestimmte Gemeinde festlegen und zu viel Verbindlichkeit bedeuten. Diese Verhaltensmuster schlagen sich auch im partnerschaftlichen Bereich nieder: *„Bloß keine zu frühe Bindung eingehen, mich lieber noch ein bisschen umschauen!"* Das war jahrelang mein eigenes Motto. Während dieser Zeit habe ich es aber versäumt, ein paar wirklich tolle Frauen aus meinem Umfeld besser kennenzulernen.

Hinzu kommen die großen gesellschaftlichen Veränderungen der letzten Jahrzehnte. Frauen sind durch die **sexuelle Revolution und den Feminismus der 1960er-Jahre** so unabhängig geworden wie noch nie zuvor in der Geschichte der Menschheit. Eine Frau braucht heutzutage keinen Mann mehr als „Ernährer", wie das noch vor einigen Jahrzehnten der Fall war. Sie kann es sich oftmals finanziell leisten, allein zu bleiben. Und eine unverheiratete Frau über 30 Jahre wird von ihrem Umfeld auch nicht mehr schief angeschaut, wie das teilweise noch zur Zeit unserer Großeltern und Eltern war. Die Werbung und Fernsehserien propagieren zudem das Bild von frechen, erfolgreichen Yuppie-Frauen, die mit einem *„Sex & the City"*-Lifestyle ganz gut durchs Leben kommen und sich nebenbei Männer aufpicken, wie sie es gerade wollen.

Das spiegelt sich auch in der Musik wider: Schon in den 80ern sang Cyndi Lauper *„Girls just want to have fun"*, während die Band Destiny's Child in den 90er-Jahren die Fackel weitertrug und von der *„Independent Woman"* trällerte. Nelly Furtado setzte dann noch einen drauf und gab Anfang des neuen Jahrtausends im gleichnamigen Song die laszive *„Maneater"*-Frau, der alle Männer zu Füßen liegen. **Unsere Popkultur bestärkt junge Frauen heute geradezu darin, allein und unabhängig zu bleiben.** Laut einem Artikel der Zeitung „Die ZEIT" leben im Jahr 2014 rund 39 Prozent der Frauen in Deutschland von ihrem eigenen Einkommen. Diese Unabhängigkeit ist an und für sich nichts Schlechtes, hatte aber eben leider auch ihre Schattenseiten.

Ich habe den Eindruck, dass Frauen (und Männer) heutzutage immer länger zögern, bis sie sich auf einen Partner einlassen oder dauerhaft an ihn binden wollen. Das Herumspielen macht ja auch so viel Spaß und die Auswahl ist groß, die Entscheidung fällt schwer. Gleichzeitig tickt aber die biologische Uhr unaufhörlich weiter, so wie sie es schon in den Tagen Adams und Evas tat, und die Falten im Gesicht werden auch nicht weniger. So wird das Abwarten und Zögern zu einem Spiel gegen die Zeit, aus dem manche Frau (und auch mancher Mann) nicht mehr rechtzeitig herauskommt.

Ein letzter Punkt spielt dabei ebenfalls eine Rolle: die **zunehmende Globalisierung**. Meine Eltern lernten sich in dem Dorf kennen, in dem sie beide aufgewachsen sind. Heute ist aber die gesamte Welt zu einem „globalen Dorf" geworden – also könnte meine Traumfrau theoretisch überall sein. Vielleicht lerne ich sie in einem Auslandssemester in den USA kennen oder beim Missions-Trip auf den Philippinen? Oder sie sitzt irgendwo in München oder Hamburg vor dem Computer und hat ein Profil bei einer christlichen Singlebörse im Internet. Über die Kennenlerngeschichten unserer Eltern und Großeltern, die sich bei der Dorfkirmes zum ersten Mal getroffen haben, können wir heute oftmals nur lachen. *„Wie kann man nur einen so kleinen Suchradius haben"*, denken wir und rümpfen die Nase. Denn das alte Sprichwort: *„Warum in die Ferne schweifen, wenn das Gute liegt so nah?"* wirkt auf uns so altmodisch wie Omas gehäkelte Topflappen. **Zu groß ist heutzutage die Angst, etwas zu verpassen. Und zu groß ist die Versuchung, vom ganz großen Los irgendwo in weiter Ferne zu träumen.** Und so rennen wir manchmal wie der Esel, dem man eine Angelrute mit einer unerreichbar vor den Augen schwebenden Möhre auf den Kopf gebunden hat, immer weiter und weiter.

Ja, dieser Teil gehört in ein Flirthandbuch. Und ich möchte dich dazu ermutigen, dir selbst einmal Gedanken über all diese Faktoren zu machen und darüber nachzudenken, wie sie unser Handeln mitbestimmen. Denn nur, wenn wir über die Einflüsse in unserem Leben Bescheid wissen, können wir entscheiden, ob sie uns guttun und wie viel Platz wir ihnen geben möchten.

Fromme Versteckspiele: Vier falsche Glaubenssätze

Während meiner Zeit auf der Universität hatte ich Einblicke in verschiedene freikirchliche Gemeinden und christliche Gruppen. Dort fiel mir auf, dass über die Hälfte der Studenten und Studentinnen Singles waren, obwohl mir die meisten in Einzelgesprächen immer wieder sagten, dass sie eigentlich gern eine Beziehung haben würden. *„Das muss wohl an der typisch deutschen Zurückhaltung liegen"*, dachte ich. Doch während meines Austauschsemesters in Kalifornien stieß ich in meiner dortigen Gemeinde und Hochschulgruppe wieder auf das gleiche Problem: viele unglückliche Singles und viel Ratlosigkeit, was man dagegen tun könnte. Ich begann mich näher für dieses Thema zu interessieren und sprach mit vielen Männern und Frauen, die ohne Partner waren. Als ich sie fragte, was ihrer Meinung nach die Gründe seien, wieso sie Single waren, kamen verschiedene und teils äußerst seltsame Erklärungen zutage. **Und was mir besonders auffiel, war, dass sehr häufig Gott dafür verantwortlich gemacht wurde, dass kein Partner in Sicht war.** Im Lauf der Zeit habe ich die häufigsten Antworten dieser Singles aufgeschrieben und will sie in diesem Kapitel zusammen mit dir anschauen.

„Ich glaube, ich bin Single, weil ..."

„... Gott mich und mein Vertrauen in ihn prüfen möchte."

Es kann tatsächlich sein, dass Gott uns für eine bestimmte Zeit prüft. Doch frage dich einmal ehrlich: Wie lange „prüft" dich Gott denn schon? Bist du seit zwei Monaten Single oder schon seit fünf Jahren? Gott ist kein Gott des Schweigens, sondern ein Gott, der mit uns spricht und sich uns mitteilen möchte. Das hat er durch die Propheten im Alten Testament, durch die Bibel und durch seinen Sohn Jesus Christus gezeigt. Und er redet auch gern mit dir! Hast du Gott schon einmal in deiner Gebetszeit gefragt, was er denn genau bei dir prüfen möchte? Und kann es nicht sein, dass dein Single-Dasein gar keine Prüfung von Gott ist, sondern an rein menschlichen Faktoren liegt?

„... Gott bestimmt möchte, dass ich mich voll und ganz auf ihn konzentriere. Ein Partner wäre eine zu große Ablenkung für mich."

Wieso hat Gott dem Adam dann im Garten Eden die „Ablenkung" Eva geschenkt? Noch dazu völlig von sich aus? Und wieso waren so wichtige Männer der Kirchengeschichte wie der Apostel Petrus, der Reformator Martin Luther, der Gründer der Herrnhuter Brüdergemeinde, Nikolaus Ludwig Graf von Zinzendorf, der berühmte China-Missionar Hudson Taylor, der Evangelist Billy Graham und viele andere verheiratet? Ist dein Lieblingspastor, dessen Predigten du dir gerne anhörst, verheiratet? Mit 90-prozentiger Wahrscheinlichkeit hast du diese Frage gerade mit Ja beantwortet.

Ist dir schon einmal aufgefallen, dass die Liste der treuen Gottesdiener, die verheiratet waren, länger ist als die der unverheirateten? Das allein ist doch Beweis genug, dass es möglich ist, einen großen Dienst für Gott zu tun und gleichzeitig auch eine Ehe zu führen. So stark kann die Ablenkung durch einen Partner also nicht sein, wie es manche Christen anscheinend befürchten.

„... weil Gott mich zu einem besonderen geistlichen Dienst
(z. B als Missionar in Afrika) berufen hat."

Wenn du wirklich zu einem besonderen Dienst berufen bist, dann darfst du Gott ruhig vertrauen, dass er es dir sagen wird, wenn du auf die falsche Spur gerätst. Prüfe dich einmal selbstkritisch: Kannst du sehen, dass die Liebe zu Gott und die Früchte des Heiligen Geistes in deinem Leben zunehmen? Verzichtest du gern auf eine Partnerin, weil dir eine Ehe einfach nicht wichtig ist, oder wünschst du dir eigentlich doch eine Frau? Wieso verschließt du dich diesem Wunsch und traust Gott nicht zu, dass er dir die richtige Person an die Seite stellen kann? Glaubst du wirklich, dass du Gottes Plan mit deinem Leben aufhalten oder schaden kannst, wenn dein Herz seinen Willen ehrlich sucht? Und nebenbei bemerkt war und ist die Mehrheit der Missionare und Evangelisten verheiratet und viele finden bei ihrem Ehepartner Kraft und geistliche Unterstützung für ihren Dienst.

„... weil ich in Gottes Augen vielleicht (geistlich oder menschlich)
noch nicht reif genug für eine Partnerschaft bin. Ich muss mich
erst noch bewähren, ehe Gott mir einen Partner gibt."

Das lasse ich absolut gelten – wenn du ein 14-jähriger Pubertierender bist! Denn dann bist du wirklich noch nicht reif genug und solltest noch ein paar Lektionen im Leben lernen, bevor du ans Heiraten denkst. Das hat aber nichts mit dem Sammeln von „Pluspunkten" bei Gott zu tun, mit denen man sich dann einen Partner erwerben könnte. Wenn es nämlich wirklich so wäre, dann frage dich einmal, wieso Frauen und Männer, die nicht mit Gott leben und unreifer sind als du, bereits seit ihrer Jugendzeit einen Freund oder eine Freundin haben! Wieso bekommen solche Leute problemlos einen Partner, wenn man sich diesen durch Fleiß und Frömmigkeit erwerben muss? Und wenn tatsächlich nur „reife Christen" den Partner fürs Leben finden können, wieso gehen dann immer wieder auch christliche Ehen kaputt? Lässt die Reife etwa nach?

Ich kann dir aus eigener Erfahrung sagen, dass ich einige Christen gesehen habe, die nicht besonders reif im Glauben waren und trotzdem einen festen Partner hatten, während zur gleichen Zeit vorbildliche Gemeindemitarbeiter alleine dastanden, obwohl sie sich eine Beziehung wünschten. Ich hoffe, du merkst selbst, wie absurd die Vorstellung ist, dass man sich seinen Partner bei Gott verdienen muss.

In der Bibel gab es nur einen Mann, der sich seine Traumfrau tatsächlich erarbeiten musste, und das war Jakob. Das musste er aber nicht, weil es Gottes Wille war, sondern weil sein Schwiegervater Laban ihm zuerst seine älteste Tochter Lea gab, anstatt wie versprochen die jüngere und hübschere Rahel (1. Mose 29,14–31). Jakob wurde also einfach nur von einem Betrüger übers Ohr gehauen, der sicherlich nicht nach Gottes Willen handelte.

Wer glaubt, dass er seinen Partner bei Gott verdienen muss, der hat das Konzept der Gnade nicht verstanden, das uns Jesus im Neuen Testament zeigt. Wieso sollte Gott dir das Wertvollste überhaupt, das Opfer Jesu am Kreuz und den Heiligen Geist schenken, dir eine Partnerin aber vorenthalten wollen (Römer 8,32)? Das ergibt aus biblischer Sicht betrachtet einfach keinen Sinn. Trotzdem habe ich solche und ähnliche Aussagen immer wieder aus dem Munde christlicher Singles gehört – und zwar von Männern und von Frauen.

Prüfe deshalb kritisch, ob du solche Lügen in deinem Leben duldest, und trenne dich von ihnen! Denn meist sind solche Aussagen nur fromme Ausreden. Durch sie drücken wir uns manchmal davor, unseren wahren Problemen wie Bindungsangst, Angst vor Verletzungen, Minderwertigkeitsgefühle, Unwissenheit im Umgang mit dem anderen Geschlecht usw. auf die Spur zu kommen und diese zu überwinden. Wir schieben die Schuld dann lieber auf Gott oder benutzen seinen angeblichen Willen als Ausrede, um uns dahinter zu verstecken. Doch damit betrügen wir uns am Ende nur selbst.

Warum Eva kein Fußballverein ist

Was manchmal von Gemeindekanzeln und christlichen Rednerpulten zum Thema Singledasein gesagt wird, lässt mir die Haare zu Berge stehen! Da wird von manchen Predigern eine Lobrede auf die Einsamkeit gesungen und erklärt, dass es völlig normal und richtig sei, möglichst lange Single zu bleiben. Seltsamerweise sind die Pastoren, die so etwas sagen, aber oft selbst verheiratet. Die Absicht hinter ihren Worten ist ja meistens auch nicht schlecht: Sie wollen den Singles eben irgendwie helfen, sie emotional aufbauen und ihre krampfhafte Fixierung auf den fehlenden Partner lösen.

Deshalb ermutigen sie Singles, für ihre ungebundene Lebensphase dankbar zu sein und ihre freie Zeit und Kraft für Gottes Reich einzusetzen. Was als frommer Gedanke begann, hat sich inzwischen aber teils zu einer kruden Verherrlichung von Singledasein entwickelt. Dabei wird jedoch oft ein wichtiger Punkt übersehen: **Die meisten Singles sind nicht freiwillig alleinstehend.** Viele von ihnen wünschen sich einen Partner, haben aber keinen. Zu so jemandem zu sagen: *„Schön, dass du Single bist! Setze dich doch jetzt voll und ganz in Gottes Reich ein"*, ist in etwa so taktvoll, wie wenn man einem Arbeitslosen zu seinem Jobverlust gratuliert. Denn Singles und Arbeitslose haben gemeinsam, dass sie oft nicht freiwillig in ihrer speziellen Lebensphase sind und sich eine Veränderung der Situation wünschen.

Das europäisch-westliche Weltbild ist nicht nur durch den christlichen Glauben, sondern auch durch philosophische Strömungen der Antike beeinflusst, die die Leibfeindlichkeit betonten. Die jüdische Religion, auf der der christliche Glaube aufbaut, kennt dagegen keine Verherrlichung der Ehelosigkeit. Ein Rabbi soll nach den jüdischen Vorstellungen immer verheiratet sein, damit er den Mitgliedern seiner Synagoge auch in Ehefragen mit seinem Rat weiterhelfen kann. Und sogar der Hohepriester, der im Alten Testament ins Allerheiligste von Gottes Tempel und damit als einziger Mensch des Alten Bundes direkt in Gottes Gegenwart treten durfte, war verheiratet. Gott selbst äußert sich in der Bibel dazu:

> „Der Hohepriester darf nur eine Jungfrau heiraten, keine Witwe, keine Geschiedene und keine Hure, sondern nur ein Mädchen aus seinem Stamm." (3. Mose 21,13)

Gott erlaubte es dem Hohepriester also ausdrücklich zu heiraten. Und das, obwohl der Hohepriester damals den heiligsten aller Jobs hatte. Er musste einmal im Jahr das Volk Israel mit einem Tieropfer vor Gott reinwaschen, was ein Symbol für das spätere Sühneopfer Jesu am Kreuz war. **Dass Gott das Thema Partnerschaft wichtig ist, erkennen wir daran, dass er sich bereits auf den ersten Seiten der Bibel dazu äu-**

ßert. Leider haben viele Christen diese Bibelstellen von Adam und Eva schon so oft gelesen, dass sie gar nicht mehr richtig wahrnehmen, was dort steht. Mir ging es zumindest so, bis Gott mich neu während einer Gebetszeit auf ein paar Dinge in seinem Wort hingewiesen hat, die ich im Folgenden gerne mit dir teilen möchte.

Die Bibel ist für mich Gottes Wort, das von Menschen aufgeschrieben wurde, die von seinem Heiligen Geist inspiriert wurden. Deshalb ist die Bibel ein absoluter Segen, denn durch sie sind wir nicht auf Mutmaßungen von Menschen angewiesen, was eventuell Gottes Wille sein könnte. Gott selbst gibt uns in seinem Wort Auskunft darüber, wer er ist, was er mit der Welt vorhat und wie er sich das Leben der Menschen gedacht hat. Lass uns deshalb in die Bibel schauen, um zu erkennen, was Gott zum Thema Singledasein und Partnerschaft sagt.

Laut Bibel war Adam am Anfang der Schöpfung ein Single. Er lebte im Garten Eden in perfekter Gemeinschaft mit Gott. Den Sündenfall hatte es noch nicht gegeben und alles war in Butter. Es gab nur Gott, Adam und die Tiere. Doch etwas fehlte.

> „Gott, der Herr, dachte sich: ‚Es ist nicht gut, dass der Mensch allein lebt. Er soll eine Gefährtin bekommen, die zu ihm passt!'"
> (1. Mose 2,18)

Ich finde diese kurzen Sätze extrem spannend! Adam hatte den direkten Zugang zu Gottes Herrlichkeit und konnte sich frei vor Gott bewegen. Wer würde es wagen, da zu behaupten, dass noch irgendetwas in dieser perfekten Beziehung zwischen Gott und Mensch fehlen würde? Wäre so jemand nicht ein Gotteslästerer? Müsste so jemand nicht damit rechnen, von allen frommen Christen mit dem evangelischen Gesangsbuch gesteinigt zu werden? Doch einer sagte es – und zwar Gott selbst. **Gott stellte *von sich aus* fest, dass etwas „nicht gut" war.**

Dieses „Nicht gut" sticht hervor, es schockiert! Es steht im krassen Gegensatz zu all den *„ Es war gut"*-Aussagen, mit denen Gott ein paar Verse zuvor seine Schöpfung bewertet hatte. Gott ging durch seine Schöpfung und versah alles mit der Note Eins plus. Nur das soziale Leben Adams bewertete er mit mangelhaft. Und das, obwohl Adam und Gott quasi in einer göttlichen „Eden-WG" wohnten.

So viele Menschen in unseren Gemeinden suchen heute fieberhaft nach ihrer Berufung und nach Gottes Plan für ihr Leben. Sie lesen Bücher, besuchen Seminare und betreiben einen großen Aufwand. Das ist nicht falsch, doch manchmal sehen sie den Wald vor lauter Bäumen nicht mehr. Denn solange wir unsere spezielle Berufung noch nicht gefunden haben, könnten wir doch einfach damit anfangen, uns auf die „Grundberufung" zu konzentrieren, die Gott für jeden Menschen festgeschrieben hat. Und die steht im oben zitierten Bibelvers: *Mensch, es ist nicht gut, dass du dauerhaft als Single lebst! Suche dir bitte eine Partnerin, mit der du glücklich werden kannst.*

Gott zwingt uns also nicht dazu, ein Leben von unerfülltem Verlangen und ohne Partner zu leben. Im Gegenteil, er hat uns so geschaffen, dass wir uns nach Gemeinschaft sehnen. Schließlich schuf Gott uns Menschen nach seinem Ebenbild und Gott selbst ist ein soziales Wesen. Denn er lebt in dem Mysterium der Dreieinigkeit von Vater, Sohn und Heiligem Geist. Gott hat also Gemeinschaft mit sich selbst und mit den Menschen. Und auch wir sind nicht dazu bestimmt, alleine zu leben.

Nun gibt es verschiedene Arten, wie Menschen auf 1. Mose 2,18 reagieren: Manche sagen zum Beispiel, dass es hier vor allem um soziale Kontakte im weitesten Sinne geht, also um Freundschaft und Begegnungen mit anderen Menschen im Alltag. Aber wäre es Gott nur um soziale Kontakte für den einsamen Adam gegangen, hätte er ihm auch einfach einen Kumpel erschaffen können. Einen anderen Mann, mit dem er Baseball spielen, die Meere durchsegeln, Gipfel erstürmen und an Autos herumschrauben könnte. Oder er hätte gleich einen ganzen Fußballverein voller Kumpels für Adam erschaffen können. Doch Gott tat etwas anderes, etwas viel Kreativeres: Er schuf ein neues Wesen, das zwar von derselben Art wie Adam war, sich in bestimmten Punkten aber deutlich von ihm unterschied. Gott gab Adam eine Frau, eine „Gefährtin", wie es im Bibeltext heißt.

Die Freundschaftsbeziehung zu Menschen aus dem eigenen Geschlecht kennt jeder von uns. Jeder Mann braucht einen besten Kumpel, mit dem er Abenteuer erleben, private Dinge besprechen oder einfach nur herumalbern kann. Doch kein Mann kann einen anderen Mann so faszinieren und begeistern, wie es eine Frau zu tun vermag. **Es war Gottes Idee, dass die Gemeinschaft zwischen Mann und Frau intensiver und tiefer sein sollte als zwischen Menschen desselben Geschlechts.** In seiner Genialität erschuf er zwei *verschiedene* Geschlechter, wodurch eine ganz neue Dimension von Gemeinschaft entstand. Die Männerfreundschaft, die du mit deinen Kumpels zum Beispiel im Fußballverein erlebst, ist völlig anders als die Liebesgemeinschaft mit einer Frau. Auch Adam merkte schnell, dass Gott ihm hier etwas völlig Neues geschenkt hatte, das wie ein fehlendes Puzzleteil zu ihm passte und ihn ergänzte:

> „Da ließ Gott, der Herr, einen tiefen Schlaf über ihn kommen, entnahm ihm eine Rippe und verschloss die Stelle wieder mit Fleisch. Aus der Rippe formte er eine Frau und brachte sie zu dem Menschen. Da rief dieser: ‚Endlich gibt es jemanden wie mich! Sie wurde aus einem Teil von mir gemacht – wir gehören zusammen!'" (1. Mose 2,21–24)

Dieses erlösende „*Endlich!*" erleben Singles auch heute noch, wenn sie ihren Partner fürs Leben gefunden haben. Gott war es also, der Adam und Eva zusammenbrachte und so die Gemeinschaft zwischen Mann und Frau gründete. **Und er freute sich mit den beiden!** Gott war nicht eifersüchtig auf Eva, denn er wusste, dass Adam mit ihr in einer Gemeinschaft leben und gleichzeitig auch mit ihm in Verbindung bleiben konnte. Und das Gleiche galt auch für Eva.

Manche christliche Singles befürchten, dass ihre Beziehung zu Gott schlechter wird, sobald sie einen Partner gefunden haben. Doch dafür gibt es keinen Grund. Denn genau so, wie sich eine Männerfreundschaft von der Beziehung zwischen Mann und Frau unterscheidet, so unterscheidet sich auch die Beziehung zwischen Mann und Frau von der Beziehung zu Gott. Keine Frau dieser Welt kann Gott jemals für dich ersetzen oder dir das schenken, was du in deiner persönlichen Beziehung mit ihm erfahren darfst. **Gott ist *für* die Beziehung zwischen Mann und Frau und sieht darin keine Konkurrenz oder Gefahr für sich. Denn schließlich hat er diese Beziehung selbst erfunden und sie Adam und Eva geschenkt, damit sie sich aneinander erfreuen.** Ich weiß nicht, wie dein Elternhaus war und wie deine Vergangenheit aussieht. Aber stell dir einmal vor, wie ein guter Vater oder dein bester Freund reagieren würden, wenn du ihnen eines Tages deine Freundin vorstellst. Werden sie sich nicht mit dir und deiner zukünftigen Braut freuen und euch beiden von Herzen gratulieren? Gott tut das auf jeden Fall! Und die Bibel preist die Beziehung zwischen Mann und Frau als ein gutes Geschenk Gottes:

„Wer eine Frau gefunden hat, der hat es gut; es ist ein Zeichen der Güte Gottes." (Sprüche 18,22)

Und trotzdem stellen sich junge Christinnen und Christen immer wieder die Frage, ob es für ihr geistliches Leben und ihre Beziehung zu Gott gut ist, wenn sie einen Partner haben. Diese Unsicherheit stammt aber meistens nicht vom Heiligen Geist, sondern ist einfach nur von Menschen gemacht. Sie beruht auf falschen Idealbildern einer leistungsbezogenen Glaubensvorstellung, die sich wiederum an einer leistungsbezogenen Gesellschaft orientiert. *„Wir müssen ackern und leiden, damit Gott uns liebt"*, so lautet der Kern dieser falschen Glaubensvorstellung. Und damit steht sie im totalen Widerspruch zum Gnaden-Evangelium Jesu Christi. **Aus biblischer und geistlicher Sicht macht es also mehr Sinn zu heiraten, als ein dauerhaftes Single-Dasein zu führen.** Ich glaube, der folgende Bibelvers gilt deshalb auch nicht nur für die geistliche Gemeinschaft in einer Gemeinde, sondern auch für die Beziehung zwischen Mann und Frau:

> „Zwei haben es besser als einer allein, denn zusammen können sie mehr erreichen. Stürzt einer von ihnen, dann hilft der andere ihm wieder auf die Beine. Doch wie schlecht steht es um den, der alleine ist, wenn er hinfällt! Niemand ist da, der ihm wieder aufhilft! Wenn zwei in der Kälte zusammenliegen, wärmt einer den anderen, doch wie soll einer allein warm werden? Einer kann leicht überwältigt werden, doch zwei sind dem Angriff gewachsen." (Prediger 4,9–13)

Jede christliche Ehe ist ein Wunder Gottes, durch das er selbst als Schöpfer geehrt wird. Und sie ist eine Chance, der Welt Gottes Größe zu zeigen. Denn wir leben in einer Zeit, die zunehmend auf Ehe und feste Bindungen verzichtet und sich Lebensabschnittspartnerschaften auf Zeit bastelt. Gerade hier können christliche Eheleute Leuchtfeuer sein, die der Welt zeigen, dass die von Gott ausgedachte Form einer verbindlichen Partnerschaft funktioniert und echte Erfüllung bringen kann.

Die Geistesgabe der Ehelosigkeit

Kommen wir noch zu einem anderen wichtigen Punkt, über den sich viele christliche Singles den Kopf zerbrechen. Ich sage manchmal im Spaß: *„Die Ehelosigkeit ist die Geistesgabe, bei der sich alle Christen* *wegducken, wenn der Heilige Geist sie austeilt.*" Gerade christliche Singles haben manchmal Angst, davon „betroffen" zu sein und deshalb nicht den ersehnten Partner zu finden. Darum geht es in diesem Abschnitt.

Nach dem Abitur absolvierte ich meinen Zivildienst in einem christlichen Werk. Es war eine sogenannte „Kommunität", also eine klosterähnliche Gemeinschaft, in der Männer und Frauen evangelischen Glaubens zwar gemeinsam unter einem Dach lebten, aber freiwillig ehelos blieben. Ich verbrachte ein Jahr in diesem christlichen Werk und sprach natürlich auch mit den dortigen Menschen über ihren Weg in die Ehelosigkeit.

Während ich mir ihre Lebensgeschichten anhörte, wurde mir klar, dass Gott keinen einzigen von ihnen in die Ehelosigkeit gezwungen hatte, sondern dass alle wirklich freiwillig diese Richtung eingeschlagen hatten und damit auch zufrieden waren. Sie hatten tatsächlich die Gabe der Ehelosigkeit und wollten ihr Leben bewusst auf diese Weise führen. Während ich dort war, wurden zwei junge Frauen im Alter von 26 und 28 Jahren als neue Mitglieder in die Kommunität aufgenommen. Ich unterhielt mich mit einer von den beiden und sie sagte mir, dass sie diese Entscheidung aus ganzem Herzen getroffen habe. Sie war kein Single gewesen, sondern hatte einen festen Freund gehabt, als sie plötzlich merkte, dass Gottes Plan für ihr Leben anders aussah: *„Ich war damals zwar offen für den Gedanken, in Ehelosigkeit zu leben, hatte aber auch einige Zweifel und Bedenken*", sagte sie. *„Deshalb betete ich zu Gott: ‚Wenn das dein Weg für mich ist, dann gib mir bitte eine klare Bestätigung und mache, dass ich zu einer fröhlichen Kommunitätsschwester werde. Sonst werde ich diesen Schritt nicht tun.'*" Sie bekam ihre Bestätigungen und ich habe sie auch Jahre später immer als eine fröhliche Kommunitätsschwester erlebt.

Ich will dir damit eines sagen: **Gott wird *niemals* einen Menschen dazu zwingen, in Ehelosigkeit zu leben.** Aus allen Lebensgeschichten von zölibatär lebenden Menschen, die ich persönlich kennengelernt habe, geht für mich eindeutig hervor, dass Gott diesen Weg mit jedem Einzelnen sehr liebevoll und geduldig gegangen ist und dass er keinen mit Gewalt dazu gezwungen hat. Dennoch stößt man unter frustrierten christlichen Singles immer wieder auf Aussagen wie: *„Es hat alles keinen Sinn mehr mit der Partnersuche! Wahrscheinlich bin ich einfach zur Ehelosigkeit bestimmt.*" Und viele fragen sich dann ernsthaft, ob Gott ihnen absichtlich einen Partner verweigert und ihre Partner-findungspläne sabotiert, weil er sie zur Ehelosigkeit zwingen möchte. In diesem Zusammenhang wird dann oft die berühmte Paulusstelle aus dem ersten Brief an die Korinther zitiert. Doch was steht wirklich in dieser Bibelstelle? Lies selbst:

> „Was ich euch jetzt sage, ist ein Rat, kein Befehl. Ich wünschte zwar, jeder würde wie ich ehelos leben. Aber wir sind nicht alle gleich. Nach Gottes Willen leben die einen in der Ehe, die anderen bleiben unverheiratet. Den Unverheirateten und Ver-witweten rate ich, lieber ledig zu bleiben, wie ich es bin. Wenn ihnen das Alleinsein aber zu schwer fällt, sollen sie heiraten. Denn das ist besser, als von unerfülltem Verlangen beherrscht zu werden." (1. Korinther 7,6–10)

Paulus sagt also gleich zu Beginn dieser Passage, dass es sich dabei um einen *Rat*, seine persönliche Empfehlung an die Gemeinde, handelt und nicht um eine Anordnung Gottes. Das wird ein paar Verse später noch einmal deutlich, als Paulus diesen „Ratgeber-Modus" wieder verlässt und in seine Vollmacht als Apostel zurückkehrt:

> „Was ich jetzt den Verheirateten sage, ist kein persönlicher Rat, sondern ein Gebot unseres Herrn Jesus Christus: Keine Frau darf sich von ihrem Mann scheiden lassen." (1. Korinther 7,10)

Ich schätze Paulus sehr als einen feurigen Mann des Glaubens. Aber gleichzeitig sehe ich ihn auch als einen Menschen mit Ecken und Kanten, so wie dich und mich. Er stritt sich zum Beispiel mit Petrus über die Tischgemeinschaft von Juden- und Heidenchristen (Galater 2,11) und trennte sich im Streit von Barnabas, weil er sich über die Unzuverlässig-keit von dessen Cousin Johannes Markus aufregte (siehe Kolosser 4,10 und Apostelgeschichte 15,36–41).

Zur Ehe hatte Paulus eine feste Meinung: *Am besten gar nicht erst anfangen!* Diese Abneigung kam aber nicht von einer frauenfeindlichen Haltung, sondern weil Paulus fest davon überzeugt war, dass es bis zur Wiederkunft Jesu und dem Endgericht Gottes nur noch wenige Jahre waren. Er glaubte, dass er selbst und auch die Christen in Korinth durch eine schwere Trübsalszeit der Christenverfolgung, wie sie auch im Buch der Offenbarung beschrieben ist, gehen müssten. Das kann man in seinen Briefen immer wieder lesen, zum Beispiel an dieser Stelle:

„Denn eins steht fest, Brüder: Wir haben nicht mehr viel Zeit, für den Herrn zu arbeiten. Deshalb sollen sich jetzt auch die Verheirateten so für den Herrn einsetzen, als wären sie nicht verheiratet. […] Denn diese Welt mit allem, was wir haben, wird bald vergehen." (1. Korinther 7,29–32)

Doch Paulus irrte sich. Jesus kam zu den Lebzeiten des Apostels nicht wieder. Und knapp zweitausend Jahre, nachdem Paulus diese Zeilen geschrieben hat, warten wir immer noch darauf. Paulus konnte das aber nicht wissen. Deshalb warb er unter den Christen dafür, die aus seiner Sicht nur noch kurze Zeit bis zum Jüngsten Gericht nicht mit Ehe- und Familienplanung zu vergeuden, sondern sie voll und ganz für Gottes Reich zu nutzen. Das war aber nur seine persönliche Meinung und keine Anordnung Gottes, wie Paulus selbst immer wieder sagte:

„Für die unverheirateten Frauen [Anmerkung: unverheiratete Männer gab es in der damaligen Zeit kaum, weshalb Paulus sie hier erst gar nicht erwähnte] hat der Herr keine ausdrückliche Anweisung gegeben. Aber als Botschafter des Herrn, dem ihr vertrauen könnt, möchte ich euch meine Meinung sagen. Wenn ich daran denke, welch schwere Zeiten [Anmerkung: Paulus meint die schwere Christenverfolgung] uns bevorstehen, scheint es mir das Beste zu sein, wenn man unverheiratet bleibt. Hast du dich allerdings schon an eine Frau gebunden, dann sollst du diese Bindung nicht lösen. Bist du aber noch frei, dann bleibe es auch und suche nicht überall nach einer Frau. Wenn du heiratest, begehst du jedoch keine Sünde. Das gilt in gleicher Weise für Männer wie für Frauen. Nur werdet ihr als Verheiratete besonderen Belastungen ausgesetzt sein, und das würde ich euch gern ersparen." (1. Korinther 7,25–29)

Es ist also Paulus' Fürsorge für die Christen, die ihn sagen lässt, dass man unverheiratet bleiben sollte. Denn als Single kommt man besser durch schwere Verfolgungszeiten als mit einem Partner und Kindern im Schlepptau. Paulus war also kein Gegner der Ehe und er hat christliche Paare auch nicht schief angeschaut. Lass uns dazu noch einmal die Stelle von oben beleuchten, in der Paulus schreibt:

> „Wenn ihnen [den Unverheirateten und Verwitweten] das Al-
> leinsein aber zu schwer fällt, sollen sie heiraten. Denn das ist
> besser, als von unerfülltem Verlangen beherrscht zu werden."
> (1. Korinther 7,9)

Paulus war zwar ein Fan der Ehelosigkeit, doch gleichzeitig emp-
fahl er die Partnerschaft jedem, der nicht allein leben wollte. Würde
Paulus heute in eine christliche Gemeinde kommen und all die un-
glücklichen Singles sehen, die seine Bibelstellen falsch interpretieren,
würde er wahrscheinlich vor Entsetzen die Hände über dem Kopf
zusammenschlagen. Er würde die Gemeinde sofort zusammenrufen,
sie an die gerade angeführte Bibelstelle erinnern und sagen: *„Bist du
ein Single und leidest unter dem Alleinsein? Dann suche dir einen
Partner und heirate!"*

Es lag dem Apostel völlig fern, die Ehe als etwas Minderwertiges
oder Schlechtes darzustellen. Deshalb warnt er die Christen im 1. Ti-
motheusbrief auch ausdrücklich vor falschen Propheten, die sich gegen
das Heiraten stellen:

> „Diese gewissenlosen Verführer sind durch und durch verlo-
> gen. Sie verbieten beispielsweise, zu heiraten oder bestimmte
> Speisen zu essen. Dabei hat Gott doch alles geschaffen, damit
> jeder, der an ihn glaubt und seine Wahrheit erkannt hat, auch
> diese Dinge dankbar von ihm annimmt." (1. Timotheus 4,2–4)

Zu guter Letzt sollte man auch wissen, dass Paulus mit seinem
Singledasein eine Ausnahme unter den Aposteln war. Denn die meisten von ihnen waren verheiratet. Selbst Petrus, den Jesus als den Fels
ausgewählt hat, um darauf seine Gemeinde zu bauen, hatte eine Frau.
In Matthäus 8,14 lesen wir von der Schwiegermutter des Petrus und
im 1. Korintherbrief schreibt Paulus:

> „Hätten eigentlich meine Mitarbeiter und ich nicht das Recht,
> uns auf Kosten der Gemeinde versorgen zu lassen? Dürften
> nicht auch wir eine Ehefrau mit auf die Reise nehmen, wie es die
> anderen Apostel tun, die Brüder des Herrn und auch Petrus?"
> (1. Korinther 9,4–6)

Paulus schließt die Passage zur Ehelosigkeit in 1. Korinther dann
auch mit den Worten:

> „Ich sage dies alles nicht, um euch irgendwelche Vorschriften zu machen, sondern um euch zu helfen. […] Wenn aber jemand meint, es sei Unrecht, seine Braut allzu lange auf die Ehe warten zu lassen, so soll er tun, was er für richtig hält. Er soll ruhig heiraten. Damit begeht er keine Sünde." (1. Korinther 7,35–37)

Ich denke, damit ist genug gesagt. Also Schluss mit dem geistlichen Wildwuchs und den falschen Gerüchten über die Ehelosigkeit! Selbst Paulus gibt dir seinen Segen, wenn du eine Frau heiraten möchtest. Dazu passt auch der kluge Hinweis, den mir eine Leiterin aus einer großen freikirchlichen Gemeinde gab: *„Wenn du dich nach einer Partnerin sehnst, kannst du praktisch ausschließen, dass du die Gabe der Ehelosigkeit hast. Denn sonst hätte Gott dieses Verlangen nicht in dich hineingelegt."* Vielleicht gibt es menschliche Gründe, wieso du Single bist. Aber wenn dein Herz sich nach einer Partnerin sehnt, ist die Wahrscheinlichkeit extrem gering, dass du die Berufung zur Ehelosigkeit hast. **Denn die Gabe der Ehelosigkeit ist *kein* Massenphänomen**, das jeden dritten Christen betrifft. Im Gegenteil, sie ist sehr selten und war auch unter den Aposteln eine Ausnahme.

Sollte sich in deinem späteren Leben aber dennoch herausstellen, dass du diese Geistesgabe hast, dann vertraue darauf, dass Gott es dir auf liebevolle und einfühlsame Weise klarmachen und dich Stück um Stück führen wird. **Bis dahin aber gilt für dich die Grundberufung zur Ehe, und das bedeutet auch, dass du guten Gewissens nach einer Partnerin suchen darfst.**

Mir war es wichtig, dieses Thema mit dir zu besprechen und gemeinsam mit dir in der Bibel nachzuforschen, was Gott zu Ehe und Partnerschaft sagt. Denn Meinungen kursieren in unseren Gemeinden viele, aber das Wort Gottes ist der ewig gültige Maßstab, an dem alles gemessen werden muss. Und nun wird es Zeit, dass wir wieder zum Hauptthema dieses Buches zurückkommen: das Flirten und die Eroberung einer Frau.

Teil 5

Flirthilfen

Nimm an, was nützlich ist. Lass weg, was unnütz ist.
Und füge das hinzu, was dein Eigenes ist.
Bruce Lee, Filmstar und Kampfkunstmeister

Nun bist du am Herzstück dieses Buches angelangt! In den folgenden Kapiteln werde ich dir ganz konkrete Tipps und Hilfen geben, die dir im Umgang mit Frauen sehr weiterhelfen werden. Sie stammen alle aus der Praxis des echten Lebens und wurden bereits von mir selbst und von unzähligen Männern auf der ganzen Welt mit Erfolg angewandt.

Diese Flirthilfen entstanden ursprünglich als eine Art Sammlung. Verschiedene Männer rund um den Globus haben sich zusammengetan und ihre Erlebnisse und Erfahrungen mit Frauen über das Internet ausgetauscht. Dabei entdeckten sie, dass sich bestimmte Muster und weibliche Verhaltensweisen im Kennenlernprozess ständig wiederholten. Sie begannen daraufhin zu überlegen, wie man die einzelnen Schritte des Kennenlernens verbessern könnte, und schauten sich dabei auch viele Tipps von Männern ab, die quasi als „Naturtalente" schon seit frühester Jugend sehr gut bei Frauen ankamen. Dieses gesammelte Wissen wird seitdem in Büchern, Workshops und über das Internet weiterverbreitet.

Im Grunde ist das aber alles nichts Neues. Denn Männer wenden diese Flirthilfen schon seit Jahrtausenden mit Erfolg an. Nur haben sie ihr Wissen bislang noch nie so systematisch miteinander verglichen oder darüber nachgedacht, wieso bestimmte Verhaltensweisen besser bei Frauen ankommen als andere. Du kannst dich also darüber freuen, dass du in einer Zeit lebst, in der dieses Wissen jedem zugänglich ist.

Leider gibt es auch schwarze Schafe, also Männer, die von diesen Flirthilfen erfahren und sie dann dazu benutzen, um mit möglichst vielen Frauen zu schlafen, ohne Rücksicht auf deren Gefühle zu nehmen. Das macht diese Tipps moralisch gesehen aber nicht „*gut*" oder „*schlecht*". Sie sind neutrale Instrumente, so wie ein Messer auch: Du kannst damit etwas Gutes tun und es dazu benutzen, um eine Scheibe Brot abzuschneiden und sie einem Armen zu geben. Du kannst es aber auch missbrauchen und damit einen anderen Menschen töten. Das Messer – und auch diese Flirthilfen – ist weder gut noch böse, sondern was du damit *tust,* ist das Entscheidende. Die Verantwortung liegt also bei dir.

Die nachfolgenden Flirthilfen sind keine Anleitung zum Lügen oder zur Manipulation von Frauen, sondern zur Persönlichkeitsentwicklung. Manipulation geschieht immer dann, wenn ein Mensch durch gezielte Psychospielchen oder Täuschungen dazu gebracht wird, etwas zu tun, was er eigentlich nicht möchte. Davon distanziere ich mich entschieden! Es geht bei diesen Flirthilfen nicht darum, einer Frau etwas vorzumachen oder sich zu verstellen. Ich bin fest davon überzeugt, dass eine Beziehung, die auf Lügen aufbaut, nicht lange halten wird. Und wenn sich ein Mensch verstellt, klappt das nur für eine kurze Weile. Denn früher oder später fällt die Maske und der wahre Charakter kommt zum Vorschein.

Diese Tipps sollen aus dir auch keinen Schauspieler machen, sondern sie sollen dir Erfahrungen und Wissen weitergeben, aus denen dann Selbstbewusstsein entstehen kann. Sie sollen dir dabei helfen, deine Unsicherheit zu überwinden, Frauen anzusprechen, mit ihnen zu flirten und eine gesunde Beziehung zu deiner Partnerin aufzubauen. In der Bibel sammelte König Salomo die Lebenstipps seiner Vorfahren im Buch der Sprüche. So etwas Ähnliches haben Andy und ich in diesem Buch ebenfalls getan. Die darin enthaltenen Tipps sollen gute Ratgeber für Männer sein, die nach einer Frau suchen.

Natürlich ist es so, dass jedes Kennenlernen und jeder Beginn einer Beziehung einzigartig ist, und man kann auch nicht immer alles steuern. Doch der Weg in eine Partnerschaft folgt oft einer bestimmten Dynamik, die sich in den meisten Fällen sehr ähnelt. **Man kann deshalb einzelne Schritte im Kennenlernprozess analysieren und sie in Abschnitte einteilen.** Wenn dir das jetzt zu technisch klingt, dann stelle dir die einzelnen Flirthilfen einfach wie große Steine vor, die in einem Fluss liegen und über die du läufst, um auf die andere Seite zu kommen. Solche einzelnen Streckenabschnitte gibt es auch auf dem Weg in eine Beziehung, und die Flirthilfen können dir dabei helfen.

Dieses Buch soll für dich wie ein persönlicher Coach sein. Du sollst daraus Dinge erfahren, die du bisher noch nicht wusstest und die dir helfen werden, dich weiterzuentwickeln. **Die Tipps in diesem Buch sollen deinen Charakter und deine Persönlichkeit also nicht ersetzen oder überflüssig machen, sondern positiv unterstützen und stärken.**

Die Erfahrungen auf meinem eigenen Weg haben mir gezeigt, dass es die eine Wunderpille oder geheime Technik, mit der dir alle Frauen zu Füßen liegen, nicht gibt. Manche Dating-Coachs tun auf ihren Internetseiten zwar so, als hätten sie den Heiligen Gral des Fraueneroberns gefunden. Aber sie machen das nur, damit du ihre Produkte kaufst. **Der einzige Weg zu echtem Erfolg bei vielen Frauen basiert auf Charakterentwicklung, etwas Übung und ein bisschen Glück.** Daraus erwächst dann mit der Zeit die Erfahrung, und mit der Erfahrung wächst auch das Selbstbewusstsein.

Es kann sein, dass dieses neue Wissen und die Flirttipps am Anfang eine gewisse Umstellung in deinem bisherigen Verhalten gegenüber Frauen erfordern. Das ist normal und neue Gewohnheiten erfordern immer auch eine gewisse Eingewöhnungszeit. Wenn du manche Dinge am Anfang noch nicht verstehst, dann lies trotzdem weiter und vertraue darauf, dass mit der Zeit auch die Erkenntnis und die Routine in der Anwendung dazukommen.

Erinnerst du dich noch an deine erste Fahrstunde im Auto? Als du plötzlich das Lenkrad in den Händen hattest, schien auf einmal alles so kompliziert zu sein: Gas, Kupplung, Schaltung, die Rückspiegel, die anderen Autos und die Verkehrzeichen. Alles stürzte auf einmal auf dich ein und du musstest dich beim Fahren ziemlich konzentrieren. Und heute fährst du mit 120 km/h über die Autobahn, ohne groß darüber nachzudenken, und kannst nebenher auch noch mit deinem Beifahrer diskutieren, ob „Star Trek" oder „Star Wars" das bessere Science-Fiction-Universum bietet. So ähnlich ist es auch mit den Flirthilfen: **Am Anfang sind sie vielleicht noch ungewohnt, doch irgendwann gehen dir die Abläufe in Fleisch und Blut über.** Und eines Tages merkst du plötzlich, dass du sie anwendest, ohne groß darüber nachzudenken.

Wenn ich mit einer Frau flirte, denke ich nicht in den Kategorien irgendwelcher Strategien oder Techniken. Ich bin ja schließlich kein programmierter Roboter. Es fühlt sich für mich eher so an wie das Improvisieren auf einem Musikinstrument. Manches geschieht völlig frei aus dem Bauch heraus, anderes orientiert sich an meinen bisherigen Flirt-Erfahrungen und meinem Wissen. Ich entscheide dann instinktiv, was gerade passt, genieße einfach die Zeit mit der Frau und lasse die Flirthilfen spontan einfließen, wenn es dazu Gelegenheit gibt. Sie sind für mich keine „Techniken", sondern inzwischen zu einem Teil meiner Persönlichkeit geworden.

Um ehrlich zu sein: Du brauchst die Flirttipps aus diesem Buch nicht, um irgendwann eine Frau zu finden, die dich liebt. Es geht auch ohne sie. Doch mit Hilfe dieser Tipps wird dir sehr vieles leichter fallen und schneller gelingen. Sie können dir helfen, Probleme zu vermeiden, deine Traumfrau anzusprechen, mit komischen oder peinlichen Situationen richtig umzugehen und allgemein einfach mehr Spaß im Umgang mit Frauen und im Leben zu haben. **Lass diese Flirthilfen die leckeren Kirschen auf dem Eisbecher deines Lebens sein und verkrampfe dich nicht bei ihrer Anwendung!** Sieh sie nicht als festes Regelwerk, von dem man auf keinen Fall abweichen darf, sondern eher als eine aufeinander aufbauende „Tipps-und-Tricks-Sammlung", an der du dich bedienen kannst. Dann wirst du bald ganz von selbst merken, dass dein Erfolg bei Frauen schneller wächst, je mehr dieser Tipps du beachtest und anwendest.

C&F – frech und witzig

Mit Humor kann man Frauen am leichtesten erobern, denn die meisten Frauen lachen gerne, bevor sie anfangen zu küssen.

Jerry Lewis, Schauspieler und Komiker

„Was sich liebt, das neckt sich", heißt ein deutsches Sprichwort, und dieser kurze Satz erklärt perfekt, worum es bei der Flirthilfe C&F geht. C&F ist die Abkürzung vom englischen *„cocky and funny"*, was *„frech und witzig"* bedeutet. Der Begriff wurde durch den US-amerikanischen Flirtcoach David DeAngelo bekannt, die Idee dahinter ist aber schon Hunderte von Jahren alt. Bereits im Kindergarten machen die kleinen Jungs unbewusst C&F, wenn sie beim Spielen genau die Mädchen ärgern und necken, in die sie heimlich verliebt sind. In der Pubertät geht diese Fähigkeit bei vielen Männern aber verloren, weil uns die Gesellschaft und eine falsche Erziehung vorschreiben, dass man Frauen eher durch materielle Dinge, wie zum Beispiel teure Autos, und durch Höflichkeit

erobert. Ein freches, selbstbewusstes Auftreten passt da nicht ins Konzept. **Fragt man Frauen aber, wie sie sich ihren Traumprinzen vorstellen, sagen sie oft, dass er Humor haben soll.** Damit meinen sie aber nicht irgendeine Art von albernem Karnevals-Humor, auswendig gelernte Witze oder schusslige Situationskomik, sondern sie meinen C&F. Auch wenn eine Frau diesen Begriff noch nie gehört hat, erkennt sie diese besondere Art von Humor sofort, wenn sie ihr begegnet.

C&F bedeutet, dass du eine Frau auf freundschaftliche und zugleich frech-dreiste Art ärgerst, ohne sie dabei ernsthaft wütend zu machen oder zu beleidigen. Foppen, necken, aufziehen, scherzen oder jemanden auf den Arm nehmen sind Synonyme für C&F. Frauen wenden diesen neckischen Humor sogar oft selbst an, wenn sie einen Mann attraktiv finden oder unter sich sind.

C&F ist im Grunde genommen Flirten in seiner reinsten Form. Es ist eine leicht zu erlernende, aber unglaublich wirkungsvolle „Allzweckwaffe", quasi das Schweizer Taschenmesser der Flirtkunst. C&F allein reicht aus, um deine Flirtfähigkeiten von jetzt auf gleich extrem zu erhöhen und die Art und Weise, wie Frauen auf dich reagieren, direkt nachdem du dieses Kapitel gelesen hast, zu verändern. Ich weiß, das klingt jetzt sehr nach einer unseriösen „Wunderpille". Aber C&F wirkt, weil in jeder Frau der Drang zum spielerischen Flirten angelegt ist. Aus diesem Grund ist C&F die erste Flirthilfe, die ich dir erklären möchte, weil du sie fast überall anwenden kannst, wo dir Frauen im Alltag begegnen. C&F würzt deine Gespräche mit Frauen, macht sie interessanter und witziger und erzeugt oft eine prickelnde Spannung. Und dabei ist es völlig egal, ob die Frau 16 oder 60 Jahre alt ist, ob sie in New York oder in Nürnberg wohnt – C&F wirkt immer! Denn Frauen aller Altersklassen und Nationalitäten lieben es zu lachen. Und sie lieben Männer, die sie zum Lachen bringen können.

Flirten baut meist auf Lachen auf. Du kannst das immer dann sehr gut beobachten, wenn einer Frau ein bestimmter Mann offensichtlich gefällt. Sie versucht dann ständig in seiner Nähe zu sein, lacht viel über seine mehr oder weniger guten Witze, boxt ihm gegen den Arm und sagt solche Dinge wie: *„Ach, du bist so herrlich witzig!"* Denn die Grundformel für das Flirten lautet: **Der Mann versucht die Frau zum Lachen zu bringen und die Frau lacht bereitwillig über seine Witze und zeigt ihm dadurch ihre Zuneigung.**

Wenn wir zusammen mit einem anderen Menschen über dessen Scherze lachen, zeigen wir damit, dass wir uns mit ihm verbunden fühlen und seine Ansichten und Emotionen in einer bestimmten Situation teilen. Das stärkt unsere soziale Verbindung zu dieser Person. Und natürlich macht es auch einfach Spaß zu lachen, weil wir dabei prickelnde und positive Gefühle haben, die in guter Erinnerung bleiben. Wenn du eine Frau also zum Lachen bringen kannst, ist das sehr gut für dich! Ich möchte dir einmal zwei Beispiele für C&F geben, damit du das richtige Gespür und Verständnis dafür bekommst:

> Du sitzt im Zug oder im Bus und kommst mit deiner hübschen Sitznachbarin ins Gespräch. Sie fragt dich: „Fährst du auch in den Stadtpark?" Die meisten Menschen würden darauf ganz normal antworten und ihr die gewünschte Information geben. Das ist zwar okay, aber eben auch so staubtrocken und langweilig wie ein Knäckebrot im Hochsommer. Stattdessen könntest du die Frau verschmitzt anlächeln und sagen: „Nein, ich springe vorher mit dem Fallschirm ab", oder: „Stadtpark?? Ich dachte, das hier ist der Flieger nach Honolulu!?" Das ist viel witziger und interessanter als die normale Standardantwort und lenkt die Gedanken der Frau zugleich noch auf ein positives Thema: Urlaub, Sommer, Strand. Anschließend kannst du ihr scherzhaft nahelegen, den „Flieger" zu wechseln, oder in ein ernstes Gespräch überleiten und sie zum Beispiel fragen, wo sie zuletzt im Urlaub war. Damit löst du auch noch positive Erinnerungen und Gefühle bei ihr aus, was die Stimmung aufhellt und die Gesprächsbereitschaft erhöht.

Noch ein weiteres Beispiel für frech-witzigen Humor:

> Du stehst gerade im Flur deiner Uni oder deiner Firma und kopierst ein paar Seiten aus einem Buch. Eine befreundete Studentin oder Arbeitskollegin kommt vorbei und fragt: „Na, was machst du gerade?" Du kannst ihr die Frage kurz beantworten und sie weiterziehen lassen oder du verwendest C&F und sagst: „Och, ich kopiere gerade einen Aufsatz über das Liebesleben der Weinbergschnecken – den solltest du unbedingt lesen!", oder „Ich pflücke Kirschen von einem Apfelbaum – sieht man doch! Und nachher backe ich davon einen Kuchen. Du kriegst aber nur ein Stück, wenn du ein braves Mädchen bist …"

Hast du vielleicht bei einem dieser Beispiele schmunzeln oder lachen müssen? Dann sei dir sicher: Einer Frau wird es genauso gehen! **Denn die frech-witzige und leicht herausfordernde Art von C&F lockert jedes Gespräch auf und bringt Farbe in den grauen Alltag.** Es gibt so viele Möglichkeiten, diese Flirthilfe im täglichen Leben anzuwenden! Und es liegt dann an dir, ob du das Gespräch mit einer Frau auf der rational-informellen Ebene belässt oder es mit C&F auf eine witzig-flirtende Gesprächsebene bringst. Ob die Frau sich dann auf einen Flirt einlässt und dein C&F mit frechen Sprüchen ihrerseits erwidert oder sich schnell verabschiedet und weitergeht, ist ihre Sache und liegt nicht in deiner Hand. Doch ich kann dir versichern: **Wenn die Frauen in deinem Umfeld erst einmal bemerken, dass du C&F anwendest, können sie oft nicht genug davon bekommen.** Denn die meisten Frauen *lieben* es, mit Worten zu spielen, zu necken und geneckt zu werden. Sie werden dann gern mit dir reden, in deiner Nähe sein und sich auch später noch mit guten Gefühlen an dich erinnern.

C&F bringt dir aber noch mehr: **Ganz nebenbei signalisierst du attraktiven Frauen dadurch auch, dass du ein selbstbewusster und humorvoller Mann bist, der keine Angst vor ihnen hat.** Du nimmst sie durch dein C&F nämlich nicht allzu ernst und zeigst, dass du es nicht nötig hast, ihnen die Füße zu küssen oder sie mit langweiligen Standard-komplimenten zu beeindrucken.

So stichst du aus der Masse der üblichen Bewerber hervor und attrak-tive Frauen werden anfangen, dich zu bewundern, **weil du den Mut hast, zu dir selbst zu stehen und dabei auch noch humorvoll bist.** Damit unterscheidest du dich auf attraktive Weise von anderen Männern und vor allem von den *Nice Guys*. Denn *Nice Guys* necken Frauen nicht, weil sie befürchten, sie dadurch zu verärgern. Frauen spüren diese Angst bei Männern aber und empfinden sie als schwach und unattraktiv.

> Vor einigen Jahren war ich auf einer christlichen Freizeit. Der Co-Leiter dort war ein junger Mann, der noch nicht lange an Jesus glaubte. Er war früher im kriminellen Milieu unterwegs gewesen und – was Frauen betraf – ziemlich erfahren. Mit seinen 1,69 Metern war er der kleinste Mann auf der Freizeit, doch das machte er mit seinem großen Selbstbewusstsein und seiner frech-witzigen Art gegenüber den Frauen wieder wett. Ständig scherzte er mit ihnen herum, nahm sich alle möglichen

Frechheiten heraus und spielte ihnen kleine lustige Streiche. Auf der Freizeit rannten ihm die hübschesten Mädels hinterher und ständig war er von einer Traube Frauen umgeben. Als wir Männer einmal allein unterwegs waren, sagte er zu mir: „Vom Aussehen her steckst du uns andere hier locker in die Tasche." Die Frauen bekam aber trotzdem er und nicht ich! Das Konzept von C&F lag damals direkt vor meiner Nase, doch ich verstand es noch nicht.

Die Formel für C&F

Als ich zum ersten Mal von C&F hörte, dachte ich, dass ich niemals so selbstbewusst und witzig sein könnte, um es richtig anzuwenden. Ich dachte damals, diese Flirthilfe sei nur etwas für notorische Gruppenclowns und besonders extrovertierte Menschen. Heute mache ich C&F aber mit Begeisterung und weiß, dass es wirklich *jeder* verstehen und lernen kann. Und man braucht dazu auch kein angeborenes „Humor-Gen" oder so etwas. Wenn du die Idee hinter dieser Flirthilfe erst einmal verstanden hast und bereit bist, sie auszuprobieren, wirst du schnell feststellen, dass sie auch für dich funktioniert.

Der Hauptgrund, warum viele Männer diese Flirthilfe nicht anwenden, ist, dass sie das Konzept von C&F einfach nicht kennen, und manche verstehen es auch falsch und glauben, sie müssten dabei grob und gemein zu Frauen sein. Dann gehen sie auf eine Frau zu, beleidigen zum Beispiel das Aussehen ihrer Schuhe und wundern sich hinterher über die schlechte Rückmeldung. Doch C&F ist nicht beleidigend. Es geht nicht darum, die Frau wütend zu machen, sondern sie freundlich zu necken. Das kann mit den frechen Vertreterinnen des weiblichen Geschlechts zwar auch mal zu kleinen Wortgefechten führen. Doch bei gut gemachtem C&F zeigen beide Seiten immer ihre gegenseitige Wertschätzung und wissen, dass die kleinen Neckereien nicht böse gemeint sind. **Ein ganz wichtiger Begriff im Zusammenhang mit C&F ist deshalb das Wort „verspielt"** (das englische Wort *„playful"* drückt es noch etwas treffender aus).

Denn Flirten ist für viele Frauen wie ein Spiel, ein wechselseitiges Reizen und Locken, ein knisternder Tanz. Deshalb sprechen internationale Flirtcoachs auch vom *„game"* und meinen damit die Fähigkeit zu flirten und auch das Flirten selbst. Beim Flirten und ganz besonders wenn du C&F anwendest, solltest du nie in einem angestrengten, aufgeregten oder wütenden Tonfall reden, sondern immer locker, neckisch und verspielt bleiben. Stelle dir vor, wie es ist, wenn du mit deinen Kumpels herumalberst und ihr euch gegenseitig im Spaß ärgert. Diese kumpelhafte Lockerheit und Selbstverständlichkeit ist es, die du auch bei C&F gegenüber Frauen anwenden solltest.

Um vom Kopf her die richtige Einstellung für C&F zu bekommen, gibt es einen Trick. Er ist sozusagen die Formel für C&F, mit der du schnell in die humorvolle Stimmung dafür kommen kannst: **Stelle dir im Gespräch mit einer Frau einfach vor, sie wäre deine kleine nervende Schwester oder Cousine, die du ein bisschen ärgern und necken willst.**

Diese Vorstellung wird dir helfen, deine inneren Ängste und Hemmungen beim Flirten zu überwinden. Wenn die super-attraktive Frau an der Bar deine kleine Schwester wäre, was würdest du dann zu ihr sagen? Wie würdest du sie dabei anlächeln? Wie selbstsicher und doch zugleich freundschaftlich würdest du ihr gegenüber auftreten? Es geht darum, einfach Spaß mit der Frau zu haben. **Sei dreist auf eine charmante und witzige Art,** und wenn sie dann mit einem frechen Spruch zurückschießt, freue dich, denn das zeigt, dass die Frau auf dein C&F positiv reagiert und sich auf den Flirt einlässt.

Fast alle Männer, die gut bei Frauen ankommen, verwenden diese Art von frechem Humor, mit dem sie Frauen neckisch aufziehen. Dazu gehört manchmal auch eine spielerische Form von Arroganz. Natürlich heißt das nicht, dass du zu einem aufgeblasenen Egoisten werden sollst, sondern ich rede hier von einer *leichten* Form von Arroganz, die durchaus witzig und unterhaltsam für dein Gegenüber ist. Die Figur des exzentrischen Millionärs **Tony Stark** aus den „*Iron Man*"-Filmen mit Robert Downey jr. ist dafür ein gutes, wenn auch manchmal über-triebenes Beispiel. Die „*Iron-Man*"-Filme leben praktisch von Tonys arrogant-verspieltem Charakter, denn er hat immer einen frechen Spruch auf Lager. Manchmal kann er dabei auch recht kindisch wirken. Doch genau das macht ihn so interessant und anziehend, denn er steht zu sich selbst und ist von sich überzeugt. Sein Superheldenanzug wird dabei fast schon zur Nebensache. Dasselbe Muster gilt für den Piratenkapitän **Jack Sparrow**, dargestellt von Johnny Depp im Film „*Fluch der Karibik*". Auch er kommt bei Frauen gut an.

Eine etwas abgemilderte Version davon kannst du auch in den alten **James-Bond-Filmen** sehen. Bond ist für seinen spitzbübischen Humor bekannt und setzt sein leicht arrogantes C&F oft ein, um kühle und unnahbare Frauen aus der Reserve zu locken und sie zu erobern. (Wenn du noch nie einen Bond-Film gesehen hast, empfehle ich dir für den Anfang den Film *„Feuerball"*, weil er viele C&F-Beispiele enthält.)

Vielleicht denkst du jetzt: *„So wie James Bond kann ich doch nie sein!"*, und vielleicht willst du das auch gar nicht. Doch ich kann dich beruhigen: **Bei C&F gibt es nicht *den einen* Weg, sondern *viele individuelle* Wege.** Jeder Mann muss seine eigene Form davon finden, die am besten zu ihm und seiner Persönlichkeit passt. Es ist eine der Stärken von C&F, dass du es persönlich gestalten und dabei deinen eigenen Charakter präsentieren kannst. Das ist ein bisschen so wie beim Musizieren oder bei der Kleiderwahl: Es gibt zwar bestimmte Grundregeln, aber letztlich hat jeder seinen eigenen persönlichen Stil.

So ist es auch beim C&F: Der eine macht es frech-dreist, während der andere lieber einen trockenen Humor pflegt. Am besten, du nimmst einfach das Grundgerüst, das ich dir in diesem Kapitel zeigen werde, und baust darauf deinen ganz persönlichen Stil auf. Experimentiere ruhig mit verschiedenen Ideen herum und schaue, womit du die besten Resultate erzielst. Doch egal, wie dein C&F am Ende aussieht, **du solltest es stets verspielt und mit einem Augenzwinkern machen.** Am Ende sollte die Frau einfach merken, dass du einen Spaß mit ihr machst und sie nicht ernsthaft beleidigen oder angreifen willst. Denn sonst geht der Schuss nach hinten los und du stehst als arroganter Typ da. Mit etwas gesundem Menschenverstand wird es dir aber leichtfallen, den richtigen Ton zu treffen.

Wichtiger als das, *was* du sagst, ist dabei oft, *wie* du es sagst. Dein Tonfall, deine Mimik und deine spielerische Art sind oft entscheidender als die Worte, die du verwendest. Deshalb solltest du auch nicht zu viel über deine eigenen Witze lachen. Denn das macht viel vom Humor und der prickelnden Spannung des C&F kaputt. Stelle dir nur mal vor, James Bond würde jedes Mal, nachdem er einen frechen Spruch gebracht hat, in schallendes Gelächter ausbrechen, sich auf die Schenkel klopfen und sagen: *„Junge, da ist mir ja mal wieder was Tolles eingefallen!"* Doch genau so wirkt es, wenn du ständig über deine eigenen Witze lachst. Bring dein C&F also besser in gelassenem Tonfall oder mit einem frechen Grinsen im Gesicht und überlasse es der Frau und den Leuten um dich herum zu entscheiden, ob das, was du gerade gesagt hast, witzig war oder nicht.

In diese Kategorie fällt auch der Tipp, gelungene Witze nicht ständig zu wiederholen oder so lange darauf herumzureiten, bis sie tot sind. Vielleicht kennst du eine Person in deinem Umfeld, die ständig den immer gleichen „witzigen" Spruch bringt und inzwischen schon alle damit nervt. Genau das solltest du vermeiden! Natürlich kannst du auf deinen Dates C&F-Sprüche, die sich schon bei anderen Frauen bewährt haben, anwenden. Und natürlich wiederholt man sich dabei auch mal. Aber erzähle ein und derselben Frau nicht ständig das Gleiche, sondern **variiere die Themen, um die dein C&F kreist, und bringe Abwechslung hinein**. Und damit nun genug der Theorie: Jetzt kommen die Praxisbeispiele!

C&F-Beispiele im Alltag

Niemand probiert neue Ideen gerade dann aus, wenn es darum geht, einen positiven Eindruck zu machen. Deshalb rate ich dir, die Flirthilfen zunächst einmal an den Frauen in deinem Bekanntenkreis auszuprobieren, bevor du eine für dich interessante Frau damit anflirtest. Auf diese Weise kannst du „gefahrlos" erste Erfahrungen sammeln und schauen, was gut ankommt. Natürlich eignen sich auch Kommilitoninnen an der Uni oder befreundete Kolleginnen am Arbeitsplatz für solche Tests. Gewagtere Ideen kannst du auch an fremden Frauen oder Zufallsbekanntschaften auf der Straße, in der S-Bahn, auf einer Party oder im Stadtpark ausprobieren. Dann ist es nicht so schlimm, wenn einmal etwas nicht so gut läuft.

Wenn du dich zum ersten Mal mit einer Frau unterhältst, erfährst du oft schon einige Dinge über sie, die du für dein C&F nutzen kannst. Zum Beispiel ihre **äußere Erscheinung**: Vielleicht trägt sie ein auffälliges **Kleidungsstück**, etwa eine interessante Halskette oder eine besondere Handtasche. Wenn sie zum Beispiel einen grellen Pullover anhat, frage ich manchmal: „*Sag mal, wieso läufst du denn mit diesem Pulli herum? Hast du etwa eine Wette verloren?*", und schaue sie dabei frech an. Ist ihre Handtasche besonders groß, frage ich: „*Sag mal ehrlich: Hast du da eine Pistole drin oder wieso ist die so riesig?*" Anschließend stelle ich Spekulationen über ihre Karriere als Bankräuberin oder Geheimagentin an oder frage, ob sie die Tasche manchmal auch als Schlauchboot benutzt oder abends ihr Auto darin abstellt. Wenn ich eine Frau auf der Straße anspreche, die gerade ein paar große Einkaufstüten trägt, frage ich manchmal: „*Sag mal, brichst du gerade den offiziellen Shopping-Rekord oder was ist da alles drin?*"

Genauso gut kannst du auch andere **Gegenstände** zum Ziel deines C&F machen, zum Beispiel auffallend kitschige Dinge in ihrem Zimmer oder ein kleines Stofftier, das an ihrem Schlüsselbund hängt.

Auch der **Beruf oder die Studienrichtung** einer Frau bieten oft viele Gelegenheiten für neckisches C&F. Ist sie Lehrerin, kannst du zum Beispiel verträumt lächeln und sagen: *„Ja, ein schöner Beruf. Ihr habt schließlich morgens vor der Klasse recht und mittags immer frei ..."* Medizinstudentinnen rede ich manchmal frech mit *„Doktor Franken-stein"* oder *„Doktor Evil"* an und frage sie, ob sie nur deshalb Medizin studieren, weil sie dann an Menschen herumschnippeln dürfen.

Gut geeignet sind auch **kleine Marotten oder Eigenarten** einer Frau, um sie damit aufzuziehen. Vielleicht benutzt sie oft ein bestimmtes Wort, das altmodisch klingt, oder sie hat ein Faible für Handschuhe (*„Gehst du heute noch eine Bank ausrauben?"*) oder sie backt gern, wobei ihre Endprodukte aber oft anbrennen (*„Bist du von Beruf Köhler? Da hast du ein wirklich schönes Stück Kohlenstoff hergestellt ..."*). Solange es witzig ist und sie selbst darüber lachen kann, eignen sich diese Eigenheiten ebenfalls für C&F.

Daneben kann es je nach Situation auch witzig sein, ihr **nette Spitznamen** zu geben und sie damit ein bisschen aufzuziehen. Du solltest aber darauf achten, dass du dabei taktvoll bist und die Frau nicht beleidigst. Die Spitznamen sollten also eher in Richtung Kosename gehen oder etwas Erotisches haben. Freche Frauen nenne ich zum Beispiel *„kleiner Frechdachs"* oder bezeichne sie als *„kleine ungezogene Göre"*. Wenn sie etwas verkleckert, nenne ich sie *„kleines Schweinchen"* und ziehe sie damit ein bisschen auf. Auch Berufe können dir Ideen für Spitznamen geben: zu einer Zahnmedizinerin passt der Spitzname *„Zahnfee"* und zu einer Archäologiestudentin *„kleine Wühlmaus"*.

Wenn eine Frau nach irgendeinem der oben genannten Beispiele lacht, anfängt wie ein kleines Mädchen zu kichern oder dir gegen den Arm boxt und so etwas sagt wie: *„Oh Mann, du bist soooo fies ..."*, weißt du, dass dein C&F richtig angekommen ist und erfolgreich war. Sollte eine Frau stattdessen aber abweisend oder verletzt reagieren, hast du es entweder übertrieben oder sie versteht einfach keinen Spaß. Sollte Letzteres der Fall sein, gehe einfach weiter. Denn du hast Wichtigeres zu tun, als deine Zeit mit humorlosen Menschen zu verschwenden. Weitere typische C&F-Sätze, die ich bereits in unterschiedlichen Situationen angewendet habe, sind:

- „*Woher kommst du? ... Wirklich? Oh Mann, das tut mir echt leid für dich ...*"

- „*So, du warst also mit deinen Freundinnen Kaffee trinken ...*" (verschwörerisch die Stimme senken) „*Aber jetzt mal unter uns: Deine ,Freundinnen' – können die auch andere Menschen sehen oder nur du ganz allein?*"

- „*Schau, so gut bin ich zu dir ... wie der Vater zur Tochter. Ach, da fällt mir gerade ein: Hast du heute schon deine Hausaufgaben gemacht?*"

- „*Hey, du siehst echt gut aus ... Du bist quasi eine weibliche Version von mir!*"

- „*Okay, Lisa, wir treffen uns dann um 14 Uhr am Marktplatz. Hey, aber bitte mach dir keine falschen Hoffnungen! Wir werden dann ganz sicher nicht nach Las Vegas fliegen, um uns dort von einem Elvis-Imitator trauen zu lassen. Ich will nur sicher gehen, dass das vorher klar ist ...*"

- „*Wenn du mich besuchen kommst, zeige ich dir gern die Stadt! Die erste Stunde ist sogar frei – aber danach kostet es was. Ich hoffe, du bringst deine Kreditkarte mit ... ich bin nämlich teuer.*"

- „*Hey, ich habe morgen noch nichts vor. Hast du Lust, mich zu heiraten? Ich will aber 'ne Biker-Hochzeit ...*"

- „*Würdest du mich für 20 Euro küssen? ... Nein? Schade, ich hätte dein Geld gut gebrauchen können ...*"

- „*Tut mir leid, Dienstag kann ich nicht. Da muss ich meinen Goldfisch zum Frisör bringen. Was hältst du von Donnerstag?*"

- (Wenn sie sich über eine Kleinigkeit aufregt:) „*Mach dir nichts draus! Ich bin mir sicher, dass du eines Tages mit deinem Therapeuten darüber lachen kannst ...*"

Ich denke, das gibt dir fürs Erste einen guten Einblick, wie C&F aussehen kann. Als kleine Inspirationshilfe möchte ich dir im Folgenden aber verschiedene C&F-Kategorien vorstellen.

a.) Bewusste Fehlinterpretation

Du kennst sicher den einen oder anderen Comedian, der gekonnt mit Worten spielt und sie bewusst falsch interpretiert. Diese Idee solltest du dir zunutze machen. Durch bewusste Fehlinterpretationen kannst du Situationen oft eine völlig neue und humorvolle Bedeutung geben. Wenn zum Beispiel eine Frau auf dich zukommt und dich fragt, wo die Toilette ist, kannst du die Arme verschränken und sagen: *„Pffff ... netter Versuch. Aber ist das wirklich dein bester Anmachspruch?"* Und wenn sie dich nach einem Gegenstand fragt, zum Beispiel nach einem Stift oder dem Salzstreuer beim Essen, kannst du ihr den Gegenstand reichen, dabei aber mit hochgezogenen Augenbrauen sagen: *„Also ich finde das ja echt süß von dir, aber ich glaube, das wird einfach nichts mit uns beiden – du bist mir einfach zu direkt."* Wenn sie dann lacht und dir den Vogel zeigt, kannst du es sogar noch ein Stückchen weiterdrehen: *„Nein wirklich, es wird Zeit, dass du aus deiner Fantasiewelt aufwachst ..."*

Vom Grundprinzip unterstellst du ihr dabei einfach immer die Absicht, dich irgendwie anzuflirten oder verführen zu wollen. Daraus können witzige und zugleich prickelnde Dialoge entstehen.

Wenn eine Frau zum Beispiel gähnt und sagt, dass es langsam Zeit fürs Bett wird, kannst du sie mit gespielter Empörung anschauen und sagen: *„Also hör mal, wir haben uns doch gerade erst kennengelernt ...!"* Wenn eine Frau etwas schwammig von einer Gruppe redet, ohne sie genauer zu benennen (zum Beispiel in dem Satz: *„Und dann sind wir alle in einen Club gegangen"*), dann frage sie: *„Moment, wer ist denn bitteschön ‚wir'? Du und die Russen-Mafia oder was?"*

b.) Theorien über sie aufstellen

Eine weitere C&F-Idee ist, Theorien über eine Frau aufzustellen. Wenn du zum Beispiel eine fremde Frau angesprochen hast und ihr gerade auf eure Berufe zu sprechen kommt, kannst du sagen: *„Oh warte, verrate nichts und lass mich raten ..."* Anschließend kannst du eine originelle Vermutung bringen. Trägt sie zum Beispiel besonders auffällige Stiefel, kannst du kurz nach unten schauen und sagen: *„... deinen Tretern nach zu urteilen bist du bestimmt Rodeo-Reiterin."* Trägt sie zum Beispiel einen auffälligen Regenmantel, kannst du sie fragen, ob sie gerade von ihrer Arbeit auf einem Krabbenkutter in der Nordsee zurückkommt.

Hat sie aber nichts Auffälliges an sich, kannst du auch einfach aus der Luft gegriffene und abstruse Theorien aufstellen und zum Beispiel raten, dass sie von Beruf Atomphysikerin, Zirkusartistin oder U-Boot-Kapitänin ist. Und wenn du besonders frech bist, stellst du die Vermutung auf, dass sie von Beruf Tankstellenbesitzerin, Lkw-Fahrerin, Türsteherin oder Shopping-Queen ist und in Nachmittags-Talkshows bei privaten Fernsehsendern auftritt. Die meisten Frauen lachen nach solchen Vermutungen und steigen auf dein C&F ein.

Mit etwas Einfallsreichtum kannst du in fast allen Gesprächen irgendwelche Theorien aufstellen, deine Flirts dadurch interessanter gestalten und die Frau auch kurz ins Reich der Fantasie mitnehmen. Wenn du zum Beispiel eine Gruppe von drei Frauen ansprichst, kannst du sagen: *„Hey, wisst ihr was, ich finde, ihr drei seht aus, als ob ihr eine Rockband seid!"* Dann kannst du Vermutungen aufstellen, welche von den Frauen welches Instrument spielt und wieso. (*„Du siehst ziemlich selbstbewusst aus, deshalb bist du bestimmt die Schlagzeugerin."*) Oder du kannst auch einfach nur so zum Spaß Vermutungen über die Rollenverteilung einer Frauengruppe aufstellen, indem du während des Gesprächs innehältst, so als müsstest du kurz überlegen, und dann mit dem Finger nacheinander auf die Frauen zeigst: *„Ich glaube, du bist die Liebe, du bist die Freche und du bist die mit der gestohlenen Tasche voll Geld im Kofferraum."*

Besonders freche Frauen, die schnell körperlich werden und dich zum Beispiel wegen eines C&F-Spruchs boxen, kannst du auch ein bisschen provokant fragen: *„Sag mal, bist du von Beruf Profi-Boxerin?"* Noch eine Spur frecher wäre: *„Warst du früher mal ein Mann? Weil du so schnell aggressiv wirst ... Dein Name war sicher Günther, du warst von Beruf Gabelstaplerfahrer und musstest dann aus irgendeinem Grund untertauchen und deine Identität wechseln."* Nach solchen „Anschuldigungen" wollen dir die Frauen dann manchmal beweisen, wie weiblich sie sind. Dann kannst du sie beispielsweise fragen, ob sie kochen kann und dann in diese Richtung weiteres C&F machen: *„Echt, du kannst kochen? Ach komm, du kriegst doch bestimmt nur Eiswürfel hin – und auch das nur mit Rezept."* Wenn du es richtig anstellst, backt sie dir als Beweis ihrer weiblichen Fähigkeiten sogar einen Kuchen.

Im Grunde sind deiner Fantasie keine Grenzen gesetzt: Du kannst vermuten, dass sie nachts heimlich Autos knackt, Safes ausraubt oder in Wahrheit eine Superheldin ist, die nicht erkannt werden möchte. Oder du fragst sie, ob sie früher mal im „*Big-Brother*"-Container gewohnt hat oder bei einer Casting-Show aufgetreten ist, weil dir ihr Gesicht so bekannt vorkommen würde. Und am besten ist es natürlich, wenn deine Theorie irgendwie zur Situation passt und ein bisschen frech ist.

> Auf meinem Weg durch den Park sah ich eine attraktive Chinesin auf einer Bank sitzen. Ich sprach sie an und setzte mich dann neben sie. Es stellte sich heraus, dass sie Austauschstudentin an meiner Uni war. „So so", sagte ich und zog die Augenbrauen hoch, „da hast du dir aber eine gute Tarnung ausgedacht! Du kannst ruhig zugeben, dass du in Wahrheit eine chinesische Geheimagentin bist, die auf mich angesetzt wurde. Und jetzt begegnen wir uns hier ganz ‚zufällig'. Tja, dein Pech – ich mag gefährliche Frauen und gehe das Risiko ein! Seit wann beobachtest du mich denn schon?" Sie musste lachen und wir scherzten herum und spannen die Agenten-Geschichte weiter. Sie ließ sich schnell auf dieses Szenario ein und drohte mir am Ende sogar damit, mich in Handschellen abzuführen.

Hätte diese Frau schüchtern reagiert oder kaum Deutsch gesprochen, hätte ich sofort einen Gang zurückgeschaltet und das C&F-Szenario schnell wieder aufgegeben, weil es sie einfach überfordert hätte. Da sie meinen Humor aber verstand und selbstbewusst war, konnten wir beide diesen C&F-Rahmen für den darauffolgenden Flirt nutzen.

Wenn du so ein Fantasieszenario mit einer Frau einmal aufgebaut hast, ist der große Vorteil dabei, dass du auch später immer wieder darauf zurückgreifen kannst. Mit der Zeit wird daraus ein Insider-Witz, der euch beide verbindet. Dabei solltest du aber auf die richtige Dosierung achten! Denn wenn du ständig hinter einer Frau herläufst und auf euer Fantasie-Szenario Anspielungen machst, wird sie davon schnell genervt sein. Im Zweifelsfall gilt daher: Solche Dinge lieber zu wenig als zu oft anwenden, damit der Bogen nicht überspannt wird.

c.) Übertreibungen

Manchmal sind Frauen über irgendetwas an ihrem Äußeren verunsichert, zum Beispiel ihre Frisur, ihre Kleidung oder ihre Schuhe. Auch damit kannst du sie auf liebevolle Art necken und durch Übertreibungen C&F-Humor erzeugen:

Sie (verärgert): „Mein Kleid ist heute total faltig!"

Du: „Jetzt wo du es sagst, fällt es mir auch auf … Ach du liebe Güte, so kann ich mich unmöglich mit dir auf der Straße zeigen! Am besten, du ziehst dir einen Müllsack drüber …"

Indem du übertreibst, ziehst du ihre Bedenken ins Lächerliche und sagst ihr gleichzeitig auf humorvolle Art, dass sie sich wegen des faltigen Kleides keine Sorgen zu machen braucht. Solche Übertreibungen solltest du aber mit einer gewissen Vorsicht anwenden; Witze über körperliche Merkmale, wie zum Beispiel eine große Nase, einen dicken Bauch oder Pickel solltest du **auf gar keinen Fall** machen. Denn die meisten Frauen sind sehr verunsichert über ihr Aussehen, und deshalb solltest du damit keine Scherze treiben. Ich ziehe nur solche Dinge ins Lächerliche, die eine Frau nicht persönlich treffen und die sie von sich aus leicht ändern kann, wenn sie es will.

Wenn du merkst, dass du es einmal übertrieben hast und sie anfängt zu schmollen, dann mach ihr am besten ein Kompliment, gefolgt von einem sanfteren C&F-Spruch. In unserem Beispiel mit dem faltigen Kleid wäre das: „Mach dir nichts daraus, dafür hast du ja eine tolle Frisur. Und das mit dem Kleid kriegen wir auch irgendwie hin … Zur Not klauen wir eine Dampfwalze von einer Baustelle und bügeln es damit glatt."

Wenn dich eine Frau einmal vertröstet und so etwas sagt wie: „Ich melde mich wieder bei dir, sobald ich vom Einkaufen zurückgekommen bin", sagst du bewusst lässig: „Ich halte es zwar kaum noch aus vor Spannung – aber okay." Auch hier übertreibst du und machst dich über die Wartezeit lustig.

Dasselbe Prinzip funktioniert auch mit Untertreibungen: Wenn eine Frau dir zum Beispiel im Winter sagt, dass ihr Auto schmutzig ist und dringend in die Waschanlage müsste, kannst du sie herausfordernd anschauen und sagen: „Was heißt hier Waschanlage? Selbst ist die Frau! Zieh dir deinen Bikini an, schnapp dir Schwamm und Eimerchen und dann nichts wie raus und ran an die Arbeit! Ist ja im Moment auch gar nicht sooo kalt draußen …"

Du könntest dich aber auch etwas selbstverliebt geben und sagen: „Och, ich würde es ja für dich waschen, aber ich glaube nicht, dass du dir das preislich leisten kannst. Mein Service ist teuer! Aber du kannst mir ja mal ein Angebot machen, dann überlege ich es mir vielleicht …" Egal was sie dir dann anbietet, du kannst es immer noch ablehnen, weil ihr Angebot „einfach zu niedrig" ist.

In diese C&F-Kategorie fällt auch, die Frau im Gespräch nicht ernst zu nehmen, aber auf eine Weise, die sie selbst zum Lachen bringt. Sie fragt dich zum Beispiel, was dein Lieblingsfilm ist, und du antwortest mit ernstem Gesichtsausdruck: *„Das ist ganz eindeutig der Film ‚Ey Mann, wo ist mein Auto?'. Grandioser Film! Doch leider verstehen die meisten Menschen die tiefere Deutungsebene dahinter nicht. Dabei ist dieser Film doch ganz klar ein modernes Odysseus-Epos mit Einflüssen des frühen Surrealismus."* Natürlich ist das kompletter Unfug. Doch mit dieser Antwort neckst du sie, weil du ihre Frage nicht ernst nimmst und ihr eine durchschnittliche Blödel-Komödie als hochgeistiges Kulturgut verkaufen willst. Die meisten Frauen müssen dann einfach lachen. Falls sie nicht merkt, dass du einen Scherz machst, solltest du irgendwann in Lachen ausbrechen, ihr die Hand auf die Schulter legen und sagen: *„Hast du das gerade wirklich geglaubt? Oh Mann, ich denke, mit dir werde ich noch sehr viel Spaß haben ..."*

Eine andere Form, sie zu necken, ist, Situationen ins Absurde zu verdrehen. Nehmen wir an, du hast eine Frau über das Internet kennengelernt und ihr auch schon Fotos von dir zugeschickt. Nun verabredet ihr euch zu eurem ersten Date. Dann könntest du ihr vorher noch im Spaß schreiben: *„Also, wir sehen uns dann um 14 Uhr am Bahnhof. Und falls du mich nicht erkennst: Ich bin der kleine Dicke mit der Augenklappe und dem Papagei auf der Schulter!"*

d.) Rollentausch

Wenn es um Dates und Beziehungen geht, haben die meisten Menschen klare Rollenbilder im Kopf, zum Beispiel, dass der Mann der Frau Blumen schenken muss oder dass alle Frauen gern Schuhe kaufen. Wenn du solche klischeehaften Vorstellungen nimmst und ein bisschen damit herumspielst, kann dabei sehr witziges C&F entstehen.

Wenn dich zum Beispiel eine Frau aus Versehen anrempelt oder sonst irgendwie berührt, kannst du in gespielt vorwurfsvollem Ton zu ihr sagen: *„Also, wenn du mich da noch einmal berührst, sind wir beide verlobt!"*, oder: *„Also bitte, Madame, wo bleibt denn da der Anstand? Kauf mir wenigstens vorher Blumen und führe mich zum Essen aus!"*, oder: *„Du gehst bei Männern wohl etwas direkter ran, was? Ich glaube, ich werde mich vor dir in Acht nehmen müssen ..."* Normalerweise sagen Frauen solche Sätze, wenn Männer sie anbaggern oder zu früh anfassen. Doch nun drehst du den Spieß einfach um und machst ihnen den Vorwurf, dass sie es auf dich abgesehen haben. Wenn du dann noch einen obendrauf setzen willst, kannst du den Beleidigten spielen und sagen: *„Ich habe dich durchschaut: Du hast es doch nur auf meinen knackigen Körper abgesehen!"* Das kommt übrigens besonders witzig und herrlich selbstironisch, wenn du übergewichtig bist. Frauen lieben Männer, die auch mal über sich selbst lachen können, denn das zeugt von Selbstbewusstsein. Wenn ihr euch zu einem Date trefft, kannst du sie auch mit gespielter Entrüstung anschauen und sagen: *„Was denn, hast du mir etwa keine Blumen mitgebracht? Jetzt bin ich aber enttäuscht von dir! Ich dachte, du hättest gute Manieren ... "*

Bei passender Gelegenheit kannst du ihr vorwerfen, ein rein sexuelles Interesse an dir zu haben oder nur an deinem Körper interessiert zu sein. Du schreibst der Frau dabei die Rolle des Machos zu, was je nach Situation ziemlich witzig sein kann.

Wenn sie dir von ihrem tollen Job erzählt und ihr euch beide schon etwas kennt, kannst du plötzlich ihre Hand nehmen, sie verliebt anschauen und sagen: *„Ach das hört sich alles so gut an! Ich kann mir unsere Zukunft schon bildlich vorstellen: Du arbeitest, ich kaufe mir neue Schuhe, passe ab und zu auf die Kinder auf und lackiere mir ansonsten den ganzen Tag lang die Fingernägel am Swimmingpool. Das wird ein schönes Leben ... "*

Das Konzept hinter all diesen Beispielen dürfte klar sein: Du nimmst typische Aussagen oder Rollenbilder, die normalerweise Frauen zugeschrieben werden, und machst sie dir zu eigen. Der Witz entsteht, weil du dir eine Rolle anmaßt, die dir als Mann nicht zusteht. Aber natürlich solltest du dabei nicht zur Frau werden. Das heißt: keine hohe Fistelstimme und kein weibisches Getue! Sprich mit deiner normalen Stimme und imitiere dabei nur den *Tonfall*, in dem Frauen solche Dinge sagen, zum Beispiel vorwurfsvoll oder gespielt gereizt. Dadurch bedienst du dich frech im weiblichen Waffenarsenal und das ist nicht nur witzig, sondern verblüfft viele Frauen auch, weil du ihnen damit die Munition nimmst. Sie merken dann nämlich, dass du die klassischen Drama-Spielchen, die Frauen manchmal mit uns Männern abziehen, kennst und nun gegen sie verwendest. Oft reagieren Frauen dann selbst mit C&F und fangen an, dich zu necken: *„Klar, ich habe es nur auf deinen süßen Hintern abgesehen!"*, usw.

Ganz nebenbei greifst du mit dieser C&F-Art aber auch Ängste auf, die Frauen oft haben, und tust so, als ob du die gleichen Ängste hättest. Dadurch werden sie oft beruhigt:

> Ich kannte Daniela nur aus dem Internet und wir waren uns bisher noch nie begegnet. Unser erstes Treffen stand kurz bevor und ich konnte mir denken, dass sie aufgeregt war und sich fragte, wie ich wohl sein würde. Zwei Tage vor unserem Treffen griff ich diese Bedenken humorvoll in einer E-Mail auf, indem ich den Spieß umdrehte und schrieb: „Bitte lass uns uns nicht bei dir, sondern irgendwo in der Stadt treffen. Denn wer weiß, wie du drauf bist und was du so alles mit mir anstellen könntest! Ein Café wäre gut. Dann kann ich mich zur Not immer noch schnell von dir verabschieden und sagen, dass mein Goldhamster Fridolin einen Zahnarzttermin hat. Man muss heutzutage wirklich aufpassen, es gibt ja so viele verrückte Leute da draußen …" Bei unserem Date machte sie sich dann über meine „Angst" lustig und drohte damit, mich nach dem Treffen zu entführen und zu sich nach Hause mitzunehmen. Unser zweites Date fand dann auch auf ihrer Couch statt. Ich hatte ihr mit meinem C&F nicht nur die Angst genommen, sondern sie in gewisser Weise auch herausgefordert.

e.) Den Macho spielen

C&F kann auch entstehen, wenn du männliche Klischees übertreibst und einfach mal so richtig den Macho spielst:

> Ich betrat eine Küche, in der gerade zwei Frauen Geschirr spülten. „Es gibt doch nichts Schöneres, als jungen Frauen bei der Hausarbeit zuzuschauen", sagte ich, stellte mich grinsend neben sie und verschränkte demonstrativ die Arme. Die beiden lachten und eine von ihnen hielt mir sofort ein Abtrockentuch hin: „Los, du Macho, hilf uns lieber, statt hier so eine große Klappe zu haben!" Ich streckte die Hände abwehrend von mir: „Aber nein, man darf Frauen keinesfalls in ihrem natürlichen Lebensraum stören – der Küche! Außerdem verstößt das Abtrocknen von Tellern gegen meine religiösen Ansichten. Aber ich schaue euch gern zu." Das Spielchen ging noch ein paar Minuten weiter, dann griff ich doch nach dem Tuch und half „großzügigerweise" mit. Die C&F-Vorlage konnte ich nun als Sprungbrett für einen Flirt mit einer der beiden nutzen.

Beim „Macho"-Spiel drehst du den frechen und arroganten Anteil des C&F-Humors besonders stark auf. Du kannst dabei übrigens auch Rollenspielelemente verwenden. Das Klischeebild vom faulen orientalischen Pascha, der den ganzen Tag nur auf seinen Kissen sitzt und Wasserpfeife raucht, kennt zum Beispiel jede Frau aus Comics oder Filmen. Das kannst du nutzen, indem du dich für einen Moment lang wie ein solcher Pascha aufführst. Klatsche in die Hände und sage zum Beispiel: *„Höre, Weib, der Sultan verlangt nach dir!"*, oder: *„Hört auf zu tratschen, ihr Weiber! Man bringe mir das gegrillte Spanferkel – aber hurtig!"* Solche Aussagen sind natürlich umso witziger, je mehr sie zur Situation passen.

Ich hatte ein Date mit Susi bei ihr zu Hause und wir schmusten miteinander auf der Couch. Plötzlich sagte ich zu ihr: „Weißt du was, ich habe eine prima Idee! Was hältst du davon, wenn du kurz zur Pizzeria um die Ecke gehst und uns zwei schöne Pizzen holst. Das wäre doch wirklich prima! Ich bewache solange die Vorräte in deiner Küche." Sie lachte und erhob sofort Widerspruch: „Du bist der Mann, also gehst du!" Doch ich erklärte ihr, dass in der Steinzeit die Männer die Jäger und die Frauen die Sammler waren. Da Pizzen nicht davonlaufen können, kann man sie logischerweise nicht jagen, weshalb sie eindeutig in ihren Zuständigkeitsbereich als Sammlerin fallen. Anschließend zog ich sie noch eine Weile damit auf, ehe wir zusammen in die Pizzeria gingen.

Du kannst solche kleinen Macho-Spielchen immer wieder einbauen. Wenn du zum Beispiel auf den Eingang eines Gebäudes zugehst, vor dem ein paar Frauen steht, kannst du drei Meter davor die Brust schwellen und gebieterisch rufen: *„Macht Platz für den König!"* Diejenige, die als Letzte auf die Seite springt, schaust du an und sagst: *„Das war aber knapp, Madame! Der König wird dich künftig genau im Auge behalten ..."* Solche kleinen Scherze können recht witzig sein und obwohl jede Frau versteht, dass du einen Scherz gemacht hast, hinterlässt du damit doch auch einen selbstbewussten Eindruck.

Eine Abwandlung davon ist, wenn du quasi so tust, als ob du ihr Vater wärst. Ist eine Frau etwas frech zu dir, kannst du ihr zum Beispiel mit dem Zeigefinger drohen und sagen, dass sie zur Strafe dafür keinen Nachtisch oder Hausarrest bekommt: *„Klothilde, noch so ein freches Widerwort und* *ich schicke dich auf dein Zimmer!"* Den altbackenen Namen kannst du ebenfalls erfinden und sie damit ansprechen, das steigert das Fantasieszenario. Wenn sie gerade in Gedanken versunken ist oder etwas liest und deshalb zusammenschrickt, sobald du das Zimmer betrittst, kannst du sie mit hochgezogenen Augenbraue mustern und lächelnd sagen: *„Na, schlechtes Gewissen oder wieso bist du so schreckhaft?"*

f.) Kontersprüche

Wenn du einen frechen C&F-Spruch machst, wird das viele Frauen reizen, dir mit einem Gegenspruch zu antworten. Solche Konter sind ein gutes Anzeichen dafür, dass sie kreativ und selbstbewusst ist und sich auf einen Flirt mit dir einlässt. Das ist besser, als wenn sie dich nur genervt anschaut oder dich einfach ignoriert. Manche Frauen sind aber ziemlich gut, was C&F angeht, und geben dir deshalb eine gepfefferte Antwort. Damit du in solchen Situationen nicht doof aus der Wäsche schaust, ist es gut, den ein oder anderen Konterspruch parat zu haben, mit dem du dann antworten kannst:

- ► *„Ich mag temperamentvolle Frauen! Hast du noch mehr davon auf Lager?"*

- ► *„Weißt du was, ich glaube, die vermissen dich schon im Zirkus (aus dem du abgehauen bist) ..."*

- ► *„Och süß, da macht jemand auf böses Mädchen ..."*

- ► *„Noch so ein frecher Spruch und ich bringe dich zurück in die Zoohandlung, wo ich dich her habe."*

- ► *„Ooooch, waren die anderen Kinder wieder gemein zu dir?"*

- ► (mit gespielt strenger Stimme:) *„Das reicht jetzt, Trudhilde! Du warst ungezogen. Geh sofort auf dein Zimmer, du hast Hausarrest!"*

- ► *„Willst du einen Cranberry-Saft? Ich habe gehört, der soll ganz gut sein, wenn man ‚seine Tage' hat ..."*

- ► *„Puuuh, also für solche Frechheiten zahlen mir deine Eltern einfach zu wenig fürs Babysitten ..."*

- ► *„Wow, ganz schön schlagfertig. Hast du was gegen Männer? Wurdest du vielleicht mal von einem gebissen, als du ein Kind warst?"*

g.) Sexuelles C&F

Sexuelles C&F unterscheidet sich vom normalem C&F dadurch, dass es einen bewusst sexuellen Unterton hat. Du verwendest sexuelles C&F deshalb auch nicht gleich in den ersten drei Gesprächsminuten, sondern erst später, wenn du die Frau mit normalem C&F bereits angeflirtet hast und spürst, dass sie Interesse an dir hat. Dann kann sexuelles C&F dazu beitragen, dass zwischen dir und der Frau ein erotisches Knistern entsteht. Gleichzeitig machst du ihr damit klar, dass du sie als Frau begehrst und nicht einfach nur ihr neuer bester Kumpel werden möchtest.

Als ich zum ersten Mal von sexuellem C&F hörte, hakte ich es schnell als etwas ab, was ich nie machen würde, weil ich es für zu provokant und respektlos gegenüber einer Frau hielt. Heute verwende ich es aber gern und habe festgestellt, dass es gut bei Frauen ankommt, wenn man es mit etwas Feingefühl und in den richtigen Situationen anwendet.

Es gibt dabei aber ein paar Punkte zu beachten: Eine Frau wird sexuelles C&F nicht akzeptieren, wenn ihre Freundinnen neben euch stehen und alles mit anhören können, was du zu ihr sagst. Deshalb gehört sexuelles C&F eher auf ein Date, wenn ihr beide allein seid und euch schon ein bisschen kennengelernt habt.

Die Toleranzgrenze und der Geschmack ist auch bei jeder Frau unterschiedlich: Was die eine für anstößig und daneben hält, findet die andere mutig und sexy und lässt sich dadurch anmachen. In jedem Fall solltest du mit deinem Humor aber nicht zu tief unter die Gürtellinie gehen und an den Reaktionen der Frau immer ablesen, ob es ihr gefällt oder nicht. Typische sexuelle C&F-Sätze sind zum Beispiel:

▶ *„Entschuldige, hast du mir gerade an den Hintern gefasst, als ich vorbeigelaufen bin?! Nein? Schade ... Soll ich dann einfach noch mal vorbeilaufen?"*

▶ (einfach aus dem Nichts heraus auf dem Date:) *„Hm, ich frage mich gerade, welche Farbe wohl dein Höschen hat ..."*

▶ *„Ich glaube, dir frechen Göre muss mal jemand den Hintern versohlen ..."*

▶ *„Weißt du, was mir an diesem Foto von dir besonders gefällt? Dass dein Busen so schön zur Geltung kommt ..."*

► *„Jetzt schuldest du mir was. Aber du kannst mich ja mit Naturalien bezahlen ... Vielleicht fällt dir da etwas ein?"*

► *„Wird es dir auch nicht zu heiß, wenn so ein scharfer Typ neben dir sitzt?"*

Wie gesagt, solltest du vorher schon etwas auf normale Weise mit der Frau geflirtet haben, sodass sie weiß, dass du kein perverser Spinner bist.

h.) Neg-Hits

Durch amerikanische Flirtcoachs sind die sogenannten *„Neg-Hits"* bekannt geworden. Neg-Hits sollen den Abwehrmechanismus von sehr attraktiven Frauen ausschalten. Vor allem in Diskos geben sich solche Frauen oft abweisend und arrogant (mehr dazu später im Kapitel „Die Tests der Frauen"). Damit wollen sie sich meist einfach nur die Mehrheit der (angetrunkenen) Männer mit ihren plumpen Anmachsprüchen vom Leib halten. Die Neg-Hits sollen diesen arroganten Schutzschild durchschlagen, indem sie die Frauen aufrütteln, provozieren und ihnen zeigen, dass du anders bist als die breite Masse deiner Geschlechtskollegen.

Der Neg-Hit ist sozusagen der ruppige Bruder des C&F. Er ist ziemlich frech und dabei nicht immer witzig, weshalb Neg-Hits manchmal schon an eine Beleidigung grenzen. Du setzt damit ein Signal, das lautet: *„Ich habe keine Angst vor dir und weiß, dass du unter deinem perfekten Makeup auch nur ein ganz normaler Mensch bist. Deine ablehnende Haltung und dein arrogantes Getue sind nur Tests, um die Spreu vom Weizen zu trennen. Und ich lasse mich davon nicht einschüchtern oder beeindrucken, sondern reagiere mit frechem Humor."*

Durch die Neg-Hits packst du attraktive, aber arrogante Frauen oft genau da an, wo sie scheinbar unangreifbar sind: bei ihrem perfekt gestylten Auftritt. Indem du ihre äußere Fassade bröckeln lässt, entwaffnest du sie. So kannst du den Spieß sogar umdrehen: Die Frauen wollen den schlechten Eindruck, den sie scheinbar auf dich gemacht haben, revidieren und versuchen nun, *dich* zu beeindrucken und sich bei dir zu qualifizieren. Denn oft sind es diese Frauen gewohnt, von allen Männern angehimmelt zu werden. Wenn du dann aus der Reihe tanzt, versuchen sie, dich zu beeindrucken, damit sie auch von dir Bestätigung bekommen. Typische Neg-Hits sind zum Beispiel:

- „*Schöne Bluse – meine Oma hat die gleiche!*"

- „*Sag mal, sind deine Fingernägel echt oder aus Plastik?*"

- „*Du bist echt hübsch, aber das sind viele Frauen. Was macht dich sonst noch aus?*"

- „*Du hast tolle lange Beine. Ist bestimmt eine Mordsarbeit, die zu rasieren.*"

- (beim Händeschütteln:) „*Aaaah, deine Hand ist so kalt und klebrig!*"

- „*Mir gefällt dein Lächeln, aber hast du auch einen guten Charakter?*"

- „*Irgendwie erinnert mich deine Frisur an Lassie ... oder an Atze Schröder ...*"

- „*Schönes Kleid! Aber gab es keines mehr in deiner Größe?*"

- „*Hey, wieso läufst du mit diesen Kleidern herum? Hast du dich heute im Dunkeln angezogen? Oder eine Wette verloren?*"

- „*Ich mag deine Stimme ... aber nicht, was du damit sagst ...*"

- „*Was ist deine Lieblingsband? ... Wirklich? Okay, das war's, tschüss ...*"

Wie gesagt, bei den meisten Frauen sind Neg-Hits nicht nötig. Nur wenn eine Frau dir gegenüber sehr zickig und hochnäsig ist und versucht, dich durch ihre herablassende Art permanent zu testen, solltest du sie mit einem Neg-Hit von ihrem hohen Ross herunterholen. Ein oder zwei Neg-Hits reichen dann meistens aus, um ihr zu zeigen, dass du kein Waschlappen oder *Nice Guy* bist, der alles mit sich machen lässt und den sie behandeln kann wie den letzten Dreck.

Das Ziel ist dabei aber *nie*, die Frau durch Beleidigungen fertig-zumachen, sondern sie durch deinen Neg-Hit zu öffnen, sodass du mit ihr anschließend ein normales Gespräch führen kannst. Ich selbst benutze Neg-Hits so gut wie nie und meiner Meinung nach braucht man sie in Deutschland auch nicht. In den USA scheint es etwas verbreiteter zu sein, dass Frauen sich in den Diskos sehr arrogant benehmen, wes-halb die Neg-Hits dort erfunden wurden. In Deutschland sind Frauen aber meiner Erfahrung nach eher vorsichtig und schüchtern, wenn sie angesprochen werden, und nur selten richtig zickig.

An dieser Stelle noch ein Hinweis: Verlasse eine Frau, die grob oder zickig zu dir war, nicht mit einem bösen Wort oder einer Beleidigung. Zahle es ihr *nicht* mit gleicher Münze heim, auch wenn es dich reizt. Erinnere dich an die Worte Jesu, dass wir auch die andere Wange hinhalten sollen. Bleibe einfach höflich, dreh dich auf dem Absatz um und gehe weg – zur Not, ohne sie auch nur eines weiteren Wortes oder Blickes zu würdigen. Aber erspare dir Gemeinheiten und Gegenangriffe. Denn wenn eine Frau wirklich keine Lust hat mit dir zu reden, wird auch eine Beleidigung oder ein Neg-Hit nichts daran ändern. Denke dir dann einfach: *„Dein Problem, Schätzchen, wenn du es versäumst, so einen tollen Typen wie mich kennenzulernen."* Und belasse es dabei.

Frauen können durch Neg-Hits auch gekränkt und ihr Selbstbewusstsein stark beschädigt werden. Dann werden sie sich dir gegenüber verschließen und dein Flirtversuch ist gescheitert. Deshalb setze die Neg-Hits nur dort ein, wo es unbedingt sein muss. Ein typisches Beispiel wäre etwa, wenn du auf einer Party eine Frau ansprichst und sie dir zwar eine knappe Antwort gibt, dich aber dabei nicht einmal anschaut und dir die kalte Schulter zeigt. In solchen Fällen kannst du so etwas sagen wie: *„Entschuldige, du bist wohl gerade erst mit deinem Besen hier gelandet und noch etwas steif vom Flug."*

Beispiele für C&F in den Medien

Es ist gut, wenn man mindestens einmal im Leben ein Beispiel von korrekt ausgeführtem C&F bei einem anderen Mann gesehen hat. Bestimmt gibt es Männer in deinem Umfeld, die frech und witzig mit Frauen umgehen und damit erfolgreich sind. Von ihnen kannst du dir sicher einiges abschauen. Falls du dazu aber keine Gelegenheit hast, empfehle ich dir Interview-Videos mit dem Schauspieler **Ben Affleck**, allen voran das Youtube-Video *„Ben Affleck in his own frame"*, in dem er von einer kanadischen Reporterin interviewt wird und dabei heftig mit ihr herumalbert. Auch der Gitarrist **Farin Urlaub** von der deutschen Rockband *„Die Ärzte"* ist ein C&F-Meister. Hier empfehle ich dir besonders das Youtube-Video, in dem er von der MTV-Moderatorin Anastasia zu seiner CD *„Endlich Urlaub"* interviewt wird (das Video heißt *„Farin Urlaub bringt MTV-Sendung durcheinander"*). Beachte, wie Farins C&F Anastasia im Laufe des Gesprächs so wild macht, dass sie anfängt, von sich aus den Körperkontakt mit ihm zu suchen, und sich ihm schließlich sogar auf den Schoß setzt.

In Hollywoodfilmen findet man C&F leider nicht so häufig, wie man es vermuten würde. Wahrscheinlich liegt das daran, dass die Drehbuchautoren und Regisseure selbst nicht wissen, wie man flirtet. Ein paar gute Szenen gibt es aber, zum Beispiel die Aufzugszene in dem Film *„Departed – Unter Feinden"*, in der Matt Damon eine Frau nach ihrer Telefonnummer fragt, und das anschließende Date in einem Restaurant. Achte dabei auf seine Körpersprache und wie er die Frau mit seiner penetranten, aber zugleich sympathischen Art und seinem trockenen Humor zum Lachen bringt.

Überraschenderweise enthält auch der Kriegsfilm *„Der Adler ist gelandet"* ein sehr gutes Beispiel für C&F, als die Hauptfigur Liam Devlin am Strand mit einem Mädchen flirtet und sie mit C&F-Sprüchen aufzieht wie ein kleines Mädchen. Und auch die Comedy-Serie *„Der Prinz von Bel-Air"* mit Will Smith in der Hauptrolle ist einen Blick wert, weil sie den einen oder anderen guten C&F-Spruch enthält, wenn Will mit Frauen flirtet oder die anderen Filmcharaktere durch freche Sprüche auf die Schippe nimmt (ich empfehle dir übrigens, die Serie auf Englisch anzuschauen, weil der Sprachwitz dann besser rüberkommt).

Wie du C&F üben kannst

Jetzt hast du einiges über C&F gehört und brennst wahrscheinlich darauf, es einzusetzen. Doch dann sitzt du in der Vorlesung, an der Bushaltestelle oder in deinem Hauskreis, diese tolle Frau kommt vorbei und redet mit dir – und dir fällt wieder nichts ein, was du sagen könntest. Dein Kopf ist auf einmal völlig leer. Vielleicht fehlt es dir dann an kreativen Ideen, an Schlagfertigkeit oder einfach nur am Mut, C&F auszuprobieren.

Das ist am Anfang ganz normal. Wie bei allen Dingen, braucht es auch beim C&F-Humor etwas Übung, bis du ihn verinnerlicht hast. Vielleicht hast du beim Lesen meiner Beispielsätze das eine oder andere Mal gelacht. Dann empfehle ich dir, drei bis vier solcher Sprüche aus diesem Buch auswendig zu lernen, damit du sie dann im Alltag, wenn es darauf ankommt, parat hast. In deiner Anfangsphase, in der du noch am Üben bist, ist das völlig okay.

Du musst auch nicht gleich alle Kategorien des C&F-Humors von Fehlinterpretation bis Neg-Hit auswendig können. Suche dir einfach drei Lieblingskategorien heraus und übe sie ein paar Tage. Dann nimmst du dir die nächsten vor und probierst sie aus. Innerhalb weniger Tage wirst du dann immer besser darin.

Außerdem empfehle ich dir, dich einmal hinzusetzen und dir zu überlegen, in welchen Alltagssituationen dir Frauen oft begegnen und welche Möglichkeiten es dabei gibt, C&F anzuwenden. An welchen Orten und in welchen Gesprächssituationen findest du dich häufig wieder? Was sind typische Fragen, die dir Frauen oft stellen und die du mit C&F beantworten könntest? Wie könntest du auf witzige Weise anders reagieren als bisher? Welche Eigenarten oder Hobbys haben die Frauen in deinem Umfeld, die du etwas neckisch auf die Schippe nehmen könntest?

Überlege dir, was du sagen könntest, und schreib dir diese Dinge auf, sodass du sie immer wieder durchlesen kannst. Dadurch prägst du sie dir besser ein. Wenn du dann das nächste Mal die hübsche Nachbarin von der Wohnung gegenüber mit dem Müllsack im Hausflur siehst, kannst du sie zum Beispiel mit C&F ansprechen: *„Sieh mal einer an, der Weihnachtsmann! Hast du in deinem Sack Geschenke drin? Ich war auch ganz brav ... Na ja, meistens zumindest."*

Eine weitere Möglichkeit, C&F zu trainieren, ist auch, wenn du dir während ganz normaler Gespräche mit Frauen immer wieder die Frage stellst: *„Wie könnte ich dieses Gespräch jetzt lustiger gestalten und C&F anwenden?"*

Eine weitere Trainingsmethode ist, dass du einfach die Straße entlanggehst und dir überlegst, was du zu dieser oder jener Frau, die du gerade siehst, sagen könntest. Vielleicht ist da eine Frau mit einem pinkfarbenen Regenschirm, eine andere bindet sich gerade die Schuhe und eine dritte hat ein Blatt im Haar, das der Wind dorthin geweht hat. Lasse deiner Kreativität freien Lauf und spiele die möglichen C&F-Sätze einfach in deinem Kopf durch. Du wirst bald merken, dass sich das nicht nur auf deine Kreativität und Schlagfertigkeit positiv auswirkt, sondern auch auf deine Ausstrahlung und Anziehung auf Frauen.

Du kannst dir auch Videoclips von deinen **Lieblingscomedians** im Internet anschauen und von ihnen lernen, wie sie Witze und Pointen aufbauen. Achte aber darauf, dass du dir Vorbilder suchst, die einen frechen und witzigen Humor verwenden. Denn es geht für dich vor allem darum, den Aufbau und das Timing von C&F zu lernen, und nicht, wie man eine gute Büttenrede hält.

Deine auswendig gelernten Sprüche sind bloß für den Anfang gedacht. Sie sind quasi wie helfende Stützräder an einem Fahrrad. Auf lange Sicht sollte es jedoch dein Ziel sein, davon wegzukommen und aus der

Situation heraus kreativ und schlagfertig zu sein. Und das ist gar nicht so schwer, wie es sich anhört. **Denn C&F ist im Grunde nur eine Sache der inneren Einstellung und der Übung. Und die Grundformel dafür lautet, wie schon gesagt: Behandle sie wie deine kleine Schwester, die du etwas necken möchtest.**

C&F ist eine Humor-Art, die es dir ermöglicht, unendlich viele Eigenkreationen zu erschaffen. Wenn du es jeden Tag ein bisschen übst, wird es dir irgendwann so sehr in Fleisch und Blut übergehen, dass du es selbst kaum noch merkst, wenn du es anwendest. Es ist dann einfach da und ein Teil von dir. **So macht dich C&F allgemein schlagfertiger, für andere Menschen sympathischer und interessanter und baut dein Selbstwertgefühl auf.** Das Gefühl der Sprachlosigkeit und der Ohnmacht verschwindet und es hilft dir sogar, die Tests der Frauen zu bestehen (dazu später mehr im Kapitel zu den weiblichen Tests). Im Grunde ist es wie mit dem Fahrradfahren: Hat man es einmal gelernt, vergisst man es nie wieder, auch wenn man manchmal ein bisschen einrostet, weil man es längere Zeit nicht gemacht hat.

Du musst auch nicht bei jeder Frau das Rad neu erfinden. Wenn bestimmte C&F-Ideen gut funktioniert haben, dann verwende sie ruhig immer wieder in verschiedenen Variationen. **Und ganz wichtig: Erzwinge es nicht!** Wenn dir einmal bei einer Frau kein passender C&F-Spruch einfällt, dann unterhalte dich einfach ganz normal mit ihr. Irgendwann wird sich dann schon eine Gelegenheit für C&F ergeben.

Die Gefahren von C&F

C&F ist wunderbar, witzig und meistens sehr schön für dich und deine Gesprächspartnerin. **Aber wie mit allem, so kann man es auch mit C&F übertreiben.** Wenn du in Gesprächen ständig nur der C&F-Clown bist, dann schätzen dich die Frauen vielleicht als begabten Alleinunterhalter, aber erobern wirst du sie damit nicht. Denn Humor ist zwar wichtig bei der Eroberung einer Frau, aber genauso wichtig sind auch tiefe Gespräche („*Comfort*" genannt) und ein gewisses Maß an körperlichen Berührungen („*KINO*" genannt). Deshalb sind diese anderen Flirthilfen, auf die wir später noch eingehen werden, ebenfalls sehr wichtig.

Ich habe die Erfahrung gemacht, dass zu viel C&F den Charakter eines Kennenlernprozesses sogar in eine falsche Richtung lenken kann. In meinen Anfängen als Eroberer habe ich in E-Mails und auf Dates oft zu viel

Gebrauch von C&F gemacht. Das führte schließlich dazu, dass ich mit den Frauen viel herumalberte und sie mein C&F begeistert erwiderten, oft war es dann aber schwierig, von diesem quirligen Schlagabtausch wieder auf ein normales Gesprächsniveau herunterzukommen. Obwohl wir beide dabei viel Spaß hatten, wurden manche Dates dadurch eher zu einem amüsanten Wortgefecht als zu einem echten Kennenlerntreffen. **Als ich diesen Fehler erkannte, drosselte ich mein C&F bewusst.** Ich streute nur noch ein oder zwei freche C&F-Sätze in meinen E-Mails ein und hielt mich, wenn ich mich mit einer Frau zum ersten Mal traf, in der ersten Stunde unseres Dates mit C&F stärker zurück. Dadurch wurde alles viel einfacher und ich konnte schneller tiefere Gespräche führen. Erst im späteren Verlauf des Dates startete ich mit C&F dann richtig durch. **C&F ist also gut und belebt jeden Flirt, aber übertreiben solltest du es damit nicht.**

Wenn du es zu stark anwendest, kann es auch passieren, dass die Frau irgendwann nur noch den Macho oder „Player" in dir sieht und sich von dir nicht ernst genommen fühlt. Der deutsche Flirtcoach Maximilian Pütz brachte es auf den Punkt, als er einmal sagte: *„C&F sollte das Salz in der Suppe sein – aber nicht die komplette Mahlzeit!"*

Das Ansprechen (Opener)

Who dares wins! – Wer wagt, gewinnt!

Motto der britischen Spezialeinheit SAS

Allzeit bereit! Oder: *„Sich regen bringt Segen!"*

Überall in unserem Alltag gibt es Gelegenheiten, Frauen anzusprechen. Egal ob in deiner Kirchengemeinde, im Supermarkt, in der Einkaufspassage, im Park, im Bus oder beim Blutspenden. Sie sind ständig um uns herum und die meisten lassen sich auch gern auf einen kleinen Flirt ein. Wieso also diese Gelegenheiten nicht nutzen? **Du musst aufhören zu denken, dass Flirten etwas sehr Spezifisches ist, das man nur zu bestimmten Zeiten und nur an bestimmten Orten tun kann.**

Du kannst jederzeit flirten! Neulich war ich in einem Buchladen und entdeckte zufällig ein Buch über einen kriminellen Rockerclub. Ich blätterte darin herum und beschloss, es zu kaufen. Mit dem Buch unter dem Arm ging ich auf die Verkäuferin an der Kasse zu und legte es ihr auf den Tisch mit den Worten: *„Ich nehme das hier. Ich dachte, ich informiere mich mal über die Jungs – bevor ich mich dort bewerbe ... "* Sie prustete vor Lachen los und wir kamen ins Gespräch. Erinnere dich: Eine Haupteigenschaft des Alphas ist, auch mit fremden Menschen leicht ins Gespräch zu kommen, egal ob das Oma Elfriede oder die süße Studentin in der U-Bahn ist.

Mein Spruch im Buchladen war zwar kein richtiger Flirt, sondern nur ein kleines bisschen C&F, aber ich konnte die Verkäuferin trotzdem aus der Langeweile ihres Berufsalltags herausreißen, sie kurz zum Lachen bringen und ihr damit einen schönen Moment schenken. Als Eroberer kannst du immer wieder Farbe ins triste Alltagsgrau der Menschen um dich herum bringen, und das hat auch für dich Vorteile. Sie werden sich freuen, wenn sie dich kommen sehen, weil sie sich an die positiven Gefühle und den Spaß erinnern, den du ihnen geschenkt hast. Stell dir einmal vor, du wendest C&F jeden Morgen bei der Bedienung im Coffee-Shop um die Ecke an. Mach eine witzige Bemerkung und plaudere kurz mit ihr. Natürlich machst du das nur, wenn sie gerade etwas Zeit hat und nicht fünfzig Kaffee-Fans in der Warteschlange hinter dir bedienen muss. **Wenn du ehrliches Interesse zeigst, wird man dir ebenfalls Interesse entgegenbringen.** Das bekommen natürlich auch die im Laden anwesenden Frauen mit und werden neugierig auf diesen Typ, den scheinbar alle kennen. Dann wird es dir leichter fallen, sie ebenfalls anzusprechen.

Aber die Hauptsache bei all diesen kleinen Gesprächen im Alltag ist: *Du bleibst in Form!* Denn wer grundsätzlich gegenüber allen Menschen kommunikativ ist, tut sich auch leichter damit, Frauen anzusprechen. Kurz nachdem ich das Buch über den Rockerclub gekauft hatte, trat ich auf die Straße und sah eine hübsche junge Dame. Weil ich gerade in der richtigen Stimmung war, sprach ich sie an und flirtete mit ihr. Du siehst also, dass Flirten und normale Gespräche manchmal nur ein paar Minuten auseinander liegen können. Und manchmal wird aus einem anfangs normalen Gespräch auch ein Flirt.

Jetzt kratzt du dich vielleicht am Kopf und sagst: *„Aber ich will doch gar keine wildfremden Mädels auf der Straße oder in der Disko ansprechen, sondern ganz gezielt Christinnen kennenlernen! Was soll mir das denn alles bringen? "* Keine Sorge, ich weiß selbst, dass die meisten Menschen da draußen keine Christen sind. Doch es macht trotzdem Sinn, Frauen ab und zu auf der Straße, im Club oder in der Bar anzusprechen und dadurch einfach nur das Flirten zu üben. Wenn es dir nämlich leicht-fällt, Frauen im Bus, im Park oder an der Uni anzusprechen, kannst du es auch in deiner Gemeinde, auf dem christlichen Konzert, auf der Sommer-Freizeit oder im christlichen Buchladen tun. Denn Frauen sind Frauen und unterscheiden sich, was das Flirten angeht, kaum voneinander.

Wenn du dich der Situation des Ansprechens immer wieder bewusst aussetzt, ist es so, als ob du in eine Art Fitnessstudio gehst und deine Flirt-Muskeln trainierst. **Und wenn du gelernt hast, fremde Frauen an-zusprechen, egal an welchem Ort, wird dich das generell entspannter im Umgang mit Frauen machen.** Dein Selbstbewusstsein wächst, deine Ausstrahlung verändert sich positiv, du lernst in verschiedenen Situa-tionen, wie Frauen auf deinen Flirt reagieren, und vor allem, du merkst, wie einfach es geht! Das alles steht dir dann als Erfahrungsschatz zur Verfügung und hilft dir auch bei den Frauen in deiner Gemeinde oder auf dem christlichen Zeltlager weiter. Es ist also nicht komisch oder ver-haltensauffällig, fremde Frauen an verschiedenen Orten anzusprechen, sondern gehört zu den Fähigkeiten eines selbstbewussten Mannes.

Ein weiterer Vorteil ist, dass du Flirthilfen und neue Ideen auf diese Weise ungefährlich ausprobieren kannst. Du willst sowieso keine Party-Schnecke aus der Disko? Klasse, dann kannst du an ihr ja das Ansprechen üben und dabei auch testen, wie weit du mit deinem C&F gehen kannst. Und das ist völlig okay. Denn nirgendwo steht geschrieben, dass du dir anschlie-ßend auch ihre Telefonnummer holen, dich mit ihr treffen oder sie küssen musst. Du kannst dich ganz einfach höflich verabschieden und das war's.

Ich selbst habe auf diese Weise wichtige Erfahrungen im Flirten gesammelt, und wenn mir dann ein paar Tage später eine interessante Christin über den Weg lief, war ich quasi schon „aufgewärmt" und musste nicht erst lange überlegen, wie ich sie ansprechen und was ich zu ihr sagen sollte. Denn ich hatte es die ganzen Tage vorher bereits immer wieder geübt – sei es im Club oder einfach im Hausflur mit der hübschen Nachbarin.

Wenn du mit diesen Ideen aber Probleme hast und befürchtest, dass dich diese Art des Übens in Versuchung führt, dann lass es bitte bleiben. Schaffe dir dann aber ein Umfeld, in dem du Kontakt mit vielen Christinnen deiner Altersgruppe hast, mit denen du ein bisschen üben kannst. Wichtig ist nur, dass du anfängst, aktiv zu werden, und nicht untätig bist. „*Sich regen bringt Segen*", sagt der Volksmund und es stimmt. Also ran an die Frauen!

Ich beobachte immer wieder, dass erstaunlich viele Frauen fast wie von selbst in mein Leben kommen, sobald ich anfange aktiv zu werden, mir keine großen Gedanken mache und Frauen anspreche, wenn sich die Gelegenheit eben ergibt. Selbst wenn ich mir dann nicht die Telefonnummern geholt, sondern einfach nur zum Spaß herumgeflirtet habe, kam meist kurz darauf von irgendwoher eine interessante Frau, mit der ich dann ein Date hatte. Erfolg zieht einfach neuen Erfolg an – auch im Flirten und im Umgang mit Frauen! Ich glaube, das hängt mit der persönlichen Ausstrahlung und dem Selbstbewusstsein zusammen, das man einfach bekommt, wenn man regelmäßig auf Menschen zugeht und flirtet. Man weiß dann aus eigener Erfahrung, wie gar nicht unmöglich, sondern ganz einfach es sein kann, die Telefonnummer oder E-Mail-Adresse von einer attraktiven Frau zu bekommen.

Die Ansprechangst

Na, dann ist doch jetzt alles klar, oder? Das nächste Mal, wenn du eine hübsche Frau siehst, die dir gefällt, sprichst du sie einfach an. Du gehst auf sie zu und ... plötzlich wird dir ganz heiß, dein Magen fühlt sich flau an, die Hände werden feucht und zittrig. Du weißt nicht, woher dieses Gefühl kommt, aber plötzlich möchtest du am liebsten wegrennen und dich irgendwo verstecken. Dir fällt ein, dass du gerade jetzt einen Zahnarzttermin für deinen Goldfisch ausmachen solltest, die Körner im Salzstreuer zählen oder dringend den Zug nach Nirgendwo erwischen musst. Außerdem könnte sie ja einen Freund haben! Oder sie könnte dich auslachen, dir vor allen Leuten eine Ohrfeige geben oder die Tochter eines gesuchten Mafiabosses sein ...

Du kennst solche Ausreden bestimmt aus eigener Erfahrung. Sie haben die Tendenz, immer dann aufzutreten, wenn uns Männern eine Frau sehr gut gefällt und wir sie eigentlich gern kennenlernen würden. Das lähmende Gefühl dahinter nennt man **Ansprechangst** und es kann unglaublich gemein sein. Es taucht plötzlich aus dem Nichts auf, steht wie ein Koloss vor dir und versperrt dir den Weg, so lange, bis die Chance vorbei und die Frau für immer aus deinem Blickfeld verschwunden ist. Dann ärgerst du dich und versprichst, es das nächste Mal besser zu machen. Doch die Geschichte wiederholt sich ein ums andere Mal.

Glaube mir, *jeder* Mann kennt dieses Gefühl und hat es schon einmal erlebt. Und zwar auch, wenn er so hübsch wie Brad Pitt und so reich wie Bill Gates ist und mit einem Apache-Kampfhubschrauber Loopings am Himmel fliegen kann. **Denn wir Männer sind oftmals eher dazu bereit, mit einem Fallschirm aus einem Flugzeug zu springen, als eine fremde Frau anzusprechen.** Selbst die taffsten Männer trauen sich manchmal nicht, ein hübsches Mädel an der Bar anzusprechen, weil sie unsicher werden und nicht wissen, wie sie es anstellen sollen. Wir würden ja schon ganz gerne, doch wir haben Angst. Natürlich fürchten wir uns nicht vor der Frau selbst, die ist ja ganz süß und schnuckelig. Der kleine Junge in unserem Inneren fürchtet sich vielmehr vor Ablehnung, Zurückweisung und Demütigung. Deshalb suchen wir immer wieder Ausreden vor uns selbst, wieso wir *diese* Frau jetzt gerade nicht ansprechen können.

Doch woher kommt die Ansprechangst? Dazu müssen wir wieder die Zeitmaschine anwerfen und in die Frühzeit des Menschen reisen. Als unsere Vorfahren sich noch mit Fellen bekleideten und in kleinen Gruppen umherzogen, war es für einen Mann sehr gefährlich, die falsche Frau anzusprechen. War sie das Weibchen des Gruppenanführers, riskierte er massiven Ärger und musste vielleicht sogar befürchten, von diesem getötet zu werden. Deshalb empfindest du bis heute eine Ansprechangst gegenüber sehr attraktiven Frauen.

Dein Unterbewusstsein analysiert dann nämlich deine soziale Rangstellung und urteilt, dass du nicht in ihrer Liga bist und solche besonders hübschen Frauen den Gruppenanführern vorbehalten sind. Aus diesem Instinkt heraus entsteht die Ansprechangst und du traust dich nicht, sie anzusprechen. Schuld ist also ein völlig überholter sozialer Instinkt, der dir weismachen will, dass hübsche Frauen nichts für dich sind. Doch es gibt Neuigkeiten für dein Unterbewusstsein: Wir leben nicht mehr in der Steinzeit! Deshalb sage ich, pfeife auf den Instinkt und sprich sie an. Du wirst dadurch nicht umkommen.

Daneben gibt es aber noch einen zweiten Grund, der dich Angst empfinden lässt, eine Frau anzusprechen. Blitzte ein Steinzeitmensch bei einer Frau ab, musste er damit rechnen, dass alle anderen Frauen aus der Gruppe dies mitbekamen und ihm gegenüber vorsichtiger wurden. Entweder, weil sie alles mit angesehen hatten oder weil ihnen die angesprochene Frau alles brühwarm weitererzählt hat. Das gibt es ja auch noch heute, egal ob in deiner Schulklasse, deiner Jungschar oder deinem Uni-Kurs: Wenn ein Mann einen Korb bekommen hat, spricht sich das oft herum und andere Frauen werden ihm gegenüber für eine gewisse Zeit vorsichtiger und wollen nicht mit ihm flirten.

Der Grund dafür ist wieder ein sozialer Instinkt: **Unsere Vorfahren haben die Überlebensstrategie entwickelt, sich an dem zu orientieren, was die Mehrheit der Gruppe macht.** Wenn alle Gruppenmitglieder von einem bestimmten Beerenstrauch im Wald aßen, dann konnte auch der Einzelne sicher sein, dass die Sache ungefährlich war. Wenn die Gruppe aber einen bestimmten Beerenstrauch mied, dann waren seine Beeren vielleicht giftig und man ließ besser die Finger davon.

Diese Regel der sozialen Bestätigung durch die Gruppe haben Frauen auch auf die Partnerwahl übertragen. Schon als Teenager rennen sie dem angesagten Musik-Star oder dem tollen Typ aus dem Fußballverein kreischend hinterher, ganz einfach, weil es alle ihre Freundinnen auch tun. Ihr Unterbewusstsein schlussfolgert daraus, dass dieser Mann gut sein *muss*, denn andere Frauen scheinen ihn ja bereits kritisch unter die Lupe genommen und für gut befunden zu haben. Mit anderen Worten: Den tollen Peter, der neulich wieder mit einer hübschen Blondine im Park gesehen wurde, himmeln alle an, während um den komischen Klaus alle einen Bogen machen, weil der ja sowieso bei allen Frauen abblitzt. Die Faustformel hinter diesem weiblichen Selektionsmechanismus lautet: **Wenn er für andere gut ist, dann ist er auch für mich gut. Wenn andere ihn meiden, dann meide ich ihn besser auch.**

Ein Mann aus der Steinzeit konnte es sich also nicht leisten, in seiner Gruppe als „Loser" dazustehen, der einen Korb nach dem anderen bekam. Denn nach zwei oder drei Abfuhren sank seine Chance dramatisch, in absehbarer Zeit eine Frau zu finden. So entstand im Lauf der Zeit bei uns Männern die Angst vor einem Korb und grub sich tief in unser kollektives Unterbewusstsein ein.

Diese Erklärungen sollen dich nicht einschüchtern – ganz im Gegenteil. Sie sollen dir helfen, die Ursprünge der Ansprechangst zu verstehen und zu merken, dass sie in unserer heutigen Zeit völlig fehl am Platz sind. Denn wir leben nicht mehr in kleinen sozialen Gruppen. Unsere Städte sind groß und du musst nicht mehr die gleichen Konsequenzen fürchten wie deine Vorfahren. Hast du eine Abfuhr erhalten, kannst du auf der Straße oder im Club einfach ein paar Meter weitergehen und sofort die nächste Frau ansprechen. Dort, wo du dich tatsächlich in kleinen Gruppen bewegst, etwa in deiner Kirchengemeinde, kannst du nach einem Korb ein bisschen Gras über die Sache wachsen lassen und dann einen neuen Versuch bei einer anderen Frau starten.

Du kannst den Mechanismus der sozialen Bewertung übrigens auch für dich arbeiten lassen: Wenn du zum Beispiel Fotos von dir mit einer hübschen Frau im Arm auf deiner Facebook-Seite postest oder dich des Öfteren in Begleitung von Frauen sehen lässt, schlussfolgern die anderen Frauen in deinem Umfeld daraus, dass du ein begehrenswerter Mann bist. Denn sie sehen ja den **sozialen Beweis** (in der Flirtcoach-Szene *„social proof"* genannt), dass andere Frauen gern in deiner Nähe sind. Und das macht sie dann ebenfalls neugierig auf dich.

Wenn du mit einer Frau redest, dann sei davon überzeugt, dass es das Normalste von der Welt ist. Die anderen Menschen und vor allem die anderen Männer um dich herum sollten dir dabei völlig egal sein. Ich glaube, dass es ein wesentlicher Baustein für mehr Erfolg bei Frauen ist, sich nicht so sehr darum zu kümmern, was andere Leute von einem denken (wir erinnern uns an das Alpha-Kapitel). **Es geht schließlich um dein Leben und du solltest deshalb niemals zulassen, dass die Furcht vor der Meinung anderer Leute deinem Glück im Weg steht.** Ganz besonders solltest du darauf pfeifen, was fremde Leute und Passanten von dir halten. Wenn du zum Beispiel bei einer Frau in der U-Bahn oder einer Warteschlange abblitzt und die umstehenden Leute bekommen das mit, dann ignoriere sie einfach. Was geht sie dein Leben an? Fünfzehn Minuten später haben dich die meisten von ihnen sowieso schon wieder vergessen. Und wenn sie ehrlich wären, müssten sie sogar zugeben, dass das, was du getan hast, sehr mutig war und dass sich die wenigsten Männer so etwas trauen. Es lohnt sich also nicht, die fremden Blicke allzu ernst zu nehmen.

Trotzdem kostet es ein bisschen Zeit, die Ansprechangst wegzutrainieren. Ich selbst litt früher ebenfalls darunter und wusste ums Verrecken nicht, wie ich Frauen ansprechen und was ich zu ihnen sagen sollte. Inzwischen fällt mir das leicht, doch auch mir passiert es manchmal noch, dass ich vor dem Ansprechen einer hübschen Frau Muffensausen kriege und zögere. Das passiert vor allem dann, wenn ich den ganzen Tag nur am PC sitze und an einem Flirtbuch für Christen schreibe, anstatt regelmäßig raus und unter die Leute zu gehen. Und ich weiß, dass es selbst den besten Flirtcoachs der Welt manchmal so geht, was sie auch offen auf ihren Webseiten und in ihren Videos zugeben. Doch der Unterschied zwischen Männern, die Erfolg mit Frauen haben, und solchen, die ihn nicht haben, ist, dass die Erfolgreichen gelernt haben, mit ihrer Ansprechangst umzugehen. **Sie spüren die Angst**

zwar, halten ihr dann aber den ausgestreckten Mittelfinger unter die Nase und sprechen die Frau trotzdem an! Indem sie die Angst bewusst ignorieren, schlagen sie ihr die Tür vor der Nase zu.

Ich kenne niemanden, der es geschafft hat, seine Ansprechangst vollständig und für immer loszuwerden. Was man allerdings erreichen kann, ist, die Angst auf ein so geringes Maß zu reduzieren, dass sie einen kaum noch kratzt. Die Formel dafür lautet: **Fühle deine Angst – und tue es dann trotzdem!**

Zum Glück ist das nicht der einzige Tipp, den ich dir zu diesem Thema geben kann. Doch merke dir eines: **Jeder, der erfolgreich im Flirten und Ansprechen fremder Frauen werden möchte, muss sich irgendwann seiner Angst davor stellen.** Daran führt kein Weg vorbei. Und am besten geschieht das, indem du es einfach immer wieder machst. Außerdem hat die Ansprechangst auch etwas Positives: Sie zeigt dir, dass du dich *wirklich* für eine Frau interessierst und dass sie etwas in dir auslöst: Begehren, Neugier – aber eben auch Angst, dich zu blamieren. Du weißt dann, dass die Frau es für dich wert ist, dieses Risiko einzugehen.

Noch ein kurzes Wort zum Thema, wie man auf Ringe an den Fingern einer Frau reagieren sollte. Zur Zeit unserer Eltern hatte ein Ring am Ringfinger noch eine gewisse Bedeutung und konnte anzeigen, dass die Trägerin bereits vergeben war. Heutzutage ist das aber nicht mehr so. Von Verlobungs- und Eheringen einmal abgesehen, haben Ringe ihre ursprüngliche Bedeutung verloren und sind zum bloßen Schmuckstück geworden. Ich habe schon viele Frauen gesehen, die Singles waren und dennoch einen Ring am Ringfinger trugen. Andere wiederum lebten in einer festen Beziehung, hatten aber keinen Ring. Du solltest also aufhören, die Hände von Frauen abzuscannen und dann Rückschlüsse auf ihren Beziehungsstatus zu ziehen. Wenn du dir unsicher bist, ob sie einen Freund hat, dann frage sie einfach irgendwann im Gespräch danach. Oder befreunde dich in einem sozialen Internet-Netzwerk mit ihr und checke die Angaben zum Beziehungsstatus auf ihrer Profilseite. Meistens sind die Angaben dort nämlich zuverlässiger als jeder Fingerschmuck.

Wenn du bisher noch nie eine Frau angesprochen hast, wird es Zeit, damit anzufangen. Oft kostet es dich die ersten paar Mal einfach nur Überwindung. Danach wirst du aber überrascht feststellen, dass es eigentlich ganz einfach ist. Denn viele Frauen lassen sich gern von sympathischen Männern ansprechen – sie warten sogar insgeheim darauf.

Wie man Frauen anspricht

Wenn man eine interessante Frau sieht, fällt einem oft nichts ein, womit man ein gutes Gespräch mit ihr beginnen könnte. Vor allem, wenn du bisher nur selten oder noch nie fremde Frauen angesprochen hast, kann es dir deshalb helfen, wenn du einen gewissen „Fahrplan" im Hinterkopf hast, der dir Orientierung bietet. Es gibt viele Wege, eine Frau anzusprechen, jedoch kann man sie in zwei Gruppen einteilen: **die *direkte* und die *indirekte* Methode.** Mit beiden Arten kannst du Frauen ansprechen, doch ist in bestimmten Situationen mal die eine, mal die andere Methode besser geeignet.

a.) Die indirekte Methode

Bei der **indirekten Methode** beginnst du eher beiläufig ein Gespräch mit einer Frau und zeigst am Anfang noch nicht, dass du Interesse an ihr hast. Der Gesprächsbeginn ist deshalb sehr natürlich und hat am Anfang noch nicht viel von einem Flirt. Er ist eher harmlos, so als würde das Gespräch einfach so zustande kommen.

Die indirekte Methode verwendest du vor allem im Alltag, auf der Straße, an der Uni oder in deiner Gemeinde. **Sie eignet sich auch gut, wenn du auf eine Gruppe von Frauen triffst und dich speziell für eine von ihnen interessierst.** Du kannst dann zuerst einmal die gesamte Gruppe ansprechen und dich im Laufe des Gesprächs dann auf dein „Hauptziel" konzentrieren. Außerdem eignet sich die indirekte Methode gut, wenn du und die Frau auf einer privaten Party gemeinsamer Freunde seid oder sonst irgendwie viele Menschen um euch herum sind und du das Gefühl hast, dass ein direktes Ansprechen nicht besonders taktvoll wäre. Frauen mögen es nämlich manchmal nicht, vor den Augen und Ohren ihrer Freundinnen angeflirtet zu werden, und deshalb ist die indirekte Methode eine gute Möglichkeit, sie problemlos anzusprechen. Die indirekte Methode bietet deutlich mehr Variationen als die direkte Methode, bei der du einer Frau recht früh dein Interesse zeigst.

Internationale Flirtcoachs haben für beide Methoden den Begriff des **„Openers"** („Gesprächsöffner") erfunden. Ein Opener ist zum Beispiel eine Frage oder ein Kommentar, den du machst, um ein Gespräch zu beginnen. Du kannst zum Beispiel einen **„Meinungs-Opener"** verwenden, bei dem du allein oder zusammen mit einem Freund auf eine oder mehrere Frauen zugehst und sie um ihre Meinung fragst: *„Entschuldigt, wir* *brauchen mal kurz eine weibliche Meinung ... "* Dann kannst du sie zum Beispiel fragen: *„ Was meint ihr, steht meinem Kumpel diese Krawatte/ dieser Schal/dieser Hut? "*

Besonders geeignet sind alle Arten von Fragen, die das Thema Liebe, Beziehungen oder andere typische Männer-Frauen-Themen betreffen. Denn die meisten Frauen lieben es, über solche Themen zu reden, und nutzen die Gelegenheit dazu gern. Weitere Meinungs-Opener, die ich selbst schon erfolgreich verwendet habe, um Gespräche zu starten, sind zum Beispiel: *„Wie stellen Frauen sich das perfekte erste Date vor? "*, *„Findet ihr Männer mit Bärten sexy? "*, *„Ist Frauen die Augenfarbe bei Männern wichtig? "*, *„ Welche Männerfotos findet ihr besser: muskulöse Typen mit Waschbrettbauch oder stilvolle Typen im Anzug? "*

Du kannst das Ganze natürlich auch mit C&F mischen und auf eine witzige Art machen. Ich bin zum Beispiel schon mal einen ganzen Abend lang zusammen mit einem Kumpel durch eine Disko gezogen und habe Mädels gefragt: *„Entschuldigung ... kennt ihr das Grundrezept für Pfann- kuchen? Wir glauben nämlich, dass die Frauen von heute das nicht mehr drauf haben. Aber vielleicht wisst ihr ja Bescheid ... "* Die meisten Frauen fanden das recht witzig und versuchten anschließend, uns von ihrem Rezept zu überzeugen. Ein anderer Kumpel von mir zog eines Abends durch die Bars und sprach Frauen mit der Frage an: *„Könnt ihr die sieben Ozeane aufzählen? Ich überlege schon den ganzen Abend lang, aber ich kriege sie einfach nicht mehr zusammen ... "* Solche Opener funktionieren natürlich nur, wenn du sie mit einem Grinsen im Gesicht und auf eine verspielt- humorvolle Art rüberbringst. Bleibe dabei locker und signalisiere durch deine Körpersprache, dass du die Frage nicht todernst meinst.

Ein origineller Opener mit starkem C&F ist zum Beispiel: *„Sag mal, bist du selbstbewusst genug für ein ehrlich gemeintes Kompliment? ... Ja? Ich auch – du fängst an! "* Eine Frau, die nach so einem Einstieg nicht lacht, solltest du getrost wieder vergessen. Denn sie kam dann wohl leider ohne die Fähigkeit zu lachen auf die Welt. Du kannst diese Anregungen gern verwenden oder dir einfach selbst ein paar Fragen oder Gesprächsöffner ausdenken.

Sobald dir die Frau oder die Frauen deine Einstiegsfrage beantwortet haben, kannst du am Ball bleiben und mit der Frage weitermachen, die jedes dreijährige Kind beherrscht: *„ Warum? "* Warum ist sie dieser oder jener Ansicht, warum mag sie dieses oder jenes mehr?

Die Antworten auf diese Fragen sind sogar meist recht interessant und außerdem liefern sie dir genug Stoff, um im Gespräch zu bleiben, deine eigene Meinung zu sagen oder sie ein bisschen mit C&F aufzuziehen (*„Aha, so eine bist du also ..."*, *„Wirklich? Ich bin schockiert!"* etc.). Anschließend versuchst du von deiner Einstiegsfrage wegzukommen und das Gespräch in eine andere Richtung zu lenken. Frage sie dann zum Beispiel, wie sie heißt, woher sie kommt, wohin sie gerade geht, was sie studiert, welche Hobbys sie hat usw. So entsteht ganz natürlich ein Gespräch zwischen euch. Vergiss nie: **Der Opener dient nur dazu, ein Gespräch zu starten und das Eis zwischen zwei fremden Menschen zu brechen.** Er selbst ist *nicht* der Flirt, sondern soll dir nur den Weg dafür ebnen. Der Flirt zwischen dir und der Frau entsteht dann im anschließenden Gespräch und baut meist auf C&F auf.

Frauen wissen oft auch, worauf du hinauswillst, wenn du sie ansprichst. Sie sind schließlich nicht doof und können sich denken, dass du sie nicht rein zufällig angesprochen hast. Aus diesem Grund kann es manchmal etwas schwach wirken, wenn du ein Gespräch mit einem Meinungs-Opener beginnst, weil die Frau ahnt, dass dies nur ein Vorwand ist, um sie anzusprechen. **Diese Opener-Methode ist aber trotzdem gut und eignet sich besonders für Anfänger, weil man dadurch leicht und unkompliziert Gespräche beginnen kann.** Und die meisten Frauen wissen zwar, dass du sie einfach nur ansprechen und kennenlernen willst, aber daraus drehen sie dir keinen Strick, vor allem, wenn sie dich ein bisschen sympathisch finden.

Am Anfang habe ich selbst oft auswendig gelernte Opener benutzt, um die ersten Hürden der Ansprechangst zu überwinden. Doch inzwischen benutze ich sie kaum noch. Zwar habe ich auch heute noch ein paar gute Opener im Kopf, weil sie besonders witzige Gesprächseinstiege ermöglichen, doch inzwischen verwende ich lieber Opener, die auf spontanen Beobachtungen in einer Situation beruhen.

Solche **„situationsbezogene Opener"** ergeben sich dann einfach aus dem Moment und der jeweiligen Situation heraus, zum Beispiel: *„Wow, tolles Outfit! Du scheinst Ahnung von Mode zu haben. Studierst du Modedesign?"* Die Formel dahinter lautet: **Beobachte, überlege, ob es Möglichkeiten für C&F gibt, lächle und sprich sie dann an.** C&F ist dabei nicht unbedingt nötig, doch meistens ist ein witziger Kommentar kein schlechter Start für ein Gespräch. Das kann eine Bemerkung zu ihren Schuhen sein (*„Hey, schicke Stiefel – bist du ein Cowgirl?"*), zu der Aufschrift auf ihrem T-Shirt oder zur Situation, in der du sie gerade antriffst.

Meistens laufe ich dann an einer Frau vorbei, drehe meinen Kopf leicht über die Schulter in ihre Richtung und lasse eine Bemerkung fallen. Ideen dazu gibt es reichlich, wenn man ein bisschen die Augen offen hält und die Tipps im C&F-Kapitel beherzigt. Du kannst Gespräche nämlich oft auch mit einem durch und durch humorvollen **„C&F-Opener"** beginnen. Im Gegensatz zum alltagstauglichen Meinungs-Opener verwendet man den C&F-Opener vor allem in einer lockeren Umgebung, in der die Menschen entspannt und gelassen sind, etwa auf einer Party, einem Sommerfest oder im Club. Du kannst ihn natürlich auch in anderen Situationen, beispielsweise auf der Straße oder an der Uni einsetzen, aber dann solltest du schon über ein gewisses Maß an Selbstbewusstsein und ein bisschen Erfahrung im Ansprechen verfügen.

Schaut dich eine Frau zum Beispiel etwas länger als gewöhnlich an oder lächelt dir zu, kannst du sagen: *„Du hast mich erkannt, gib's zu! Ja, ich bin der Weihnachtsmann. Ich habe mich nur rasiert, das hier ist mein Sommer-Look. Warst du auch schön brav?"* Du kannst aber auch selbst initiativ sein, auf irgendetwas zeigen, was ihr gehört, und sagen: *„Hey, das sieht hübsch aus, kann ich das haben? Komm schon, ich gebe dir auch fünf Euro dafür!"*, oder: *„Hey, ich habe gehört, dass es auf der Frauentoilette einen Whirlpool gibt. Stimmt das?"* Recht amüsant finde ich auch: *„Hey sag mal ... lässt du dich eigentlich von fremden Männern ansprechen?"*

Für alle Opener gilt: Lächle selbstbewusst und freundlich, während du sie sagst. Dein Ziel ist es, dass sich im Anschluss daran ein Gespräch entwickelt, in dem ihr beide euch kennenlernt. Dabei kannst du gern ein bisschen C&F einsetzen oder die Frau einfach nach den Dingen fragen, die dich interessieren, z. B. was sie beruflich macht, wohin sie gerne reist, welche Hobbys sie hat usw. Aber gib ihr dabei **nicht von Anfang an schon zu viel Aufmerksamkeit**, sondern bleib entspannt und locker. Du willst einfach nur mal mit ihr reden, um herauszufinden, was für ein Mensch sie ist und ob es sich für dich lohnt, mehr Zeit in sie zu investieren. **Erhöhe deine Aufmerksamkeit und dein Interesse erst, wenn sie es auch tut** und dir ihren Körper zuwendet, freundlich antwortet oder lacht.

Wichtig ist nur, dass zwischen dem Opener und der abschließenden Frage nach ihrer Telefonnummer ein Gespräch stattgefunden hat, bei dem ihr beide euch ein bisschen kennengelernt habt. Denn wenn du sie nur mal kurz um ihre Meinung bittest und dann plötzlich aus dem Nichts heraus ihre Telefonnummer haben willst, wirkt das ziemlich komisch. Für solche schnellen Aktionen eignet sich die direkte Methode besser.

b.) Die direkte Methode

Die direkte Methode ist das, was ihr Name sagt: ein direktes Ansprechen der Frau, bei dem du schon früh dein Interesse an ihr zeigst. Der Schlüssel zu einem guten Gelingen ist dabei dein Selbstbewusstsein.

Viele Männer trauen sich diese Art des Ansprechens nicht zu, doch es ist wie bei allem anderen im Leben: Wenn man es ein paar Mal gemacht hat, ohne aufgefressen worden zu sein, merkt man, wie leicht es ist, und bekommt darin eine gewisse Übung. Die direkte Methode bietet sich vor allem dann an, wenn du eine Frau allein antriffst, wenn du wenig Zeit hast und schnell weiter musst oder wenn du einfach so früh wie möglich abklären willst, ob du ihr gefällst oder nicht.

Außerdem wird die direkte Methode oft in einem lauten und energiegeladenen Umfeld verwendet, wo Frauen generell entspannter sind, etwa in einer Disko oder auf einer Studentenparty. Achte beim Ansprechen aber darauf, dass du locker und nicht verkrampft bist. Denn es ist ein großer Unterschied, ob du bibbernd auf eine Frau zugehst und irgendein Kompliment herausstammelst oder ob du selbstbewusst auf sie zugehst und sie einfach ansprichst. Oft macht deine Körpersprache dabei den entscheidenden Unterschied (für Nachhilfe in diesem Bereich lies den entsprechenden Abschnitt im „Fundamente"-Kapitel).

Viele Männer zerbrechen sich darüber den Kopf, was genau sie dann zu der Frau sagen sollen. Doch das ist gar nicht so wichtig. **Es zählt nämlich weniger, *was* du sagst, als vielmehr, *wie* du es rüberbringst.** Wenn du dich wohlfühlst und ein gewisses Selbstbewusstsein ausstrahlst, kannst du meist einfach das sagen, was dir gerade in den Sinn kommt. Komplimente sind hier übrigens ausdrücklich erlaubt und du brauchst dabei auch keine Angst zu haben, als *Nice Guy* dazustehen. Denn *Nice Guys* würden es sich niemals trauen, eine fremde Frau einfach so anzusprechen und dadurch ihr Interesse zu zeigen. So etwas machen fast nur Alphas, und deshalb wirkt die direkte Methode auch sehr männlich.

Du hebst dich schon allein dadurch von der Masse ab, dass du dich überhaupt traust, eine fremde Frau so direkt anzusprechen. Das macht bereits gleich am Anfang einen guten und selbstbewussten Eindruck. Ich gehe zum Beispiel auf eine Frau zu und sage: *„Hey, entschuldige"* (als kleiner Einstieg, um sie auf mich aufmerksam zu machen), *„aber ich habe dich gerade gesehen und finde dich irgendwie süß. Wie heißt du?"* Oder: *„Entschuldige, aber es fällt mir schwer, an dir vorüberzugehen, ohne dich kurz anzusprechen. Ich mag dein Gesicht/Haare/Kleid. Wie heißt du?"*

Sprich sie dabei aber niemals von hinten an, sondern immer von vorn oder von der Seite. Sonst fühlt sie sich von dir „überfallen" und erschrickt vielleicht, was kein besonders gelungener Start für einen Flirt ist. Wenn sie dir also den Rücken zuwendet und sich gerade von dir weg bewegt, solltest du in einem Bogen an ihr vorbeilaufen und sie dann von vorn oder von der Seite ansprechen. Auf der Straße gehe ich meistens direkt auf eine Frau zu, nehme ein paar Meter, bevor wir uns treffen, **Blickkontakt** mit ihr auf, **lächle**, hebe die flache Hand, als wollte ich sie damit stoppen, und sage: *„Hey, warte mal kurz ... wenn ich dich so sehe, muss ich dich einfach ansprechen."* Zugegeben, mit diesem Satz wirst du keinen Literaturpreis gewinnen, denn er ist ziemlich sinnentleert (du sprichst sie an, um ihr zu sagen, dass du sie ansprechen willst), trotzdem funktioniert er! Denn in einer solchen Situation ist es eigentlich egal, was du zu einer Frau sagst. Sobald sie sieht, dass du auf sie zugehst, und hört, dass du sie ansprichst, wird sie nämlich oft selbst ein bisschen aufgeregt und bekommt deshalb gar nicht richtig mit, was du in den ersten Sätzen zu ihr sagst. Sie ist dann nämlich viel zu beschäftigt, dich kurz zu analysieren und einzuschätzen.

Was in solchen Momenten vor allem zählt, ist dein **Lächeln**, deine **selbstbewusste Körpersprache** und deine **ruhige Stimme**. Deine Worte machen hingegen nur einen kleinen Teil des Gesamteindrucks aus. Mache einer Frau nach deiner direkten Ansprache dann ein **kurzes Kompliment**, etwa: *„Ich finde deine Ausstrahlung einfach umwerfend!"*, oder: *„Ich finde, du siehst irgendwie total bezaubernd aus."* Dann fragst du sie am besten gleich nach ihrem Namen oder wohin sie gerade geht, damit das Gespräch in Gang kommt und sie nicht verlegen wird und nachdenken muss, was sie auf deinen Opener antworten soll.

Du kannst natürlich auch die direkte Methode mit C&F mischen: *„Halt! Warte mal kurz ... Bitte verstehe das jetzt nicht falsch,"* (baut Spannung auf) *„... aber ich finde, du siehst einfach total klasse aus! Wie heißt du?"*, oder: *„Kennen wir uns? Nein? Na, ich finde, das sollten wir ändern. Hey, ich bin der Micha ...",* oder: *„Hallo, ich mache gerade eine Umfrage unter Frauen mit ..."* (mustere auffällig ihr Erscheinungsbild und nenne eine Besonderheit ihrer Kleidung) *„... weißen Hosen, und die lautet: Lässt du dich von sympathischen Jungs auf der Straße ansprechen?"*, oder: *„Hey, ich dachte mir, ich muss dich einfach kurz ansprechen. Denn wenn ich das nicht tue, muss ich mir nachher vor Wut in den Hintern beißen – und so gelenkig bin ich dann doch nicht. Wie heißt du?"*

Je nach Situation ist es auch bei der direkten Methode oft gut, einer Frau nicht gleich von Anfang an deinen ganzen Körper und damit deine volle Aufmerksamkeit zuzuwenden. Drehe deinen Kopf zur Seite und lasse einfach einen Kommentar als Opener fallen. Wenn sie dann lächelt und gut darauf reagiert, wende dich ihr etwas mehr zu und „belohne" sie dadurch für ihr positives Verhalten. Manchmal ist es auch gut, quasi im Vorbeigehen eine Bemerkung zu machen und die Frau anzulächeln. Wenn sie dann zurücklächelt oder sogar stehen bleibt und dir ihren Körper zudreht, bleibst du ebenfalls stehen und der Flirt kann beginnen.

Die direkte Methode zielt auf schnelle Resultate ab. Entweder steigt die Frau auf deinen Opener ein und es entsteht eine Unterhaltung, oder sie zeigt dir den Vogel und läuft weiter. Dadurch kannst du innerhalb kurzer Zeit viele Frauen ansprechen und die Spreu vom Weizen trennen. Besonders gut eignet sich die direkte Methode dort, wo es offensichtlich ist, dass geflirtet wird, zum Beispiel auf einer christlichen Single-Konferenz oder in einer Disko. Aber auch in der Einkaufspassage oder im Park kannst du sie einsetzen, um aus dem Strom der vorüberlaufenden Frauen flirtwillige Damen herauszufischen.

Zusammenfassend kann man sagen, dass sowohl die indirekte als auch die direkte Methode ihre Vor- und Nachteile haben. Ich kenne Männer, die sehr auf die direkte Methode bauen und damit großen Erfolg bei Frauen haben. Andere wiederum benutzen vorwiegend die indirekte

Methode und sind damit ebenfalls erfolgreich. Ich achte meistens auf mein Bauchgefühl und überlege, was am besten zu einer Situation passt. Probiere beide Methoden einfach selbst aus und sammle damit deine eigenen Erfahrungen.

Wie man Frauen nach ihrer Telefonnummer fragt (IoIs)

Wenn du mit einer Frau im Gespräch bist und sie dir gefällt, solltest du sie irgendwann nach ihrer Telefonnummer oder ihrer E-Mail-Adresse fragen. Bevor du das tust, solltest du aber vorher ausloten, wie deine Chancen bei ihr stehen und ob sie überhaupt Interesse an einem weiteren Kontakt hat. Zum Glück musst du dabei nicht im Nebel herumstochern oder dich auf vage Vermutungen verlassen. Denn wie bereits erwähnt, kommunizieren wir Menschen nicht nur mit Worten, sondern oftmals viel deutlicher mit unserem Körper. Und Frauen tun das in Flirtsituationen besonders stark. Die französische Schauspielerin und Regisseurin Jeanne Moreau sagte einmal: *„Die Einladung zum Flirt wird mit den Augen geschrieben."* Frauen senden körpersprachliche Signale aus, sobald ihnen ein Mann gefällt, und zwar oft, ohne sich dessen überhaupt bewusst zu sein.

Diese sogenannten *„Indicators of Interest"* („Anzeichen des Interesses"), kurz *IoIs* genannt, helfen dir dabei, deine Chancen abzuschätzen. Frauen senden diese Signale instinktiv aus und würden auch dann nicht damit aufhören, wenn du ihnen dieses Kapitel zum Lesen geben würdest. Eine Frau mag dann zwar versuchen, sich stärker zurückzuhalten und sich selbst zu überwachen, doch wenn ihr ein Mann wirklich gefällt, kann sie ihre IoIs nicht lange unterdrücken und fällt bereits nach wenigen Minuten wieder in ihr körpersprachliches Verhalten zurück. Erwarte aber nicht, dass Frauen das zugeben. Ich habe schon mit Frauen über IoIs gesprochen, die daraufhin kategorisch abstritten, dass es so etwas gibt. Wenig später konnte ich sie dann aber dabei beobachten, wie sie beim Flirten mit einem Mann genau solche Signale von sich gaben. Probiere es einfach selbst aus und beobachte einmal einen Mann und eine Frau beim Flirten oder schaue dir Flirtszenen in Filmen an. Denn oft spielen Schauspielerinnen solche Szenen danach, wie sich ein Flirt für sie emotional anfühlt, und verwenden dabei intuitiv die richtigen IoIs. Ich habe dir eine Liste mit den bekanntesten IoIs zusammengestellt, aus denen du schlussfolgern kannst, dass dich eine Frau interessant findet:

▶ Sie spielt mit den Fingern an ihrer Halskette oder ihrem Ohrring, während sie mit dir redet oder dich ansieht. Du kannst sie dann z. B. auf ihr Schmuckstück ansprechen und so das Gespräch eröffnen. („Hey, tolle Kette, woher hast du die?")

▶ Sie läuft an dir vorüber und schaut dir dabei länger als drei Sekunden ins Gesicht oder sogar direkt in die Augen. Dieses Signal ist sehr stark und bedeutet: „Du bist mir aufgefallen und ich würde dich gern kennenlernen." Wenn sie dir ebenfalls gefällt, solltest du sie ansprechen.

▶ Sie wird in deiner Nähe schüchtern, redet sehr schnell oder kriegt keinen Ton heraus. So verhalten sich vor allem introvertierte oder im Flirten unerfahrene Frauen.

▶ Sie spielt mit ihren Haaren und wickelt dabei zum Beispiel einzelne Haarsträhnen verspielt um ihre Finger, während sie mit dir redet.

▶ Sie setzt sich aufrecht hin, sobald sie dich sieht, und schiebt ihren Busen nach vorn, sodass er besser zur Geltung kommt.

▶ Sie beugt sich nach vorn und gewährt dir dadurch einen besseren Einblick in ihr Dekolleté.

▶ Sie wirft ihr Haar zurück, sodass du ihren nackten Hals sehen kannst.

▶ Sie lächelt dich überdurchschnittlich oft an.

▶ Sie schaut dich an und blickt dann zu Boden, sobald du zurückschaust. Nach ein paar Sekunden hebt sie den Blick und schaut dich wieder an. Das genaue Gegenteil, also ein Anzeichen von Desinteresse, ist es, wenn sie ihren Blick von dir abwendet und im Raum herumschaut oder in Richtung Zimmerdecke wegschaut.

▶ Sie lobt deine Kleidung und benutzt das als Vorwand, um dich anzufassen, z. B. um mit ihrer Hand über deinen Pulli zu streichen oder dir die Krawatte zu richten.

▶ Sie berührt dich mit ihrer Hand, z. B. indem sie dich am Arm fasst oder sich an deiner Schulter festhält. Auch wenn sie dich nach einem frechen C&F-Spruch boxt oder wegschubst, ist das ein deutlicher IoI.

▶ Sie fährt gedankenverloren mit ihren Fingern am Strohhalm ihres Drinks oder an einem anderen länglichen Objekt entlang, während sie mit dir redet.

▶ Ihr sitzt euch gegenüber und sie streicht mit ihrem Fuß zärtlich an deiner Wade entlang.

▶ Sie lässt ihre Haare auf einer Gesichtshälfte herunterhängen, sodass sie ihr Gesicht verdecken wie ein Vorhang. Das ist kein Zeichen von Schüchternheit, sondern hat einen sinnlich-erotischen Charakter. Fotomodels machen auf Bildern oft das Gleiche, wenn sie „mit der Kamera flirten".

▶ Sie schaut dich heimlich an und dreht mit einer zackigen Bewegung den Kopf weg, sobald du es merkst. Sollte das mehr als einmal vorkommen, ist das ein sicheres Zeichen ihres Interesses an dir, also sprich sie an!

▶ Sie lacht übertrieben über deine Scherze und sagt, dass sie dich total witzig findet.

▶ Sie fängt an, sich albern wie ein kleines Mädchen aufzuführen und aus Blödelei eine Art Baby-Sprache nachzumachen. Das ist ebenfalls ein deutlicher IoI, der zeigt, dass sie sich von dir angezogen und in deiner Nähe wohlfühlt.

▶ Sie leckt sich auffällig mit der Zunge die Lippen (und denkt dabei ans Küssen).

▶ Sie zieht Kleidungsstücke aus oder zeigt mehr Haut, als es normal wäre, etwa indem sie die Träger ihres Oberteils „zufällig" von der Schulter rutschen lässt (Frauen wissen genau, dass das auf Männer sexy wirkt), ihre Bluse aufknöpft oder ein Jäckchen auszieht, unter dem sie leichter bekleidet ist.

▶ Sie steckt sich einen Finger zwischen die Zähne und beißt leicht darauf.

▶ Sie streichelt sich selbst im Nacken, an der Schulter, an den Armen, an der Hüfte oder an den Oberschenkeln (und stellt sich dabei unbewusst vor, du würdest es gerade bei ihr tun).

Wenn nur *eines* dieser Signale auftritt, ist das noch kein sicheres Zeichen. Wenn aber *zwei oder drei* solcher Signale innerhalb eines Dates oder Gesprächs auftreten, kannst du dir ziemlich sicher sein, dass die Frau Interesse an dir hat.

Du brauchst diese Liste jetzt aber nicht auswendig zu lernen. Picke dir einfach ein paar IoIs heraus und achte bei deinen nächsten Flirts darauf, ob du sie entdeckst, z. B. ob sie mit ihren Haaren spielt, während sie mit dir redet. Wenn ich eine Frau gerade eben erst kennengelernt habe, orientiere ich mich meistens an der kurzen Faustformel: **Bringe ich sie zum Lachen und haben wir gemeinsam eine gute Zeit?** Ist das der Fall und gefällt sie mir, frage ich sie innerhalb weniger Gesprächsminuten nach ihren Kontaktdaten und bekomme sie dann auch meistens.

Eigentlich muss man das gar nicht großartig einleiten. Ich warte einfach auf einen passenden Moment und sage dann zum Beispiel: *„Hey, ich unterhalte mich echt gern mit dir. Aber ich muss jetzt leider weitergehen/zu meinen Freunden zurück. Wenn du möchtest, kannst du mir aber gern deine Telefonnummer oder E-Mail-Adresse geben. Vielleicht treffen wir uns dann mal wieder."* Du kannst auch etwas direkter sein: *„Das Gespräch mit dir war toll! Lass uns doch mal irgendwann einen Kaffee trinken gehen oder uns sonst irgendwie treffen."* Das *„irgendwann"* ist hierbei wichtig, denn du lässt ein mögliches Treffen dabei noch etwas offen, wodurch für die Frau eine prickelnde Spannung entsteht. Außerdem wirkst du dadurch wie ein vielbeschäftigter Mann, der sich nicht sofort auf sie stürzen und an sie klammern wird. Dann zückst du einfach dein Handy, öffnest das Adressbuch und drückst es ihr in die Hand, damit sie ihre Nummer dort einspeichern kann.

Manchmal zögern Frauen dann etwas oder versuchen dich sonst irgendwie hinzuhalten. Der Grund dafür ist, dass sie Angst davor haben, von einem nervenden Verehrer ständig mit SMS und Telefonanrufen bombardiert zu werden. Gerade *Nice Guys* bringen es manchmal fertig, eine Frau, die sie nur wenige Stunden zuvor kennengelernt haben, mit Mails, Liebesbriefen, SMS und Telefonanrufen zu bombardieren. Deshalb zögern viele Frauen, ihre Kontaktdaten herauszugeben.

Du kannst sie in solchen Situationen beruhigen, indem du ihnen gut zuredest: *„Also ich finde dich echt sympathisch und würde mich freuen, dich noch besser kennenzulernen. Aber ohne deine Kontaktdaten geht das natürlich nicht."* Du kannst die Situation auch durch einen C&F-Spruch entspannen: *„Ohne deine Nummer wird's leider schwierig, dich anzurufen. Ich würde dir ja gern eine Brieftaube schicken, aber die habe ich leider alle mit meinen Kumpels am letzten Samstag auf den Grill gehauen."*

Am besten gefällt mir aber folgender Spruch: *„Mach dir keine Sorgen, du kannst mir deine Nummer ruhig geben ... Ich werde dich dann auch nur zwanzig Mal am Tag anrufen. "* Gerade indem du dich über die Stalking-Gefahr und ihre Angst vor einem klammernden *Nice Guy* lustig machst, zeigst du einer Frau, dass sie beides nicht von dir zu befürchten hat. Denn Männer, die solche Dinge tun, erkennen ihr falsches Verhalten oft selbst nicht und können deshalb auch keine Witze darüber machen.

Noch ein Wort zu der Frage, ob es besser ist, die Telefonnummer oder die E-Mail-Adresse von einer Frau zu holen: In den USA soll es häufig vorkommen, dass Frauen flirtenden Männern absichtlich eine falsche Handynummer geben, um sie dadurch schneller loszuwerden. Sie erfinden dann einfach ein paar Zahlen und lassen die armen Männer damit stehen. Ich selbst habe so etwas in Deutschland noch nicht erlebt. Trotzdem frage ich Frauen meistens nicht nach ihrer Telefonnummer, sondern nach ihrer E-Mail-Adresse oder ihrem Facebook-Namen. Und dafür gibt es ein paar gute Gründe: Frauen geben ihre E-Mail-Adresse oft bereitwilliger heraus als ihre Telefonnummer, ihre Hemmschwelle ist dabei also niedriger und deine Erfolgschancen sind höher. Zweitens kann es bei einem Telefonanruf vorkommen, dass du sie gerade in einem ungünstigen Moment oder an einem schlechten Tag erwischst und sie deshalb nicht lange mit dir reden möchte. Nach so einem Gespräch bleibt dann oft ein komischer Nachgeschmack auf beiden Seiten zurück und erschwert den weiteren Kontakt. Und drittens kannst du dir bei einer E-Mail vorher genau überlegen, was du schreibst, und sie hat dann ebenfalls Zeit, dir zu antworten und muss es nicht aus einer eventuell schlechten Laune heraus tun. Am besten ist es natürlich, wenn du ihren Facebook-Namen bekommst und sie deiner Freundesliste hinzufügen kannst. Denn dann kannst du auf ihrer Profilseite noch zusätzliche Infos über sie finden.

Am Schluss noch eine Warnung: Manchmal möchte dir eine Frau ihre Kontaktdaten nicht geben, bietet dir aber an, dass du ihr stattdessen *deine* Handynummer oder E-Mail-Adresse gibst. Du kannst dich natürlich darauf einlassen, aber mach dir dann keine großen Hoffnungen, dass du jemals wieder von ihr hören wirst. Denn die meisten Frauen werden sich danach nicht mehr bei dir melden, weil es meistens nur ein Trick ist, um dich loszuwerden. Wenn sie dir ihre Kontaktdaten also nicht geben möchte, gehe am besten gleich weiter zur nächsten Frau. Denn meistens hat sie dann einfach kein Interesse an dir und du ersparst dir vergebliche Liebesmühe.

Wo soll ich suchen? (Daygame/Nightgame)

So verschieden Frauen sind, so verschieden sind auch manchmal die Orte, an denen sie sich gern aufhalten. Deshalb ist es schlau, sich als Mann Gedanken zu machen, welchen Frauentyp man eigentlich sucht und an welchen Orten sich solche Frauen normalerweise aufhalten.

Das kann zum Beispiel im Fitnessstudio sein, im Salsa-Tanzkurs, in der Bibliothek, bei einem Rockkonzert, im Museum, im Sportverein oder im Kirchenchor.

Überlege, an welchen Orten die Chancen besonders gut stehen, dass du die Frau deiner Träume findest. Versuche dabei aber nicht, dich an deiner Fantasie zu orientieren, sondern vielmehr an real existierenden Frauen, die du kennst und die dem Typ ähneln, den du suchst. Wenn du mit solchen Frauen befreundet bist, kannst du sie einfach mal fragen, wo sie in ihrer Freizeit gerne hingehen, und dadurch Informationen sammeln. **Auf welche Freizeiten, welche Konzerte, welche christlichen Konferenzen oder in welche Art von Gemeinde gehen sie?** Anschließend hast du eine ziemlich gute Vorstellung davon, wo es sich für dich lohnt zu suchen.

Grundsätzlich kann man das Umfeld, in dem Flirts stattfinden, in zwei Kategorien einteilen: *„Nightgame"* und *„Daygame"*.

Das „Nightgame" wird oft auch „Clubgame" genannt. Gemeint sind damit alle Orte des Nachtlebens, von der Bar über die Studentenparty bis zur Großraumdisko. Freitags- und samstagsabends strömen Millionen junger Singles zu solchen Orten, um abzufeiern, zu flirten und Spaß zu haben. Das Umfeld an solchen Orten ist häufig laut, pulsierend und lebhaft. Deshalb solltest du dort nicht wie ein kleines Mäuschen herumschleichen, sondern entspannt und selbstbewusst auftreten und vor allem mit einer gehörigen Portion C&F in der Tasche. Du kannst Frauen dann mit allen möglichen Openern ansprechen, aber am besten passen hier die witzigen C&F-Opener oder die direkte Methode à la: *„Hey, hübsches Kleid! Und eine hübsche Frau steckt auch noch drin. Wie heißt du?"*

Vielleicht bist du aber nicht gern im Nachtleben unterwegs und meidest Diskos wie der Rockmusiker das Opernhaus. Dann lohnt es sich aber dennoch für dich, über das dortige „Spielfeld" ein bisschen Bescheid zu wissen. Denn auch als Christ bist du manchmal in disko-ähnlichen Situationen, zum Beispiel, wenn du auf einer Geburtstagsparty eingeladen bist und dort außer dem Gastgeber niemanden kennst oder wenn auf einer Sommerfreizeit eine Diskonacht veranstaltet wird. Dann findest du dich plötzlich ganz schnell in einem Umfeld wieder, das dem eines Clubs sehr ähnlich ist: fremde Menschen, Hintergrundmusik und interessante Frauen, die mit ihren Freundinnen in Gruppen zusammenstehen und angesprochen werden wollen.

Ich habe Diskos für mich selbst immer als eine Art Trainingsplatz gesehen, an dem ich unverbindlich neue Flirthilfen ausprobieren und üben konnte. Denn die große Anzahl der Frauen dort macht es einem leicht, nach einem verpatzten Ansprechen einfach in der Menge zu verschwinden und zur nächsten Frau weiterzugehen.

Das typische „Disko-Girl" taugt meiner Meinung nach aber nur wenig für eine Beziehung. Die meisten Frauen, die am Wochenende durch die Clubs ziehen, sind auf der Suche nach kurzen Affären und One-Night-Stands oder wollen einfach nur den Kick des Flirtens und die begehrlichen Blicke der Männer genießen. Die Gruppe der Frauen, die tatsächlich in einer Disko nach dem Mann fürs Leben sucht, dürfte so klein sein, dass sie sich problemlos in einer Telefonzelle zum Kaffeeklatsch treffen könnte. **Denn die meisten Frauen suchen ihren Traumprinzen eher im Freundeskreis, im Sportverein, an der Uni, auf privaten Partys oder eben in der Kirchengemeinde.**

Es ist übrigens ein weit verbreiteter Irrtum in den Diskos dieser Welt, dass man Frauen erobert, indem man ihnen Getränke spendiert. Vor allem *Nice Guys* fahren gern mit dieser Strategie – oft aber nur direkt gegen die nächste Wand! Denn die Frauen nehmen die Drinks zwar gerne an und bleiben dann auch noch drei Anstandsminuten lang da, um ein bisschen Small Talk zu machen. Doch dann verabschieden sie sich schnell wieder. Der Grund dafür ist ganz einfach: Wenn ein Mann einer fremden Frau einen Drink ausgibt, drückt er sich in Wahrheit darum, richtig mit ihr zu flirten. **Er versucht dann nämlich, sich ihre Zeit und Aufmerksamkeit durch den Drink zu erkaufen. Und das ist einfach nur armselig.** Tolle Kerle haben das nicht nötig, denn sie überzeugen durch ihre Persönlichkeit und nicht durch Geschenke oder Gratis-Drinks. Die meisten Frauen wissen das, nutzen die Situation aber trotzdem aus. Deshalb habe ich mich dazu entschieden, Frauen in Diskos grundsätzlich keine Drinks auszugeben und es auch auf den ersten beiden Dates nicht zu tun. Denn wenn eine Frau einen Mann interessant findet, wird sie auch von sich aus bei ihm bleiben und mit ihm reden, ohne dass er dafür in irgendeiner Form, z. B. mit einem Drink, bezahlen muss.

Sollte dich eine Frau einmal fragen, ob du ihr etwas spendierst, bleibe ruhig und sage einfach Nein. Zieht sie dich dann damit auf oder wirft dir vor, geizig zu sein, solltest du einfach antworten: *„Ich gebe fremden Frauen aus Prinzip nichts aus. Aber wenn ich dich besser kennengelernt habe, lade ich dich von mir aus gern zu Rehrücken an Preiselbeersoße ein"*, oder: *„So so, du bist also eine kleine Goldgräberin, die sich von Männern gern einladen lässt, was? Erwischt!"* Oder du erklärst ihr ganz offen: *„Das machen doch nur unsichere Männer! Die versuchen sich dann durch Drinks die Aufmerksamkeit von Frauen zu erkaufen, aber das ist nicht mein Stil."* Mehr Alpha-Verhalten geht nicht! Du zeigst dadurch, dass du anders bist, direkt, ehrlich und vor allem selbstbewusst. Fast jede Frau wird das bewundern und sich anschließend umso mehr für dich interessieren. Es sei denn, sie war wirklich nur auf den Drink scharf. Dann zieht sie weiter, um es bei irgendeinem *Nice Guy* zu versuchen.

Du kannst diese ganze Spendier-Sache übrigens auch gut für C&F-Opener benutzen, wodurch du dich von den anderen Männern im Club abhebst. Gehe auf eine Frau zu und lächle sie an. Wenn sie zurücklächelt, fragst du sie einfach: *„Hey, du scheinst freundlich zu sein. Gibst du mir einen Drink aus?"* Dadurch drehst du die Rollen um und kannst mit ihr auf witzige Art ins Gespräch kommen.

Oder du gehst auf eine Frau zu und fragst sie lächelnd: *„Darf ich dir einen Drink ausgeben?"* Ohne ihre Antwort abzuwarten, drückst du ihr dann einfach dein eigenes halbleeres Glas in die Hand und grinst sie dabei frech an. In den meisten Fällen wird sie anfangen zu lachen, denn dieser kleine Streich ist nicht nur originell, sondern macht ihr auch sofort klar, dass du nicht einer dieser Typen bist, die als „Bezahl-Bär" an der Theke herumlungern und mit Drinks nach Frauen fischen. Stattdessen spielst du mit diesem Klischee und neckst die Frau ein bisschen – und das ist sexy, weil es selbstbewusst und originell ist. Wenn du möchtest, kannst du dann weitermachen, indem du sagst: *„Sorry, aber fremden Frauen gebe ich keine Drinks aus. Aber wenn du möchtest, kannst du dich ja mal vorstellen. Wie heißt du? ... Aha. Und du wartest hier auf Männer, die dir Drinks spendieren?"*

Der Gegensatz zum Nightgame ist das **„Daygame"**. Unter diese Kategorie fallen alle Flirts, die im Alltag und nicht in der Nightlife-Umgebung stattfindet. Das kann auf der Straße sein, im Stadtpark, in der

Gemeinde, im Supermarkt oder im Buchladen. Ich persönlich mag das Daygame mehr als das Nightgame. Denn meistens sind die Frauen in ihrem Alltag entspannter als im Club, wo sie ständig von betrunkenen Männern angelabert werden. Meine Erfahrung hat mir auch gezeigt, dass die Kontakte, die ich durch Flirts im Daygame bekommen habe, solider waren und eher etwas daraus wurde als bei meinen Flirts aus dem Club.

Weitere Tipps für den Anfang

Im Folgenden möchte ich dir noch ein paar Tipps aus meiner Erfahrungs-Schatzkiste geben, mit denen du das Ansprechen und Flirten üben kannst.

Ein Hauptproblem, das viele Männer beim Ansprechen von Frauen haben, ist, dass sie sich zu viele Gedanken dabei machen. Sie überlegen so lange, wie sie die hübsche Frau auf dem Bahnsteig ansprechen könnten, bis die Gelegenheit vorüber und der Zug im wahrsten Sinne des Wortes abgefahren ist. Auch vor Dates machen sie sich zu viele Gedanken und „zerdenken" die Situation, wodurch unnötiger Sorgen-Ballast entsteht, den sie dann mit sich herumschleppen.

Ich habe von den Frauen, mit denen ich in den letzten Jahren Kontakt hatte, gelernt, unkomplizierter zu sein und die Sache rund ums **Flirten und Daten nicht immer so ernst zu nehmen und auch mal aus dem Bauch heraus zu entscheiden.** Dir fällt kein guter Spruch ein, um sie anzusprechen? Dann nimm einfach den nächstbesten, der irgendwie passt, und sei es nur ein „Hi, ich heiße ..." Oder du machst dir Gedanken darüber, ob euer Date gut wird? Dann lass es doch einfach auf dich zukommen und verabschiede dich von der Frau, wenn es dir keinen Spaß macht! Du weißt nicht, wo sie in ihrem Glaubensleben mit Gott steht, und bist dir unsicher, ob sie wirklich die Frau fürs Leben ist? Dann lerne sie doch einfach erst einmal kennen. Nach ein paar Dates wirst du mehr Klarheit darüber haben. **Zerbrich dir deinen Kopf nicht über Dinge, die noch gar nicht wichtig sind und vielleicht auch nie wichtig sein werden.** Denn in 90 Prozent der Fälle machen wir Menschen uns Sorgen um Dinge, die dann doch nicht geschehen. Vielleicht meinte Jesus das, als er seine Zuhörer aufforderte, sich nicht zu viele Sorgen zu machen, und hinzufügte: „Und wenn ihr euch noch so viel sorgt, könnt ihr doch euer Leben auch nicht um einen Augenblick verlängern" (Matthäus 6,27).

Kümmere dich deshalb auch nicht zu viel darum, was eine Frau über dich denkt oder denken könnte, denn das wirst du nie erfahren, wenn sie es dir nicht sagt. Sei einfach du selbst und lebe im Augenblick.

Wenn du sehr schüchtern oder introvertiert bist, solltest du dich erst einmal daran gewöhnen, dich selbstbewusst inmitten fremder Menschen zu bewegen. Laufe einfach durch die Fußgängerzone und schaue ab und zu den Menschen, die dir begegnen, für ein paar Momente direkt ins Gesicht. Halte dabei auch die Augen nach schönen Frauen offen. Mache ein Spiel daraus und zähle am Anfang nur die Frauen, die dir gefallen. Dadurch lernst du, einen Blick für attraktive Frauen auf der Straße zu bekommen und sie schneller aus der Masse herauszufiltern.

Da die **Angst vor dem Ansprechen vor allem eine Kopfsache** ist, die du überwinden musst, wäre die nächste Stufe dieser Übung, dass du **nach hübschen Frauen Ausschau hältst und dir, wenn du eine gefunden hast, überlegst, was du zu ihr sagen und wie du sie ansprechen könntest.** Zähle in Gedanken bis drei und dann lass dir spontan etwas einfallen, wie du sie ansprechen könntest. Das kann ein C&F-Spruch sein, ein Meinungs-Opener oder ein Kommentar zu einer Beobachtung aus der Situation heraus. **Auf diese Weise trainierst du deine Spontanität und Kreativität** und bereitest dich innerlich auf das Ansprechen vor.

Wenn du dich traust, dann blicke diesen Frauen im Vorbeigehen lächelnd direkt in die Augen und halte diesen Augenkontakt so lange, bis sie wegschauen. Das ist eine selbstbewusste Dominanzgeste.

Wenn du das ein oder zwei Tage lang trainiert hast, kannst du den nächsten Schritt gehen und das Ansprechen üben. **Laufe durch die Stadt und frage Frauen nach dem Weg zur Post, zum Bahnhof oder nach guten Clubs zum Ausgehen.** Du musst dabei noch nicht flirten, sondern übst einfach nur, dich zu überwinden und fremde Frauen anzusprechen. Sie wissen ja nicht, dass du dich in Wahrheit in der Stadt auskennst, und werden dir gern Auskunft geben. Wenn es dir hilft, kannst du für diese Übung auch in eine fremde Stadt fahren, in der dich niemand kennt.

Sobald du dich darin sicherer fühlst, kannst du anfangen, nach deiner Einstiegsfrage mit den Frauen zu flirten, indem du C&F anwendest und durch Bemerkungen oder weitere Fragen in ein Gespräch mit ihnen überleitest. In der letzten Trainings-Stufe fragst du die Frauen dann nicht mehr nach irgendwelchen Orten, sondern verwendest einen richtigen Opener und flirtest danach mit ihnen. Experimentiere ruhig damit herum.

Auch **Verkäuferinnen** z. B. in Kleiderläden oder Einkaufszentren eignen sich gut, um an ihnen das Ansprechen zu üben. Denn sie haben meist viel Langeweile, während sie auf Kundschaft warten, und außerdem werden sie dafür bezahlt, im Laden zu stehen und nett zu dir zu sein. Du kannst mit ihnen zum Beispiel ein Gespräch über ein Kleidungsstück beginnen. *("Entschuldigung, ich brauche mal eine weibliche Meinung. Steht mir diese Jacke?")* Wenn sich dann ein Gespräch entwickelt, kannst du gleich ein bisschen C&F ausprobieren. So trainierst du langsam und entspannt das Ansprechen. Allerdings solltest du nicht bei solchen Anfangsschritten stehen bleiben, sondern dich stetig weiterentwickeln und anfangen, Frauen, die dich wirklich interessieren, anzusprechen.

Wenn du es mit einer Gruppe von Frauen zu tun hast, ist es manchmal leichter für dich, wenn du zuerst nur die Freundinnen deines „Hauptziels" ansprichst. Auf diese Weise bekommst du leichter Zugang zu der Gruppe und bist dabei auch weniger nervös, weil du es ja nicht auf die Freundinnen abgesehen hast. Nach zwei Minuten sprichst du dann dein eigentliches „Ziel" an, vielleicht mit etwas C&F *("Und wer bist du eigentlich? Kennst du die anderen hier oder hast du dich einfach nur so zu uns gestellt?")*. Wenn du fremde Frauen ansprichst, solltest du sie übrigens von Anfang an immer **duzen**. Gerade unter Gleichaltrigen ist das üblich, und eine Anrede mit „Sie" schafft nur unnötige Distanz (es sei denn, sie ist deine Chefin oder die Prinzessin von Schweden und du bist ihr Butler).

Manchmal siehst du eine hübsche Frau, traust dich aber einfach nicht an sie heran oder wartest auf einen günstigen Moment. Dann stehe in der Zwischenzeit nicht minutenlang in einer Ecke herum, sodass sie dein Zögern mitkriegt, denn das wirkt ängstlich und unattraktiv. Zücke dein Handy und tue so, als ob du eine SMS liest, oder mache sonst irgendetwas. Sollte dich eine Frau aber doch einmal bei deinem Zögern ertappen, dann schalte dein Gehirn bewusst aus und wirf dich mit einem *„Hi, ich wollte dich kurz mal ansprechen ..."* einfach ins Gespräch mit ihr. Denn das ist besser, als wenn sie dir dabei zuschauen muss, wie du minutenlang um sie herumschleichst. Damit du solche Situationen aber erst gar nicht erleben musst, ist es gut, wenn du immer zwei bis drei Opener im Kopf hast, die du bei Bedarf sofort einsetzen kannst.

Sollte deine Ansprechangst besonders stark sein, kann dir auch die *„Drei-Sekunden-Regel"* weiterhelfen: Hier setzt du dich absichtlich selbst unter Druck, indem du dir fest vornimmst, dass du jedes Mal, wenn du eine hübsche Frau siehst, im Kopf bis drei zählst und sie dann sofort ansprichst – ganz egal wie. Wenn du einen Freund dabei hast, kannst du vorher mit ihm ausmachen, dass er dich ein bisschen kontrolliert und dich immer wieder an die Drei-Sekunden-Regel erinnert und ermutigt.

Wenn du nach der Arbeit müde bist oder in einen Club oder auf eine Party kommst, bei der dich die vielen fremden Menschen etwas einschüchtern, kann es manchmal schwer sein, in den „Flirt-Modus" zu kommen. Du fühlst dich dann blockiert. Wenn das passiert, sprich einfach zum Spaß irgendwelche Frauen an, die gerade zufällig in deiner Nähe sind, um dich dadurch „aufzuwärmen". Mache eine witzige Bemerkung oder stelle eine Frage. *(„Entschuldigung, ich sehe gerade, dass ihr Cocktails habt ... Sind die in diesem Laden gut?")* Dabei ist es völlig egal, wie dein Ansprechversuch ausgeht und ob sie dich danach mögen oder nicht. Du willst dadurch nur deine Scheu abbauen und lockerer werden.

Ich empfehle auch, dir konkrete Ziele zu stecken, wenn du zum Beispiel auf eine Party, auf die Straße oder in deine Gemeinde gehst, um Frauen anzusprechen. Am Anfang, wenn du das Ansprechen noch üben musst, kannst du dir zum Beispiel vornehmen, vier verschiedene Frauen mit auswendig gelernten Openern anzusprechen. Wenn du dann schon etwas selbstsicherer geworden bist, kannst du dir vornehmen, dich mit angesprochenen Frauen mindestens drei Minuten lang zu unterhalten und dabei C&F anzuwenden. Hast du das dann ebenfalls ein paar Mal geschafft, solltest du das nächste Ziel anpeilen und die Frauen am Ende des Gespräches nach ihrer E-Mail-Adresse oder Telefonnummer fragen. Aber gehe es sportlich-locker an und verkrampfe dich beim Erreichen deiner Ziele nicht! Wenn du dich unter Druck gesetzt fühlst, schalte einen Gang zurück.

Oft machen wir uns selbst einen Druck, der völlig unnötig ist. Verändere dann deine Einstellung und mache dir bewusst, dass du *nicht* in erster Linie rausgehst, um Frauen anzusprechen wie eine Flirtmaschine, sondern um mit ihnen eine gute Zeit zu haben, sie zum Lachen zu bringen und locker mit ihnen zu flirten, wo sich eben die Gelegenheit dazu ergibt. **Gehe nicht raus, um Frauen *„anzusprechen"*, sondern gehe raus, um eine *gute Zeit* und *Spaß* mit ihnen zu haben.** Das ist die beste innere Einstellung.

Das Ansprech-Geheimnis

Es gibt ein Geheimnis, das jeder Mann kennt, der erfolgreich im Ansprechen und Flirten mit Frauen ist. Die Wahrheit über das Ansprechen und Kennenlernen fremder Frauen lautet: **Auf die Anzahl kommt es an!** (Oder auf Englisch: *„It's a number's game!"*)

Je mehr Frauen du ansprichst, umso mehr Erfolge wirst du haben. Logisch, oder? Trotzdem wird diese Tatsache oft von vielen Männern übersehen. Dabei ist diese Information wichtig, denn **psychologisch und mathematisch betrachtet ist es schlicht *unmöglich*, dass du dich mit allen Frauen, die dir begegnen, gut verstehst.**

Und du weißt nie, in welcher Situation du eine Frau gerade antriffst: Vielleicht hat sie gerade ihre „Tage" oder sie ist bereits in einer glücklichen Beziehung. Einige Frauen wurden vielleicht erst vor Kurzem von ihrem Freund verlassen und schimpfen nun aus Prinzip auf alle Männer. Bei anderen ist vielleicht gerade die geliebte Oma gestorben und sie sind deshalb einfach nicht in der Stimmung, um mit dir zu flirten. Und vielleicht steht sie auch einfach nur auf blonde Chinesen mit grünen Augen. **Ich will dir damit sagen: Lasse dich nicht entmutigen und sieh nicht hinter jeder Abfuhr ein Versagen von dir.** Man hat es eben manchmal einfach nicht in der Hand, und Durststrecken hat jeder Eroberer schon einmal erlebt.

Vielleicht stehst du demnächst in einer Einkaufspassage oder in der Halle eines christlichen Konferenzzentrums, fasst dir ein Herz, sprichst nacheinander drei Frauen an und bekommst von allen drei Frauen eine Abfuhr. Dann bist du frustriert, schimpfst auf die Autoren dieses Buchs und kommst zu dem Schluss, dass das alles sowieso nichts bringt. Es kann aber auch sein, dass in genau derselben Straße oder Konferenzhalle zur selben Zeit drei andere Frauen laufen, die du ansprichst. Sie reagieren zunächst etwas erstaunt, weil sie nicht oft erleben, dass ein Mann einfach so auf Frauen zugeht. Doch dann freuen sie sich darüber, ihr kommt ins Gespräch, du bringst sie zum Lachen und am Ende tauscht ihr sogar eure E-Mail-Adressen aus. Dann gehst du fröhlich und voller Selbstbewusstsein nach Hause und küsst dieses Buch sanft auf den Buchdeckel.

Manchmal hat man also Glück und manchmal eben auch Pech und spricht zur falschen Zeit die falschen Frauen an. Dann ist es wichtig, weiterzugehen und nicht aufgeben! **Denn der erfolgreiche Eroberer**

unterscheidet sich vom weniger erfolgreichen hauptsächlich darin, dass er trotz Misserfolgen weitermacht. Er weiß, dass nur ein paar Meter weiter bereits die nächste Frau auf ihn wartet, mit der sich ein toller Flirt entwickeln könnte.

Manchmal ist es auch gut, die Umgebung zu wechseln und zum Beispiel vom Stadtpark in die Fußgängerzone zu gehen oder die Disko zu wechseln. Vielleicht stellst du dann fest, dass du bislang einfach im falschen Teich gefischt hast und nur dein „Jagdrevier" neu überdenken musst, um mehr Erfolg zu haben. Denn ein bärtiger Heavy-Metal-Fan wird auf einer Techno-Party nicht besonders gut ankommen, und ein campingbegeistertes Outdoor-Mädel hat mit einem voll gestylten Anzugträger nur wenig gemeinsam. Gegensätze ziehen sich zwar oft an, doch manchmal gilt eben auch der Spruch: *„Gleich und gleich gesellt sich gern."*

Fange außerdem an, dich selbst zu loben, auch wenn du eine Abfuhr kassiert hast. Denn du hast dich getraut, eine Frau anzusprechen – und das tun nur wenige Männer! Du hast dich nicht hinter Ausreden versteckt, sondern als richtiger Mann gehandelt und konkrete Schritte unternommen. Und dafür gehört dir Respekt gezollt.

Körbe lassen sich nicht vermeiden und oft nimmst du daraus auch ein paar wertvolle neue Erfahrungen mit. Und wenn du immer wieder Frauen ansprichst, lernst du bald eine wichtige Lektion: Du weißt dann nämlich, *dass du es tun kannst.* Daraus wird im Laufe der Zeit Selbstvertrauen wachsen und das wird auch auf andere Bereiche deines Lebens abfärben. Du entwickelst dich dann vom Tagträumer zum mutigen Macher-Typ. Das kann dir auch im Reich Gottes nützlich sein. Denn wer gelernt hat, fremde Frauen auf der Straße anzusprechen und mit ihnen zu flirten, der tut sich auch leichter damit, fremde Menschen anzusprechen und mit ihnen über Jesus zu reden. So können die Flirthilfen dein Leben auf verschiedene Weise bereichern.

Der Wingman

Wenn du alleine rausgehst und einzelne Frauen ansprichst, klappt das in der Regel ganz gut. Doch Frauen sind sehr soziale Wesen und besonders im Nachtleben oft mit anderen unterwegs. Wenn du deine „Zielperson" dann ansprichst, kann es sein, dass ihre Freundinnen euren Flirt irgendwann zu stören beginnen oder sogar unterbrechen. Sie ziehen die Frau dann mit den Worten *„Komm, wir wollen weiter …"* einfach von dir weg, behaupten, dass sie mit ihr *„nur mal kurz auf die Toilette"* gehen müssen, um danach niemals wiederzukehren, oder fangen an, sich frech in euer Gespräch einzumischen. Die Gründe, wieso Frauen das tun, sind verschieden: Manchmal ist es die Eifersucht, weil du ihre Freundin und nicht sie angesprochen hast, manchmal glauben sie aber einfach nur, dass sie ihre Freundin irgendwie vor dir beschützen müssen. Deshalb ist es clever, wenn du Frauengruppen nicht alleine, sondern in Begleitung eines Kumpels ansprichst.

Einen Kumpel, mit dem du losziehst, um Frauen anzusprechen, nennt man auch **„Wingman"** („Flügelmann" oder „Co-Pilot"). Der Begriff stammt ursprünglich aus dem US-Luftwaffenjargon und bezeichnet einen Kampfpiloten, der mit seiner Maschine seitlich neben der eines anderen Piloten herfliegt und ihn im Kampf unterstützt. Er fliegt sein Kampfflugzeug dabei aber leicht nach hinten versetzt und überlässt dem anderen Piloten mit seiner Maschine die Führung.

Der Begriff wurde durch den Film *„Top Gun"* einem breiten Publikum bekannt gemacht und fand so schließlich Eingang in die Flirtsprache. Die Aufgabe des Wingman besteht darin, die Freundinnen deines „Hauptziels" in ein Gespräch zu verwickeln und so zu verhindern, dass sie den Flirt zwischen dir und der Frau stören. Um das zu erreichen, benutzt der Wingman oft das Repertoire des Eroberers wie zum Beispiel C&F. Oft kommt er dadurch selbst in einen Flirt mit den Freundinnen deiner „Zielperson", hat also selbst etwas von der Situation. Gleichzeitig hält er sich aber bewusst von deiner Gesprächspartnerin fern und unterstützt dich, wo er kann. Auf keinen Fall sollte er dir Konkurrenz machen oder dir sonst irgendwie in den Rücken fallen.

Wenn ihr mehrere Frauengruppen ansprecht, kann die Rolle des Wingman auch ständig wechseln. Wenn du z. B. mit einem Freund unterwegs bist und mit ihm eine Frauengruppe ansprichst, bei dem dich ein Mädel interessiert, hast du die Führung und bestimmst, welche Frau dein „Hauptziel" ist. Möchte er danach jemanden aus einer anderen Gruppe ansprechen, wirst du zum Wingman und hilfst ihm dabei.

Mit einem oder mehreren Wingmen unterwegs zu sein, macht aber auch noch aus anderen Gründen Sinn: Man hat gemeinsam oft mehr Spaß, kann sich gegenseitig herausfordern und zusammen über die witzigen Geschichten lachen, die man im Laufe der Zeit erlebt.

Bist du dann wieder einmal alleine unterwegs, kann es passieren, dass du dir zwischen all den fremden Leuten etwas einsam und verloren vorkommst. Stell dir dann einfach vor, dass dir ein guter Freund quasi als unsichtbarer Wingman in drei Metern Abstand folgt. Stell dir vor, dass er dich beobachtet und dass du dich vor ihm blamierst, wenn du dich nicht traust, ein paar Frauen anzusprechen. Dieser psychologische Trick kann dir den nötigen „Tritt in den Hintern" geben, das Ansprechen in solchen Situationen zu wagen.

Ein Ansprech-Beispiel

An dieser Stelle möchte ich dir ein konkretes Praxisbeispiel geben, wie ich beim Ansprechen von Frauen schon vorgegangen bin:

> Ich war mit meinem Wingman-Kumpel in der Stadt unterwegs. Wir gingen in einen Drogeriemarkt, um uns dort ein wenig umzuschauen, allerdings nicht nach Produkten, sondern nach schönen Frauen. Ich sah eine hübsche Brünette am Fotoautomaten sitzen, die gerade Bilder ausdruckte. Als sie bemerkte, dass ich sie anschaue, blickte sie kurz weg und dann wieder zu mir her. Es war ein deutlicher Iol und ich wusste, dass ich auf sie zugehen sollte. Leider hatte sie nichts an sich, was für einen witzigen C&F-Spruch geeignet gewesen wäre. Zwei Meter hinter ihr stand aber ein leerer Wasserspender. Ich bastelte damit spontan einen C&F-Opener und ging auf sie zu. Kurz bevor ich an ihr vorbeilief, sah ich sie an, lachte und deutete auf den Wasserspender: „Wow, sag mal, hast du den ganz alleine leer getrunken?"

Sie blickte in die Richtung, in die ich deutete, und lachte ebenfalls. Ich hatte freie Bahn. „Ts, ts, du bist schon ein freches Mädel, den anderen Leuten hier einfach das ganze Wasser wegzutrinken. Ich hoffe, es hat dir geschmeckt", fuhr ich fort. Ihre Antwort war genug, um das Gespräch in Gang zu halten und es in eine andere Richtung zu lenken. „Was machst du denn hier", fragte ich. „Druckst du gerade deine Urlaubsbilder aus ... oder Modelfotos von dir?" „Nee, ich arbeite für einen Fotografen und knipse auch selbst gern Bilder", sagte sie. Weil mich das Thema wirklich interessierte, wollte ich mehr wissen: „Echt? Ich knipse auch ab und zu. Aber bestimmt nicht so professionell wie du. Was für eine Kamera hast du denn?"

Wir redeten kurz über das Fotografieren, wobei ich immer wieder C&F einsetzte. Dann kamen wir auf Hobbys zu sprechen. Ich sagte ihr, dass ich versuche, von einem Freund ein bisschen Salsa zu lernen, und fragte sie, wo es die beste Salsa-Bar in der Stadt gebe. Sie sagte es mir und ließ dann noch die Bemerkung fallen, dass sie selbst gern Salsa tanze (ein klarer IoI). Ich reagierte sofort darauf und sagte: „Cool, vielleicht gehen wir ja irgendwann mal gemeinsam hin."

Wenn du merkst, dass die Chemie zwischen dir und der Frau stimmt, kannst du Bemerkungen fallen lassen, in denen du solche Zukunftsszenarien (hier: *„Vielleicht gehen wir mal zusammen tanzen"*) zeichnest. Dadurch entstehen Bilder im Kopf der Frau, in denen sie euch beide bei gemeinsamen Aktivitäten sieht. Das erhöht die Chance, dass sie sich später wirklich auf ein Treffen mit dir einlässt.

Weil sie positiv auf meinen Vorschlag mit dem Tanzen reagiert hatte, setzte ich zum *Nummerntausch* an:

> „Hey, ich muss jetzt weiter. Aber du scheinst echt ein sympathisches Mädel zu sein! Wenn du magst, können wir ja unsere Nummern oder E-Mail-Adressen tauschen. Vielleicht treffen wir uns ja mal zu einer kleinen Foto-Tour durch die Stadt. Aber mach dir keine Hoffnungen: Für Aktfotos stehe ich nicht zur Verfügung ..." Sie zögerte nicht lang und gab mir ihre Nummer.

In dieser Passage stecken gleich mehrere positive Dinge: Das *„Vielleicht treffen wir uns mal"* hielt den Date-Vorschlag unverbindlich und ich übte keinen Druck auf sie aus. Dann zeichnete ich ihr ein Bild von dem, was wir bei einem Treffen gemeinsam machen könnten (Foto-Tour), wodurch wiederum Bilder in ihrem Kopf entstanden. Außerdem wusste sie dann, was auf sie zukommen würde, und konnte abschätzen, dass ein Treffen mit mir gefahrlos für sie wäre (wir treffen uns in der Stadt) und was wir dann genau tun würden. (Ich hätte hier auch genauso gut sagen können: *„Lass uns uns doch mal irgendwann auf einen Kaffee in der Stadt treffen. Und wer weiß, wenn du lieb bist, darfst du mir vielleicht sogar ein Eis spendieren ..."*)

Zum Abschluss neckte ich sie noch ein bisschen mit C&F (*„Mach dir keine Hoffnungen ..."*) und gab mich damit gleichzeitig als anspruchsvoller Mann zu erkennen (die Botschaft dahinter: *„Du musst dich schon anstrengen, wenn du mich beeindrucken willst."*) Indem ich

Aktfotos ansprach und mich in die Rolle des Models und sie in die Rolle des Fotografen stellte, verwendete ich sexuelles C&F, drehte bestimmte Klischees um und unterstellte ihr scherzhaft, mich nur für Erotikfotos benutzen zu wollen. Gleichzeitig war das ein prickelndes Thema und sie merkte, dass ich selbstbewusst und entspannt damit umgehen konnte. Dieses Beispiel soll dir Einblicke geben, wie ein spontaner Flirt mit einer Frau im Alltag aussehen kann.

Wenn du es nicht machst, wird es ein anderer tun!

Weißt du, was passiert, wenn du dich nicht traust, eine Frau anzusprechen? Gar nichts! Die Erde wird sich einfach weiterdrehen, die Sonne scheint, als wäre nichts passiert, und weder das Leben deiner Eltern noch deiner Freunde oder deiner Lehrer wird dadurch irgendwie beeinflusst. Vielleicht werden sie dich bemitleiden, vielleicht werden sie dich trösten. Aber eigentlich muss es sie nicht interessieren. Der einzige Mensch, der *wirklich* etwas in deinem Leben bewegen kann und der sich *wirklich* für deine Erfolge oder Misserfolge interessiert, bist am Ende immer du selbst.

Ich finde es ermutigend und befreiend, das zu wissen. Denn es macht uns von anderen Menschen unabhängig. **Es steckt viel Kraft in der Erkenntnis, dass wir selbst die Verantwortung für das haben, was in unserem Leben geschieht oder eben nicht geschieht.** Natürlich kann Gott eingreifen und Dinge fügen, von denen du noch nicht einmal weißt, dass sie möglich sind. Doch blenden wir das bitte für einen kurzen Moment aus. Denn es geht mir an dieser Stelle um deine Verantwortung als Mensch, als Adam.

Ich glaube, dass Gott die Welt als Rahmen für uns geschaffen hat. Manche Dinge, wie etwa die Naturgesetze, können wir nicht ändern. Bei anderen haben wir aber die Wahlfreiheit. Wir bewegen uns nicht wie Züge auf festen Schienen, sondern eher wie Autos auf Straßen mit Abzweigungen und alternativen Routen. Gott steht uns bei und hilft uns, er ist aber **kein kosmischer Babysitter, der uns für Untätigkeit belohnt.**

Vielleicht kennst du Menschen, die ständig anderen die Schuld an den Misserfolgen ihres Lebens geben. Für sie sind immer die Umstände schuld, ihre Erziehung, ihre Eltern, ihre Freunde oder ihr schlecht bezahlter Job. Doch am Ende lügen sie sich damit nur selbst in die Tasche, denn sie ändern nichts in ihrem Leben, obwohl sie es vermutlich könnten.

Manchmal wollen sie auch die Fehler ihrer Vergangenheit nicht loslassen oder jammern andauernd über das, was sie nicht haben. So werden sie schließlich zu Sklaven der Umstände oder ihrer Vergangenheit. **Denn wem du die Schuld in deinem Leben gibst, dem gibst du auch die Macht über dein Leben.**

Willst du, dass deine Erziehung, deine Eltern, dein Job oder deine Krankheit über dich herrschen? Oder wirst du etwas dagegen unternehmen und dein Leben selbst gestalten? Ein Mann, der das erkannt hat, ist der Amerikaner Nick Vujicic (im Internet findest du viele Videos über ihn). Er kam ohne Arme und Beine auf die Welt und hatte damit bedeutend weniger Chancen als du und ich. Er hätte wirklich allen Grund gehabt, jammernd in der Ecke zu sitzen! Doch er wollte sich nicht den Umständen ergeben, sondern sein Leben in die Hand nehmen. Heute ist er ein berühmter Motivationscoach und Evangelist, der Tausende von Menschen inspiriert und darüber hinaus auch mit einer hübschen Frau verheiratet ist. Vor einer Weile ist er sogar Vater geworden. Er hat das geschafft, weil er sein Leben unter Gottes Willen stellte, aber auch, weil er Verantwortung über die Dinge in seinem Leben übernahm, die er steuern und ändern *konnte*.

Eine fremde Frau anzusprechen ist wesentlich leichter, als sich ohne Arme und Beine im Leben zurechtfinden zu müssen. Trotzdem muss man sich manchmal überwinden und dazu aufraffen. Übernimm die Verantwortung in diesem Bereich deines Lebens und werde selbst aktiv! Warte nicht darauf, dass dir eine Frau per Zufall vor die Füße fällt.

Attraktive Frauen werden seltener angesprochen, als du denkst! Denn die Mehrheit der Männer traut sich nicht an sie heran. Deshalb sind einige hübsche Frauen auch mit recht seltsamen Typen zusammen, weil diese Männer eben die einzigen waren, die sich an sie herangetraut und sie angesprochen haben. Wenn du also das nächste Mal eine hübsche Frau siehst, die du gern kennenlernen möchtest, und die Ansprechangst hochkommt, dann sollst du dir folgenden Satz sagen: **„Wenn ich sie nicht anspreche, wird es ein anderer tun!"**

Stell dir am besten einen richtigen Saukerl vor, einen, den man keiner Frau wünscht. Er wird sie ansprechen, sie wird mit ihm ausgehen und eine Beziehung mit ihm haben, die in einem tränenreichen Desaster endet – und das alles nur, weil *er* den Mut hatte auf sie zuzugehen und du nicht! Erspare ihr doch diese schlechte Erfahrung und gib der Frau gleich den besten Mann, den sie bekommen kann – nämlich dich. Denn wenn du es nicht tust, wird es ein anderer tun.

Als Männer haben wir die Verantwortung, auf Frauen zuzugehen, Beziehungen aufzubauen und Familien zu gründen. **Wir sind der aktive Part, der handeln und die Dinge anpacken muss.** Das ist seit Jahrtausenden unsere Aufgabe und eine Frau wird diese Rolle nicht für dich übernehmen. Sie wird stattdessen so lange warten, bis ein Mann sie anspricht, der ihr gefällt.

Ein Mann sollte losziehen, Abenteuer erleben und Dinge aufbauen. Welche Geschichten wirst du eines Tages deinen Enkeln von deinen Erlebnissen mit Frauen erzählen können? Hoffentlich mehr als nur: *„Ich habe die Frauen nie verstanden und immer Angst vor ihnen gehabt."* Du hast es in der Hand, deine Träume wahr werden zu lassen! Stell dir vor, deine Gaben, Fähigkeiten und die guten Seiten deines Charakters wären ein Sportwagen. Was machst du damit? Es nützt dir überhaupt nichts, deinen Sportwagen immer nur in der Garage stehen zu lassen, ohne damit draußen herumzufahren. Sonst wird er bloß immer älter, bis er eines Tages kaputt ist und auseinanderfällt.

Selbstbewusstsein

Die Gelassenheit ist eine anmutige Form des Selbstbewusstseins.

Marie von Ebner-Eschenbach, Schriftstellerin

Eine der wichtigsten Voraussetzungen, um Frauen zu erobern, ist Selbstbewusstsein. Die meisten Frauen fühlen sich von selbstbewussten Männern angezogen, die zu sich selbst stehen können und ihren Weg im Leben gefunden haben. Fast alle bekannten Musik- oder Filmstars strahlen diese Form von Selbstsicherheit aus, die wir manchmal auch als Coolness bezeichnen.

Unser heutiges Verständnis von Coolness ist eine Haltung, die ursprünglich von Jazz- und Blues-Musikern geprägt wurde und später dann durch Filmstars einer breiten Öffentlichkeit vor Augen geführt wurde. **Cool ist jemand, der eine locker-lässige Haltung hat, ein zufriedenes Selbstbewusstsein ausstrahlt und seinen Weg geht, egal was andere**

von ihm denken. Alte Filmschauspieler wie Cary Grant, Humphrey Bogart, James Dean oder Steve McQueen strahlten diese Coolness genauso aus wie Sylvester Stallone, George Clooney, Brad Pitt, Tom Cruise oder die verschiedenen James-Bond-Darsteller heutzutage.

Ich rede hier nicht von einer gekünstelten Lässigkeit, wie sie vierzehnjährige Teenager zeigen, oder von aufgeblasener Arroganz, sondern von echtem Selbstbewusstsein, das jemand ausstrahlt, der seine Identität gefunden hat und weiß, was er kann.

Im Film „*Karate Kid*" kannst du die verkehrte und die richtige Form von Selbstbewusstsein am Anführer des Cobra-Kai-Dojo und *Karate Kid's* Trainer Mister Niyagi sehen: Der Cobra-Trainer hat kein echtes Selbstvertrauen und muss sich ständig beweisen, während Niyagi eine innere Stärke besitzt und unabhängig von der Beurteilung seines Umfeldes geworden ist. Jesus Christus ruhte völlig in Gott und strahlte diese gesunde Form von Selbstbewusstsein aus. Die Bibel ruft uns dazu auf, ein Selbstbewusstsein ohne Arroganz zu entwickeln und uns nicht länger von der Meinung der Welt abhängig zu machen, sondern allein von der Meinung Gottes (Sprüche 29,25, Matthäus 10,28 und Galater 1,10).

Doch wie wird man selbstbewusst? Höre zum Beispiel mehr auf dein Bauchgefühl, sage, was du denkst, und fang an, dich selbst zu lieben. Ein kluger Mann sagte einmal: „*Die Menschen in unserem Umfeld respektieren uns nur so sehr, wie wir uns selbst respektieren. Wer sich also selbst nicht respektiert oder ernst nimmt, kann nicht erwarten, dass es die anderen tun werden.*" Nimm eine selbstbewusste Körperhaltung ein, gehe aufrecht, den Blick geradeaus gerichtet. Dadurch drückt dein Körper Selbstbewusstsein aus und du wirst merken, dass sich dadurch auch deine innere Haltung verbessert.

Hör auf, alten Fehlern nachzutrauern. Diese Dinge gehören der Vergangenheit an und sind nicht mehr zu ändern – doch die Zukunft liegt vor dir. Überlege dir, wie dein Leben in zehn Jahren aussehen soll und wie du deine Wünsche wahr machen kannst. Wohnst du in einem verschlafenen Dorf und möchtest lieber in einer Stadt leben, dann fange heute an, dich nach Wohnungen umzuschauen. Und wenn du einen Job hast, bei dem du jedes Mal vor Scham im Boden versinken möchtest, wenn du darüber sprichst, dann gehe zum Arbeitsamt und besprich mit einem Berufsberater, welche Alternativen oder Fortbildungsmöglichkeiten es für dich gibt. Es gibt fast immer noch einen anderen Weg als den, auf dem du gerade gehst. Und niemand kann dich dazu zwingen, ein Leben zu leben, das du nicht willst, es sei denn, du lässt es zu.

Achte auch darauf, von wem du Kritik annimmst. Meint es die Person wirklich gut mit dir? Hat sie bereits die Dinge erreicht, die du erreichen willst? Oder gebraucht sie ihre Kritik nur, um Macht über dich auszuüben?

Wenn du diskutieren oder streiten musst, dann tue es ruhig und mit einem Lächeln, und nimm ewige Nörgler und notorische Streithähne erst gar nicht ernst. Wenn jemand eine Diskussion mit dir anfangen möchte, auf die du keine Lust hast, dann sage mit ruhiger Stimme: *„Ich sehe das einfach anders als du und das ist okay. Schließlich hat in unserer Kultur jeder ein Recht auf seine eigene Meinung"*, und damit ist das Thema für dich abgehakt.

Sei bei allem, was du tust, echt, sei *authentisch*. Friss Zorn oder Ärger nicht in dich hinein, sondern sprich Dinge, die dich stören, offen an. Überlege nicht lange herum, wie du es sagen sollst, sondern sage unzensiert, was du wirklich denkst, ohne den anderen dabei zu verletzen. Einfache Sätze wie: *„Ich möchte das nicht"*, oder: *„Das finde ich nicht gut"* können ein Anfang sein. Dann suche zusammen mit deinem Gesprächspartner nach einer Lösung und frage ihn zum Beispiel: *„Wie können wir das lösen? Hast du eine Idee?"*

Ich glaube, jetzt hast du ein recht gutes Bild davon, wie Selbstbewusstsein aussehen kann. Jede Frau sucht diese Eigenschaft in einem Mann, weil sie dann weiß, dass er die meisten Lebenssituationen im Griff hat und sie sich auf ihn verlassen kann.

Wenn du dein Selbstbewusstsein gezielt aufbauen möchtest, empfehle ich dir auch das Führen eines **„Erfolgstagebuchs"**. Das kann ein richtiges Tagebuch aus Papier oder eine Text-Datei auf deinem Computer sein, in die du jeden Tag notierst, welche Ziele du heute erreicht hast. Dabei ist es völlig egal, ob das der Besuch im Fitnessstudio, das Ansprechen einer Frau auf der Straße oder das Lesen in einem bestimmten Buch war. Im Laufe der Zeit sammeln sich dann immer mehr Erfolge an und motivieren dich, neue Ziele zu erreichen und umzusetzen. Ebenso ist es eine gute Idee, das Lob, das dir von anderen zugesprochen wurde, aufzuschreiben und es immer mal wieder zur eigenen Ermutigung durchzulesen.

Wenn du im Gespräch mit einer Frau nervös bist, kannst du dein Selbstbewusstsein aufbauen, indem du dir einfach ausdenkst, du wärst bereits unheimlich gut im Umgang mit Frauen. Stell dich dir selbst als richtigen Casanova vor! Und überlege: Wenn ich unheimlich gut im Flirten wäre, wie würde ich mich bewegen? Wie würde ich sprechen? Wie würde ich lächeln? Wie würde ich mich kleiden? Mach dir innerlich ein genaues Bild davon – und dann fang an, bereits jetzt schon so zu leben wie dein erfolgreiches zukünftiges Ich. **Tue so, als ob du es bereits hättest, dann wirst du es umso schneller erreichen und zu einem Teil deines Lebens machen.**

Fang auch damit an, dir deinen Erfolg bei Frauen vorzustellen! Stell dir gerade am Anfang deiner Übungsphase immer wieder in **Tagträumen** vor, wie du auf fremde Frauen oder bestimmte Frauen aus deinem Umfeld zugehst, sie ansprichst, mit ihnen flirtest, sie zum Lachen bringst, dir ihre Nummer oder E-Mail-Adresse holst und sie küsst. Diese Tagträume hören sich jetzt für dich vielleicht albern an, aber sie sind wichtig, weil sie deine Ausstrahlung und deine **innere Einstellung positiv verändern** werden.

Du hast bestimmt schon vom „Prinzip der selbsterfüllenden Prophezeiung" gehört. Genau das steckt hinter dieser Übung. Denn wir Menschen können Dinge leichter erreichen, wenn wir sie uns vorher bildlich vorstellen. Stelle dir deshalb deinen Erfolg so bildlich und lebhaft vor, wie es nur geht. Das kannst du einfach immer wieder für ein oder zwei Minuten über den Tag verteilt machen, zum Beispiel auf dem Weg zur Uni, beim Essen oder kurz vor dem Einschlafen. Du wirst sehen, dass diese Übung deine innere Einstellung und Selbstsicherheit verändern wird.

Ein weiterer wichtiger Tipp ist, **dass du dir im Gespräch mit einer fremden Frau einfach vorstellst, dass ihr beide euch schon lange kennt und gute Kumpels seid.** Diese bewusst gesteuerte innere Haltung und Sicht auf eine Situation bezeichnet man als *Frame* (also als den Rahmen, welcher die Basis für eure Interaktion ist). Wenn Männer eine fremde Frau ansprechen und mit ihr flirten, machen sie oft den Fehler, aus einem falschen Frame heraus mit ihr zu reden.

Während sie mit der Frau sprechen, sagt ihre innere Stimme ständig: *„Hilfe, ich rede gerade mit einer wildfremden Frau, die mich sicher für einen vollkommenen Idioten hält, weil ich sie einfach so angesprochen habe."* Diese Einstellung ist absolut schädlich und führt nur zu Angst und Unsicherheit. Außerdem strahlen wir Menschen immer das aus, was wir im Inneren zu uns selbst sagen und was wir selbst in einer

Situation für wahr halten. Wenn du dich also für einen Wurm hältst, der es nicht wert ist, mit einer hübschen Frau zu sprechen, wird sie das im Verlauf eures Gesprächs spüren und anfangen, sich unwohl zu fühlen. Viel besser ist es deshalb, wenn du den Frame wechselst und deine innere Stimme bewusst etwas Positives zu dir selbst sagen lässt: *„Diese Frau freut sich riesig, dass ich sie angesprochen habe, und hat jetzt in diesem Moment viel Spaß mit mir! Ich rede mit ihr wie mit einem Kumpel und bin neugierig auf sie.“* Das gibt der Situation doch gleich einen viel besseren Rahmen, oder?

Halte an dieser positiven Vorstellung fest, auch wenn die Frau nicht vor Freude Luftsprünge macht, weil du mit ihr redest. Denn es wird deine Ausstrahlung positiv verändern und dich sofort selbstbewusster machen. Das wiederum nehmen Frauen wahr und darauf reagieren sie positiv. Das Ganze ist übrigens kein esoterischer Hokuspokus, sondern basiert auf reiner Biologie: In unserem Gehirn befinden sich sogenannte **Spiegelneuronen**. Diese speziellen Gehirnzellen ermöglichen es uns, den emotionalen Zustand einer Person zu erkennen und uns in sie hineinzuversetzen und zum Beispiel Mitgefühl zu empfinden.

Du hast sicher schon einmal erlebt, dass dich eine fröhliche Person mit ihrer guten Laune einfach angesteckt und mitgezogen hat, oder wie eine negativ eingestellte oder traurige Person dich schon einmal emotional heruntergezogen hat. Das bewirken die Spiegelneuronen. Frauen benötigen diese Neuronen, damit sie sich als Mütter gut um ihre Kinder kümmern und mit ihnen empfinden können. Deshalb sind sie besonders empfänglich für die Stimmungen einer anderen Person. Wenn du also im Gespräch mit ihnen nervös und unsicher bist, übertragen sich diese negativen Emotionen auf sie und sie werden ebenfalls unruhig und nervös, bis sie es nicht mehr aushalten und einfach nur noch von dir weg wollen. Strahlst du dagegen Ruhe, Selbstbewusstsein und Freude aus, fühlen sie sich in deiner Nähe wohl und wollen mehr von deinen guten Emotionen erleben. **Achte also auf deine innere Haltung und auf deine Gedanken.**

Oft kannst du dein Selbstbewusstsein auch durch C&F zum Ausdruck bringen, denn C&F ist nichts anderes als Selbstbewusstsein, das in einem humorvollen und kreativen Gewand daherkommt. Wenn du zum Beispiel eine Frau kennenlernst, die ein gutes Stück größer ist als du, kannst du das kurz zur Sprache bringen und damit gleichzeitig ausdrücken, dass dir der Größenunterschied egal ist. Du könntest dann zum Beispiel sagen: *„Normalerweise spreche ich ja noch größere Frauen an/gehe ich mit noch größeren Frauen aus, aber für dich mache ich mal eine Ausnahme."* Selbstbewusstsein ist auch oft der entscheidende Unterschied, mit dem du die Tests der Frauen (dazu später mehr) bestehst. Wenn du zum Beispiel eine Frau ansprichst und zunächst eine negative Reaktion bekommst, dann behalte deinen positiven Frame bei und gib nicht gleich auf. Lass dich nicht einschüchtern und setze C&F ein.

Du: „Entschuldige, wer tanzt deiner Meinung nach besser: Männer oder Frauen?"

Sie (schaut dich komisch an): „Was ist das denn für eine blöde Frage?"

Du: „Was ist das denn für eine blöde Antwort? Komm schon, das kannst du doch bestimmt besser – ich glaube an dich!"

Bessert sich ihre Laune dann trotzdem nicht, kannst du dich immer noch umdrehen und eine freundlichere Frau ansprechen. Wenn du allerdings nicht locker lassen willst, kannst du in so einer Situation auch einen Neg-Hit anwenden: *„Sag mal, gibt's dich auch in freundlich?"*, oder: *„Oh wow, wer hat dich denn aus dem Käfig gelassen ...?"* Dann stelle deine Frage einfach noch mal oder lenke das Gespräch in eine andere Richtung, indem du eine situative Beobachtung machst oder ihr eine andere Frage stellst. Wenn du sie wirklich süß findest, kannst du die Situation auch entschärfen, indem du ihr ein verstecktes Kompliment gibst, ihr gleichzeitig aber auch klarmachst, dass du dich nicht von ihr einschüchtern lässt: *„Wow, deine hübschen Augen schießen gerade mit echt fiesen Laserstrahlen ..."*, oder: *„Haha, ach wie süß, wenn du sauer bist, wackelt dein Näschen"*, oder *„Grrrrhh ... das Kätzchen schnurrt aber wild. Ich mag Frauen mit Biss! Wie heißt du?"* Manche Frauen öffnen sich, sobald sie dein Selbstbewusstsein spüren, und werden plötzlich freundlicher.

Frauen lieben es auch, wenn Männer die Führung übernehmen. *Nice Guys* tun das zum Beispiel nicht. Sie richten sich ständig nur nach den Wünschen der Frau und lassen sie alles entscheiden. Doch das ist ein großer Fehler, weil ihre männliche Anziehung dadurch auf null sinkt. Besser ist es also, wenn du die Initiative und die Führung übernimmst, womit jedoch nicht gemeint ist, dass du anfängst, die Frau herumzukommandieren wie ein orientalischer Haremsbesitzer. **Es ist vielmehr eine sanfte Art des**

Führens, bei der die Frau merkt, dass du Entscheidungen treffen kannst, die Verantwortung übernimmst und für euch beide sorgst. Dann kann sie sich nämlich an deine starke Schulter anlehnen und deiner Führung vertrauen, etwas, was die meisten Frauen in einem Mann suchen. Und keine Sorge: Sie wird sich dann schon zu Wort melden, wenn sie etwas nicht möchte oder eine andere Meinung hat als du.

KINO – Die Kunst der Berührungen

Die Lippen einer Frau
sind das schönste Tor zu ihrer Seele.
Chinesische Weisheit

„Es gibt keine Verführung ohne Berührung", heißt ein Sprichwort in der deutschen Profi-Flirtszene. Vielleicht wunderst du dich, einen solchen Satz in einem christlichen Buch zu lesen. Doch Berührungen sind bei der Eroberung einer Frau *sehr wichtig*, egal, ob es sich um die keusche Kathi aus dem Hauskreis oder das Luder Lisa aus dem Rocker-Club handelt. Vielleicht lässt die eine mehr, die andere weniger Berührungen zu, doch Berührungen braucht es bei beiden, wenn du sie erobern willst. Denn Frauen sehnen sich nach zärtlichen Berührungen wie die trockenen Blumen nach dem Wasser. Genau deshalb schreiben auch einige christliche Buchautoren, dass man mit Berührungen auf Dates sehr vorsichtig sein sollte.

Gerade beim Thema Körperkontakt mit dem anderen Geschlecht gibt es unter Christen tausend Meinungen: Während der ordentliche Rolf seine Freundin bis zur Verlobung nicht küssen will, wohnt der wilde Klaus mit seiner Freundin zusammen und probiert mit ihr sämtliche Sexstellungen aus, ohne dass die beiden verheiratet wären. Und vielleicht gehen Rolf und Klaus sogar in dieselbe Gemeinde. Mit anderen Worten: Man kann als Autor nichts zu diesem Thema schreiben, ohne massiven Protest in dem einen oder anderen christlichen Lager auszulösen – und darauf haben weder Andy noch ich Lust. In diesem Buch geht es nicht um Sexualität, sondern um Dating und Beziehungsaufbau. Alles was darüber hinausgeht, ist deine Sache, und es gibt genug christliche Bücher, die sich mit dem Thema Sex befassen und in denen du dich weiter informieren und mit deren Hilfe du dir eine eigene Meinung bilden kannst.

Ich glaube aber, dass dieses Buchkapitel trotzdem für manche Christen ein rotes Tuch sein wird, während andere wiederum applaudieren und sagen werden: *„Endlich spricht mal einer die Wahrheit aus!"*

Ich halte ein gesundes Maß an Vorsicht beim Körperkontakt zwischen alleinstehenden Männern und Frauen durchaus für angebracht. **Allerdings haben die meisten christlichen Singlemänner nicht das Problem, dass sie Frauen zu schnell und zu viel berühren, sondern im Gegenteil, dass sie viel zu zögerlich, ja geradezu schüchtern damit sind.** Ich beobachte immer wieder, dass die Mehrheit der christlichen Männer in diesem Bereich ein großes Defizit hat. Deshalb wundert es mich auch nicht, dass es viele christliche Paare gibt, bei denen es die Frau war, die zum ersten Kuss ansetzen musste, weil dem Mann der Mut dazu fehlte. Diese Zurückhaltung der Männer ist nicht die Ausnahme, sondern fast schon die Regel – und das ist schade. **Denn die meisten Frauen wünschen sich auch heutzutage noch, dass der Mann die entscheidenden Schritte unternimmt, die zum Beginn einer Partnerschaft führen, wozu auch der erste Kuss gehört.**

Das Problem betrifft aber nicht nur uns Christen, sondern zieht sich durch die gesamte Gesellschaft. Hast du schon mal vom Phänomen der *„hovering hand"* („schwebenden Hand") gehört? Wenn du den Begriff in eine Internetsuchmaschine eingibst, findest du haufenweise Bilder dazu.

Der Begriff entstand durch Fotos in sozialen Netzwerken, auf denen schüchterne Männer neben hübschen Frauen posieren und ihren Arm zwar um deren Schultern oder die Hüften gelegt haben, sich aber nicht trauen, die Hand *ganz* auf den Körper der Frau zu legen. Sie deuten die Berührung also nur an, vermeiden dabei aber krampfhaft den Körperkontakt und lassen ihre Hände deshalb einige Zentimeter vom Körper der Frau entfernt „schweben". Die Männer machen das meist nicht aus Respekt gegenüber den Frauen – die sich ja freiwillig für das Foto zur Verfügung gestellt haben und wahrscheinlich kein Problem mit einer Berührung hätten –, sondern aufgrund von Ängstlichkeit und mangelndem Selbstvertrauen. Und das ist ein Problem, erst recht, wenn es beim Dating geschieht.

Denn wenn du beim Umgang mit Frauen auf Berührungen verzichtest, wirst du mit C&F und all den anderen Dingen, die in diesem Buch stehen, zwar gewisse Erfolge haben. Doch du wirst nie über einen bestimmten Punkt hinauskommen! Am Ende wirst du auf deinen Dates zwar heftig mit den Frauen flirten, aber du wirst sie nicht vollständig erobern. **Zu viel Scheu, eine Frau anzufassen und sie zu berühren, ist nämlich der Hauptgrund, wieso Männer in der gefürchteten „*Friend Zone*" landen**, wo sie für die Frauen nichts weiter als die netten Kumpels sind, die sich zwar zum Reden und zum harmlosen Zeitvertreib eignen, für eine Beziehung aber nicht infrage kommen.

Wenn du auf einem Date zu wenig Körperkontakt mit einer Frau aufbaust, wird das fast immer eurem Kennenlernprozess schaden und dir einen Nachteil bringen. Denn erst wenn eine gute Portion Selbstbewusstsein, Humor und Körperkontakt *zusammenkommen,* ist die Temperatur erreicht, die Frauenherzen schmelzen lässt. Viele christliche Männer verzichten aber auf körperliche Berührungen bei einer Frau, weil sie der Meinung sind, dass sie die Frau dadurch auf besondere Weise ehren würden. Doch das ist falsch.

Denn Frauen sind sehr emotionale Wesen. Berührungen und Streicheleinheiten sind für sie viel wichtiger als für uns Männer, denn sie sprechen direkt die emotional-sensitive Ebene einer Frau an. Wenn ein verheirateter Mann seiner Frau nur mit Worten sagt, dass er sie liebt, wird das auf sie einen deutlich geringeren Eindruck machen, als wenn er sie einfach mal in den Arm nimmt. **Sie kann seine Liebe dann nämlich** *spüren* **und** *erleben,* **anstatt ihn nur darüber sprechen zu hören.** Und dieses Bedürfnis hat eine Frau nicht erst, wenn sie in einer Ehe ist, sondern auch schon davor. Auf einer unterbewussten Ebene weiß jede Frau: *Reden ist einfach, Taten zählen mehr!*, und danach bewertet sie die Männer in ihrem Umfeld. Durch deine Berührungen zeigst du einer Frau also stärker, als es Worte jemals könnten, dass du sie magst, dass du sie attraktiv findest und dass du sie begehrst.

Andersherum bedeutet es aber auch eine ziemliche Enttäuschung für sie, wenn du auf euren Dates nur verbal mit ihr flirtest, deinen Körper aber nicht entsprechend einsetzt. Sie ist dann verwirrt, weil deine Worte und Taten nicht zusammenpassen, was sie traurig oder gar wütend auf dich macht. Lass es mich ganz klar sagen: **Im Eroberungsprozess sind Berührungen, die vom Mann ausgehen, für die Frau genauso wichtig wie für den Mann die optischen Reize einer Frau (z. B. schönes Gesicht, gute Figur, Brüste usw.).** Berührungen haben auf Frauen eine ähnlich erotisierende Wirkung, wie es Bilder von knapp bekleideten Frauen auf uns Männer haben. Bleiben sie aus, fehlt ein wichtiger Teil des Spiels, und das nötige Knistern und Prickeln kommt nicht richtig auf.

Neben diesem erotischen Aspekt spielt ein anderer Punkt aber eine noch viel größere Rolle: **Die meisten Frauen haben kein stabiles Selbstbild oder Selbstwertgefühl, wenn es um ihr Äußeres geht.** Sie schwanken dabei oft und tendieren eher zu einer negativen als zu einer positiven Eigenbewertung. Frauen stellen sich schon in ihrer Jugend die Frage: *„Bin ich begehrenswert? Bin ich hübsch?"* Der Autor John Eldredge hat in seinem Buch *„Der ungezähmte Mann"* sehr gute Einblicke in diese weibliche Verletzlichkeit gegeben, die er „Evas Wunde" nennt (im Kapitel *„Die Prinzessin erobern"* kannst du es nachlesen).

Berührungen sind darum der direkteste Weg, einer Frau ohne viel Worte die Bestätigung zu geben: *„Ja, du bist begehrenswert. Ja du bist schön. Ich berühre dich gern und ich genieße dich dabei."*

Jetzt weißt du übrigens auch, wieso sich viele Paare in Tanzkursen kennenlernen und verlieben: Das Tanzen bietet ganz einfach ein sozial akzeptiertes Umfeld, in dem Männer die Frauen führen und berühren dürfen und in dem sich die Tanzpartner körperlich sehr nahe kommen. Wenn ein Single-Mann dann noch ein bisschen charmant ist und C&F beherrscht, hat er ziemlich gute Karten, den Tanzkurs mit einer Freundin am Arm zu verlassen. Andy hat zum Beispiel viele seiner Beziehungen über das Tanzen kennengelernt. Er tanzt ziemlich gut Salsa und ging deshalb oft in Diskos, schnappte sich irgendeine Frau auf der Tanzfläche, die ihm gefiel, und tanzte mit ihr.

Vielleicht kommt dir das jetzt alles ziemlich übertrieben vor. Aber ich kann dir versichern, dass Berührungen in Kombination mit C&F sehr wirkungsvoll sind. Als ich das verstanden hatte und danach zu handeln begann, erlebte ich plötzlich, wie die Frauen auf meinen Dates oder beim Flirten auf der Straße förmlich aufzublühen begannen, sobald ich anfing, sie zu streicheln oder in den Arm zu nehmen. Es war fast so, als wäre ein Regenschauer über einer Wüste niedergegangen – und zwar sowohl bei Christinnen als auch bei solchen Frauen, die mit dem Glauben an Gott überhaupt nichts am Hut hatten.

Wenn du zu lange mit Berührungen wartest, kann es sein, dass Frauen, die gern mit dir geflirtet haben, plötzlich den Kontakt zu dir abbrechen und sich zurückziehen. Das tun sie nicht, weil sie dich plötzlich langweilig oder unattraktiv finden, sondern weil sie aufgrund deines Zögerns den falschen Eindruck bekommen haben, dass du sie nicht attraktiv genug findest. Und um nicht verletzt und enttäuscht zu werden, ziehen sie sich dann von dir zurück. Ich selbst habe das in meiner Anfangszeit als Eroberer erlebt.

Berührungen spielen also eine wichtige Rolle beim Flirten. Allerdings rede ich hier nicht von einem plumpen *Begrabschen* der Frau, wie es betrunkene Typen in der Disko machen, sondern von einer körperlichen Nähe, die sanft beginnt und dann nach und nach gesteigert wird. **Dieses stufenweise Aufbauen von Körperkontakt nennt man als Ganzes „KINO-Eskalation", die einzelne Berührung nennt man dabei „KINO-Handlung".** Das Wort *KINO* hat hier nichts mit Filmpalästen zu tun, in denen die neuesten Hollywoodfilme laufen, sondern leitet sich vom englischen Wort *kinesthetics* ab und meint einfach das körperliche Berühren einer anderen Person. Wenn du beim Flirten schrittweise den Körperkontakt mit einer Frau steigerst, spricht man auch vom *„Eskalieren"*.

Auch wenn du von KINO bislang noch nie etwas gehört hast, hast du es bestimmt schon in manchen Situationen mit Frauen vermisst. Du hast dich sicher schon einmal allein mit einer Frau getroffen, hast dich gut mit ihr verstanden und gespürt, dass die Zuneigung zwischen euch allmählich zunahm. Irgendwann hast du dann gemerkt, dass es Zeit für einen *nächsten Schritt* war, aber du wusstest nicht, für welchen, und das Knistern zwischen euch ging verloren.

Vielleicht warst du aber auch mutig und wolltest die Frau küssen, doch plötzlich wusstest du nicht, wie du das am besten anstellen solltest. Du hast gespürt, dass du die Frau nicht einfach so aus dem Nichts heraus in den Arm nehmen und auf den Mund küssen konntest, weil das einfach noch zu intim gewesen und eine komisch-peinliche Situation zwischen euch entstanden wäre. Und dieses Gefühl war auch richtig! Denn die meisten Frauen würden auf einen solchen plötzlichen „Überfall" – selbst wenn sie den Mann interessant finden – nicht gut reagieren. Sie wären überrumpelt, von der Situation überfordert und ihr weiblicher Schutzmechanismus würde sich einschalten und als Stimme in ihrem Kopf die Durchsage machen: *„Achtung! Lass dieses Verhalten nicht durchgehen, sonst wird dieser Mann vielleicht weitermachen und dich sexuell belästigen. Oder er sieht nur ein Flittchen in dir, das leicht zu haben ist, wenn du ihn einfach so machen lässt. "*

Die Situation wäre für sie quasi so, als ob ihr beide in einem Gespräch über das Wetter seid und du sie dann plötzlich im nächsten Satz fragst, ob sie deine Freundin werden möchte. Das geht einfach nicht, weil die **Überleitung** fehlt. Genauso ist es auch mit den Berührungen: Sie müssen eine nachvollziehbare Steigerung durchlaufen.

Denn Frauen möchten zwar geküsst werden (auch sie sehnen sich nach Nähe und Körperkontakt, genau wie du), aber eben nicht völlig aus dem Nichts heraus und auch nicht von jedem. Küsst du sie dann überfallartig, ist es sehr wahrscheinlich, dass sie dich „abblockt" (abweist) und sagt, dass es ihr *„ irgendwie noch zu früh ist "* oder dass ihr *„ noch irgendetwas fehlt "*. **Was sie damit meint, ist, dass du bei der KINO-Eskalation das falsche Tempo vorlegst!**

Denn selbst wenn eine Frau dich mag, kannst du sie nicht einfach so anspringen, sondern musst sie erst einmal an deine Gegenwart gewöhnen und sie, was Berührungen angeht, „aufwärmen". Du kannst dir das so vorstellen wie ein Ansprechen auf der Straße: Zuerst begrüßt man sich, sagt ein paar einleitende Worte und kommt *erst dann* zum eigentlichen Gesprächsthema, das dann ausgebaut wird. So ähnlich ist das auch mit Berührungen: Sie müssen schrittweise aufgebaut werden, damit die Frau sich nicht überrumpelt fühlt und erschrickt.

Der berühmte US-amerikanische Flirtcoach „Mystery" hat die Bedeutung und den Zweck von KINO-Eskalation einmal so erklärt:

> Wenn ein Cowboy sich zum ersten Mal auf ein wildes Pferd setzen möchte, geht er nicht auf das Pferd zu und setzt sich einfach darauf. Denn das Pferd würde vor ihm scheuen, wie verrückt durch die Luft springen und ihn schnell wieder aus dem Sattel werfen. Stattdessen geht der Cowboy vorsichtig auf das Pferd zu und legt erst einmal nur seine Hand an dessen Flanke. Er wartet einen Moment, bis das Tier sich an die Berührung gewöhnt hat, und legt dann seine zweite Hand dazu. Dann wartet er wieder ein paar Sekunden und berührt das Pferd dann am Kopf. Am Ende legt er ihm den Sattel auf. Durch dieses langsame Steigern der körperlichen Berührungen bekommt das Pferd Zeit, sich auf die Situation einzustellen und Vertrauen zu dem fremden Reiter zu fassen. Hinter KINO-Eskalation steckt genau dasselbe Prinzip.

Erst wenn die Frau sich bereits an einen leichten Körperkontakt mit dir gewöhnt hat, kannst du weiter vorstoßen und mit Küssen und Schmusen beginnen. Ganz am Anfang musst du dir natürlich erst einmal verbal durch einen Opener und C&F Zugang zu der Frau verschaffen. Erst danach kannst du mit der körperlichen Kontaktaufnahme beginnen (Ausnahmen sind Diskos, wo aufgrund der Lautstärke das Reden manchmal schwerfällt und man deshalb gleich mit KINO einsteigen kann).

Vielleicht hört sich das gerade alles sehr kompliziert für dich an, aber das ist es in der Realität gar nicht. Denn wenn du erst einmal gelernt hast, wie du diese Berührungen geschickt und mit dem stillen Einverständnis der Frau steigern kannst, ist es leichter, Körperkontakt aufzubauen. Frauen sind prinzipiell sehr offen für Berührungen, nur wollen sie eben nicht plump angemacht oder angegrabscht werden.

Ich beobachte immer wieder, dass im Flirten unerfahrene Männer mit KINO und dem richtigen Eskalationstempo große Probleme haben. Mir ging es früher genauso. Ich hatte tausend Fragen: *Ist es wirklich okay, eine fremde Frau zu berühren? Wirkt das nicht komisch auf sie? Wann ist der richtige Zeitpunkt im Gespräch gekommen, um damit anzufangen? Was lässt sie zu und wie erkenne ich es, wenn sie etwas nicht möchte? Wird sie mir eine Ohrfeige geben, wenn ich zu weit gehe?*

Heute weiß ich, dass fast alle diese Fragen total überflüssig sind. Um es gleich vorweg zu sagen: Vor einer Ohrfeige brauchst du dich nicht zu fürchten. Denn anders als in den meisten Hollywoodfilmen dargestellt, passiert es sehr selten, dass Frauen Männern eine schmieren. Weder ich noch meine Freunde haben je eine Ohrfeige abbekommen, und wir waren manchmal schon ziemlich draufgängerisch. Aus Gesprächen mit Frauen weiß ich auch, dass die meisten körperliche Gewalt grundsätzlich widerlich finden und sich deshalb gar nicht trauen, einem Mann eine Ohrfeige zu geben. Man muss also schon ein ziemlich unverschämter Wüstling sein, um sich eine Ohrfeige einzufangen – oder an eine sehr taffe Kampfsportlerin geraten.

Wenn eine Frau von dir nicht berührt werden möchte, dreht sie meist einfach ihren Körper zur Seite, tritt einen Schritt zurück, schiebt deine Hand weg oder macht sonst irgendeine Ausweichbewegung. Ihre Erfahrung sagt ihr, dass diese Dinge meistens ausreichen, um einem Mann klarzumachen: *„Das erlaube ich dir im Moment noch nicht."* Ich möchte das *„im Moment"* hier hervorheben, denn komischerweise ist es manchmal so, dass eine Frau eine Berührung von dir abblockt, aber ein bis zwei Minuten später genau dieselbe Berührung zulässt. **Es kommt ihr dann oft auf den aktuellen Moment an, und was *jetzt* gerade gilt, kann in ein paar Minuten für sie schon wieder anders sein.**

Das größte Hindernis, um Körperkontakt mit einer Frau aufzubauen, ist aber nicht die Frau selbst oder ein anderer äußerer Faktor, sondern fast immer nur die Hürde in deinem Kopf. Dabei ist das Eskalieren für viele Männer wahrscheinlich nur deshalb eine komplizierte und große Sache, weil sie unerfahren sind und es noch nie richtig gemacht haben. Sie werden dann oft nervös und diese Unsicherheit spüren die Frauen und fangen dann an, sich ebenfalls unwohl zu fühlen.

Deshalb möchte ich dir an dieser Stelle einen wichtigen Merksatz mitgeben: **Körperliche Berührungen zwischen dir und einer Frau sind nur dann eine große und schwierige Sache, wenn du daraus eine *machst!***

Nicht die äußeren Umstände machen den Unterschied zwischen Erfolg und Niederlage, sondern deine *innere Haltung*. Wenn du keine große Sache daraus machst und selbstverständlich davon ausgehst, dass du Frauen berühren darfst, werden sie das spüren, deinen Standpunkt und deine innere Haltung übernehmen und den Körperkontakt in 90 Prozent der Fälle akzeptieren. Wenn es ihnen aber doch nicht passt, werden sie den berührten Körperteil einfach wegziehen und mehr wird nicht passieren.

Das kannst du manchmal sogar in deinem eigenen Umfeld beobachten: Vielleicht ist dir schon einmal aufgefallen, dass alle Männer, die bei Frauen gut ankommen, auch gut darin sind, Körperkontakt mit ihnen herzustellen. Sie tun das manchmal völlig unbewusst, indem sie z. B. während eines Gesprächs mit einem Finger den Arm der Frau entlangstreichen, ihr die Hand auf die Schulter legen oder sie bei der Begrüßung umarmen. Meist denken sie gar nicht groß darüber nach, und von dieser Selbstverständlichkeit rede ich hier. Wir Deutschen tun uns mit der Berührung fremder Menschen grundsätzlich schwer. Andere Nationalitäten wie zum Beispiel Italiener, Spanier oder Franzosen haben es da wesentlich leichter, denn in ihren Kulturen gelten Berührungen oder Küsschen bei der Begrüßung auch zwischen Männern und Frauen als völlig normal. Du siehst also, dass es oft nur eine Frage der Erziehung und der inneren Einstellung ist, welche Art von Berührungen okay sind und welche nicht.

Jetzt sagst du vielleicht: *„Ja, aber die Frauen in südländischen Kulturen wissen ja auch, dass diese Berührungen als normal gelten, und nur deshalb dürfen sich die Männer dort so etwas erlauben. "* Das stimmt, aber ist dir schon einmal aufgefallen, dass auch deutsche Frauen solchen Männern mehr durchgehen lassen – selbst wenn diese Männer hier in Deutschland aufgewachsen sind? Der Grund dafür ist nicht ein bestimmtes Image oder eine besondere Nationalität, sondern die innere Haltung dieser Männer.

Ich kenne die Bedenken in Bezug auf Berührungen, denn ich hatte sie früher selbst. Ich war sehr unerfahren und hatte auf meinen Dates sogar Probleme damit, einfach so die Hand einer Frau zu nehmen und mit ihren Fingern zu spielen. Als ich den Bereich Körperkontakt (KINO) und Eskalation dann endlich im Griff hatte, konnte ich mit den Frauen auf meinen Dates über den Atomwaffensperrvertrag reden, während ich sie gleichzeitig zu mir herzog, in den Arm nahm und sie mit meiner Hand am Hintern berührte, ohne dass es für sie ein Problem oder unangenehm gewesen wäre. Die Frauen akzeptierten es einfach und es gefiel ihnen, weil ich die richtige Einstellung dazu hatte und diese auch ausstrahlte: *„It's not a big thing! "*

Ich werde dir in diesem Kapitel zeigen, wie du Stück für Stück die Eskalationsleiter hinaufsteigen und Frauen berühren kannst, ohne dass es für sie ein Problem ist. Am besten ist es aber, wenn du deine Scheu vor dem Körperkontakt mit anderen Menschen grundsätzlich abbaust. Allerdings nicht auf eine komisch-aufdringliche Art, sondern auf eine coole Weise: Gib ihnen High-Fives, umarme sie bei der Begrüßung, klopfe ihnen freundschaftlich auf die Schulter und gehe einfach entspannter mit Berührungen in deinem Alltag um. Manchmal geht dein C&F auch fließend in KINO über. Sitze ich auf einem Date neben einer Frau und wir haben eine gute Zeit miteinander, sage ich zum Beispiel: *„Du freches Mädel siehst so aus, als hättest du auch ein Bauchnabelpiercing .... zeig mal her. "* Dann ziehe ich ihr T-Shirt etwas hoch und kitzle sie am Bauch, bis sie anfängt zu lachen.

Die Eskalationsleiter

Die richtige innere Einstellung ist zwar sehr wichtig und ein bedeutender Schlüssel für die Anwendung von KINO, sie reicht aber, vor allem, wenn du noch etwas unerfahren bist, allein nicht aus. Gerade am Anfang ist es darum hilfreich, wenn man ein paar anschauliche Beispiele für den schrittweisen Aufbau von Körperkontakt vor Augen hat. Solche Beispiele will ich dir im Folgenden geben und dir zeigen, wie du Berührungen aufbauen kannst, ohne dass sie aufdringlich wirken. Ich würde dir raten, dass du die Tipps, die dir am besten gefallen, auswendig lernst und sie dann im Alltag oder auf deinen Dates ausprobierst. Schon bald wirst du die folgende Liste dann gar nicht mehr brauchen, weil du instinktiv spürst, was zu welcher Situation passt und was nicht.

Grundsätzlich gilt: **Du musst nicht auf jeder Eskalationsstufe alle Tipps anwenden, die ich dort aufgeschrieben habe.** Meist reichen ein oder zwei dieser Tipps aus, ehe du zur nächsten Stufe weitergehen kannst. Du solltest die Berührungen aber ganz natürlich machen, sodass sie einen beiläufigen und selbstverständlichen Charakter haben, während du dich mit der Frau unterhältst. Mache keine große Sache daraus und versuche, sie selbstbewusst umzusetzen. Wenn du das Gefühl vermitteln kannst, dass du das schon öfter bei Frauen gemacht hast, kann nur wenig schiefgehen.

Lässt dich die Frau gewähren, kannst du zur nächsten Eskalationsstufe weitergehen, sobald es sich für dich richtig anfühlt. **Blockt sie dich jedoch ab, ist das nicht so schlimm. Denn sie hat dann nur deinen nächsten Eskalationsschritt abgelehnt und nicht dich als Person oder dein gesamtes Tun.** Wenn sie also zurückweicht oder sich wegdreht, schalte einfach einen Gang zurück, wiederhole die vorherigen KINO-Berührungen, die sie durch ihr Akzeptieren bereits erlaubt hat, und versuche dann einfach zwei Minuten später noch einmal weiter zu eskalieren.

1. Stufe: Die Einleitung – Du hast die Frau gerade erst angesprochen und ihr beginnt euch zu unterhalten.

▶ Schaue ihr direkt in die Augen, bis sie den Blick abwendet. Wende du den Blick nicht als Erstes ab, sonst wirkt das schwach. Du willst bewusst in ihr Blickfeld eindringen. Ganz wichtig ist dabei aber: *Lächle sie gleichzeitig an!*

▶ Nimm ihre Hand und betrachte ihren Ring oder ihr Armband und sage etwas dazu, z. B.: *„Hey, schönes Armband. Woher hast du das?"*

- Berühre sie wie zufällig kurz mit deinem Arm an ihrem Arm, wenn du neben ihr stehst oder sitzt. Es geht nur darum, kurz Körperkontakt herzustellen. Du kannst hier darauf achten: Zuckt sie zusammen und zieht den Arm weg oder hält sie die Berührung ihrerseits aufrecht? Letzteres wäre ein gutes Zeichen.

- Hebe an einer passenden Stelle im Gespräch, z. B. wenn sie etwas Originelles oder besonders Witziges gesagt hat, deine Hand und biete ihr einen „High five" zum Abklatschen an. Die meisten Frauen verstehen die Geste und schlagen ein.

- Boxe ihr sanft gegen die Schulter oder schubse sie leicht und spielerisch weg, wenn sie dein C&F erwidert und etwas Freches zu dir gesagt hat.

- Schnappe sie dir auf der Tanzfläche und drehe sie unter deinem Arm durch.

- Wenn ihr nebeneinander lauft, „remple" sie beiläufig etwas mit deiner Körperseite an (kann man z. B. bringen, wenn ein Hindernis wie eine Pfütze in deinem Weg auftaucht).

2. Stufe: Das Gespräch läuft gut, ihr Interesse wächst.

- Berühre wie zufällig ihr Bein/ihren Oberschenkel mit deinem Bein/deinem Oberschenkel. Drücke mit deinem Bein oder Knie leicht gegen ihr Bein und schaue, ob sie den Kontakt hält oder ausweicht. Das funktioniert sowohl im Sitzen als auch im Stehen.

- Fahre beim Sprechen mit deinem Finger ihren Oberarm kurz hinauf und wieder herunter und ziehe den Finger dann wieder zurück.

- Drehe sie und bewundere ihr Kleid. („ Wow, tolles Farbmuster.")

- Lege deinen Arm kurz um sie oder deine Hand an ihren Rücken und deute mit der anderen auf etwas, was du ihr gerade erklärst.

- Berühre mit deinem Handrücken wie zufällig ihren Handrücken, während sie vor oder neben dir steht.

- Wenn um euch herum Lärm oder laute Musik ist, gehe mit deinem Ohr dicht an ihren Mund heran. Wenn du dann redest, berühre sie mit der Hand am Rücken oder an der Schulter, ziehe sie leicht zu dir her und sprich ihr ins Ohr. Aber schreie ihr nicht hinein!

▶ Frage sie: *„Sag mal, hast du auch so kalte Hände?"* – dann nimm ihre Hände, um mal Probe zu fühlen.

▶ Nimm ihre beiden Hände in deine Hände und spiele mit ihren Fingern. Lass deine Finger in die Zwischenräume ihrer Finger gleiten und verschränke dadurch eure beiden Hände. Das klappt natürlich, wenn sie vor dir steht, aber auch, wenn ihr euch an einem Tisch z. B. in einem Café gegenübersitzt. Wenn sie dich fragt, was du da tust, sage so etwas wie: *„Ich wollte nur mal fühlen, ob du warme Finger hast"*, oder: *„Och, ich bin manchmal einfach ein bisschen verspielt"*, und grinse sie dabei frech-lieb an.

3. Stufe: Ihr Interesse ist da, sie lässt sich offensichtlich auf einen Flirt mit dir ein.

▶ Wenn du vor ihr stehst, berühre mit deinem Bein ihr Bein oder ihre Wade, sodass sie merkt, dass es mit Absicht geschieht, obwohl die Leute um euch herum nichts davon mitbekommen.

▶ Kitzle sie frech im Bauchbereich.

▶ Eine zärtlichere Variante des Kitzelns ist das Kraulen: Lege ihr einfach deine Hand auf den Rücken und fahre damit hinauf bis zu ihrem Nacken. Dort kraulst du sie sanft, ohne es groß vorzubereiten oder anzukündigen. Wenn ihr euch schon sehr nahe seid, kannst du ihr dabei direkt ins Gesicht schauen. Wenn du dir aber noch nicht sicher bist, empfehle ich dir, den Augenkontakt zu vermeiden und während du kraulst, einfach im Raum herumzuschauen. Frauen akzeptieren intimere Berührungen nämlich eher, wenn man sie dabei nicht direkt anschaut. Dadurch bekommt deine Berührung einen harmloseren und beiläufigeren Charakter.

▶ Wenn sie vor dir steht oder geht, lege deine beiden Hände auf ihre Schulter oder an ihre Hüfte und führe sie z. B. um eine Pfütze oder um ein Hindernis herum.

▶ Wenn sie vor dir sitzt oder geht, lege deine Hände auf ihre Schulter und massiere sie kurz für ein paar Sekunden. Manche Frauen sagen dann: *„Oh ja, bitte mach weiter, ich bin heute so verspannt."* Das ist dann natürlich eine Steilvorlage für mehr Massagen und KINO.

▶ Fahre mit deinen Fingernägeln ruhig etwas kräftiger die Kopfhaut an ihrem Hinterkopf hinauf und massiere sie dadurch. Das gibt ihr oft ein prickelndes Gefühl.

▶ Wenn es laut um euch herum ist, sie vor dir steht und du ihr etwas ins Ohr geflüstert hast, befindet sich dein Kopf neben ihrem. Nutze das! Wenn du zu Ende gesprochen hast, ziehst du deinen Kopf von ihrem Ohr zurück und streifst dabei „zufällig" mit deiner Wange an ihrer Wange entlang.

▶ Wenn ihr nebeneinander geht, winkle deinen Arm an und biete ihr an, sich bei dir einzuhaken.

4. Stufe: Kurz vor dem Schmusen und dem Kuss

▶ Streiche ihr mit deinen Fingern eine Haarsträhne aus dem Gesicht oder berühre ihre Haare (wir werden später noch im „Kuss-Kapitel" auf diesen wichtigen Tipp zu sprechen kommen).

▶ Berühre sanft mit deinem Oberschenkel oder Knie ihren Oberschenkel im Innenbereich und halte den Kontakt für vier bis sechs Sekunden.

▶ Wenn sie ihren Rücken zu dir gewandt hat und vor dir steht, schlinge deine Arme um ihren Bauch und ziehe sie eng an dich heran.

▶ Steht sie vor dir (egal ob sie dir den Rücken oder ihre Vorderseite zuwendet), dann fasse sie mit beiden Händen links und rechts an der Hüfte oder an ihrem Gürtelbund und ziehe sie eng an dich heran. Die meisten Frauen finden das männlich und auf eine positive Weise dominant und stark.

▶ Wenn sie vor dir steht oder sitzt und dir den Rücken zuwendet, küsse sie im Nacken oder am Hals.

▶ Berühre den seitlichen Rand ihres Busens mit deinen Fingern. Starte unter ihren Achseln und streiche langsam mit deinen Fingern die Umrisse ihres Busens entlang. Vermeide es aber am Anfang noch, die Brustwarzen zu berühren, bis sie sich an deine Berührung gewöhnt hat und diese akzeptiert.

Nun hast du eine Vorstellung davon, welche Berührungen in welchen Situationen angebracht sind und wie du sie nach und nach steigern kannst.

Natürlich berührst du die Frau nicht nur, sondern du redest zwischen oder während der Berührungen immer wieder mit ihr.

Ein wichtiger Tipp zum Thema Berührungen lautet: **Denke während der KINO-Eskalation nicht zu viel nach, sondern fühle und nutze deinen männlichen Instinkt! Höre einfach auf dein Bauchgefühl und tue das, was du gern tun willst!** Man kann dabei auch viel improvisieren: Sie erzählt dir zum Beispiel von ihrem anstrengenden Fitnesstraining? Super! Halte mit der einen Hand ihren Arm hoch und prüfe mit der anderen kritisch ihren Bizeps. *(„Wow, da spürt man ja sogar schon deine gestählten Muskeln. Du nimmst aber keine Anabolika, oder?")*

Außerdem lohnt es sich, vor allem in der Anfangsphase von KINO, die Flirthilfe **„Push and Pull"** („Wegschieben und wieder zu sich herziehen") anzuwenden. Das bedeutet, dass du die Frau berührst und dann plötzlich den Körperkontakt mit ihr abbrichst. Sobald sie dann mehr Interesse an dir zeigt, berührst du sie wieder. So wechselst du am Anfang eurer Begegnung ständig zwischen körperlicher Zuwendung und deren Rückzug und belohnst sie für nettes Verhalten dir gegenüber mit weiteren Berührungen.

Manche Männer machen ein paar KINO-Schritte und warten dann darauf, dass die Frau ihre Berührungen erwidert und von sich aus aktiv wird. Geschieht das dann nicht, ziehen sich die Männer enttäuscht zurück und beenden ihre Berührungen. Das ist ein großer Fehler! Du musst eines verstehen: **Eine Frau gibt dir bereits grünes Licht, mit der KINO-Eskalation weiterzumachen, indem sie deine Berührungen einfach *zulässt* und darauf verzichtet, sich wegzudrehen oder deine Berührungen abzublocken.** Das ist bereits ihre Form der Zustimmung und du hast dann ihre Erlaubnis, so lange weiterzumachen und das KINO zu steigern, bis sie anfängt zu blocken und deine Berührungen abzuwehren.

Sollte eine Frau doch einmal von sich aus den Körperkontakt mit dir suchen und anfangen, dich zu berühren, ist das ein *sehr starkes Zeichen für ihr Interesse* an dir. Oft machen Frauen das aber sehr subtil, indem sie dich zum Beispiel „aus Versehen" anrempeln, dich nach einem frechen C&F-Spruch lachend von sich wegschubsen oder zu dir herkommen und ihre Hände von hinten auf deine Schulter legen (und dich z. B. spontan massieren).

Mit diesen Tipps bist du gut gewappnet, in den verschiedensten Situationen auf einem Date oder während eines Flirts im Alltag mit der KINO-Eskalation zu beginnen. Ich möchte dich aber noch kurz auf ein paar

Besonderheiten hinweisen: Wenn Frauen ihre Periode haben, kann es sein, dass sie bestimmte Berührungen nicht mögen, zum Beispiel am Bauch und allem, was darunter liegt. Außerdem solltest du auch Rücksicht auf das Umfeld nehmen: **Im Club kannst du schneller eskalieren als auf der Straße.** Und wenn du bei ihr zu Hause bist und sie sich mit dir auf die Couch oder auf ihr Bett setzt, ist das quasi eine Einladung, mit der KINO-Eskalation zu starten, wohingegen sie auf einer Party vor den Augen ihrer Freundinnen oder sogar Familienmitglieder bestimmte Berührungen nicht zulassen wird. Denn immerhin muss sie ihr Gesicht vor den anderen wahren und kann es nicht so aussehen lassen, als ob jeder Mann einfach so an ihr herumspielen darf. Ich kenne sogar Frauen, die in einer Beziehung oder verheiratet sind und die es nicht mögen, wenn ihr Freund oder Mann sie vor anderen Leuten zu sehr anfasst. Akzeptiere das einfach. Wenn die Frauen dann mit dir alleine sind, werden sie meist offener für Berührungen. **Trotzdem gilt bei deinen Flirts im Zweifelsfall die Faustformel: Lieber etwas mehr KINO wagen als zu wenig!** Denn die meisten Männer haben mit KINO große Probleme. Indem du es anwendest, hebst du dich vom Großteil der Männer ab, die sich nichts trauen, und lässt die Frau nicht unnötig zappeln, wenn sie auf dich steht.

Und keine Sorge: Wenn du ein bisschen aufmerksam bist und auf die Reaktionen der Frau achtest, wirst du es schon merken, wenn sie etwas nicht mag und du ihr zu frech wirst. Denn jeder normale Mann hat ein natürliches Empfinden, mit dem er spüren kann, wo das erotische Knistern endet und die sexuelle Belästigung beginnt. Spätestens dann, wenn die Frau mit fester Stimme *„Ich mag das nicht!"*, *„Nein!"*, oder: *„Lass das!"* sagt, solltest du mit deinem KINO einen spürbaren Gang zurückschalten.

Die Geheimwaffe: Kitzeln

Wenn du noch unerfahren im Bereich Dating bist, kann es sein, dass es dir in der Praxis trotz zahlreicher Tipps schwerfällt, KINO mit einer Frau zu starten. Du traust dich dann nicht so recht an die Frau heran, weil dir dafür die „Begründung" oder „Rechtfertigung" vor der Frau fehlt.

Grundsätzlich kann man sagen, dass du eine solche „Rechtfertigung" gar nicht brauchst: **Wenn sich eine Frau allein mit dir trifft und das Treffen einen Date-Charakter hat (egal, ob ihr euch zum Schlittschuhlaufen, zum Lernen im Stadtpark oder zum Tretbootfahren verabredet habt), sie positiv auf dein C&F reagiert und du sie immer**

wieder zum Lachen bringst, dann ist sie auch bereit für KINO. Doch von sich aus wird sie damit nicht anfangen – das ist dein Job!

Erschwerend kommt oft hinzu, dass viele christliche Frauen selbst wenig Erfahrung mit dem anderen Geschlecht und mit Dates haben und deshalb etwas schüchtern sind. Dann musst du einfach mutig sein und den ersten Schritt wagen. Damit dir das leichter fällt, verrate ich dir nun meine Geheimwaffe: **Kitzeln.**

> Karina war eine klasse Frau. Sie war gut sieben Zentimeter größer als ich, hübsch und sehr sportlich. Leider hatte sie aber auch einen sehr zurückhaltenden Charakter. Auf mein C&F reagierte sie zwar oft positiv mit einem Lachen, aber es kamen nur selten freche Flirtsprüche von ihr zurück. Wir hatten uns eine Weile nicht gesehen, uns dann zufällig wieder getroffen und dann verabredet, gemeinsam ins Schwimmbad zu gehen. Ich wusste, dass sie mich mag, also fing ich auf dem Schwimm-bad-Date an, leichtes C&F mit ihr zu machen. Doch sie blieb wie gewohnt passiv und zurückhaltend. Mir war klar, dass ich etwas unternehmen musste, sonst würde aus unserem Treffen nicht mehr als ein netter Schwimmbadbesuch unter Freunden werden und wir würden uns wieder aus den Augen verlieren. Als wir an einer flachen Wasserstelle nebeneinander standen und redeten, sagte ich plötzlich zu ihr: „Sag mal … wenn ich mich richtig erinnere, bist du doch ziemlich kitzlig, oder?" Ohne eine Antwort von ihr abzuwarten, ging ich auf sie zu und be-gann, sie mit beiden Händen am Bauch zu kitzeln. Sie lachte auf und kreischte, doch ich machte weiter. Dann schlang ich meine Arme um ihre Hüfte, zog sie ins tiefere Wasser und kitzelte sie dort weiter, während sie lachend strampelte. Unsere Beine ver-knoteten sich und ich drückte meine Nase in ihren Nacken. Erst jetzt taute sie auf, wurde plötzlich frecher und mutiger. Bald da-rauf trieben wir durch das Wasser und schmusten miteinander. Es wurde noch ein schöner Schwimmbadbesuch für uns beide.

Kitzeln ist ein wahres KINO-Wunder, denn es bewirkt so viele gute Dinge auf einmal! Es ist witzig, frech, verspielt – und auch immer ein bisschen erotisch, wenn es zwischen einem Mann und einer Frau ge-schieht. Im Grunde genommen ist es nichts anderes als eine freche Art, die Frau zu streicheln, also **C&F mit den Fingern.**

Von einem Mann gekitzelt zu werden, ist fast für jede Frau ein prickelndes Erlebnis. Denn sie kann dabei die körperliche Nähe, aber auch die Stärke des Mannes spüren, und das ist etwas, was die Mehrheit der Frauen unglaublich liebt und genießt. Oft wird aus einem anfänglichen Kitzeln schnell ein kleiner Ringkampf. Doch solange die Frau dabei lacht und offensichtlich ihren Spaß hat, ist alles in Ordnung. Allerdings solltest du Frauen erst dann kitzeln, wenn ihr beide euch schon etwas kennengelernt und ein bisschen miteinander geredet habt. Du machst das also nicht bei einer Frau, die du gerade eben erst auf der Straße angesprochen hast, sondern eher, wenn du dich mit ihr auf einem Date triffst.

Ich werde dir jetzt einen Trick verraten, wie du auf fast jedem Date die KINO-Eskalation durch Kitzeln beginnen kannst: Wenn ihr euch schon ein bisschen unterhalten habt und euch sympathisch seid, fängst du an, die Frau so lange mit C&F zu necken, bis sie darauf reagiert und mit ein oder zwei frechen Sprüchen kontert.

Dann grinst du sie an und sagst so etwas wie: *„Na, du bist ja ein freches Mädel! Unerhört, das gibt's doch nicht! Das verlangt nach einer ‚Bestrafung'."* Natürlich sagst du das mit einem Lächeln im Gesicht, sodass sie merkt, dass du Spaß machst. **Schlinge dann deine Arme von hinten oder von der Seite um ihre Hüfte und kitzle sie frech am Bauch oder an der Körperseite.**

Sobald sie anfängt zu lachen und sich zu winden, ziehe ihr Becken an dein Becken heran, um dem Ganzen ein bisschen Knistern zu verleihen (damit es sich nicht zu sehr nach harmlosem Spaß unter Kumpels anfühlt) und kitzle sie einfach weiter. Wichtig ist, dass du dabei den richtigen Frame beibehältst: *„Sie ist ein kleines freches Mädchen und muss zur ‚Strafe' gekitzelt werden!"* Wenn du dabei C&F verwendest und so tust, als wäre es dein gutes Recht, sie durchzukitzeln, kann eigentlich keine komische Situation entstehen.

Während eures Kitzel-Kampfes kannst du das KINO dann weiter ausbauen und beispielsweise anfangen, an ihren Haaren zu riechen oder sie zärtlich in den Nacken zu beißen. Sollte sie dein Kitzeln allerdings abwehren und schlecht darauf reagieren, dann mache keine große Sache daraus und sage lachend so was wie: *„ Uuups, Entschuldigung! Da ging wohl gerade das Spielkind in mir durch."* Zickt sie dann weiter herum und spielt die Eingeschnappte, höre auf, sie zu kitzeln und ziehe sie ein bisschen mit C&F auf *(„ War der böse Bube gemein zu dir? Das hat er* *bestimmt nicht so gemeint")*. Wenige Minuten später wagst du dann einen zweiten Anlauf mit den Stufen der KINO-Eskalation. Ist sie dir dann immer noch böse, solltest du dir überlegen, das Date zu beenden und dich sympathischeren Frauen zuzuwenden.

Der erste Kuss

Viele Männer quälen sich mit der Frage: *„ Wann ist der richtige Zeitpunkt für den ersten Kuss gekommen?"* Meine langjährige Erfahrung sagt mir: *Nie!* Das perfekte Timing und den besten Zeitpunkt gibt es nicht.

Natürlich solltest du eine Frau vor eurem Kuss mit der KINO-Eskalation schon etwas aufgewärmt haben. Aber Perfektionismus bringt dich hier nicht weiter. Denn es könnte immer einen besseren oder einen schlechteren Zeitpunkt für den ersten Kuss geben, was dich aber nur unnötig unter Druck setzt und dich ewig zögern lässt. **Der richtige Zeitpunkt ist einfach dann gekommen, wenn du körperlich eskalierst, sie es akzeptiert und sie sich bei dir wohlfühlt.** Wenn du dann ein bisschen aufmerksam bist, wirst du schon merken, wann der richtige Moment für den Kuss gekommen ist.

Falls du der Frau aber einmal zu weit gegangen bist, reicht es meist aus, auf der Eskalationsleiter eine Stufe zurückzugehen, sich auf den verbalen Flirt zu konzentrieren und es ein paar Minuten später einfach noch einmal mit dem Kuss zu probieren.

Es gibt etwas viel Schlimmeres, als eine Frau zu küssen und dafür eine Abfuhr zu bekommen, nämlich, es überhaupt gar nicht erst zu versuchen! Das mag zunächst paradox klingen, aber es ist die Wahrheit: Wenn du eine Frau nach dem **dritten oder vierten Date noch nicht auf den Mund geküsst hast, wird sie beginnen sich zu fragen, was mit dir eigentlich nicht stimmt.** Und noch viel schlimmer, wird sie anfangen zu glauben, dass du sie nicht attraktiv findest und deshalb kein ehrliches Interesse an ihr hast.

Euer Verhältnis, das gerade noch von heißen C&F-Flirts geprägt war, wird dann immer mehr in Richtung Freundschaft abdriften, bis du bei ihr schließlich in der *„Friend Zone"* gelandet bist (mehr dazu im *„Friend Zone"*-Kapitel). Dort darfst du dann bleiben und dabei zusehen, wie sie sich einen anderen Mann angelt, der sich traut, seine Zuneigung auch durch einen Kuss auszudrücken.

Wenn sich eine Frau also nach dem dritten oder vierten Date plötzlich mit fadenscheinigen Gründen von dir zurückzieht und du sie bis dahin noch nicht geküsst hast, weißt du nun, woran es liegt.

Erspare dir und der Frau diesen Schlamassel also am besten von Anfang an. Wer wagt, gewinnt! (Wenn du mir nicht glaubst, gehe sofort ins Internet und höre dir das etwas altbackene Lied „*Junger Mann*" von der Band *Der Plan & Andreas Dorau* an.)

Vielleicht bist du aber auch schon etwas älter und hast noch nie in deinem Leben eine Frau auf den Mund geküsst (Mama, Oma und Tante Elfriede zählen nicht) und nun kommst du dir ein bisschen hilflos vor und fragst dich, ob du das überhaupt gebacken kriegst. Doch ich kann dich beruhigen: **Das mit dem Küssen ist so, wie wenn du das erste Mal vom Dreimeterbrett im Schwimmbad springst.** Am Anfang scheint es eine unmögliche Aufgabe zu sein, vor der du mächtig Angst hast. Aber wenn du es das erste Mal geschafft hast, dich zu überwinden und es einfach zu tun, willst du gar nicht mehr damit aufhören!

Ich garantiere dir: Wenn du das erste Mal eine Frau, die du begehrst, auf den Mund geküsst hast, wird sich dir plötzlich eine völlig neue Welt der KINO-Eskalation öffnen! Alles, was mit KINO zu tun hat, wird dir auf einmal viel leichter fallen. Es fühlt sich ein bisschen so an, als wärst du durch eine Wand durchgebrochen, die dich bisher immer aufgehalten hat, und deine Flirtfähigkeiten werden einen neuen Level erreichen. Du wirst vieles besser verstehen, was bislang nur graue Theorie für dich war, weil du auf einmal erlebt hast, wie *einfach* alles sein kann und wie offen Frauen für Berührungen und auch für Küsse sind. Du weißt dann, dass du hingehen und es einfach *tun kannst*. Mir und vielen meiner Freunde ging es damit so.

Deshalb lohnt sich der Sprung vom „Kuss-Turm", auch, wenn er das erste Mal eine Portion Mut kostet. Denn im Grunde genommen ist es wieder nur eine Kopfsache, um die es hier geht. **Ein Kuss ist im Grunde genommen keine große Sache und bedeutet auch nicht immer sofort den Beginn einer Beziehung.** Manchmal küssen Frauen auch einfach nur so zum Spaß, weil es sich gut für sie anfühlt.

Viele Christen sehen Küssen als eine unheimlich große Sache an und tun so, als ob sie danach sofort den Ring ziehen und heiraten müssten. Doch das ist kompletter Blödsinn! Natürlich wird ein Kuss für die unerfahrene Liesel vom Land mehr Bedeutung haben als für die beziehungserfahrene Lisa aus dem Tattoo-Studio. Doch für die Mehrheit der Frauen ist der Eroberungsprozess nach dem ersten Kuss noch längst nicht abgeschlossen – er ist quasi nur ein Halbfinalsieg, auf den noch ein paar Schritte folgen müssen, ehe du sie deine Freundin nennen darfst (davon später mehr im Kapitel „Beziehungsaufbau").

Also werde lockerer und fange an, einen Kuss als etwas Schönes und Normales zu sehen, wodurch du dein Interesse an einer Frau zum Ausdruck bringst. Denn Küssen ist für Frauen nicht immer gleich eine unheimlich große Sache, sondern manchmal einfach nur ein Abenteuer, eine prickelnde Erfahrung, ein schönes Erlebnis, von dem sie ihren Freundinnen beim Mädels-Abend erzählen können und an das sie (und du) gern zurückdenken. Du schenkst ihr damit etwas Schönes!

Eigentlich muss man einen Kuss nicht großartig einleiten. Denn **sobald du mit einer Frau ein KINO-Level erreichst, wo es sich nach Schmusen anfühlt, kannst du sie auch küssen.** Das ist zum Beispiel der Fall, wenn sie zulässt, dass du sie im Nacken kraulst, sie ausgiebig massierst oder deinen Arm um sie legst. Von dort aus ist es dann nur noch ein winziger Schritt zum Kuss.

Möchtest du aber trotzdem vorher die Lage peilen, hilft dir der sogenannte *„hairstroke test"* („Haare-streichen-Test"), der besagt: Wenn eine Frau es zulässt, dass du mit deinen Fingern ein paar Haare aus ihrem Gesicht streichst oder ihr mit deinen Fingern durch die Haare fährst und ihre Wange berührst, wird sie auch einen Kuss zulassen und erwartet ihn dann meistens auch schon von dir. Denn *keine* Frau wird es zulassen, dass du sie am Kopf oder an den Haaren zärtlich berührst, wenn sie dich nicht mag und keinen Kuss von dir will.

Ich habe aber die Erfahrung gemacht, dass gerade Frauen, die in Beziehungsdingen noch recht unerfahren sind, plötzlich ziemlich albern werden, wenn sie spüren, dass sich ein Kuss anbahnt. Sie fangen dann an, sich wie aufgedrehte kleine Mädchen zu benehmen. Manchmal reden sie dann sehr schnell oder trauen sich nicht, dich anzuschauen – das sind keine Anzeichen von Desinteresse, sondern von Nervosität. Sie spüren dann das erotische Knistern zwischen euch und wünschen sich einen Kuss von dir, wissen aber zugleich nicht, wie sie mit dieser Situation umgehen sollen.

Eine temperamentvolle Dame, mit der ich bei unserem zweiten Date auf dem Bett lag, ohne irgendwelche Anstalten zu machen, sie zu berühren, fragte mich provokant, ob ich eigentlich schwul sei, und begann

mich auf einmal zu treten. Das war ihr Versuch, den Körperkontakt herzustellen bzw. mich dazu zu bewegen, endlich aktiv zu werden und mit der KINO-Eskalation zu beginnen. Falls dir solche Dinge also passieren, wundere dich nicht! **Frauen benehmen sich dann so, weil sie sich nach einer Berührung von dir sehnen, sich aber auch irgendwie verletzlich fühlen und befürchten, dass du dich nicht trauen wirst.**

Das Beste ist dann, ihre Albernheiten gar nicht ernst zu nehmen, sie ein bisschen mit C&F zu necken, souverän das KINO zu steigern und sie dann einfach zu küssen. Danach werden die Frauen meist ruhiger und sind zufrieden. Wenn du dich den Kuss aber noch nicht traust, reicht es in solchen Situationen auch, wenn du deinen Arm um ihre Schulter legst oder sie an der Hüfte fasst und an dich heranziehst.

Manche Freunde von mir leiten den Kuss auch mit einem C&F-Spruch ein und sagen zum Beispiel: *„Vorsichtig, du hast da was am Mund ... *Schmatz*."* Oder: *„Weißt du, worauf ich gerade Lust habe? *Schmatz*".* Ich persönlich verzichte auf solche Spielereien und halte sie für überflüssig, denn oft nehmen sie einer Situation die Romantik.

Besser finde ich folgende Anleitung, die die einzelnen KINO-Schritte enthält. Ich habe diesen Ablauf erfunden und selbst oft angewandt:

Anleitung für den ersten Kuss

1. Ihr seid bei dir oder bei ihr zu Hause, z. B. für einen Filmabend, oder sitzt auf einer Bank. Du **stellst dich hinter die Frau** und sagst so was wie: *„Hattest du einen harten Tag? Komm, ich massiere dich ein bisschen"*, oder: *„Ich hab da neulich ein paar Massagetechniken geübt ..."* Dann fängst du einfach von dir aus an, ihr die Schulter und den Nacken zu massieren (du musst dafür kein ausgebildeter Masseur sein, Grundkenntnisse reichen). Nach ein bis zwei Minuten verlagerst du das Ganze dann aufs Sofa (*„Komm, wir setzen uns mal da rüber, da geht es besser"*). Du **setzt dich einfach hinter sie** und massierst sie am Hals und im Nackenbereich. Wenn dir Massagen nicht so liegen, kannst du dich auch einfach in dieser Position mit ihr auf die Couch setzen. Sie sitzt dabei direkt vor dir, wie auf einem Rodelschlitten, und ihr Rücken zeigt zu dir. Deine Beine sind links und rechts von ihr ausgestreckt. Diese Position hat einen großen Vorteil: Wenn du hinter einer Frau stehst oder sitzt, wird sie Berührungen eher zulassen und die Situation

eher akzeptieren, als wenn du von vorn kommst. Denn dann geht es ihr meistens zu schnell und sie wird dein KINO abblocken. Kommst du aber von hinten, liegen noch ein paar Schritte zwischen Massage und Kuss, bei denen sie sofort aussteigen kann, wenn sie etwas nicht will.

2. Du massierst sie im Hals-Nacken-Bereich. Nach einer Weile fährst du **mit deinen Händen ihren Rücken hinunter** und massierst sie auch an der Hüfte und Körperseite. Dann schlingst du irgendwann deine Hände um ihren **Bauch**, streichelst sie dort und ziehst sie nahe an dich heran. Das fühlt sich dann schon ein bisschen nach Schmusen an und die Frau ahnt dann meistens schon, worauf es hinausläuft. Du kannst zu ihr auch sagen: *„Lehne dich ruhig an"*, und ihren Kopf sanft gegen deine Schulter oder Brust drücken.

3. Eine deiner Hände wandert vom Bauch wieder hoch und du beginnst sie **im Nacken zu kraulen**. Umfasse ihren Hals sanft von hinten mit deiner Hand und kraule mit den Fingern seitlich am Hals und an ihrem Haaransatz.

4. Stupse mit deiner Nase zärtlich gegen ihren Hals. Dann **küsse sie im Nacken** oder **am Hals** (eventuell leichtes C&F machen oder etwas sagen wie z. B. *„Mmmmh, du riechst aber gut ... "*).

5. **Kurz darauf drehst du sie um**, indem du sie mit beiden Händen an der Hüfte fasst und eine Drehbewegung machst. Meistens dreht sie sich dann sofort mit, weil sie weiß, was du möchtest. Falls sie sich nicht dreht, kannst du einfach bei Punkt 4 noch etwas weitermachen und es dann mit den Worten *„Komm mal her!"* noch einmal versuchen. Hast du sie umgedreht und sie liegt auf dir drauf, küsse sie auf den Mund. Natürlich kannst du parallel dazu ihren Hintern berühren und sie streicheln.

Du musst dich nicht exakt an diese Reihenfolge halten, sondern kannst damit auch herumexperimentieren. Die Liste soll dir bloß eine Hilfestellung bieten. Du kannst zum Beispiel auch gleich bei Punkt 3 einsteigen, wenn es die Situation erlaubt. Ich leite einen ersten Kuss zum Beispiel oft so ein, dass ich meine Arme um den Bauch einer Frau schlinge, sie an mich heranziehe und sie im Spaß etwas durchkitzle.

Dann beginne ich sie am Hals zu küssen, woraus dann schnell mehr wird. In solchen Fällen waren es dann sogar oft die Frauen, die damit angefangen haben, mich auf den Mund zu küssen, während ich eigentlich noch bei den Vorstufen dazu war. Blockt die Frau den Kuss jedoch ab, kannst du sie ersatzweise kurz an den Hals küssen. Dann flirte einfach ganz normal weiter mit ihr und setze binnen weniger Sekunden ein zweites Mal zum Kuss an. Meistens klappt es dann und sie lässt es zu.

Du solltest einen Block sowieso nicht zu sehr fürchten, denn meistens kannst du damit sogar noch bei einer Frau *punkten*. Ja, du hast richtig gelesen: Versuchst du eine Frau das erste Mal zu küssen und sie blockt ab, weiß sie danach nämlich trotzdem, dass du das Selbstvertrauen hattest, es bei ihr zu probieren. Vielleicht bist du sogar der erste Mann überhaupt, der ihr gegenüber so viel Mut aufgebracht hat, und damit sammelst du kräftig Pluspunkte.

Sollte sie nach deinem Kuss-Versuch jedoch zickig reagieren, dann höre für ein paar Minuten auf, mit ihr zu flirten, und rede mit ihr einfach über ein anderes Thema. Entziehe ihr für ein paar Minuten *bewusst* dein C&F und dein KINO, bis sie ihre zickige Haltung dir gegenüber aufgibt und wieder freundlicher wird. (Diese Flirthilfen nennt man *Push & Pull* bzw. *„Freeze-Out"*. Wir werden später noch darauf eingehen.)

Wichtig ist aber, dass du dabei nicht die beleidigte Leberwurst spielst, sondern einfach den Flirt zwischen euch leicht abkühlen lässt und ihr deine Zuwendung ein wenig entziehst. Dadurch zeigst du ihr, dass du mit der Situation umgehen kannst, ohne zu klammern oder aufdringlich zu werden. Indem du dein C&F sowie dein KINO plötzlich weglässt, wird die Frau spüren, dass etwas nicht stimmt bzw. sie wird deine Streicheleinheiten vermissen und sich dir wieder zuwenden.

Lasse sie dann nicht zu lange auf dem Trockenen sitzen und beginne wieder mit KINO, lasse aber dein C&F vorerst noch weg. So fliegst du erst einmal unter dem Radar und gibst ihr nicht zu viel auf einmal. Nach einer Weile eskalierst du dann zügig weiter zum Hals, Gesicht und Nacken und setzt dann noch einmal zum Kuss an.

Sollte eine Frau nach dem abgeblockten Kuss-Versuch dagegen schüchtern reagieren, dann fahre dein KINO für ein paar Minuten völlig zurück. Schaue ihr in die Augen und sage am besten das, was du fühlst, zum Beispiel: *„Sorry ... das war jetzt eins zu viel. Aber das Risiko war es mir wert! Denn du bist einfach so unglaublich süß!"* Ich kenne keine Frau, die dir dann noch böse sein könnte. Bringe euer Gespräch auf eine romantische oder vertrauensvolle Ebene, sodass sie sich bei dir wohl fühlt. (Diese Flirthilfe nennt man „*Comfort*" – im nächsten Kapitel gehen wir darauf ein.) Wenn du dich auf diese Weise für zwei oder drei Minuten zurückhältst, ohne beleidigt zu reagieren, merkt sie, dass du ihren Block und damit ihre Gefühle respektierst und Taktgefühl zeigst. Dadurch punktest du doppelt, denn du hattest den Mumm, den Kuss zu versuchen, aber zeigst auch Respekt vor ihr! Rede dann ganz normal weiter mit der Frau, verwende eventuell leichtes C&F, um das komische Gefühl aus der Situation zu nehmen, und versuche ein paar Minuten später noch einmal, sie zu küssen.

Zum Abschluss noch eine Bemerkung: Ich habe Frauen bereits auf dem ersten Date geküsst – und möchte dir davon abraten! Meiner Erfahrung nach sollte man auf den ersten zwei Dates noch mit dem Küssen warten, weil sonst der körperliche Aspekt beim Kennenlernen zu sehr in den Mittelpunkt rückt. Der Kennenlernprozess bekommt dadurch eine falsche Ausrichtung: Man schmust sehr früh miteinander herum, lernt die andere Person dabei aber nicht so gut kennen und sieht über Dinge hinweg, die einen normalerweise stören würden. Deshalb rate ich dir, dass du am Anfang viel mit der Frau redest (natürlich auch mit etwas C&F) und KINO ohne Küssen mit ihr machst. Ab dem dritten Date kannst du sie dann küssen, eventuell auch schon ab dem zweiten. Wenn du vorher bereits KINO bei ihr angewendet hast, wird dir der Schritt zum Kuss dann auch nicht mehr so schwerfallen.

Comfort & Routinen – Das tiefe Gespräch

Vertrauen gibt dem Gespräch mehr Stoff als der Geist.
François de La Rochefoucauld, Schriftsteller

Mit dem Wissen über C&F und KINO hast du bereits eine ganze Menge gelernt. Doch es gibt noch einen weiteren, sehr wichtigen Baustein, der einen guten Flirt ausmacht. Vielleicht hast auf einer Party oder in deiner Gemeinde schon einmal einen Menschen kennengelernt, mit dem du dich unheimlich gut unterhalten konntest. Im Verlauf eures Gespräches seid ihr auf ein Thema gekommen, das euch beide fasziniert hat. Und plötzlich war da diese Chemie zwischen euch und ihr hattet den Eindruck, dass ihr euch stundenlang über alles Mögliche unterhalten könntet, ohne dass es langweilig werden würde. Es war so, als wäret ihr in eurer eigenen Blase und die Welt um euch herum würde in den Hintergrund treten. Nur der andere und das Thema waren wichtig. Am Ende habt ihr euch herzlich verabschiedet, eure Kontaktdaten ausgetauscht und ausgemacht, dass ihr euch unbedingt wieder treffen wollt. Und vielleicht wurde später sogar eine Freundschaft daraus.

Diese Form des tiefen Gesprächs, bei dem eine starke emotionale Verbindung entsteht, nennt man *„Comfort"* (hier zu übersetzen mit: *„Vertrauens- oder Wohlfühlzone"*). *Comfort* ist die Schnellstraße zu tiefen Freundschaften und auch zu Liebesbeziehungen. Doch obwohl *Comfort* sehr wichtig ist, steht er **meist nie am Anfang eines Flirts**. Den Anfang machst du fast immer mit einem Opener, gefolgt von C&F und KINO, wodurch du dir einen Zugang zu der Frau schaffst. Reagiert sie darauf positiv und lässt sie sich auf einen Flirt mit dir ein, bahnt dir das den Weg zu einem tieferen Gespräch mit ihr, bei dem ihr euch füreinander öffnen und euch besser kennenlernen könnt.

Dann ist *Comfort* ein sehr wichtiger Baustein für den weiteren Fortgang eures Flirts. Denn mit C&F und KINO kannst du Frauen zwar wunderbar unterhalten und sie sogar dazu bringen, sich für dich zu interessieren, prickelnde Erotik zu verspüren und dich zu küssen. Doch eine wirklich tiefe Verbindung mit echten Emotionen entsteht nur in der *Comfort*-Zone. Etwas überspitzt kann man deshalb sagen: **C&F und KINO bringen dich zwar sehr weit bei Frauen, aber echte Liebesbeziehungen entstehen nur in der** *Comfort*-**Zone.** Und zwar einfach deshalb, weil man dann merkt, dass der andere nicht nur attraktiv und witzig ist, sondern dass man auch gut mit ihm reden kann und Gemeinsamkeiten hat.

Vielleicht hast du Pärchen aus deinem Umfeld schon sagen hören: *„Wir haben am Anfang unserer Kennenlernphase sehr viel miteinander geredet und dabei gemerkt, dass wir uns viel zu sagen haben."* Genau das meine ich, wenn ich von *Comfort* rede! Hier kannst – ja, *musst* du oft sogar – dein C&F ein bisschen zurückfahren und der Frau zeigen, dass du nicht nur der freche Witzbold bist, sondern auch ein ernsthaftes und tiefes Gespräch mit ihr führen kannst.

Wenn du also von Natur aus eher ein nachdenklicher Typ bist, wirst du die *Comfort*-Zone sicher lieben, denn hier kannst du deine Charakterstärke voll zur Geltung bringen. Der Weg dorthin führt aber eben über C&F und KINO, wodurch die Frau auf dich aufmerksam wird und ein erstes Interesse an dir bekommt, weil du auf erfrischende Art anders bist als die meisten Männer. Behalte C&F und KINO deshalb auch im weiteren Verlauf eures Gesprächs bei!

Denn wenn ihr in die *Comfort*-Zone gelangt und du die anderen Flirthilfen plötzlich über Bord schmeißt, zum melancholischen Tropf wirst und anfängst, dich emotional an der Frau festzuklammern, wird sie schnell abhauen und den nächsten Bus nach Verschwindistan nehmen. Wieso? Weil du dann begonnen hast, dich wie ein *Nice Guy* zu benehmen und dazu noch ein viel zu ernstes Gespräch mit ihr führen willst, bevor die Anziehung zwischen euch richtig aufgebaut ist.

Vergiss also bei eurem tiefen Gespräch nicht, mit ihr zu flirten, damit die Anziehung erhalten bleibt und sie sich nicht vorkommt wie auf einer Tagung der deutschen Philosophengesellschaft. Bleibe also in deinem Alpha-Frame und rutsche nicht in die *„Friend Zone"* ab. Bei einem guten *Comfort*-Gespräch blitzen deshalb auch immer wieder leichtes C&F und KINO auf, um die knisternde Spannung zwischen euch aufrechtzuerhalten. **Denn Frauen lieben Männer, die Humor besitzen, aber eben auch tiefgründig denken können.**

Natürlich kann ein gutes *Comfort*-Gespräch auch mal darin bestehen, dass dir eine Frau von ihren Problemen erzählt und dich um einen Rat bittet. Du solltest aber immer darauf achten, dass du nicht zu ihrem Seelenmülleimer oder Seelsorger-Ersatz wirst, sondern auch noch mit ihr flirtest.

Bemerkst du also, dass euer Gespräch in eine ungute Richtung abdriftet, bei der du nicht mehr ihr Flirt, sondern nur noch der nette Zuhörer-Kumpel bist, dann verändere die Situation mithilfe von C&F oder indem du das Thema wechselst. Am besten machst du einfach beides, indem du zum Beispiel sagst: *„Themenwechsel: Wenn du ein Tier wärst, welches wärst du?"* Du solltest auch darauf achten, dass die Frau in eurem Gespräch nicht wesentlich mehr redet als du und die Gesprächsanteile beider Seiten einigermaßen ausgeglichen sind.

Meistens reicht ein Thema, das euch beide interessiert, um mit einer Frau in die *Comfort*-Zone einzusteigen. Von dort aus könnt ihr dann auf weitere Themen überleiten und euer Gespräch in Gang halten, wodurch die emotionale Verbindung zwischen euch immer weiter wächst.

Manchmal ist es aber gar nicht so leicht, mit einer fremden Frau, die man kaum kennt, ein geeignetes Gesprächsthema für den Einstieg zu finden. Und manchmal bist du auch mitten in einem Flirt oder auf einem Date und obwohl du dich mit der Frau gerade noch angeregt über die Aufzucht von Koala-Bären unterhalten hast, gerät das Gespräch plötzlich ins Stocken. Betretene Stille kehrt ein und beide suchen verzweifelt nach einem neuen Thema. Man will das Gespräch unbedingt fortführen, doch es fällt einem irgendwie nichts mehr ein.

Um in solchen Situationen weiterzukommen, wurden die sogenannten „Routinen" erfunden. Dabei handelt es sich um interessante, witzige und manchmal auch etwas verrückte kleine Spiele oder Fragen, auf die sich ein Gespräch aufbauen lässt. Oft kann man mit ihnen auch von einem normalen Gespräch direkt in die *Comfort*-Zone überleiten. Routinen sind also wie kleine „Small-Talk-Asse", die du aus dem Ärmel ziehen kannst, um eine Unterhaltung neu zu beleben, wenn dir und der Frau einmal der Gesprächsstoff ausgehen sollte.

Du kannst dann zum Beispiel vorher mit C&F herumscherzen und plötzlich zu der Frau sagen: *„Das man mit dir gut herumblödeln kann, wissen wir ja jetzt beide. Aber sage doch mal, was würdest du mit einer Million Euro machen? Wofür würdest du das Geld verwenden?"*

Das Schöne an dieser Frage ist, dass du sie in fast jeder Situation einsetzen kannst. Du kannst sie einem Disko-Girl, das du gerade eben erst kennengelernt hast, genauso stellen wie einer Frau auf eurem dritten Date im Stadtpark. Die Routinen können dabei einen scherzhaften oder einen ernsthaften Unterton haben. **Wichtig ist nur, dass die Frau merkt, dass du ehrlich an ihrer Antwort auf deine Frage interessiert bist und sie nicht bloß aus Verlegenheit gestellt hast.**

Frage also am besten nach Dingen, die dich wirklich interessieren. Dann sind deine Routine-Fragen nicht nur unterhaltsam und interessant, sondern du erfährst auch viel über den Charakter der Frau. Durch ihre Antwort auf die Eine-Million-Euro-Frage kannst du zum Beispiel erfahren, was einer Frau im Leben wichtig ist, welche Träume sie hat und wofür sie sich begeistert. Vielleicht erzählt sie dir, dass sie mit dem Geld ein Krankenhaus in Nigeria unterstützen, ihr eigenes Mode-Label gründen oder ein Traumauto kaufen würde. So lernst du ihre Persönlichkeit besser kennen und ihr kommt rasch in die *Comfort*-Zone. **Denn immer, wenn wir uns einem fremden Menschen öffnen und von Dingen erzählen, die uns wichtig sind, bauen wir zugleich auch eine emotionale Verbindung zu dieser Person auf.**

Du kannst Routinen übrigens nicht nur im persönlichen Gespräch einsetzen, sondern auch in einer E-Mail, einem Chat oder in einem Telefongespräch. Und fast jedes Mal lockern sie das Gespräch auf und geben ihm eine interessante Richtung. Im Folgenden habe ich dir ein paar Routine-Fragen aufgeschrieben:

► „Welche drei Länder willst du in deinem Leben auf jeden Fall noch bereisen?"

► „Was würdest du mit auf eine einsame Insel nehmen?"

► „Wenn du eine Buch- oder Filmfigur sein könntest, welche wärst du gern?"

► „Wie heißt das beste Buch, das du je gelesen hast, und worum geht es darin?"

► „Was war der letzte Kinofilm, in dem du warst, und wie fandest du ihn?"

► „Was sind deine Lieblingsfilme?"

► „Wenn du ein Tier wärst, welches wärst du?"

Meistens eignen sich die Antworten auf solche Fragen hervorragend, um weiter darüber zu reden und C&F anzuwenden. Auf diese Weise wechseln sich ernste Gesprächsteile mit witzigem C&F ab und können ein Gespräch sehr lange am Laufen halten. Als Christen ist es natürlich auch interessant, wenn ihr euch gegenseitig von euren Erfahrungen mit Jesus erzählt, von Gebetserhörungen, die ihr erlebt habt, oder was euch sonst gerade beschäftigt.

Denn es ist völlig egal, worüber im *Comfort* gesprochen wird, wichtig ist nur, **dass es ein positives Thema ist, das euch beide interessiert und begeistert.** Ist die Situation, in der ihr euch befindet, schon ziemlich romantisch oder entspannt, zum Beispiel in einer lauen Sommernacht an einem Seeufer, bietet es sich an, Routinen einzusetzen, die die emotionale Seite besonders stark ansprechen, wodurch ihr noch schneller in die *Comfort*-Zone gelangt. Vor allem Fragen zur Kindheit bieten sich dabei an, zum Beispiel:

- ▶ „Welche Buch- oder Filmfigur war in deiner Kindheit dein Held oder Vorbild?"
- ▶ „Was war dein Lieblingskuscheltier, als du ein kleines Kind warst, und wie hieß es?"
- ▶ „Was war als Kind dein Lieblingsspielzeug?"
- ▶ „Hattest du früher ein Lieblingshaustier?"
- ▶ „Welche Hobbys hattest du als Kind? Warst du reiten oder vielleicht im Ballett?"

Auf diese Weise erinnert sich eine Frau an positive Dinge aus ihrer Kindheit und verbindet diese guten Gefühle auch mit dir und eurer Gesprächssituation. Sie speichert diesen Moment dann als schöne Erinnerung an euer gemeinsames Treffen ab. **Denn Frauen lieben es, gute und tiefe Gespräche zu führen, und das schenkst du ihnen auf diese Weise.** Wenn du dich dabei ehrlich für sie interessierst, wird sie sich immer wieder gern an euer Gespräch erinnern, und die positiven Gefühle von damals werden wieder in ihr aufsteigen.

Natürlich kannst auch du derjenige sein, der sich zuerst öffnet, indem du von ein paar Dingen erzählst, die dich interessieren, die dich aktuell sehr beschäftigen oder die du als schöne Erinnerung an deine Vergangenheit hast. Du wirst feststellen: **Wenn du dich für einen anderen Menschen öffnest und ihm von dir erzählst, wird sich auch die andere Person für dich öffnen und aus ihrem Leben erzählen. So wird die Beziehung zwischen euch gestärkt.** Bei einem Date oder Flirt sollte das dann aber nie der Auftakt zu einer Therapiesitzung werden, wo du am Ende Rat bei der Frau suchst, denn das lässt dich ziemlich schwach dastehen. Konzentriere dich deshalb auf die schönen Dinge und Erinnerungen in deinem Leben und lasse problematische Themen weg. **Achte auch darauf, dass nicht nur du redest, sondern dass ein Dialog zwischen euch entsteht, bei dem auch die Frau von sich erzählen kann.**

Genau wie beim C&F ist deiner Phantasie auch beim Erfinden von Routinen keine Grenze gesetzt. Du kannst dir selbst Routinen ausdenken und Themen und Geschichten, die sich schon in anderen Gesprächen bewährt haben, immer wieder einsetzen. Mit diesem Arsenal an Gesprächsthemen brauchst du stockende Unterhaltungen und peinliche Gesprächspausen nie wieder zu fürchten.

Übrigens eignen sich auch witzige Rätsel oder kleine Spielchen, wie man sie früher als Kind auf dem Schulhof gespielt hat, gut als Routine. Mit ihnen lassen sich deine Flirts auflockern und humorvoll gestalten. Darunter fällt zum Beispiel das *„Fünf-Fragen-Spiel"*. Es geht so:

Du: „Lass uns mal ein kleines Spiel spielen. Ich stelle dir fünf Fragen und du musst jedes Mal mit Absicht eine falsche Antwort geben. Kennst du das Spiel?"

Sie: „Nein."

Du: „Okay, dann spiele ich es mit dir. Ich wette, du schaffst es nicht!"

Sie: „Natürlich schaffe ich das – schieß los!"

Du: „Okay, welche Farbe hat der Himmel?"

Sie: „Lila."

Du: „An welchem Ort befinden wir uns gerade?"

Sie: „Auf einer Ölbohrinsel."

Du: „Findest du mich süß?"

Sie: „Ähhhh also … ja, hihi."

Du: „Jetzt hast du mich durcheinandergebracht, die wievielte Frage ist das denn gerade?"

Sie: „Netter Versuch, aber ich falle nicht darauf rein. Das ist die hundertste Frage."

Du: „Wow, du bist ja echt gut! So weit kommen die meisten Leute nicht. Komm, gib's doch zu, du hast das Spiel bestimmt schon mal gespielt …"

Sie: „Nein, ehrlich, das habe ich noch nie …"

Du: „Tja, und damit bist du raus! Denn du hast gerade die Wahrheit gesagt …"

Ein nettes kleines Spiel mit einer guten Portion frechem Humor. Damit lassen sich Gespräche prima auflockern und das Eis brechen. Die meisten Frauen fliegen übrigens schon bei der vierten Frage raus und müssen dabei selbst lachen.

Die dritte Frage – *„Findest du mich süß?"* – kannst du natürlich durch eine andere Frage ersetzen, wenn sie dir zu frech ist. Probiere sie aber ruhig mal aus, denn es ist interessant zu sehen, wie Frauen darauf reagieren. Wird eine Frau dabei nervös oder fängt an herumzukichern, ist das nämlich ein deutliches Zeichen ihres Interesses an dir.

Ebenfalls geeignet sind kleine Spielchen wie **„Daumenkampf"** (das bietet dir zugleich eine gute Gelegenheit, mit der KINO-Eskalation zu starten): Dabei hakt ihr jeweils eine eurer Hände ineinander, sodass sich die Daumen gegenüberstehen. Dann versucht ihr, den Daumen des anderen mit eurem eigenen Daumen runterzudrücken und dadurch bewegungsunfähig zu machen.

Auch das Spiel, bei dem man sich gegenseitig in die Augen schaut und wer zuerst lacht, hat verloren, eignet sich ganz gut. **Die meisten Frauen lassen sich gern auf solche Spielchen ein, wenn du vorher bereits ein bisschen C&F mit ihnen gemacht und sie dadurch aufgewärmt hast.**

Solche Spiel-Routinen lockern deine Dates auf und sind eine Abwechslung zum üblichen Small-Talk.

Zum Abschluss dieses Kapitels möchte ich dir noch eine Gesprächstechnik vorstellen, die sich besonders für schüchterne Personen eignet, die nicht wissen, worüber sie reden sollen.

Ich nenne diese Technik die **„Signalwortkette"**: Du eröffnest das Gespräch mit einer Bemerkung oder einer Frage. Sobald die Frau dann antwortet, suchst du in ihrem Antwortsatz ein Signalwort heraus, mit dem du das Gespräch fortführen willst. Ich gebe dir ein Beispiel, in dem ich auch C&F verwende (ich habe dir die Signalworte dabei **fett** markiert):

Ich (deute auf ihre Handtasche): „Wow, die ist aber groß. Da könnte man ja locker einen Kleinwagen drin parken."

Sie: „Hey, sage bloß nichts gegen meine Louis-Vuitton-Tasche, die war nämlich teuer."

Ich: „Louis Vuitton? Wo hast du die denn geklaut?"

Sie: „Die habe ich nicht geklaut, du Scherzkeks, die hat mir meine Mutter zu **Weihnachten** geschenkt."

Ich: „Ach ja, Weihnachten … da denke ich immer an Plätzchen, Schnee und leckeren Glühwein. Geht's dir auch so? Oder denkst du da nur an Louis Vuitton?"

Sie: „Nein, ich denke da vor allem an den Weihnachtsbaum. Der duftet immer so gut und das mag ich sehr."

Ich: „Was magst du am liebsten: Den Geruch von Silbertannen oder den von grünen Nordmanntannen?"

Sie: „Das ist mir eigentlich egal … Hauptsache es liegen viele Geschenke darunter!"

Ich: „Was, du kriegst Geschenke? Ich dachte, die bekommen nur brave Mädchen … Was war denn dein Lieblingsgeschenk in den letzten Jahren?"

Sie: „Na, zum Beispiel diese Tasche hier. Und im letzten Jahr hat mir meine Oma ein Kleid aus Spanien mitgebracht, das mag ich auch sehr gern."

Ich könnte sie jetzt zum Beispiel weiterfragen, ob ihre Oma in Spanien lebt, was das Kleid so besonders für sie macht oder ob sie gern nach Spanien in den Urlaub fährt. Somit ergeben sich viele Gesprächsthemen, die du allein durch gutes Zuhören erkennen kannst. Ganz wichtig ist bei dieser Gesprächstechnik aber, dass du dich an der Unterhaltung auch beteiligst, indem du **Beobachtungen**, **Meinungen**, **Kommentare** oder **C&F-Scherze** einwirfst. Sonst wird das Ganze schnell zu einem Verhör – und niemand wird gern verhört.

Natürlich heißt das jetzt nicht, dass du künftig alle Gespräche nach diesem Schema führen sollst. Aber gerade am Anfang oder wenn du sehr nervös bist und nicht weißt, worüber du reden sollst, kann dir diese Gesprächstechnik eine gute Hilfe sein, um ein Gespräch am Laufen zu halten.

Push & Pull und Freeze Outs

Wenn ein Mann will, dass seine Frau ihm aufmerksam zuhört, braucht er nur mit einer anderen zu reden.

Liza Minnelli, Schauspielerin

Wenn Frauen Männer erobern wollen, greifen sie manchmal zu einer Flirthilfe, die ihr weiblicher Instinkt ihnen automatisch zur Verfügung stellt. Diese Flirthilfe ist irgendwie im Unterbewusstsein jeder Frau abgespeichert und psychologisch sehr ausgereift. Und die meisten Männer wissen nicht einmal, dass sie existiert. Die Rede ist von **„Push & Pull"** (dt.: *„ wegstoßen und wieder zu sich heranziehen"*). Diese Flirthilfe ist ein raffiniertes Konzept, das sowohl mit Worten als auch mit Handlungen funktioniert. Sie kann sehr manipulativ und gemein angewendet werden, aber eben auch unglaublich positiv und bereichernd.

„Push & Pull" basiert darauf, beim Gegenüber ein positives Gefühl auszulösen, zum Beispiel, indem man ihm besonders viel Aufmerksamkeit schenkt. Bald darauf entzieht man ihm diese Aufmerksamkeit aber wieder und wechselt zwischen diesen beiden Phasen hin und her. Im Endeffekt ist es das alte „Zuckerbrot und Peitsche"-Schema: warm – kalt – warm. So ist sich die andere Person nie ganz sicher, woran sie gerade ist. Sie wird sich deshalb immer stärker um die Zuwendung der Person bemühen, die *Push & Pull* anwendet, und dabei immer mehr Zeit, Aufmerksamkeit oder Geld investieren.

Du hast sicher schon einmal erlebt, dass sich eine Frau dir gegenüber sehr freundlich und aufgeschlossen gezeigt hat. Als du sie dann wieder getroffen hast, war sie auf einmal zurückhaltend und zeigte plötzlich nur wenig Interesse an dir. Vielleicht schrieb sie dir auch eine ellenlange E-Mail und dann hast du plötzlich vier Tage lang nichts mehr von ihr gehört, trotz deiner wiederholten Nachfrage. Du hast dich dann gefragt, was denn los sei, und viel an sie gedacht. Willkommen im Club! Denn wenn die Dame während dieser Zeit nicht auf einer Expedition in der russischen Tundra verschollen war, hast du damals Bekanntschaft mit *Push & Pull* gemacht.

Vor allem *Nice Guys* lassen sich mit *Push & Pull* teils über Jahre hinhalten und kreisen während dieser Zeit im „Orbit" einer Frau, ohne dass diese sich ernsthaft auf eine Beziehung mit ihnen einlassen müsste. In solchen Fällen ziehen Frauen den Mann zwar in den Kreis ihrer Verehrer, halten ihn dann aber nur als Plan B in Reserve. Das heißt, die Frau hält den Mann durch ihre weibliche Anziehung und ihr Flirtverhalten bewusst in ihrem Orbit, also in ihrem Einflussbereich, wie ein hypnotisiertes Hündchen. **Hin und wieder wirft sie ihm zwar ein paar Knochen ihrer Gunst zu, aber den ganzen Braten kriegt er nicht.** Ganz ehrlich: Ich finde das ziemlich fies und hoch manipulativ – und ich vermute, du siehst das ähnlich.

Wieso rede ich dann aber über *Push & Pull* und bringe es dir auch noch bei? Weil es in böser Absicht zwar großen Schaden anrichten kann, mit Liebe ausgeführt aber unglaublich produktiv und gut für einen Flirt und auch für eine Beziehung ist.

Push & Pull macht es dir nämlich möglich, eine gewisse prickelnde Spannung zwischen dir und der Frau aufrechtzuerhalten. Indem du die Frau an dich heranziehst und kurz darauf wieder etwas von dir schiebst, bleibt die Anziehung und der Flirt zwischen euch spannend und **der weibliche Eroberungstrieb** (ja, den gibt es tatsächlich) aktiv. Sie kann sich dann nämlich nicht zurücklehnen und denken *„Den Jungen habe ich schon so gut wie in der Tasche!"*, sondern **bleibt gespannt auf ihren Zehenspitzen und muss sich weiterhin ein bisschen nach dir ausstrecken und um dich bemühen.** Verbales *Push & Pull* ist zum Beispiel das **„Punkte-Spiel":**

> Du triffst dich mit einer Frau zu eurem ersten Date in einem Café. Irgendwann fragst du sie nach ihrem Beruf und sie sagt, dass sie Krankenschwester ist. Daraufhin sagst du: „Wow, du hilfst anderen Menschen! Das finde ich toll – das gibt jetzt einen Pluspunkt auf meiner Bewertungsliste." Sie lacht und ihr unterhaltet euch angeregt weiter. Wenig später erfährst du etwas, was dir nicht so gut gefällt, zum Beispiel, dass sie gern Volksmusik hört. Deshalb sagst du lachend: „Im Ernst, du findest die Musik der Wildecker Herzbuben toll? Autsch, das gibt jetzt leider einen Minuspunkt." Das Ganze ist zwar nur ein C&F-Spiel, trotzdem wird sie sich in eurem weiteren Gespräch darum bemühen, „Pluspunkte" zu sammeln, sich von ihrer besten Seite zeigen und versuchen, dich zu beeindrucken.

Du kommunizierst ihr damit auf humorvolle Art, dass du keine leichte Beute und auch kein *Nice Guy* bist, sondern gewisse Ansprüche an Frauen stellst. Und Frauen lieben anspruchsvolle Männer. Denn wenn sie es schaffen, solche Männer zu beeindrucken, haben sie aus ihrer Sicht einen Sieg über andere Frauen davongetragen und fühlen sich wertvoll, weil sie den hohen Ansprüchen gerecht geworden sind.

Vom **Grundprinzip** her kannst du *Push & Pull* immer so einsetzen, dass du einer Frau zuerst deine Zuwendung und Aufmerksamkeit gibst, dich bald darauf aber etwas desinteressiert und gleichgültig zeigst. Übertreibe es aber nicht! Sie darf schon wissen, dass du ein Grundinteresse an ihr hast. Denn du willst sie ja nicht vergraulen, sondern ihr nur zeigen, dass du ihr gegenüber noch nicht ganz hingegeben bist und sie dich noch nicht sicher hat. Erinnerst du dich noch an das entspannte Desinteresse bei gleichzeitigem Flirten im ersten Buchkapitel? Das ist eine Form von *Push & Pull*!

Eine andere Form von *Push & Pull* sind Komplimente, auf die eine **Aufforderung zur Qualifikation** folgt: *„Du bist wirklich hübsch, aber was macht dich sonst noch aus?"* Dem „Pull" *(„Du bist hübsch ...")* folgt sofort ein „Push" *(„... aber was kannst du sonst noch?")*. Eine **reine Qualifizierungsfrage** wäre zum Beispiel: *„Neulich hat mir eine Kumpel-Freundin einen selbstgemachten Kuchen mitgebracht. Der war vielleicht lecker! Kannst du auch backen?"* Frauen wenden solche Aufforderungen zur Qualifizierung übrigens oft selbst an, um das Selbstbewusstsein eines Mannes zu testen. Meistens fragen sie dabei nach Statussymbolen (Gehalt, Job/Position, Auto).

Push & Pull funktioniert aber nicht nur mit Worten, sondern auch mit Berührungen, indem du die **KINO-Eskalation startest und dann wieder zurückfährst oder für eine kurze Zeit ganz abbrichst**.

Ziehe eine Frau zum Beispiel an der Hüfte zu dir heran (*Pull*), lass deine Hände ganz selbstverständlich dort und rede dann normal mit ihr weiter. Während des Gesprächs schiebst du sie dann ohne ersichtlichen Grund sanft wieder etwas von dir weg (*Push*). Oder du nimmst ihre Hand, spielst mit ihren Fingern herum und lässt die Hand dann plötzlich los.

Diese Gesten sind für sich betrachtet völlig harmlos, aber auf einer unterbewussten Ebene wird jede Frau wahrnehmen, dass du dich ab einem bestimmten Punkt leicht von ihr distanzierst. Weil sie sich aber nach Körperkontakt mit dir sehnt und die positiven Gefühle, die dein KINO bei ihr ausgelöst hat, wieder spüren möchte, wird sie nun von sich aus auf Tuchfühlung mit dir gehen und versuchen, dich in irgendeiner Form anzufassen. **Sie streckt sich aus nach dir und will mehr von dir.** Und genau das willst du erreichen. Lass es deshalb zu, wenn sie sich dir nach deinem *Push* naht, fasse sie wieder an der Hüfte bzw. nimm wieder ihre Hand und setze die KINO-Eskalation fort.

Mit diesem kleinen Trick kannst du übrigens auch testen, ob sich eine Frau bereits zu dir hingezogen fühlt: **Baut sie nach deinem *Push* von sich aus keinen erneuten Körperkontakt auf, ist noch nicht genug Anziehung vorhanden und du musst mit C&F und KINO noch etwas weiter flirten.** Natürlich gibt es unterschiedliche Reaktionen auf diese Flirthilfe: Manche Frauen finden *Push & Pull* im Kennenlernprozess eher lästig und wenden es selbst kaum an. Ist das der Fall, brauchst auch du es nur wenig einzusetzen. Andere Frauen wiederum lieben *Push & Pull*, wenden es selbst oft an und genießen es, wenn der Mann das Spiel ebenfalls beherrscht und **ihnen nicht immer gleich das gibt, was sie wollen**. Es ist in ihren Augen ein reizvolles Spiel von Stärke und Dominanz, das sie heiß macht. Als Anfänger solltest du mit *Push & Pull* zunächst noch vorsichtig umgehen und erste Erfahrungen sammeln, indem du es nur hin und wieder spielerisch in deinen Flirt einfließen lässt. Hast du das Prinzip dann verstanden und die ersten positiven Erfahrungen damit gemacht, kannst du es sicherer anwenden.

Mit *Push & Pull* eng verwandt ist der sogenannte **„*Freeze Out*"** (dt.: „den Kontakt einfrieren durch Aussperren"). Dabei handelt es sich nicht um eine Flirthilfe, sondern eher um eine Form der Disziplinierung. Im Klartext: Wenn eine Frau nie auf deine E-Mails antwortet oder sich dir gegenüber auf einem Date richtig danebenbenommen hat, strafst du sie mit einem *„Freeze Out"* ab. Das bedeutet zum Beispiel, dass du ihr ein bereits vereinbartes Treffen absagst, dich für ein paar Tage nicht mehr bei ihr meldest oder verweigerst, mit ihr zu schmusen.

Wenn sie z. B. ständig „vergisst", dir auf deine E-Mails zu antworten, und deshalb immer erst fünf Tage später zurückschreibt, wird es bei ihrer nächsten E-Mail eben auch passieren, dass du „vergisst", ihr sofort zurückzuschreiben. Du lässt sie dann ebenfalls so lange zappeln, bis sie sich bei dir meldet und fragt, was denn los ist. Wenn sie zum Beispiel auf deinem Schoß sitzt und etwas sehr Freches zu dir sagt, kannst du sie sanft beiseite schubsen und mit gespielter Strenge sagen: *„So, zur Strafe musst du jetzt runter, du kleiner Racker."* Das hat nichts mit Schmollen zu tun und du solltest dann auch nicht gekränkt reagieren. Es ist einfach eine Handlung, durch die sie merkt, dass sie nicht nach Lust und Laune über dich verfügen oder sich danebenbenehmen kann, weil sie gerade Lust darauf hat. In solchen Fällen machst du dich ihr gegenüber absichtlich rar. Durch diesen *kurzzeitigen* Rückzug gibst du ihr die Gelegenheit, dich zu vermissen und über ihr Verhalten nachzudenken.

Das Repertoire der *Freeze Outs* kann dabei von einem *„Nein, am Samstag kann ich nicht"* (auch wenn dein Terminkalender an diesem Tag gähnende Leere aufweist) bis hin zu einer deutlich verzögerten Antwort auf ihre E-Mail reichen. Der Unterschied zum *Push & Pull* besteht darin, dass beim *Freeze Out* der *Push* (hier also die „Strafe") wesentlich stärker

ist und länger dauert als der darauf folgende *Pull*. Denn du willst damit ein **deutliches Signal** setzen, das da lautet: *„Du hast es übertrieben – und das lasse ich dir jetzt nicht durchgehen, meine Süße!"*

Doch Vorsicht: ***Freeze Outs* sind eine Form der Strafe!** Du solltest sie deshalb nur anwenden, wenn sich eine Frau dir gegenüber wirklich danebenbenommen hat. *Push & Pull* ist dagegen nur ein Flirtspielchen. Du kannst es deshalb ständig in deine Flirts mit einfließen lassen und wenn du es in Maßen anwendest, kann es die knisternde Spannung zwischen dir und der Frau erhöhen und hoch halten. Das gilt besonders für das verbale *Push & Pull*, etwa die Qualifizierungsfragen.

Frauen wenden *Freeze Outs* ebenso wie *Push & Pull* oft selbst bei Männern an, um sich rar zu machen oder in eine überlegene Position zu kommen. Aus irgendeinem Grund scheint fast jede Frau diese beiden Konzepte seit der Pubertät zu beherrschen, wohingegen die meisten Männer nichts davon wissen und manchmal sehr darunter leiden.

Du kennst diese beiden Konzepte nun und kannst entsprechend gegensteuern, wenn du sie bei einer Frau bemerkst, indem du sie einfach selbst anwendest. Aber übertreibe es dabei nicht. Wenn du eine Frau dauernd mehrere Tage lang auf deine E-Mail-Antwort warten lässt, obwohl es dafür keinen Grund gibt, oder ständig den Desinteressierten spielst, wird dir das nicht helfen, sondern massiv schaden. Denn dann wird sich die Frau von dir nicht ernst genommen fühlen und dir enttäuscht den Rücken zukehren.

Höflichkeit und Manieren

Die Grundlage guter Manieren ist Selbstbewusstsein.
Ralph Waldo Emerson, Schriftsteller

Ja, du hast die Kapitelüberschrift richtig gelesen, und sämtliche Mütter dürfen an dieser Stelle des Buches erleichtert aufatmen. Höflichkeit und Manieren *sind* sexy – vorausgesetzt, sie sind nicht das Einzige, was du zu bieten hast. Denn das Problem vieler *Nice Guys* besteht darin, dass sich ihre Flirtfähigkeiten oft nur auf diese beiden Punkte beschränken. Sie sind dann einfach nur höflich und wohlerzogen, haben aber keine Ahnung von C&F, wissen nichts von KINO und überschütten die Frau von Anfang an mit ihrer vollen Aufmerksamkeit, als wäre sie der Nabel der Welt. Das ist aus Sicht der meisten Frauen aber einfach nur langweilig und wirkt unsicher.

Wenn du Frauen ständig die Türen aufhältst und dich zu ihrem Diener machst, bist du ein *Nice Guy* und die Frauen werden schnell durchschauen, dass du diese Dinge nicht aus wahrer Überzeugung für sie tust, sondern immer mit dem Hintergedanken, dadurch bei ihnen zu punkten. **Deshalb wirkt diese „Eroberungs-Strategie" nicht, denn sie ist nicht nur *unmännlich*, sondern auch noch *unehrlich*.**

Wenn du aber aus dem Repertoire der anderen Flirthilfen, allen voran C&F und KINO, schöpfen kannst, musst du deine guten Manieren nicht als Flirthilfe, sondern kannst sie aus ehrlicher Aufmerksamkeit gegenüber der Frau einsetzen. Frauen bemerken diesen Unterschied und finden ein solches Verhalten dann auch attraktiv. Denn gute Umgangsformen und Höflichkeit sind Anzeichen für soziale Intelligenz sowie die Fähigkeit, in jeder Situation angemessen mit anderen Menschen umgehen zu können. Beides sind Attribute des Alpha-Mannes.

Ein chaotischer Mann, der sein Leben nicht im Griff hat, hat meist auch keine Zeit für gute Umgangsformen. Doch fast alle selbstbewussten und erfolgreichen Männer nehmen sich die Zeit dafür – ganz einfach, weil sie es sich von ihren Kraftressourcen her leisten können. Höflichkeit und Manieren sind deshalb ein Merkmal für reinliches und intelligentes Verhalten, und das weibliche Unterbewusstsein weiß so sicher, wie ein Streber die Primzahlen auswendig kennt, **dass diese Dinge wichtig bei der Aufzucht der gemeinsamen Kinder sind.** Deshalb scannen Frauen unterbewusst nach guten Manieren und fühlen sich davon angezogen, sobald sie diese zusammen mit den anderen Alpha-Merkmalen bei einem Mann entdecken.

Das bedeutet jetzt nicht, dass du wie ein Blöder auf jede Türe zuhechten sollst, um sie deinem Date aufzuhalten. Denn auf Dauer würde das die Frau einfach nur noch nerven und sie würde anfangen, sich dabei unwohl zu fühlen. **Frauen wollen schließlich nicht wie kleine unselbstständige Kinder behandelt werden, nach denen man ständig schauen muss, sondern wie erwachsene Prinzessinnen.** Sie schätzen darum kleine höfliche Gesten und Aufmerksamkeiten, wenn sie *hin und wieder* vorkommen.

Lass deine guten Manieren also am besten ganz locker in deinen Umgang mit einer Frau einfließen, dort, wo es gerade passt, und ohne dass es dabei peinlich oder erzwungen wirkt. **Denn Höflichkeit und Manieren entfalten erst in Kombination mit dem richtigen Frame**

ihr Potenzial. Denke an bekannte Frauenschwärme wie zum Beispiel die James-Bond-Darsteller oder den Schauspieler George Clooney, der ebenfalls ganz bewusst auf der Gentleman-Welle surft. Diese Männer mischen ihre Manieren und ihren weltmännischen Stil fast immer mit einer Prise C&F-Humor und viel Selbstbewusstsein.

Öffne einer Frau ab und zu die Türe, hilft ihr aus dem Auto zu steigen und halte ihr den Mantel geöffnet hin, sodass sie ihn besser anziehen kann. Eine große Rolle spielen auch die Tischmanieren. Natürlich sollst du nicht dasitzen wie Kaiserin Sissi und mit abgespreiztem kleinen Finger Tee aus einer Tasse zuzeln. Aber ein paar solide Tischregeln haben noch keinen Mann umgebracht.

Denn nichts turnt eine Frau schneller ab als ein Mann, der seine Suppe schmatzend wie ein Schwein am Trog hinunterschlürft, mit vollem Mund spricht oder einen markerschütternden Rülpser von sich gibt. Solche Dinge kommen nicht einmal bei pubertierenden Mädchen gut an, auch, wenn sämtliche Jungs in dieser Altersklasse anscheinend fest davon überzeugt sind. (Sollten solche Mädels rülpsende Jungs dann tatsächlich einmal toll finden, liegt das nicht am Rülpsen selbst, sondern am Mut des Jungen, Tabus zu brechen und die Erwachsenen zu ärgern, was wiederum von Selbstbewusstsein zeugt.)

Noch ein wichtiger Hinweis zu diesem Thema: Frauen beobachten dich sehr genau. Sie stellen deshalb schnell fest, ob du nur zu ihnen nett bist oder auch zu den anderen Menschen in deinem Umfeld. Dadurch ziehen sie Rückschlüsse auf deinen Charakter. Sollten sie feststellen, dass du nur zu denjenigen Menschen nett und höflich bist, von denen du etwas willst, werden sie das unattraktiv finden und dich eventuell abschießen. Hast du dir aber angewöhnt, allen Menschen Freundlichkeit und Respekt entgegenzubringen und den Taxifahrer oder die Kellnerin im Restaurant genauso höflich zu behandeln wie deine Freunde, wird sie das beeindrucken. Denn jede Frau will nach einem Date mit dir ihre Freundinnen anrufen und sagen können: *„Er ist sooo ein toller Gentleman und sooo aufmerksam. Manchmal ist er ein richtiger Ritter!"*

Solltest du übrigens die Befürchtung haben, durch deine Aufmerksamkeiten zu stark in Richtung *Nice Guy* abzudriften, kannst du jederzeit mit einer Prise C&F und KINO entgegensteuern. Denn wie so oft im Flirtprozess gilt auch beim Thema Höflichkeit und Manieren: Die richtige Mischung macht's!

Abschluss zu den Flirthilfen

Na, fühlst du dich jetzt ein bisschen erschlagen? Keine Sorge, du musst dir nicht alle diese Flirthilfen auf einmal merken. Und bestimmt hast du dir auch schon zwei oder drei Punkte herausgesucht, die du in nächster Zeit besonders vertiefen möchtest. Denn jeder Mensch weiß am besten, wo seine Schwachpunkte liegen. Fange an, daran zu arbeiten, und folge dabei deinem Bauchgefühl. Du kannst auch einen guten Freund fragen, wo er glaubt, dass du dich noch verbessern kannst. **Lies das Kapitel über die Flirthilfen auch ab und zu mal wieder durch, um Dinge aufzufrischen.**

Diese Flirthilfen sollen dich nicht unter Druck setzen, sondern sind im Gegenteil dazu gedacht, dir das Leben zu erleichtern. Ich weiß, dass einem manchmal nach einem Date oder einem Flirt Dinge einfallen, die man hätte besser machen können, und dann ärgert man sich über sich selbst: *„Wieso habe ich mich nicht mehr getraut ... hätte ich doch bloß mehr C&F gemacht ... hätte ich sie doch einfach geküsst."* Solche Gedanken schießen einem dann durch den Kopf. Aber so ist das Leben: Manchmal gewinnt man und manchmal muss man eben auch eine Niederlage einstecken und daraus lernen. Kein Mann kann immer alles „richtig" machen, wenn es um Frauen geht. Eine der wichtigsten Erkenntnisse, die ich in den letzten Jahren hatte, war, **dass man gar nicht versagen kann, wenn man einfach zu sich selbst steht, so wie man ist. Dann gibt es kein „Versagen" mehr, sondern nur Resultate.** Sich zu verstellen ist immer der falsche Weg, denn du belügst dich und andere damit. Auf diese Weise wirst du vielleicht sogar Frauen in dein Leben ziehen, die gar nicht zu dir passen, und früher oder später werden solche Beziehungen wieder auseinanderbrechen. **Deshalb ist es besser, wenn du zu deinen Schwächen stehst. Beseitige sie, wo es dir möglich ist, und den Rest akzeptiere als einen Teil von dir. Konzentrier dich lieber auf deine Stärken und Potenziale!**

Wenn du zum Beispiel kein extrovertierter Typ bist, eine Frau aber eine Rampensau zum Freund haben will, dann lass sie getrost weiterziehen in der festen Zuversicht, dass eine andere Frau in dein Leben kommen wird, die weitaus besser zu dir passt. Die Flirthilfen sollen dich auf deinem Weg dorthin unterstützen. Sie sollen dir helfen, deinen Charakter interessanter zu gestalten und leichter mit Frauen ins Gespräch zu kommen.

Vor allem Flirt-Anfänger erliegen dabei oft der Versuchung, Frauen von ihrem neu gewonnenen Wissen über die Flirthilfen zu erzählen. Dabei schwingt oft das Bedürfnis nach Anerkennung und auch etwas Stolz mit, nach dem Motto: *„Schau mal, was ich gelernt habe! Jetzt habe ich richtig viel Ahnung von diesem Thema."* Davon rate ich dir ab! Die Flirthilfen sind zwar kein Geheimnis und sie funktionieren auch dann noch, wenn eine Frau darüber Bescheid weiß. Doch werden Frauen dann anfangen, jede deiner Bewegungen und jedes deiner Worte genau zu analysieren und sich einen Spaß daraus machen, dich bei der Anwendung einer Flirthilfe zu „erwischen". Außerdem werden sie sich dann fragen, ob du es überhaupt ehrlich mit ihnen meinst oder nur eine Show abziehst. Das alles ist unnötiger Ballast und würde euch in eurem Kennenlernprozess nur stören.

Wenn du einer Frau zum Beispiel erklärst, wieso C&F funktioniert, wird sie zwar immer noch empfänglich dafür sein, genauso, wie du nach einem Vortrag über die erotische Ausstrahlung weiblicher Brüste auf das männliche Geschlecht immer noch gern eine Frau im Bikini anschauen wirst. Doch es nimmt dem Flirt dann eine gewisse Unschuld und sie wird anfangen, deine Scherze auf die Goldwaage zu legen und sie immer ein bisschen argwöhnisch zu betrachten. Also hänge dein neu gewonnenes Wissen nicht an die große Glocke, sondern wende es einfach an (deinen männlichen Freunden darfst du dieses Buch aber sehr gern weiterempfehlen).

Denn Frauen wollen gar nicht im Detail wissen, wie du sie erobert hast. Sie wollen, dass es einfach so geschieht, als eine romantische Fantasie, ein Stück Märchen im tristen Alltag, und ein bisschen Mysterium gehört da einfach dazu. Du möchtest ja auch nicht, dass deine zukünftige Frau zu dir sagt: *„Ich schminke mir die Augen, um meine erotische Anziehung zu verstärken, und ziehe mir ein knappes Top und eine enge Jeans an, um deine niederen Triebe anzusprechen."* Und wenn sie sagen würde: *„Ich spiele ganz gern mal die Schwache, damit du dich stark und überlegen fühlst und dein Mann-Sein besser leben kannst",* entspräche das sicherlich der Wahrheit, würde aber letztlich keinen von euch beiden voranbringen. Denn manche Dinge wollen wir beim anderen Geschlecht gar nicht analysieren oder wissen – wir wollen sie einfach nur genießen!

Die Praxis

Wissen ist nicht genug, wir müssen Wissen anwenden können.
Der Wille allein reicht nicht, wir müssen handeln.

Bruce Lee, Filmstar und Kampfkunstmeister

Don't Kiss Dating Goodbye oder: Eine Ermutigung, sich auf Dates einzulassen

Ich glaube, dass es in unserer Gesellschaft nur wenige Subkulturen gibt, die sich mit den Themen Dating und Beziehungsaufbau so schwer tun wie wir Christen. Und ich glaube, dass es neben den zum Teil selbstgemachten „geistlichen" Hürden, die wir bereits weiter vorn im Buch behandelt haben, auch noch andere Gründe gibt.

Wenn du, so wie ich, in einem christlichen Elternhaus aufgewachsen bist, wurdest du vielleicht so erzogen, dass Christen sich von „der Welt" unterscheiden müssen und deshalb beim Thema Flirten, Küssen, Dating usw. äußerst zurückhaltend und vorsichtig handeln sollten. Versteh mich nicht falsch: Ich bin dankbar für diese Erziehung und bin mir sicher, dass sie mich vor vielen negativen Erfahrungen und emotionalen Verletzungen bewahrt hat. Trotzdem kann sie auch dazu beitragen, dass man sich im Umgang mit dem anderen Geschlecht schwerer tut, weil man unerfahren ist oder zum Beispiel Probleme mit Berührungen hat. Das wirkt dann gerade bei uns Männern ziemlich komisch und kann bei der Partnersuche hinderlich sein (siehe dazu das „KINO"-Kapitel).

Dating und Flirten hat unter Christen zudem einen etwas schlechten Ruf bekommen und wird manchmal als etwas Weltliches und irgendwie Anrüchiges gesehen. Auch die Bücher von manchen christlichen Autoren haben in der Vergangenheit dazu beigetragen, dass dieses

Thema unnötig verkompliziert wurde. Hier sind vor allem Bestseller aus den USA zu nennen, deren Einfluss weltweit auf manche christlichen Kreise enorm war.

Viele der US-amerikanischen Autoren schienen zu befürchten, dass Christen sich in einer Art „Date-Zirkus" verlieren könnten, in dem sie von ihren Gefühlen und sexueller Lust überwältigt werden, und am Ende sich und andere emotional verletzen. In solchen Büchern standen dann zum Beispiel abschreckende Beispiele von Jugendlichen, die sich dateten, plötzlich miteinander schliefen und dann ein ungewolltes Kind hatten. Verschwiegen wurden dabei aber die zigtausend anderen Beispiele, bei denen das Dating *ohne* solche extremen Ausrutscher vor sich ging und aus denen sich gesunde Beziehungen entwickelt haben.

Ich möchte nicht dazu aufrufen, gedankenlos oder unvorsichtig zu handeln, und ich stimme völlig zu, dass wir Christen unsere Beziehungen und unser Dating-Leben verantwortungsvoller gestalten sollten, als es die weltlich orientierte Mehrheit in unserer Gesellschaft tut. Trotzdem möchte ich einige Dinge hinterfragen, die in solchen christlichen Büchern stehen. Denn viele christliche Singles übernehmen die darin enthaltenen Botschaften, ohne darüber nachzudenken, ob sie wirklich zu ihrer Situation oder ihrer Altersgruppe passen.

Viele dieser Bücher richten sich nämlich vorrangig an Teenager und sehr junge Erwachsene, die noch unerfahren im Daten sind. Ein dreißig Jahre alter Single aus Deutschland sollte sich also gut überlegen, ob die darin enthaltenen Ratschläge wirklich zu ihm passen.

Außerdem ist mein Eindruck, dass in Amerika ein deutlich lockererer Umgang mit dem Thema Flirting und Dating herrscht als bei uns, und davor wollen solche US-Autoren warnen. Leider schießen sie dabei manchmal weit übers Ziel hinaus, zum Beispiel, wenn sie frischverliebten Paaren empfehlen, sich nie allein, sondern immer nur in der Gegenwart anderer Menschen aus ihrer Gemeinde zu treffen, oder wenn sie dazu aufrufen, mit dem Küssen bis zur Ehe zu warten.

Ich halte solche Ratschläge für falsch und sogar für gefährlich: Wie soll man denn seine Partnerin richtig kennenlernen, wenn man nie Zeit allein mit ihr verbringen darf? In einer Ehe wirst du später die meiste Zeit mit deiner Frau allein verbringen – ohne dass ständig die halbe Gemeinde um euch herumtanzt. Fällt die Ablenkung einer turbulenten Clique dann plötzlich weg und du bist mit deiner Partnerin allein, stellst du vielleicht fest, dass ihr euch kaum etwas zu sagen habt und die Kommunikation in eurer Beziehung nicht funktioniert.

Und auch beim Küssen würde ich nicht bis zur Verlobung oder gar bis zur Ehe warten. Denn in einem gewissen Rahmen gehören Berührungen schon am Anfang einer Beziehung dazu. Wer noch nie zuvor Zärtlichkeiten ausgetauscht hat, wird in der Hochzeitsnacht sein blaues Wunder erleben, wenn er oder sie dann plötzlich von null auf hundert durchstarten soll. Die damit verbundene Überforderung kann dann schon ziemlich komisch werden und eine erste kleine Ehekrise auslösen, weil beide Partner enttäuscht sind. Ferner sind Sexualität und Berührungen wichtige Aspekte einer gesunden Ehe. Wenn dazu vorher keine Gespräche zwischen euch stattgefunden haben und ein paar *leichte* gemeinsame Erfahrungen gemacht wurden, kann das ebenfalls zu Problemen in der Ehe führen. Deshalb mein Rat an dieser Stelle: **Schalte deinen Kopf nie aus, wenn du solche Ratgeber liest! Überlege, ob sie in der Realität auch praktisch anwendbar sind oder ob sie nur eine idealisierte Wunschvorstellung enthalten.**

Christliche Frauen werden außerdem oft in Büchern und Predigten dazu aufgefordert, sich sehr genau zu überlegen, auf welchen Mann sie sich einlassen wollen. Deshalb rät man ihnen, sich eine schriftliche Liste mit den Eigenschaften anzulegen, die ihr Traumprinz besitzen soll. An und für sich halte ich es für eine gute Idee, sich hinzusetzen und zu überlegen, welche Eigenschaften man in seinem späteren Ehepartner sucht. Denn wer weiß, wonach er sucht, kann auch schneller fündig werden. Allerdings wird dieses „Listen-Denken" oft übertrieben. Auf der Liste so mancher Frau fehlt nämlich nur noch der Punkt „*Er sollte fliegen können*" – und sie wäre eine zutreffende Beschreibung von *Superman*! Ich kenne eine Frau, die auf ihrer Liste dreihundert Punkte notiert hat, die ihr zukünftiger Ehemann erfüllen soll. Sie ist seit Jahren Single und beklagt sich ständig darüber, dass sie keinen guten Mann findet. Deshalb mein Tipp an dich: **Wenn du eine solche Liste führst, dann beschränke dich auf maximal zehn Punkte, die deine Traumfrau erfüllen sollte, mehr nicht.**

Noch ein Phänomen ist mir aufgefallen: Man liest in christlichen Büchern immer wieder zwischen den Zeilen, dass man als Christ nicht aktiv nach einem Partner suchen sollte. Die Autoren schreiben das meistens mit der guten Absicht, dass die Singles ihre Partnersuche dann entspannter und ohne Druck angehen. An und für sich ein guter Tipp, doch leider kippt dieses Entspanntsein dann oft in Antriebslosigkeit um. **Dann möchte plötzlich jeder Christ, dass Gott ihm/ihr auf übernatürliche Weise den richtigen Partner** *sendet,* **doch gleichzeitig will sich niemand mehr** *senden lassen.* Ich glaube, dass diese Haltung und die damit verbundene Ablehnung jeglichen Mitwirkens und eigener Verantwortung bei der Partnersuche eines der Hauptprobleme ist, das christliche Singles heutzutage haben.

Meiner Meinung nach ist es schade, dass Dating einen schlechten Ruf unter Christen bekommen hat, denn eigentlich ist es das Normalste auf der Welt. Ein „Date" oder eine Verabredung bedeutet nämlich nichts anderes, als dass zwei Menschen einen Termin miteinander vereinbaren, an dem sie Zeit miteinander verbringen und sich besser kennenlernen wollen. So entstehen Freundschaften und eben auch Beziehungen. Von Liebe und Ehe muss ja nicht gleich schon beim ersten Treffen die Rede sein.

Eine Beziehung mit der passenden Partnerin ist etwas Wunderbares. Trotzdem kostet es auch manchmal Überwindung, sich auf eine Person einzulassen und einen Teil seiner Eigenständigkeit sowie andere Dating-Optionen aufgeben. Doch es lohnt sich! Man lernt einen neuen Menschen kennen, den man liebt, und bekommt neue Eindrücke, Impulse und Inspiration vom Austausch miteinander. Durch die Hobbys, den Beruf und die Erfahrungen deiner Partnerin erfährst du Neues über die Welt und oft auch über dich selbst.

In einer christlichen Beziehung, in der beide Partner an Jesus glauben, kann man sich außerdem gegenseitig im Glauben ermutigen und seine Erlebnisse mit Gott teilen. Suche deshalb nicht einfach nur *irgendeine* Frau, sondern suche dein Gegenstück, das Puzzleteil, das zu dir passt. Behalte dabei aber im Hinterkopf, dass es nicht nur *ein* passendes Puzzleteil gibt, sondern viele (d. h. date ruhig mehrere Frauen)! **Und mache dir immer wieder klar, dass Beziehungen noch keine Ehen sind.** Es ist eine Zeitspanne, in der man den anderen besser kennenlernt und bewusst voreinander und vor Gott prüft, ob die Beziehung das Zeug zu einer lebenslangen Partnerschaft hat. Dass man dabei auch zu dem Ergebnis kommen kann, dass eine Ehe mit einer bestimmten Person doch nicht in Frage kommt, gehört eben dazu.

Online-Dating-Tipps

Die meisten Christen suchen nach einem Partner, der ebenfalls an Jesus glaubt. Da es zahlenmäßig auf unserer Welt aber deutlich weniger Christen als Nichtchristen gibt, ist die Zahl der in Frage kommenden Partner begrenzt. Nehmen wir einmal an, du gehst in eine Gemeinde mit zweihundert anderen Christen. Ein Großteil der dortigen Frauen ist bereits verheiratet oder vergeben, andere wiederum sind dir zu jung oder zu alt, und so bleiben am Ende vielleicht vier Singlefrauen übrig, die du wirklich attraktiv findest. Vielleicht gehst du zusätzlich noch in eine christliche Hochschulgruppe, in der es drei weitere interessante Kandidatinnen für dich gibt. So kommen wir also auf etwa sieben Frauen. Einige Gemeinden bieten inzwischen auch Singlekonferenzen oder Singletreffs an – eine sehr gute Idee, wie ich finde –, doch leider hat nicht jeder von uns die Gelegenheit, eine solche Veranstaltung in seiner Nähe besuchen zu können.

Hast du diese Such-Orte bereits alle abgeklappert, ohne jemand Passenden gefunden zu haben, sieht es schlecht für dich aus. Denn außerhalb dieser Grenzen warten nur noch die „weltlichen Orte" (Bars, Clubs, Konzerte), an denen sich Frauen bewegen, denen du es nicht ansiehst, ob sie an Jesus glauben oder nicht.

Viele christliche Singles haben deshalb das Gefühl, bei der Partnersuche auf dem Trockenen zu sitzen und gegenüber ihren nichtgläubigen Freunden benachteiligt zu sein. Denn während Nichtchristen zumindest theoretisch jede x-beliebige Frau auf der Straße ansprechen und mit ihr eine Beziehung eingehen könnten, ist für uns Christen der Glaube an Christus ein wichtiges Auswahlkriterium, und die Orte, an denen man solche Frauen findet, sind stark begrenzt.

Zum Glück leben wir aber in technisch herausragenden Zeiten. So gibt es im Internet Webseiten, auf denen sich christliche Singles begegnen können, die sich sonst vielleicht niemals über den Weg gelaufen wären. Ich bin oft überrascht, wie viel Skepsis und Vorurteile manche Christen diesen Webseiten entgegenbringen. Anscheinend sehen sie darin Ausverkaufsstellen, an denen verzweifelte Zeitgenossen versuchen, ihre letzten Chancen zu nutzen, um doch noch jemanden abzukriegen. Doch diese Vorstellung ist falsch! Die meisten Menschen auf solchen Webseiten sind völlig normale und oft auch sehr interessante Personen. Ich selbst war für einige Zeit dort unterwegs.

Der große Vorteil, den christliche Single-Portale bieten, ist, dass du dort Christinnen findest, die *wirklich* auf der Suche nach einem Partner sind. Triffst du eine tolle Frau in deiner Gemeinde, weißt du nicht, ob sie noch Single ist, schon vergeben oder gerade aus Prinzip keinen Mann in ihrem Leben haben möchte. Die Frauen auf christlichen Singlewebseiten sind dagegen auf der Suche – und stehen auch dazu! Es ist quasi so, als ob du einen Raum voller christlicher Singlefrauen betrittst, die nur darauf warten, von Männern angesprochen zu werden.

Ich selbst habe einige meiner Dates über solche Webseiten kennengelernt und kann dir versichern, dass dort viele tolle und attraktive Frauen zu finden sind. Im Folgenden will ich dir deshalb ein paar Tipps für die Suche auf christlichen Singlewebseiten geben.

Als Erstes solltest du dir ein christliches Singleportal suchen, auf dem auch wirklich etwas los ist, das heißt, auf dem viele Christen aktiv sind. Mit ein klein wenig Recherche in einer Internetsuchmaschine kannst du die passende Seite rasch für dich finden. Manche cleveren Zeitgenossen melden sich nicht nur auf einer, sondern gleich auf zwei oder drei Singleportalen an und vergrößern dadurch ihren Suchradius. Hast du dich auf der Webseite angemeldet, kannst du dich dem Wichtigsten überhaupt widmen: der Erstellung deiner eigenen **Profilseite**. Sie ist dein virtuelles Aushängeschild, der erste Eindruck, den deine zukünftigen Date-Partnerinnen von dir bekommen werden. Tag und Nacht, während du schläfst oder bei der Arbeit bist, surfen Frauen auf dein Profil und entscheiden innerhalb von Sekunden, ob sie mit dir Kontakt haben wollen oder nicht. Deshalb lohnt es sich, das eigene Profil nicht einfach bloß schlampig hinzuschludern, sondern sich bei der Erstellung etwas Mühe zu geben.

► **Das Foto – der erste Eindruck zählt:** Ein aktuelles Foto von dir ist natürlich Pflicht auf einer Partnersuchseite. Denn jede Frau möchte wissen, mit wem sie es zu tun hat. Außerdem bekommt sie dann sofort einen Eindruck von deiner Persönlichkeit und deiner Ausstrahlung.

Du solltest deshalb ein Foto wählen, auf dem du eine positive, freundliche oder wild-romantische Ausstrahlung hast. Am besten ist es, wenn dein Profilfoto irgendetwas über dein Leben oder deine Hobbys verrät. Man könnte dich z. B. darauf sehen, wie du cool auf deinem Motorrad sitzt, Klavier spielst oder von mir aus auch mit brennenden Fackeln jonglierst (natürlich nur, falls du das wirklich kannst).

Egal welches Motiv du wählst, wichtig ist nur, dass es zu dir passt und dich nicht einfach dabei zeigt, wie du demotiviert mit hängenden Schultern und traurigem Blick vor Oma Elfriedes Blümchentapete herumlungerst. Sei kreativ! Eine gute Idee ist, einfach mal ein paar Fotos auszuwählen und sie deinen Kumpel-Freundinnen zu zeigen. Frage sie um Rat, welches Bild ihrer Meinung nach am besten bei Frauen ankommt. Außerdem empfehle ich dir, mehr als nur ein Foto auf deiner Profilseite zu posten. Eine **Zahl zwischen drei und sechs Fotos** ist ganz gut, damit die Frauen einen Eindruck von dir bekommen. Auf jeden Fall sollte aber eine Nahaufnahme deines Gesichtes und eine Totalaufnahme deines gesamten Körpers dabei sein. Du tust dir damit selbst einen Gefallen, weil du dann nur die Frauen anziehst, die dich auch wirklich attraktiv finden, und glaube mir: Davon gibt es mehr, als du jetzt vielleicht denkst! Abraten möchte ich dir aber von übertriebenen Poser-Fotos, auf denen du wie ein eingeölter Bodybuilder mit stolzgeschwelltem Bizeps vor der Kamera stehst. Das vermittelt nämlich schnell den Eindruck eines oberflächlichen Angebers, der Frauen vor allem durch sein Äußeres beeindrucken möchte, aber charakterlich wenig zu bieten hat. Wenn du unbedingt deine Muckis zeigen willst, dann mache es bitte auf eine clevere Art: Nimm zum Beispiel ein Foto, dass dich zusammen mit Freunden am Strand zeigt, oder eines, auf dem du mit nacktem Oberkörper beim Beachvolleyballspielen oder Surfen zu sehen bist.

▶ **Hebe dein Profil von der Konkurrenz ab.** Wenn du deinen Profiltext schreibst, solltest du ehrlich sein, dich aber auch interessant präsentieren. Denn nichts ist langweiliger als die 08/15-Profiltexte im Stil von *„Ich esse gern italienisch und mache gerne Sport".* Diese oberflächliche Beschreibung trifft nämlich fast auf jeden Mann zu.

Überlege, was besonders an dir ist, was dich ausmacht und was dich von der breiten Masse der anderen Männer abhebt. Das können Hobbys sein, aber auch dein Beruf oder ein exotisches Lieblingsreiseland. Du musst übrigens auch nicht jede vorgegebene Frage auf deiner Profilseite ausfüllen. Man sollte zwar schon einen gewissen Eindruck von dir bekommen, aber schreib dabei keine Romane. Denn zu viel Text liest sich keiner gerne durch. **Beschränke dich deshalb auf zwei bis vier Antwortsätze pro Frage.** Wer mehr wissen will, soll dich dann einfach persönlich anschreiben!

Stehe außerdem zu dir und zu dem, was du willst und was du gut findest. Man darf auf seinem Profil ruhig auch mal Ecken und Kanten zeigen, sollte aber Infos über größere Lebensprobleme nicht für alle sichtbar ins Internet stellen. Sei bei deinem Profiltext ehrlich und **nutze hin und wieder einen Schuss C&F,** um deine Antworten kreativ zu gestalten. Die Profilfrage: *„Magst du Tiere?"*, kannst du zum Beispiel bewusst fehlinterpretieren und darauf antwortet: *„Ja, vor allem gut durchgegrillt und mit einer leckeren Soße! ;-)"*. (Allerdings wirst du dann vielleicht nicht mehr so gut bei Vegetarierinnen ankommen.) Auf die Frage *„Welche Laster hast du?"* kannst du antworten: *„Ich habe keine Laster – nur ein Auto :-)"*. Solche kleinen Scherze lockern deinen Profiltext auf und zeugen außerdem von Kreativität und Humor. Achte aber darauf, dass du dabei nicht arrogant oder übertrieben selbstbewusst wirkst. Sei locker, sei sympathisch. Lasse deinen Profiltext im Zweifelsfall von einer guten Freundin oder einem Freund durchlesen, bevor du ihn ins Internet stellst.

Ab und zu lohnt es sich auch, die Profilseiten anderer Männer anzuschauen. Schau dir an, wie sie ihr Profil eingerichtet haben, und lasse dich davon inspirieren. Wähle dann aber nur Männer aus, die gut bei Frauen ankommen und bereits eine hohe Besucherinnenzahl in ihrer Profilstatistik haben.

► **Beschreibe dich selbst, vermeide aber Adjektivreihungen!** Ach ja, man liest sie auf so vielen Profilseiten – die elenden Reihungen nichtssagender Eigenschaftsworte. Da schreiben Leute über sich, sie seien geduldig, fröhlich, humorvoll, sportlich, reiselustig, romantisch und gute Zuhörer. Weißt du noch die ersten beiden

Adjektive, die gerade am Anfang dieser Reihung standen? Nein? So ähnlich geht es auch den Besuchern deines Profils!

Denn unter derartigen Wortreihungen kann man sich nur wenig Konkretes vorstellen. Außerdem kann jeder behaupten, er sei witzig, doch was genau man sich darunter verstehen soll, bleibt dabei so unklar und schleierhaft wie die japanische Betriebsanleitung deines Fernsehers. Humor ist nämlich ein weitgefasster Begriff, der von den Witzen eines gefeierten Star-Comedians bis hin zu den dämlichen Kalauern betrunkener Karnevalsjecken reicht.

Mache es deshalb besser und *umschreibe* deine Adjektive lieber. Statt *„Ich bin humorvoll"* könntest du zum Beispiel schreiben: *„Ich lache sehr gern und bin bekannt dafür, dass ich meinen Freunden kleine Streiche spiele."* Statt *„Ich bin geduldig"* schreibe lieber: *„Ich bleibe auch dann am Ball, wenn Dinge schwierig werden, und knoble auch gern mal so lange an einem Rätsel herum, bis ich die Lösung gefunden habe."* Statt *„Ich bin sportlich"* schreibe lieber: *„Ich gehe oft ins Fitnessstudio oder joggen. Das hilft mir, den Kopf frei zu bekommen und so richtig zu entspannen."* Formuliere also plastisch! **Beim Lesen sollten Bilder im Kopf der Frau entstehen** und sie sollte sich vorstellen können, wie diese Eigenschaften praktisch gelebt in deinem Alltag aussehen. Dadurch bleiben deine Profilaussagen viel länger in ihrem Gedächtnis und du sprichst gleichzeitig auch die emotionale Gehirnhälfte einer Frau an. Denn für Frauen sind die Emotionen, die sie mit einem Mann verbinden, sehr wichtig. Positive Beschreibungen lösen positive Bilder im Kopf aus, wodurch positive Gefühle entstehen. Auch hier gilt aber: Mache keinen Roman daraus, sondern beschränke dich auf ein paar Sätze!

Nun steht also dein Profil und du kannst loslegen! Als Nächstes solltest du dir überlegen, in welchem Entfernungs-Radius du nach Frauen suchen möchtest. Bei den meisten Webseiten kannst du nämlich unter der Funktion „Suchen" einstellen, aus welchem Umkreis oder Postleitzahlengebiet dir Frauen angezeigt werden sollen. Überlege dir dabei, wo du die Grenze ziehen willst. Würdest du dich als Münchner auf ein Date mit einer Frau aus Hamburg einlassen oder willst du nicht mehr als eine Stunde zu deinem Date fahren müssen? All das spielt bei deiner Suche eine Rolle. Ich halte einen Suchradius von maximal einhundert bis einhundertfünfzig Kilometern für praktikabel. Klappt es dann nämlich mit einer Beziehung, ist die Entfernung zwischen euch nicht unüberwindbar groß.

Wohnst du auf dem Land und kriegst nur wenige Singles aus deiner näheren Umgebung angezeigt, lohnt es sich oft, den Suchradius auf die nächstgrößere Stadt auszudehnen. Meistens findest du dort mehr als genug christliche Singlefrauen. Hast du dann eine Frau entdeckt, die dir gefällt, kann der Online-Flirt starten. Auch dazu ein paar hilfreiche Tipps:

▶ **Nicht lächeln, sondern schreiben!** Auf vielen Singlewebseiten gibt es die Möglichkeit, anderen Personen ein Lächeln, einen Stupser oder was auch immer zu senden. Viele Männer machen davon Gebrauch und wundern sich dann über die schlechten Rückmeldungen. Du musst wissen, dass diese Form des Auf-sich-aufmerksam-Machens in erster Linie für die Frauen und *nicht* für uns Männer da ist! **Diese nonverbalen Kommunikationsmittel kommen dem weiblichen (eher passiven) Flirtverhalten beim Ansprechen von Männern nämlich entgegen** und verschaffen Frauen die Möglichkeit, ihrer Natur entsprechend aktiv zu werden. Denn Frauen benutzen im echten Leben oft Blicke, Lächeln und „zufällige" Berührungen, um einen Mann auf sich aufmerksam zu machen.

Greift nun ein Mann zu solchen Mitteln, wirkt das oft schwach und schüchtern – sowohl in der realen Welt als auch im Internet. Nahezu alle Frauen, die ich auf christlichen Singleportalen kennengelernt habe, haben mir gesagt, dass sie es ziemlich blöd finden, wenn Männer sie dort nur anstupsen, ohne eine kleine E-Mail hinterherzuschicken.

Es entsteht dann auch oft der Eindruck, dass der Mann sich wie am Fließband durch alle weiblichen Profile auf der Webseite klickt und dabei wahllos Lächeln oder Stupser an die Frauen verteilt wie bei einer Massenabfertigung. So möchte keine Frau behandelt werden! **Sei deshalb ein selbstbewusster Mann und schreibe Frauen immer gleich mit einer richtigen Nachricht an – ohne den nonverbalen Firlefanz.** Oft reicht da schon eine kurze E-Mail mit wenigen Zeilen: „*Hey, ich habe dein Profil gelesen und fand es interessant.*" Dann stellst du ihr eine Frage zu ihrem Profiltext, z. B.: „*Du warst im Sommer in Thailand? Wie fandest du es* *dort?*", oder: „*Wow, ich habe auf deinem Profil gelesen, dass du Geige spielst. Bist du in einer Band?*" Dadurch zeigst du ehrliches Interesse und gibst der Frau auch gleich noch einen Grund, dir zurückzuschreiben.

▶ **Lies ihr Profil!** Immer wieder beschweren sich Frauen auf christlichen Singlewebseiten darüber, dass die Männer sich oft gar nicht die Zeit nehmen, ihren Profiltext zu lesen, und sie nur aufgrund ihres Profilfotos anschreiben. Es kann ziemlich peinlich werden, wenn du einer Frau in deiner E-Mail Fragen zu ihren Hobbys oder ihrem Beruf stellst und sie dir dann säuerlich zurückschreibt, dass man diese Infos doch alle wunderbar auf ihrem Profil nachlesen kann.

Es ist ein Zeichen von Respekt und ehrlichem Interesse, wenn du dir den Profiltext einer Frau durchliest. So viel Zeit solltest du dir also immer nehmen. Außerdem erfährst du dort oft interessante Dinge, die du in deiner E-Mail aufgreifen und wozu du ihr Fragen stellen kannst. Und manchmal erfährst du dort auch wichtige Infos zu schwierigen Themen, zum Beispiel, dass sie raucht oder alleinerziehende Mutter ist, wodurch du einen besseren Einblick in ihre Lebenssituation bekommst.

▶ **Schreibe am Anfang nicht zu viel!** Das hier ist ein ganz wichtiger Tipp, den ich dir besonders ans Herz legen möchte. Viele Männer machen nämlich den Fehler, bereits in der ersten oder zweiten E-Mail einen seitenlangen Roman zu schreiben.

Das kommt meistens nicht gut bei Frauen an, denn es zeigt zu früh zu großes Interesse von deiner Seite aus. Du gibst einer wildfremden Person, von der du bislang nur ein Foto gesehen und ein paar Zeilen gelesen hast, dann einfach zu viel Aufmerksamkeit und das wirkt komisch. **Die Frau muss dann zwangsläufig den Eindruck bekommen, dass du nichts Besseres zu tun hast, als den ganzen Tag im Internet Leute anzuschreiben, und ansonsten kein richtiges Leben hast.** Außerdem ist die Wahrscheinlichkeit groß, dass sie deine viel zu lange E-Mail überhaupt nicht zu Ende lesen wird, wenn sie abends müde von der Arbeit nach Hause kommt. **Als Grundregel empfehle ich dir deshalb, dass du die Schreibmenge einer Frau spiegelst**, d. h., dass du die Länge deines E-

Mail-Textes der Menge anpasst, die sie dir schreibt. Im Endeffekt ist es so, wie wenn du sie auf der Straße ansprichst und dich ihr noch nicht gleich vollständig zuwendest, sondern zunächst noch ein bisschen abwartest:
Schickt sie dir bloß eine dreizeilige E-Mail, dann schreibst auch du nur so viel zurück. Schreibt sie dir dann eine längere E-Mail, belohnst du sie dafür und schreibst ihr eine ähnlich lange Nachricht.

Ein guter Online-Flirt ist wie ein Ping-Pong-Spiel, bei dem sich beide Seiten den Ball zuspielen und jeder in etwa gleich viel Zeit und Aufwand in das gegenseitige Kennenlernen investiert. Im Verlauf eures E-Mail-Wechsels wird dir dein Bauchgefühl dann schon das richtige Maß für die angemessene Textlänge zeigen.

► **Sei frech und witzig:** Ich halte mich mit C&F in der ersten E-Mail an eine Frau bewusst zurück. Meistens reicht es nämlich, wenn du den Kontakt mit einem netten Gruß und zwei oder drei ehrlich gemeinten Fragen einleitest. Oft kommt von der Frau dann eine Gegenfrage und so entwickelt sich der E-Mail-Wechsel allmählich. Erst ab der zweiten E-Mail verwende ich C&F und schaue dann, ob sie in ihrer Antwortmail positiv darauf reagiert und ebenfalls mit witzigen Sprüchen zurückschießt. Ist das der Fall, halte ich mich ab der dritten E-Mail nicht mehr mit frechem und witzigem Humor zurück und setze ihn immer wieder ein. Reagiert die Frau aber negativ oder gar nicht auf mein C&F, drossele ich es wieder und schreibe dann ganz normal mit ihr.
Nun gibt es auch besonders taffe Frauen, die einen sehr witzig-frechen Profiltext haben und dort viel Selbstbewusstsein zeigen. In solchen Fällen mache ich natürlich eine Ausnahme und verwende schon in der ersten E-Mail C&F. Denn die Frau hat dann ja bereits durch ihre Profilseite deutlich gemacht, dass sie für frech-witzigen Humor offen ist und damit auch selbst umzugehen weiß.
Manchmal stößt du auch auf Profilseiten von sehr attraktiven Frauen, auf denen absolut nichts zur Person geschrieben steht. Dann hast du nichts außer ihrem Foto, auf das du dich beziehen kannst. Überlege dir dann, was auf dem Foto zu sehen ist: Vielleicht ein Pferd, ein Musikinstrument oder etwas anderes, was auf ihre Hobbys schließen lässt? Hat sie speziell gestylte Haare oder vielleicht ein Piercing? Diese Dinge kannst du dann in deiner ersten E-Mail

ansprechen. Inwieweit du dann schon C&F verwendest, um dich von der Masse der übrigen Männer abzuheben, musst du selbst entscheiden. Ich habe attraktive Frauen z. B. schon mit dem Satz *„Hey, kaufst du mir einen Hund?* ☺*"* angeschrieben und bekam fast immer eine positive und humorvolle Antwort. Denn gerade weil die Frage so völlig aus der Luft gegriffen, aber auch irgendwie witzig war, wurden die Frauen neugierig auf den Typen hinter der Nachricht.

Die Bildlosen und die Textlosen

Auf deiner Reise durch die virtuellen Weiten der Online-Single-Welt wird es immer wieder vorkommen, dass du auf zwei Spezialfälle triffst. Ich nenne sie die „Bildlosen" und die „Textlosen".

Die „Bildlosen" haben ihr Profil akribisch bis auf die letzte Frage ausgefüllt, aber kein Profilbild von sich online gestellt. Das kann daran liegen, dass sie sich selbst nicht für hübsch halten. Ich habe aber auch schon erlebt, dass attraktive Frauen bewusst auf ein Foto verzichteten, weil sie absichtlich unter dem Radar der suchenden Männer bleiben wollten. Sie gehen dann lieber selbst auf die Jagd, wollen aber nicht von Männern angeschrieben werden. Manche Frauen sind auch technisch einfach nicht besonders versiert und haben deshalb keine Ahnung, wie man ein Foto verkleinert und online hochladen kann.

Egal, welcher Grund zutrifft: Ich finde es absurd, wenn Frauen glauben, dass ein Mann allein wegen ihres Profiltextes ein ernsthaftes Interesse an ihnen entwickeln wird. Fotos gehören einfach dazu und sind wichtig, um einen Eindruck vom Aussehen und der Ausstrahlung eines anderen Menschen zu bekommen. Deshalb finde ich es unfair, wenn eine Frau selbst online nach Männern „shoppen" geht und sich reihenweise Profilfotos anschaut, den Männern dann aber kein Foto von sich zeigen möchte. Ich nehme Frauen ohne Profilfoto deshalb aus Prinzip nicht ernst. Schreiben sie mich online an, reagiere ich meistens mit C&F und frage: *„Wieso hast du denn kein Bild in deinem Profil? Gib's zu, du bist gar keine Frau! Du heißt in Wahrheit Günther, bist fünfzig und sitzt in Jogginghose und Unterhemd auf der Couch, während du mir E-Mails schreibst."* Oder ich antworte mit einer kurzen, aber höflichen E-Mail und frage dann am Ende: *„Wieso hast du eigentlich kein Foto? Mich würde es interessieren, mit wem ich es zu tun habe."*

Hat die Frau dann ein ehrliches Interesse an unserem Kontakt, beeilt sie sich meist, mir ein Foto zukommen zu lassen. Und das ist auch gut so. Denn niemand kauft gern die Katze im Sack und kein Mensch will tage- oder wochenlangen mit einer völlig unbekannten Person E-Mail-Kontakt haben, um dann in den ersten drei Sekunden auf dem Date festzustellen, dass man diese Person optisch leider gar nicht ansprechend findet.

Du kannst einer Frau ohne Foto auch den Link zu deiner Facebook-Seite schicken und ihr schreiben: *„Ich bin nicht so oft auf dieser Singlewebseite, dafür aber öfter auf Facebook. Wenn du willst, kannst du mich dort als Freund hinzufügen."* Macht sie das, findest du auf ihrer Facebook-Seite oft mehr als genug Fotos von ihr und erfährst zudem auch noch, was sie mit ihren Freunden dort schreibt. Aber Achtung, sie kann deine Facebookseite und die Kommentare deiner Freunde dann natürlich ebenfalls sehen. Du solltest also auch hier auf ein ansprechendes Online-Profil achten.

Wenn eine Frau nur ein einziges Foto von sich auf dem Singleportal hochgeladen hat, solltest du übrigens vorsichtig sein. Meiner Erfahrung nach braucht man mindestens zwei, besser drei Fotos, um sich online ein realistisches Bild vom Aussehen einer anderen Person machen zu können. Vielen Frauen ist auch bewusst, dass sie durch Nahaufnahmen ihres Gesichtes, durch Schwarz-Weiß-Fotos oder Aufnahmen aus einem bestimmten Winkel Problemzonen kaschieren können, und sie nutzen diese Möglichkeiten auch. Bei mehreren Fotos klappen solche Tricks dann aber nicht mehr so einfach. Am Ende profitieren immer beide Seiten davon, wenn man eine realistische Vorstellung vom anderen hat. Das erspart viele Enttäuschungen.

Kommen wir nun zu den **„Textlosen".** Meist handelt es sich dabei um atemberaubende Schönheiten, die gleich mehrere Bilder von sich online gestellt haben. Dafür findest du in ihrem Profiltext aber nichts als gähnende Leere. Diese Damen sind einfach davon überzeugt, dass ein Foto ihrer strahlenden Schönheit völlig ausreicht, um genug Männer anzulocken, und dass sie keine Texte über sich ins Internet stellen müssen. Der Erfolg scheint ihnen dabei auch recht zu geben: Ich staune immer wieder darüber, dass solche Frauen oft binnen weniger Tage nach ihrer Erstanmeldung auf der Webseite bereits über hundert Kontakt-Anfragen von Männern bekommen haben, was du an den Zahlen in ihrer Profil-statistik leicht sehen kannst.

Du kannst dir vorstellen, dass die Postfächer dieser Mädels vor Anfragen schier überquellen müssen. Wie die Mehrheit dieser E-Mails dann aber aussieht, kannst du beim Blick in die Gästebücher solcher Frauen erahnen: Dort wimmelt es oft von Männern die *„nur mal so einen Gruß und einen Bibelspruch da lassen wollten"* (natürlich in der Hoffnung, dadurch ihre geistliche Tiefe demonstrieren und Eindruck schinden zu können), oder von Jungs, die ihr *„nur mal sagen wollten, wie schön sie ist"* – als ob sie das nicht schon selbst wüsste. Dieses 08/15-Standardgeschreibsel ist für attraktive Frauen aber genauso spannend wie ein Sandhaufen um fünf Uhr morgens. Umso wichtiger ist es also, dass du dich mit deiner E-Mail von der breiten Masse der übrigen Anfragen abhebst. Sei anders als der Rest – sei frech, witzig und interessant –, dann fällt deine E-Mail so positiv auf wie ein Wasserrutschen-Erlebnisbad in der Wüste.

Ich verwende zum Beispiel in der zweiten oder dritten E-Mail kleine **Routinen** und frage Frauen dann zum Beispiel: *„Was würdest du mit einer Million Euro machen?"* Das lockert die E-Mails auf. Bisher kamen solche Routinen sowohl im echten Leben als auch online immer sehr gut an.

Ein weiterer großer Vorteil, den dir Internet-Singleportale bieten, ist, dass du dort auch von Frauen angeschrieben werden kannst, die du gar nicht auf deinem Radarschirm hattest, die aber trotzdem interessant für dich sind. Dabei ist mir aufgefallen, dass ich in den Monaten März/April sowie Oktober/November wesentlich öfter von Frauen angeschrieben wurde als in den übrigen Monaten des Jahres. Das Ganze wiederholte sich Jahr für Jahr mit einer solchen Zuverlässigkeit, dass ich inzwischen vom **„Frühjahr/Herbst-Phänomen"** spreche. Die Gründe für dieses Verhalten liegen wohl an den Hormonen, die im Frühjahr ausbrechen, sowie am aufziehenden Winter im Spätherbst, wenn viele Frauen feststellen, dass ihnen noch ein passender Mann im Nest fehlt.

Lass uns noch über weibliche Signale im Internet reden: Wenn du einer Frau online schreibst, kannst du ihre Körpersprache und ihre Reaktion darauf natürlich nicht sehen. Trotzdem kannst du oft zwischen den Zeilen ihrer Texte **Anzeichen ihres Interesses** finden. Fängt sie zum Beispiel an, dich in ihren E-Mails auf humorvolle Art zu necken, ist das ein gutes Zeichen, denn dann verwendet sie C&F, um mit dir zu flirten.

Ebenfalls positive Zeichen sind der Einsatz von Zwinkersmileys ;-) oder frechen Smileys, die dir die Zunge herausstrecken :-P. Das ist ebenfalls eine Form von C&F. Wenn eine Frau auf sexuelle Themen anspielt oder Dinge durch eine Punktlinie andeutet (z. B. *„So so, dann vertrau ich dir mal ... "*, oder: *„Wenn du wüsstest, woran ich gerade denke ..."*), ist das ebenfalls ein gutes Zeichen. So etwas schreibt man nur, wenn man bereits eine gemeinsame Grundlage mit dem Gegenüber gefunden hat und sich locker unterhalten kann. Halte nach solchen IoIs also Ausschau.

Solltest du bei deiner Online-Partnersuche ein paar Schlappen erleben, zum Beispiel, dass eine Frau plötzlich den Kontakt zu dir einstellt, dann wirf nicht gleich die Flinte ins Korn! So etwas gehört einfach dazu. Meine Erfahrung und auch die meiner christlichen Freunde hat gezeigt, dass **man zwischen fünf bis acht verschiedene Frauen anschreiben muss, um überhaupt eine Antwort zu bekommen.** Und nur etwa die Hälfte der Frauen, mit denen du dann schreibst, lässt sich auch auf ein Date in der realen Welt mit dir ein. Und trotzdem lohnt es sich! **Denn was ist besser: Fünfzehn Körbe zu bekommen, doch am Ende einen großen Erfolg zu haben – oder es gar nicht erst zu versuchen und weiterhin allein zu bleiben?** Erinnere dich an den Merksatz aus dem Ansprech-Kapitel: *Manchmal kommt es einfach auf die Anzahl an!*

Wer kämpft, kann verlieren – aber auch gewinnen! Doch wer nicht kämpft, hat schon verloren. Wenn du einmal frustriert bist, dann sage dir selbst folgenden Satz: **Jedes erste Date trägt die Chance in sich, dass ich dort zum ersten Mal meiner zukünftigen Ehefrau begegne!** Denn über kurz oder lang wirst du Erfolg haben.

Wenn du merkst, dass dir das Schreiben mit einer bestimmten Frau, die du online kennengelernt hast, Spaß macht, und du den Eindruck hast, dass es ihr genauso geht, solltest du ein **Treffen vorschlagen.**

Ich würde damit aber bis zur dritten oder vierten E-Mail warten, alles andere halte ich für vorschnell. Ein wichtiges Zeichen dafür, dass der richtige Zeitpunkt für einen Date-Vorschlag gekommen ist, besteht darin, dass ihr anfangt, euch immer längere E-Mails zu schreiben und dass sich das gegenseitige Interesse auf beiden Seiten spürbar steigert und auch schriftlich äußert. Wenn du willst, kannst du dich dann auch erst einmal vortasten und zunächst in einer E-Mail schreiben: *„Wow, ich bekomme langsam wirklich Lust, dich mal im echten Leben kennenzulernen."* Nach so einer Andeutung schlagen Frauen oft sogar von sich aus ein Treffen vor.

Ich mache mit einer Frau, die ich im Internet kennengelernt habe, meistens zuerst ein Telefongespräch aus, bevor ich mich mit ihr treffe. Dadurch checke ich vorher ab, ob ich mich gut mit ihr unterhalten kann und sie auch wirklich eine sympathische Person ist, mit der ich ein Date haben möchte. Außerdem sinkt dadurch die Gefahr, dass sie mich später versetzt und nicht zum Treffen erscheint, denn sie hat mich dann ja bereits am Telefon ein Stück weit kennengelernt, wodurch ihr Interesse meist noch größer wird.

Im Telefongespräch steige ich dann oft mit leichtem C&F ein, um erst einmal das Eis zu brechen, und unterhalte mich anschließend ganz normal mit ihr. Bringe ich sie ab und zu zum Lachen, ist das ein gutes Zeichen. Nach dem Gespräch schreibe ich ihr dann eine E-Mail, bedanke mich für das schöne Telefonat und schlage ihr ein richtiges Treffen vor.

Meistens nenne ich dann ein konkretes Datum, eine Uhrzeit und einen Ort, frage sie am Ende aber auch: *„ Was meinst du dazu?"* So ergreife ich zwar die Initiative, gebe ihr aber auch die Möglichkeit mitzubestimmen. Sollte sich eine Frau nach meinem Date-Vorschlag plötzlich nicht mehr melden, lasse ich sie sausen und widme mich anderen Damen. Denn dann wollte sie mich wahrscheinlich nur im Orbit ihrer Verehrer halten oder bloß unverbindlich herumflirten. Das ist ein weiterer Grund, wieso du nicht monatelang mit einem Date-Vorschlag warten solltest: **Du trennst damit die Unentschlossenen und Unverbindlichen von den ernsthaft interessierten Frauen.**

Die meisten Frauen lassen sich aber auf ein Treffen ein, wenn ihr vorher gut miteinander schreiben konntet, und erst recht, wenn ihr vorher schon ein gutes Telefongespräch hattet. Ich habe es jedenfalls noch nie erlebt, dass eine Frau mich versetzt hat und nicht zu unserem vereinbarten Date erschienen ist.

Das Date

Die ganzen Flirts und das Ansprechen von Frauen machen schon eine ganze Menge Spaß. Vergiss dabei aber nicht, dass diese Dinge einem bestimmten Zweck dienen, nämlich ganz konkret Dates mit Frauen zu bekommen. **Denn Flirten ist zwar schön und gut, man sollte damit aber auch irgendwann mal etwas erreichen.** In diesem Buch habe ich schon mehrfach gesagt, dass Frauen von uns Männern erwarten, dass wir die Führung übernehmen. Das gilt erst recht, wenn es um Dates geht!

Wundere dich deshalb nicht, wenn sich eine Frau, nachdem ihr eure Nummern oder E-Mail-Adressen ausgetauscht habt, nicht von sich aus bei dir meldet. **Frauen laufen Männern meist aus Prinzip nicht hinterher, sondern warten passiv darauf, dass der Mann aktiv wird und die weiteren Schritte für ein Treffen einleitet.** Das ist gar nicht böse von ihnen gemeint, es entspricht einfach nur der weiblichen Natur und ihrer Rolle im Kennenlernprozess. Außerdem wollen sie dir nicht zu früh zu viel Aufmerksamkeit geben, um dir die Freude an der „Jagd" nicht zu nehmen. Eine Frau erwartet deshalb, dass du die entscheidenden Schritte auf sie zu machst. Das gilt natürlich umso mehr, wenn sie dich für einen selbstbewussten Mann hält und dich auch so kennengelernt hat.

Als Mann ist es deine Aufgabe, die Frau deines Herzens durch den *gesamten* Kennenlernprozess und darüber hinaus zu führen: Sie wird kein erstes Date vorschlagen – das musst du tun. Sie wird dich nicht als Erstes küssen – das ist dein Job. Sie wird dir keinen Heiratsantrag machen – das erwartet sie von dir. So sind einfach die Spielregeln seit Jahrhunderten. **Eine Frau zeigt dir ihr Interesse meist nicht, indem sie dir die Bude einrennt, sondern sie zeigt es dir dadurch, dass sie dir grünes Licht gibt, *ihr* die Bude einzurennen.** Deshalb musst in den meisten Fällen du das erste Date vorschlagen, damit euer Kennenlernprozess vorankommt. **Die meisten Frauen schätzen es, wenn der Mann die Initiative ergreift und seine Rolle im Partnerfindungsprozess einnimmt.** Sie wird sich dann schon melden, wenn ihr etwas nicht passt oder sie mit etwas nicht einverstanden ist.

Überlege dir als Erstes einen guten Ort für euer Treffen. Die meisten Männer denken beim Wort „Date" gleich an ein gemeinsames Essen im Restaurant bei Kerzenschein oder an ein Treffen im Kino. Diese Dinge werden so auch immer wieder in Filmen dargestellt, sind aber für ein erstes Date in der realen Welt völlig ungeeignet! Es ist eine furchtbare Situation, wenn sich zwei relativ unbekannte Menschen plötzlich in einem Restaurant gegenübersitzen und krampfhaft versuchen, Small Talk zu machen. Und auch Kinos kannst du vergessen, denn dort kann man sich bekanntlich nicht miteinander unterhalten. Das heißt, du sitzt dort zwei Stunden lang stumm neben der Frau, starrst die Leinwand an und fragst dich am Ende, wer diese Person eigentlich war – und ihr wird es damit genauso gehen. **Wirf diesen unrealistischen Hollywood-Mist**

zum Thema Dates also am besten gleich aus deinem Kopf! Denn Treffen im Restaurant oder Kino sind erst ab dem dritten Date eine Option, wenn man sich bereits ein bisschen kennengelernt hat.

Auch eine Einladung zu dir nach Hause kannst du dir sparen: Kaum eine Frau wird sich auf ein erstes Date in der Wohnung eines fremden Mannes einlassen. Schlägst du so etwas vor, muss sie vermuten, dass du sie nur schnell ins Bett kriegen willst oder ein Psychopath bist, der etwas Schlimmes mit ihr vorhat.

Viel besser ist es deshalb, wenn ihr euch in einem entspannten und öffentlich zugänglichen Umfeld trefft, z. B. nachmittags in einem Café oder abends in einer Cocktailbar. Hier könnt ihr euch ungezwungen unterhalten und problemlos die Örtlichkeit wechseln, indem ihr z. B. anschließend noch einen Spaziergang durch die Stadt macht. Außerdem kannst du das Date dann auch ohne Schwierigkeiten verkürzen oder beenden, wenn es dafür einen Grund geben sollte.

Beim ersten Date mit einer Frau solltest du aus Prinzip nicht so viel Geld ausgeben. Zahle am besten nur deinen Kaffee und wirf einer fremden Frau nicht gleich dein Geld hinterher. Die meisten Frauen wollen ihre Rechnung beim ersten Date ohnehin selbst bezahlen, um nicht den Eindruck zu erwecken, dass sie den Mann ausnehmen möchten, aber auch, damit sie dem Mann nichts schuldig sind. Ausnahmen sind natürlich möglich, **doch solltest du im Großen und Ganzen darauf achten, dass du eine Frau mehr mit deinem Charakter als mit deinem Geld beeindruckst.**

Neben dem Klassiker im Café gibt es noch unzählige weitere Ideen für ein erstes Date: Schlendert mit einem Eis in der Hand durch den Park oder am Flussufer entlang. Lauft durch einen interessanten Stadtteil, in dem es Geschäfte mit witzigen oder skurrilen Dingen gibt. Dort könnt ihr dann gemeinsam auf Erkundungstour gehen und die Gesprächsthemen kommen nahezu von selbst auf (*„Ach schau mal, der große Hut da drüben! Der erinnert mich an meinen letzten Urlaub in Spanien …"*). Schnapp dir einen Reiseführer und schaue, welche Ausflugsziele und Sehenswürdigkeiten es in deiner Stadt gibt. Auch Uferpromenaden oder Biergärten eignen sich für das erste Date. Um große Festivals oder Konzerte solltet ihr aber erst mal noch einen Bogen machen. Dort gibt es meist zu viele Fremdeindrücke, sodass ihr euch nicht richtig auf euer gegenseitiges Kennenlernen konzentrieren könnt.

Wenn du Student bist und eine Kommilitonin erst einmal unverbindlich kennenlernen möchtest oder es schwierig ist, einen Termin mit ihr zu vereinbaren, könnt ihr euch auch einfach zum Mittagessen in der Mensa verabreden. Dort kannst du dann C&F und all die anderen Flirthilfen anwenden, ihr Interesse an dir wecken und sie später dann auf ein richtiges Date einladen.

Wenn du vor einem ersten Treffen nicht mit der Frau telefonieren willst, sondern dich lieber gleich mit ihr triffst, ist es trotzdem ratsam, **vorher eure Telefonnummer auszutauschen.** Sollte es dann einer von euch beiden nicht pünktlich zum Treffpunkt schaffen, ein Notfall eintreten oder ihr euch am Treffpunkt aufgrund der vielen anderen Menschen nicht finden, könnt ihr euch gegenseitig kontaktieren. Diese Vorsichtsmaßnahme kann dir im Zweifelsfall eine Menge Ärger, Frust und Missverständnisse ersparen. Wenige Tage vor dem Treffen schreibe ich der Frau deshalb in einer E-Mail: *„Ich gebe dir für Notfälle mal meine Telefonnummer. Und ich vertraue dir, dass du sie nicht an irgendwelche Callcenter weitergibst, die mich dann mit Werbeanrufen bombardieren, haha. ;-)".* Alle Frauen fanden diese Idee bislang gut und haben mir daraufhin auch ihre Telefonnummer zugemailt.

Eine Stunde vor dem Date solltest du dir ein passendes Outfit wählen und ein gutes Parfüm aufsprühen (aber nicht zu viel – weniger ist mehr!). Wenn du dich bisher noch nie auf ein Date verabredet hast, wirst du vor deinen ersten Treffen mit Frauen vermutlich nervös sein. Das ist völlig normal. Nach einigen Dates legt sich das aber und man bekommt eine gewisse Routine.

Meistens kommt diese Nervosität auch aus einer falschen inneren Einstellung heraus: Du bist nervös, weil du ihr gefallen möchtest und Angst hast, dass sie dich zurückweist. Drehe den Spieß deshalb um und fang an, in einem besseren Frame zu denken. Sage dir selbst: *„Sie findet mich interessant, sonst hätte sie sich nicht auf ein Treffen mit mir eingelassen. Ich bin der beste Typ, den sie bekommen kann, und habe ihr charakterlich viel zu bieten. Es ist ein Privileg für sie, dass sie sich mit mir treffen kann."*

Die Frau ist zu Gast in *deiner Welt,* wo du das Sagen hast. Sie ist erst einmal nur zu Besuch dort, und nur wenn sie sich gut anstellt, wird ihre Aufenthaltsgenehmigung verlängert. Deine innere Haltung sollte also nicht lauten: *„Hoffentlich gefalle ich ihr!",* sondern vielmehr: *„Ich bin* *derjenige, der die Auswahl trifft und der ihr eine Chance gibt, sich zu präsentieren.* " Klingt vielleicht machohaft, ist aber sehr wirkungsvoll, um die eigene Nervosität in den Griff zu bekommen und selbstbewusst, aber zugleich freundlich aufzutreten. Du bist es, der auswählt – nicht sie! **Fange an, nach dieser inneren Einstellung zu leben, und du wirst in Bezug auf Frauen allgemein vieles leichter haben.** Vor allem sehr attraktive Frauen gehen oft mit der gleichen Einstellung auf ein Date, was sich auch manchmal in ihren Bemerkungen äußert.

Wenn eine Frau mich dann necken will und versucht, meinen Frame anzugreifen, kontere ich meistens mit C&F und sage zum Beispiel: *„Haha, ach du liebe Güte, mal schauen, wie lange ich es mit dir aushalten werde. "* Oder: *„Sei mal lieber etwas netter zu mir, sonst bringe ich dich gleich wieder zu deinen Eltern zurück. "* Oder: *„Deine Scherze missfallen dem König! Der König überlegt gerade, ob er dieses Treffen fortsetzen möchte. "* (Dabei schnappe ich sie mir und kitzle sie.) Oder: *„ Vorsicht! Wer frech ist, wird durchgekitzelt ... "* Ich zeige ihr so auf eine humorvolle Art, dass ich nicht *needy* bin und es nicht nötig habe, sie mit allen Mitteln zu beeindrucken.

Richtig schlimme Nervosität vor einem Date hat man übrigens nur, wenn man glaubt, keine anderen Optionen zu haben. Wenn du gleichzeitig mehrere Frauen in deinem Leben hast und dich mit ihnen triffst, wirst du wesentlich entspannter auf die einzelnen Dates gehen (mehr dazu im Kapitel *„Warum es keine Sünde ist, ist mehrere Frauen gleichzeitig zu daten"*).

Anfänger sollten sich auch folgenden Frame einhämmern: *„Es geht heute nicht darum, eine bestimmte Frau XY zu erobern, sondern es geht mir vor allem darum, Erfahrungen zu sammeln und so meine Flirtfähigkeiten zu verbessern. "* Diese Haltung entspannt und erinnert dich gleichzeitig an die Flirthilfen. Wenn dir die Frau nach dem Date dann um den Hals fällt, umso besser. Das heißt aber nicht, dass du dich nur so *„zur Übung"* mit Frauen auf ein Date treffen sollst. Denn das wäre ihnen gegenüber unfair. Du solltest dich grundsätzlich nur mit Frauen verabreden, an denen du auch wirklich Interesse hast.

Manchmal versuchen Frauen auch, eure Verabredung im Vorfeld herunterzuspielen, und tun ein bisschen so, als wäre euer Treffen kein Date, sondern nur ein unverbindliches Kennenlernen (was im Grunde aber das Gleiche ist). Wenn sie dich bislang nur als netten Kumpel oder

Nice Guy erlebt hat, ohne dass ihr miteinander geflirtet habt, kann es schon sein, dass es in ihren Augen tatsächlich kein richtiges Date ist. Doch lass dich davon nicht verunsichern: Wenn du bereits in irgendeiner Form (zum Beispiel in der Gemeinde oder auf der Straße) mit ihr geflirtet hast, eine ordentliche Portion C&F und etwas KINO im Spiel war, und sie einem Treffen dann zugestimmt hat, *ist* **es ein Date – und das weiß sie in ihrem Innersten auch.** Egal wie sie euer Treffen dann vor sich selbst und vor dir herunterzuspielen versucht.

Das gilt erst recht, wenn ihr euch abends trefft oder sie dich in ihre Wohnung einlädt. Sollten dennoch Zweifel für dich bestehen, gilt folgende Faustregel: **Wenn eine Frau auf einem Treffen mit dir dein C&F positiv erwidert (durch Lachen oder durch Kontersprüche) und du die dritte Stufe der KINO-Eskalationsleiter mit ihr erreichst, habt ihr** *definitiv* **ein Date.** Aber sprich das bitte nicht so direkt vor ihr aus. Am Anfang eurer Kennenlernphase könnte es nämlich sein, dass sie dann versuchen wird, es abzustreiten, um sich nicht zu früh auf dich als möglichen Partner festlegen zu müssen.

Auf dem Date solltest du dann einfach entspannt sein und dich aus einer relaxten Haltung heraus mit ihr unterhalten. Schon allein die Tatsache, dass sie zum Date erschienen ist und Zeit mit dir verbringen möchte, ist ein gutes Zeichen. Nutze C&F und Routinen, um das Eis zu brechen, aber übertreibe es nicht und ballere sie nicht schon in den ersten zehn Minuten mit witzigen Sprüchen zu, sonst könnte sie das überfordern.

Umarme sie zur Begrüßung, aber halte dich in den ersten fünfzehn Minuten auch mit KINO noch etwas zurück und konzentriere dich mehr auf euer Gespräch. **Vergiss nicht, dass auch sie einem fremden Menschen gegenübersitzt und deshalb nervös ist, egal, wie gut sie aussieht.**

Lächle viel, sei charmant und setze innerlich den *„Wir sind bereits gute Freunde"*-Frame ein. Stelle dir vor, dass sie dich bereits sehr mag. Dadurch wirst du automatisch lockerer und das hilft auch ihr, sich zu entspannen und euer Treffen zu genießen. **Nach etwa einer Viertelstunde beginnst du dann damit, dein C&F und dein KINO langsam zu steigern.**

Ein sehr guter Tipp ist, sich nicht nur an einem Ort aufzuhalten, sondern während des Dates auch mal **die Örtlichkeit zu wechseln.** Ihr könnt zum Beispiel in einem Café starten und dann durch die Altstadt zu einem Fluss laufen, wo ihr euch auf eine Bank setzt. Das macht euer

Date abwechslungsreicher, erfüllt aber auch noch einen psychologischen Zweck: Es schweißt euch zusammen, weil ihr so etwas wie „Reisegefährten" werdet und gemeinsam auf ein Ziel zusteuert. **Außerdem erlebt die Frau dich dann an verschiedenen Orten, wodurch ihr das Date in ihrer späteren Erinnerung deutlich länger, größer und schöner vorkommen wird.**

Viele Männer zerbrechen sich den Kopf über die Frage, was sie auf einem Date mit der Frau reden sollen. Und die Antwort darauf ist einfach: **über das, worauf du Lust hast!** Rede über Dinge, die dich begeistern und für die du innerlich brennst. Dann wirst du ganz automatisch leidenschaftlich reden und sie mit deiner guten Laune mitreißen. Vielleicht beschäftigt dich gerade eine bestimmte Frage, die für sie ebenfalls interessant sein könnte, oder du hast ein tolles Hobby oder etwas Lustiges erlebt, von dem du ihr erzählen möchtest. Auch Bücher, die du liest, oder aktuelle Kino-Filme können ein Thema sein. Außerdem kannst du sie viel zu ihrer Person fragen, zum Beispiel, wie der Arbeitsalltag in ihrem Job aussieht, in welchem Land sie zuletzt Urlaub gemacht hat und natürlich, welche Hobbys sie hat. Fast jeder Mensch erzählt gern von sich selbst und fühlt sich wertgeschätzt, wenn er feststellt, dass eine andere Person sich für ihn interessiert. Sollte euch dann doch einmal der Gesprächsstoff ausgehen, helfen dir die Routinen weiter.

Vermeidet bei eurem Gespräch aber auf jeden Fall umstrittene Themen mit Konfliktpotenzial. Ich meine damit nicht, dass du auf scherzhafte Spaßdiskussionen im C&F-Stil verzichten sollst oder dass du ständig Ja und Amen zu allem sagen musst, was sie von sich gibt. Doch es bringt nichts, wenn du dich mit ihr über politische Themen streitest oder eine Diskussion über Tierversuche vom Zaun brichst, obwohl diese Themen in der Situation eigentlich gar nicht wichtig für euch beide sind. Auch wenn ihr z. B. bei der Abendmahls- oder Tauflehre unterschiedliche Ansichten habt, solltest du das bei euren ersten Treffen nicht gleich hochspielen, es sei denn, diese Themen sind dir so extrem wichtig, dass du lieber darauf verzichten würdest, sie weiter kennenzulernen, wenn sie in diesen Punkten eine andere Meinung hat als du.

Denn gegensätzliche Meinungen wirken abstoßend und bringen euch nicht näher zusammen, sondern eher auseinander. **Sucht bei eurem Gespräch deshalb nach Gemeinsamkeiten und Dingen, die euch miteinander verbinden.** Denn das schafft Vertrauen und Zuneigung und dann ist es auch nicht schlimm, wenn man mal entgegengesetzte Meinungen vertritt. Sollte sich eine Diskussion aber aus irgendeinem Grund nicht vermeiden lassen, dann bleibe dabei ruhig und trage deine Argumente freundlich und mit einem leichten C&F-Humor vor. Verliere den Spaß an der Situation nicht.

Nun noch ein paar Worte zu **absoluten Tabus auf einem Date**. Ich wundere mich immer wieder, welche massiven Schnitzer sich manche Männer auf einem Date leisten. Ich weiß deshalb darüber Bescheid, weil mir Frauen immer wieder die seltsamsten Geschichten von ihren früheren Dates erzählt haben – meistens mit dem Nachsatz: *„Zum Glück bist du völlig anders!"* Deshalb hier noch ein paar Hinweise:

► **Erzähle einer Frau nicht gleich beim ersten Date deine sämtlichen Wehwehchen und seelischen Verletzungen.** Es ist zwar richtig, offen und ehrlich zu sein, trotzdem will sie solche problematischen Themen am Anfang noch gar nicht hören. Du hast mit ihr schließlich ein Date und kein Bewerbungsgespräch für eine Krankenpflegerin. Jeder hat Lebensbereiche, mit denen er nicht zufrieden ist – auch sie. Aber möchtest du deshalb hören, wie sie dir bei Kaffee und Kuchen von ihrem Fußpilz aus dem letzten Sommerurlaub erzählt? Sei also ehrlich, aber lass bestimmte Themen am Anfang noch weg, es sei denn, sie sollte wirklich darüber Bescheid wissen, zum Beispiel wenn du alleinerziehender Vater von drei Kindern bist.

► **Gib nicht damit an, dass du dich auch noch mit anderen Frauen triffst.** Die Frau wird sich sonst nur als eine von vielen vorkommen und vermuten, dass dir das Treffen mit ihr nicht viel bedeutet. Außerdem wirkt das sehr angeberisch. So etwas tun in der Regel nur Männer, die nicht viele Dates haben, aber den Anschein erwecken wollen, sie wären begehrt. Wirklich erfolgreiche Männer haben das nicht nötig. Die meisten Frauen merken es übrigens von selbst, ob du Erfahrungen mit Dates hast und flirten kannst. Das musst du ihnen also nicht auf die Nase binden.

► **Erzähle nicht zu viel von deinen früheren Beziehungen.** Und schimpfe erst recht nicht auf deine Ex-Freundinnen oder generell auf *„die Frauen"*! Das macht einen ganz schlechten Eindruck und lässt dich dastehen wie ein wütendes Kleinkind, das die ganze Welt für seine Probleme verantwortlich macht. Außerdem wird sie sich dann denken: *„Wenn er jetzt mit mir schlecht über andere Frauen redt, wird er vielleicht auch eines Tages mit anderen Frauen schlecht über mich sprechen."* Und das will keine Frau.

▶ **Rede nicht nur von dir.** Zeige ehrliches Interesse an ihr! Befrage sie zu verschiedenen Dingen aus ihrem Leben und lasse sie erzählen. Es sollte ein Gespräch entstehen, an dem ihr beide gleichermaßen beteiligt seid. Mache nicht den Fehler, ihr die ganze Zeit nur von deinen Erfolgen, deinem tollen Job, Geld oder Auto vorzuschwärmen. Denn das lässt dich schnell als Angeber dastehen, der außer seinen materiellen Dingen nur wenig zu bieten hat. Auf diese Weise hat man vielleicht in den 1950er-Jahren Frauen umworben, heute aber nicht mehr. Es sei denn, du stehst auf „Goldgräberinnen", die sich mehr für deine Kohle als für dich interessieren.

Und vor allen Dingen gilt: Sei authentisch! Dazu gehört oft eine Portion Mut. Denn genau wie bei einem Bewerbungsgespräch möchte man natürlich auch auf einem ersten Date einen möglichst guten Eindruck machen und ist deshalb nie zu einhundert Prozent man selbst. Versuche aber trotzdem, dich vor einer Frau nicht zu verstellen oder zu verbiegen, und tue nur das, was du auch wirklich tun willst. Frauen riechen es sowieso zehn Meilen gegen den Wind, wenn ein Typ versucht, jemand zu sein, der er gar nicht ist. Denke deshalb so: *„Wenn diese Frau meine zukünftige Freundin sein soll, dann muss sie mich so mögen, wie ich bin, egal, ob ich gerade extrem gut oder eher normal drauf bin."*

Denn je mehr du dich in der Gegenwart einer Frau wohlfühlst und einfach du selbst sein kannst, umso größer sind die Chancen auf eine gesunde und langfristige Beziehung mit ihr. Meine Faustformel lautet: *„Wenn sich das Treffen mit einer Frau gut anfühlt, ist es auch gut. Und wenn es sich komisch anfühlt, ist es auch komisch."* In letzterem Fall suche ich dann lieber eine andere Frau. Du solltest dich immer auf das Treffen mit einer Frau freuen können. Ist das nicht der Fall, solltest du auf dieses Alarmsignal hören und den Kennenlernprozess mit ihr beenden. Ein weiteres Indiz, dass die Chemie zwischen euch stimmt, ist, ob ihr gut und viel miteinander reden könnt und es euch beiden Spaß macht. Ist das nicht der Fall, braucht ihr über eine Beziehung miteinander nicht weiter nachzudenken.

Zusammenfassend kann man sagen: Wenn du selbstbewusst bist, der Frau zuhörst, C&F einsetzt und versuchst, die nächsten Schritte auf der KINO-Eskalationsleiter zu erreichen, kann bei einem Date eigentlich nicht viel schiefgehen.

Ich hatte schon erste Dates, die nur zwei Stunden gingen, andere wiederum gingen bis zu sieben Stunden. Doch irgendwann ist der Punkt gekommen, an dem ihr euch verabschieden müsst. Viele Männer begehen dann den großen Fehler, dass sie *needy* werden, anfangen zu klammern und die Frau nicht gehen lassen wollen. So etwas hinterlässt einen unschönen Nachgeschmack und kann den guten Eindruck, den du bisher auf dem Date gemacht hast, zerstören! Vermeide diesen Fehler also.

Sobald ich spüre, dass sich ein Date dem Ende nähert, spreche ich das meist als Erster an. Dadurch vermeide ich, in *Neediness* abzurutschen, und behalte die Führung. Meistens sage ich dann so etwas wie: *„Es war heute wirklich schön mit dir! Es wäre schön, wenn wir uns wiedersehen würden!"*

Ein weiterer Fehler, den viele Männer machen, ist, dass sie noch auf dem laufenden ersten Date versuchen, einen festen Termin für ein zweites Treffen auszumachen (oder noch schlimmer, sogar darum betteln!). Dieses Verhalten ist gefährlich, **denn es drängt die Frau in die Defensive.** Sie muss dann innerhalb eines Momentes entscheiden, ob sie dich wiedersehen will oder nicht. Deshalb wird sie dieser Frage meistens ausweichen, da sie sich erst noch in Ruhe zu eurem Treffen Gedanken machen und sich sehr wahrscheinlich mit ihren Freundinnen beraten möchte. Begehst du diesen Fehler, weiß sie dann auch schon sehr früh, dass sie dich bereits sicher in der Tasche hat, und das senkt die erotische Spannung und das Knistern enorm.

Verabschiede dich deshalb lieber mit einem Hinweis, dass dir das Treffen gefallen hat und du dir weitere Treffen mit ihr vorstellen kannst, aber lasse noch offen, wann diese Treffen sein werden. **Schreibe ihr dann ein oder zwei Tage nach eurem ersten Date eine E-Mail, in der du dich für das Treffen bedankst, ein bisschen Small Talk machst und sie dann nach einem weiteren Termin fragst.** Clever ist es, wenn du es dabei so einfädelst, dass *sie* euer zweites Treffen vorschlägt, indem du ein bisschen vage bleibst und schreibst: *„Es war wirklich schön mit dir! Ich würde dich gern wiedersehen."* Geht es ihr genauso, wird sie nach so einer Steilvorlage meist von sich aus einen Termin für euer zweites

Treffen vorschlagen. Tut sie das aber nicht, ergreifst du in einer weiteren E-Mail die Initiative und machst einen Vorschlag.

Dazu noch ein wichtiger Hinweis: Ballere die Frau nach einem schönen ersten Date nicht mit Liebes-E-Mails zu! Ja, ihr hattet ein schönes Treffen und es sieht gut aus, aber setze sie damit nicht unter Druck. Versuche dich also auf eine, maximal zwei E-Mails pro Tag zu beschränken und **warte immer zuerst eine Antwort von ihr ab, ehe du die nächste E-Mail schreibst.**

Für das **zweite und dritte Date** empfehle ich dir, das Treffen so zu gestalten, dass ihr zusammen etwas machen und erleben könnt. Ihr kennt euch ja nun ein bisschen und habt einen ersten Eindruck vom anderen bekommen. Geht zusammen in den Zoo und ratet, welches Tier der andere gern wäre. Besucht eine Sehenswürdigkeit in eurer Stadt, die ihr beide sehen wollt, oder genießt die Aussicht von einem hohen Turm. Schlösser und Burgen sind auch einen Besuch wert und dazu noch höchst romantische Orte.

Wenn sie dafür offen ist, könnt ihr euch auch bei dir oder bei ihr zu Hause treffen und einen Filmabend machen oder euch gegenseitig Fotos z. B. von längeren Auslandsaufenthalten oder Urlaubsreisen zeigen. Geht zusammen auf ein Straßen- oder Lichterfest in eurer Stadt oder besucht ein Planetarium. Manche Frauen machen auch gerne Sport und gehen mit dir joggen, Inliner fahren oder ins Schwimmbad.

Beim zweiten Treffen habe ich Frauen auch schon zu mir nach Hause eingeladen, indem ich ihnen schrieb: *„Komm einfach bei mir vorbei! Ich mixe uns dann zwei Erdbeer-Smoothies und danach gehen wir zusammen in eine Bar in der Stadt. "* Oft haben wir uns dann verquatscht und sind einfach bei mir zu Hause auf dem Sofa geblieben. Wenn sie zu dir nach Hause kommt, kannst du übrigens ziemlich punkten, indem du sie mit einer kulinarischen Kleinigkeit überraschst. Früchte mit Schokoladenüberzug sind zum Beispiel sehr einfach zu machen, hinterlassen aber einen ziemlich guten Eindruck und sind eine süße Aufmerksamkeit in doppelter Hinsicht. Verkünstle dich aber nicht dabei und fahre kein Fünf-Gänge-Menü auf. Das wäre nämlich wieder viel zu viel Aufwand zu einem viel zu frühen Zeitpunkt. Ihr seid schließlich noch nicht zusammen!

Zum Schluss noch ein wichtiger Hinweis: Du solltest eine Frau am Anfang eines jeden Treffens immer zuerst ein bisschen „aufwärmen". Du kannst dich nicht darauf verlassen, dass sie genauso vorfindest, wie du sie am Ende eures letzten Dates erlebt hast. Denn schließlich dreht sich ihr Leben weiter und sie hatte in der Zwischenzeit vielleicht Ärger bei der Arbeit oder andere Probleme. Wärme sie deshalb bei den ersten fünf Dates gleich nach eurer Begrüßung immer mit etwas C&F und deiner guten Laune auf.

Wie man mit Ablehnung und Körben umgeht

Wer sich darauf einlässt, andere Menschen kennenzulernen und zu flirten, der wird auch mit Ablehnung bzw. „Körben" konfrontiert sein. Niemand bekommt gern einen Korb und ich kenne auch keinen Menschen, der sie gerne gibt. Trotzdem gehören sie leider zum Prozess der Partnerfindung dazu.

Einen Korb geben

Schauen wir uns zuerst einmal an, wie man einen Korb gibt. Wenn du merkst, dass dein Interesse an einer Frau schwindet oder du mit ihr keinen Kontakt mehr haben möchtest, ist es das Beste, wenn du ihr das auch offen, aber freundlich sagst. Wenn sie zum Beispiel nach eurem ersten Date wissen will, ob ihr euch wiedersehen werdet, du aber bereits weißt, dass du das nicht möchtest, solltest du zum Beispiel sagen: *„Es war echt nett mit dir, aber mehr leider auch nicht."* Du kannst auch sagen: *„Ich habe dich wirklich gern, aber ich weiß, dass von meiner Seite aus nicht mehr als Freundschaft zwischen uns sein wird."*

Du kannst ihr das direkt nach dem ersten Date sagen oder es ihr ein oder zwei Tage später in einer E-Mail schreiben. Das tut der Frau vielleicht kurz weh, aber dann hast du es wenigstens freundlich gesagt und bist fair geblieben. Will sie dann die genauen Gründe wissen, warum du dir nicht mehr mit ihr vorstellen kannst, ist es dir überlassen, ob du ihr dazu Auskunft gibst. Ich rate dir davon jedoch ab! Denn wenn du ihr einen Grund nennst, wird sie anfangen, mit dir darüber zu diskutieren, oder sie wird versuchen, dich davon zu überzeugen, dass sie gar nicht so ist, wie du vielleicht denkst, oder dass sie sich ändern kann. Bleibe deshalb lieber schwammig und sage so etwas wie *„Es ist einfach so."* **Mache aber auf jeden Fall einen klaren Schnitt.** Teile ihr freundlich mit, dass es für euch nicht weitergeht, und brich den Kontakt zu ihr ab. Wenn dann von ihr quengelnde, manipulierende oder klammernde

E-Mails kommen, solltest du das einfach ignorieren und nicht mehr darauf eingehen. Das ist nicht fies, sondern leider oft nötig, damit sie merkt, dass du es ernst meinst, und damit sie aufhört, dir nachzulaufen, und sich anderen Männern zuwenden kann. Wenn du diesen klaren Schnitt nicht machst und sie in dem Glauben lässt, dass ihr eventuell doch noch ein Paar werdet, ist das fies. Du lässt sie dann nämlich in deinem Orbit kreisen, bindest sie emotional an dich und machst ihr Hoffnungen, wo überhaupt keine sind. Wenn du ihr hingegen offen sagst, woran sie bei dir ist, wirst du danach in den meisten Fällen auch nichts mehr von ihr hören.

Und du musst dabei auch kein schlechtes Gewissen haben: Denn jeder Mensch hat das Recht, seinen Partner frei zu wählen, ohne Druck und Manipulation von außen. **Es geht hier schließlich um dein Lebensglück und dabei solltest du keine faulen Kompromisse eingehen oder dich auf Dinge einlassen, von denen du schon von vornherein weißt, dass du sie nicht willst.** Denn wenn du dich auf eine Frau einlässt, die dir eigentlich gar nicht gefällt, wird eure Beziehung irgendwann zerbrechen. Und dann wird es mehr Tränen und seelische Verletzungen geben, als wenn du ihr schon vorher ehrlich gesagt hättest, was Sache ist.

Einen Korb bekommen

Betrachten wir das Thema nun von der anderen Seite und schauen uns an, wie du am besten reagierst, wenn du einen Korb bekommen hast.

Viele Frauen drücken sich darum, Männern einen deutlichen Korb zu geben. Meistens tun sie das, weil ihnen die Männer einfach leidtun und sie dabei ein schlechtes Gewissen haben. Manchmal tun sie es aber auch, weil sie den Mann zwar nicht als Partner haben möchten, aber seine Aufmerksamkeit und Interesse genießen. Und in seltenen Fällen drücken sie sich auch um einen eindeutigen Korb, weil sie den Mann als Reserve-Partner vorsorglich in ihrem Orbit halten wollen. Das können Gründe sein, wieso sie eine klare Absage vermeiden wollen.

Wenn man sich ein bisschen mit dem Thema auskennt, erkennt man schnell ein Muster, wie Frauen Männern oft Körbe geben: Meistens **stellt die Frau plötzlich und ohne Angabe von Gründen den Kontakt mit dir ein,** antwortet nicht mehr auf deine E-Mails und **sagt auf deine Date-Anfragen, dass sie momentan keine Zeit hat.** Dann vertröstet sie dich auf einen Zeitpunkt, der in weiter Ferne liegt *("Ich habe in den* *nächsten sechs Wochen leider keine Zeit, weil ich so viele Prüfungen habe"),* oder sie wird noch schwammiger und vertröstet dich auf einen völlig unbestimmten Zeitpunkt *(„Lass uns irgendwann mal schauen, ob es eventuell mit einem Treffen klappen könnte.")* Das alles ist nichts anderes als weibliche Code-Sprache und die Übersetzung lautet: *„Sorry, ich habe kein Interesse an dir!"*

Ich kann dir das mit solcher Gewissheit sagen, weil meine Freunde und ich zum einen selbst diese Erfahrungen gemacht haben, zum anderen aber, weil ich mich schon mit einigen Frauen über dieses Thema unterhalten habe. Sie haben mir dann oft gesagt, dass sie Männern nach genau diesem Schema Körbe geben: **Nicht mehr melden und behaupten, man hätte zu viel zu tun und deshalb keine Zeit.**

Merk dir deshalb eines: Eine Frau, die wirkliches Interesse an dir hat, wird *immer* Zeit finden, auf deine E-Mails zu antworten oder dich zu treffen. Und sollte sie einmal wirklich keine Zeit haben, weil sie vielleicht gerade mitten im Medizin-Examen steckt, nebenher noch ihren Jagdschein macht und ihre kleine Schwester hüten muss, wird sie alles daran setzen, dir einen Ausweichtermin vorzuschlagen oder wenigstens kurz auf deine Nachrichten zu antworten. **Denn wenn einem ein anderer Mensch wirklich wichtig ist, findet man *immer* irgendwie Zeit für ihn. Und seien es auch nur ein paar E-Mail-Zeilen, die man schreibt, oder ein kurzes Treffen von ein oder zwei Stunden.**

Überlege dir nur einmal, wie du reagieren würdest, wenn dir eine Frau wirklich am Herzen liegt, du aber einen vollen Terminkalender hast: Du würdest dich dann doch auch bei ihr melden und gemeinsam mit ihr nach einer Lösung suchen!

Darum gilt: Wenn du einmal unsicher bist, ob eine Frau dir gerade einen Korb gibt oder tatsächlich keine Zeit hat, solltest du dir von ihr einen alternativen Termin für euer Date geben lassen. Ich rate dir aber, bis dahin nicht untätig herumzusitzen, sondern dich bis zu eurem Treffen auch noch nach anderen Frauen umzuschauen und diese auch zu daten. Denn solange du mit einer Frau nicht eindeutig auf dem Weg in eine Beziehung bist, kann sie nicht von dir erwarten, dass du sechs Wochen lang Däumchen drehst und alle anderen Frauen ignorierst, bis sie sich endlich dazu bequemt, dir ein Treffen zu gewähren. **Wenn sie dich behandelt wie „Plan B", dann solltest du ihr denselben Rang zuschreiben – zumindest in deinem Kopf!**

Mit diesen Infos kannst du Körbe in Zukunft schneller entdecken. **Ganz wichtig ist aber, dass du dann nicht wütend wirst und deinen Frust an der Frau auslässt oder ihr böse E-Mails schreibst.** Es mag in solchen Situationen, wo der Ärger hochkommt, zwar schwer sein, aber bleibe dann auf jeden Fall höflich. Das solltest du schon aus Prinzip sein … außerdem ist die „christliche Welt" klein und die Wahrscheinlichkeit darum groß, dass ihr euch irgendwann auf einem Konzert oder einer Gemeindekonferenz wieder begegnet. Dann willst du nicht, dass sie sich an dich als jähzornigen Typen erinnert. Vielleicht hast du dann auch schon eine Freundin und kannst über den Korb von damals herzlich lachen. Oder ihr beide seid immer noch Singles – und wenn sie dich noch in guter Erinnerung hat, könnte es ja vielleicht diesmal klappen …

Wenn du einen Korb bekommen hast, sollst du die Frau danach auch nicht bedrängen. Immer wieder höre ich von Männern, die dann versuchen, Frauen durch logische Argumente von einer Beziehung mit ihnen zu überzeugen. Doch das ist absoluter Blödsinn! Anziehung entsteht nicht durch logisch-rationale Entscheidungen, sondern durch instinktiv-emotionale Prozesse. Das gilt ja schon für uns logisch veranlagte Männer – also erst recht auch für Frauen. **Man kann eine Person nicht verliebt „quatschen" oder in eine Beziehung hineindrängen.** Ein solches Verhalten führt im Gegenteil nur dazu, dass die bedrängte Person schnellstens das Weite sucht.

Viel hilfreicher ist es, wenn du dich nach einem Korb ein bisschen selbst analysierst: *Warum ging es schief? Wann genau war der Punkt, an dem es anfing, bergab zu gehen? Welche Dinge könnte ich das nächste Mal anders machen?* Solche Fragen bringen dich wirklich weiter und du gewinnst wertvolle Erkenntnisse über dich selbst und die Frauenwelt. Du kannst diese Fragen auch mit einem Seelsorger oder einem guten Freund besprechen.

Fange aber auf jeden Fall an, Körbe nicht mehr als Niederlagen zu sehen, sondern als Chancen, um daran zu wachsen und dazuzulernen. Dann wirst du von den Körben profitieren und dadurch an Erfahrung gewinnen. Am besten lernt man natürlich durch erfolgreiche Dates und Flirts. Du kannst aber auch aus deinen Körben und Fehlern lernen, wie Frauen ticken, und es dann beim nächsten Mal anders machen.

Noch eine Sache ist in diesem Zusammenhang sehr wichtig: *Kein Mann* kann absolut *jede* Frau kriegen! Der ultimative Verführer, der im James-Bond-Stil absolut *jede* Frau herumkriegt und den *alle* Frauen verehren, ist eine Lüge – er existiert nicht! Ich habe schon einige Männer gesehen, die richtig gut im Umgang mit Frauen waren. Wenn diese Männer zehn Frauen in einer Disko oder auf der Straße ansprachen, bekamen sie von sieben die Telefonnummer. Aber jeder dieser Männer hatte auch mal einen schlechten Tag, mit nur wenig Erfolgen, oder biss sich an einer Frau vergeblich die Zähne aus. Und selbst berühmte Frauenschwärme aus Hollywood wie Brad Pitt oder George Clooney werden nicht von allen Frauen gleichermaßen als attraktiv empfunden.

Denn wir Menschen unterscheiden uns sehr darin, wen wir für attraktiv halten und wen nicht. Bist du witzig, mag eine Frau vielleicht lieber einen ernsten Mann. Und bist du sehr extrovertiert und von dir überzeugt, findet sie vielleicht die stillen, melancholischen Männer interessanter. **Dann passt es einfach nicht zwischen dir und der Frau, weil sie schlichtweg einen anderen Männertyp sucht.**

Solche Dinge entziehen sich deiner Kontrolle, und deshalb solltest du sie einfach akzeptieren. Zerbrich dir nicht unnötig den Kopf darüber und fühle dich deshalb auch nicht angegriffen. **Männer, die im Umgang mit Frauen erfolgreich sind, haben gelernt, einen Korb *niemals* persönlich zu nehmen.** Eine fremde Frau, die du gerade eben erst angesprochen hast, kennt dich doch noch gar nicht und kann sich deshalb auch kein qualifiziertes Urteil über deinen Charakter bilden. **Sie lehnt deshalb nicht deine Persönlichkeit ab, sondern vielmehr den ersten Eindruck, den sie von dir bekommen hat.** Dann gehe einfach weiter. Es kann sein, dass du nur eine Stunde später eine viel attraktivere Frau ansprichst, die dich sympathisch findet und sich für dich interessiert.

Zum Abschluss dieses Kapitels habe ich noch etwas Besonderes für dich: Ich werde dir **drei mächtige Wörter verraten,** die dir im Zusammenhang mit Ablehnung und Körben enorm weiterhelfen werden. Jeder Mann, der erfolgreich im Umgang mit Frauen ist, kennt diese drei Wörter und sagt sie jedes Mal zu sich selbst, wenn er einen Korb einstecken muss. Diese drei mächtigen Wörter können einem Korb seinen Schrecken nehmen und die Situation für dich sofort erträglicher machen. Bist du bereit? Sie lauten:

„Die Nächste bitte!"

Das mag auf den ersten Blick nicht besonders spektakulär klingen. Doch die innere Einstellung, die damit verbunden ist, macht den entscheidenden Unterschied zwischen heulend in der Ecke sitzen und mutig weitergehen. Denn es gibt immer eine „Nächste"! Manchmal ist sie nur wenige Schritte von der Frau entfernt, die deinen Ansprechversuch gerade auf unfreundliche Art gestoppt hat. Manchmal muss man aber auch ein paar Wochen warten, bis man sie trifft. Doch sie kommt immer! **Lebe nach dieser Einstellung und du wirst wesentlich entspannter im Umgang mit Frauen werden.** Denn es gibt genug Frauen auf dieser Welt – auch Christinnen.

Wenn eine längere Beziehung zu Bruch geht, ist das natürlich schmerzhafter als ein Korb in einer Disko oder nach dem ersten Date. Man glaubt dann oft, man habe einen großen Fehler begangen, und fühlt sich vom Leben oder von Gott ungerecht behandelt. Aber langfristig können dir die drei Wörter: *„Die Nächste bitte!"* auch hier weiterhelfen.

Von mir aus höre dir den Song *„I'm gonna find another you"* von John Mayer viermal am Tag an, improvisiere wilde Speed-Metal-Soli auf deiner E-Gitarre oder ziehe dir eine halbe Melone über den Kopf, renne durch die Stadt und rufe dabei laut: *„Ich bin eine Elfe!"* Aber irgendwann wirst du den ganzen Mist und Frust hinter dir lassen und weiter auf einen goldenen Horizont zulaufen – hinter dem vielleicht ein ganzes Wohnheim voller christlicher Studentinnen auf dich wartet. Wer weiß … ☺

Eines habe ich gelernt: **Niemand von uns kann heute ahnen, was in den nächsten sechs Monaten seines Lebens noch alles an Gutem geschehen wird.** Und jeder Tag trägt die Chance in sich, der schönste deines Lebens zu werden. Das gilt auch in Bezug auf Frauen und Dates.

Umgang mit besonderen Frauentypen

Ich mag Schubladendenken nicht! Denn jeder Mensch ist irgendwie einzigartig und eine Sonderanfertigung Gottes. Ich habe neulich einen Typen gesehen, der trug auf seinem T-Shirt die Aufschrift:

„Maybe I'm not perfect but I'm a limited edition!" („Ich bin vielleicht nicht perfekt, aber mich gibt's nur in begrenzter Stückzahl!") Wie wahr! Im Laufe der Jahre sind Andy und mir aber Verhaltensmuster aufgefallen, die bestimmte Frauentypen an den Tag legen und die wir erwähnen möchten. Wir konzentrieren uns dabei aber nur auf problematische Frauentypen.

Dadurch wollen wir keine Vorurteile schüren oder Menschen ausgrenzen, sondern dich auf bestimmte Situationen mit besonderen Frauentypen vorbereiten, sodass du nicht erschrickst oder dir unnötig Sorgen machst, wenn diese Frauen etwas komisch auf deinen Flirt reagieren sollten. Die folgende Liste erhebt keinen Anspruch auf Vollständigkeit, und es gibt viele Frauen, die überhaupt nicht in eine der nachfolgenden Kategorien fallen. Trotzdem sind diese Infos wichtig:

Die „Unschuldige"

Sie ist meistens gut gelaunt und zu Scherzen aufgelegt. Dein C&F macht euch beiden viel Spaß und sie gibt dir auch oft Kontersprüche zurück. Körperkontakt mit ihr aufzubauen lässt sich fast gar nicht vermeiden, denn sie ist von sich aus sehr aktiv, umarmt dich oft, legt ihre Hand auf deine Schulter und flirtet mit dir herum. Alles sieht prima aus, doch dann erfährst du plötzlich in einem Nebensatz von ihr, dass sie einen festen Freund hat, den sie *„toootal supi"* findet.

Die „Unschuldige" heißt so, weil Flirten für sie ein harmloses Vergnügen ist, das zum Alltag einfach dazugehört. Sie genießt zwar die knisternde Spannung eures Flirts, denkt sich aber nicht viel dabei. Dass du plötzlich Gefühle für sie entwickeln könntest, daran verschwendet sie keinen Gedanken. Denn schließlich seid ihr beide in ihren Augen nur dicke Freunde. Mache dir also keine falschen Hoffnungen bei ihr und füge sie einfach der Liste deiner Kumpel-Freundinnen hinzu. Wenn du aber Schwierigkeiten mit ihrer Nähe hast, weil du heimlich doch in sie verliebt bist, dann fahre den Kontakt mit ihr stark zurück. Das ist langfristig gesehen besser für deine emotionale Gesundheit und erleichtert es dir, dich auf das Kennenlernen von anderen Frauen zu konzentrieren.

Die „Aufmerksamkeits-Sucherin"

Die „Aufmerksamkeits-Sucherin" ist meist schon seit einer Weile Single, aber nicht, weil ihr die Verehrer fehlen, sondern weil sie sich nicht für einen von ihnen entscheiden kann. Sie scheint sich irgendwie mit vielen Männern gut zu verstehen und ist eine sehr umgängliche Person, oft auch ziemlich attraktiv. Das Flirten ist für sie aber nur ein Mittel, um an ihr Hauptziel zu gelangen: die Aufmerksamkeit und Bewunderung ihres Umfeldes. Sie kennt viele Single-Männer und fliegt wie eine Biene von Männer-Blume zu Männer-Blume auf der Jagd nach Aufmerksamkeitspollen. Oft lässt sie Berührungen zu und erwidert diese auch. Fragst du sie dann aber nach einem Date, wird sie plötzlich sehr zurückhaltend und geht ein bisschen auf Distanz zu dir. Für sie wird euer Verhältnis dann nämlich zu verbindlich und das geht nicht, denn schließlich hat sie ja noch andere Männer zu bedienen.

Ich vermute, solche Frauen genießen es einfach, der Star ihrer eigenen kleinen Welt zu sein. Oft sind sie trotz ihrer Schönheit tief verunsichert. Denn viele attraktive Frauen wissen zwar um ihr gutes Aussehen, werden aber zugleich von der Angst getrieben, diese Schönheit zu verlieren, sei es durch das Alter oder durch Gewichtszunahme. Aus ihrer Sicht würden sie mit dem Verlust ihrer Schönheit aber auch ihren Wert als Mensch verlieren. Deshalb suchen sie bei Männern immer wieder nach Bestätigung *(„Spieglein, Spieglein an der Wand, bin ich wirklich noch die Schönste im ganzen Land?")*. Übrigens steckt in fast jeder Frau eine kleine „Aufmerksamkeits-Sucherin". Die richtig schlimmen Fälle wirst du aber daran erkennen, dass sie z. B. auf einer Party systematisch die Männer abklappern oder durch überdrehtes Verhalten versuchen, im Zentrum der allgemeinen männlichen Aufmerksamkeit zu stehen.

Wenn du bei einer Frau den Verdacht hast, dass sie eine „Aufmerksamkeits-Sucherin" ist, kannst du das überprüfen: Flirte mit ihr und frage sie dann zügig nach einem Date. Sollte sie dich dann mit den üblichen Floskeln im Wartebereich halten wollen, solltest du dich lieber anderen Frauen zuwenden. Wenn du eine Frau bereits datest, dich aber von ihr hingehalten fühlst und es in eurem Kennenlernprozess irgendwie nicht richtig weitergeht, dann versuche sie so bald wie möglich zu küssen! Lässt sie es zu, war sie vielleicht einfach nur schüchtern und unerfahren, hat aber ehrliches Interesse an dir. Blockt sie dich jedoch immer wieder ab, ist sie sehr wahrscheinlich eine „Aufmerksamkeits-Sucherin", die dich bloß in der Umlaufbahn ihrer Verehrer halten möchte.

Die „KINO-Blockerin"

Es gibt viele Gründe, wieso eine Frau Berührungen nicht zulassen möchte. Es kann sein, dass sie schüchtern ist oder dass es ihr damit einfach noch zu früh ist. Vielleicht hat sie in ihrer Vergangenheit auch sexuelle Gewalt erleben müssen und seitdem Angst vor körperlicher Nähe zu

Männern. Ich möchte an dieser Stelle aber von einem bestimmten Frauentyp sprechen, mit dem du gut flirten und ein Date ausmachen kannst, bei dem die Frau dann aber plötzlich anfängt, dir Vorwürfe wegen deiner KINO-Eskalation zu machen.

Häufig sind das Frauen, die während ihrer wilden Jugendjahre sexuelle Vorerfahrungen gemacht haben. Jetzt wollen sie mit dem Sex aber warten, weil es in ihrer Gemeinde klare Regeln in Bezug auf dieses Thema gibt. Flirtest du mit ihnen und beginnst mit KINO, sind sie auf einmal hin- und hergerissen: Sie spüren, dass die sexuelle Lust in ihnen aufsteigt, gleichzeitig haben sie aber Angst, wieder in die alten Verhaltensweisen ihrer wilden Zeit zurückzufallen. Sie befürchten dann, dass es plötzlich zwischen euch zum Sex kommen könnte, weil ihr beide die Kontrolle verliert. In solchen Situationen machen sie dann auf der Eskalationsleiter einen Schritt nach vorn, aber gleich darauf wieder zwei Schritte zurück. Um ihre eigene Lust dann in den Griff zu bekommen und die Situation zu entschärfen, reagieren solche Frauen manchmal auch zickig und ziehen sich körperlich von dir zurück. Du hast dann nichts falsch gemacht. Lass ihnen diese Rückzugsmöglichkeit offen. Kommt es auf einem Date aber zum Schmusen oder gar zum Petting zwischen euch, machen sie sich und dir hinterher Vorwürfe. **Dann wollen sie durch Zärtlichkeit und Geduld spüren, dass du es ernst mit ihnen meinst und nicht nur körperlich an ihnen interessiert bist, sondern auch an ihrer Person.**

Fahre in einer solchen Situation dein KINO auf die dritte Stufe der Eskalationsleiter zurück. Leider kann es dann aber passieren, dass die Frau plötzlich den Eindruck bekommt, du fändest sie nicht attraktiv. Eine knifflige Situation. Sprich dieses Thema offen mit ihr an und sage ihr, du spürtest, dass sie gewisse Grenzen hat, und würdest diese Einstellung auch respektieren. Sage ihr aber auch, dass du dich für sie interessierst und dass du sie gern besser kennenlernen möchtest. Mach keinen Roman daraus, sondern sprich es mit ein paar wenigen Sätzen an. Lass nach so einem Gespräch keine bedrückende Atmosphäre zwischen euch entstehen, sondern wechsle das Thema und verwende leichtes C&F. Dadurch bringst du das Date wieder auf eine leichte, lustig-entspannte Gesprächs- und Kuschelebene, die jedes deiner Dates für Frauen so einzigartig macht. Scheue dich anschließend auch nicht übertrieben vor Körperkontakt, denn die Frau weiß ja nun, dass du sie nicht bedrängen und auch aufpassen wirst, was das Körperliche angeht. Bleibe aber erst einmal auf der dritten Eskalationsstufe und warte, bis sie dir genug IoIs gibt, um dein KINO zu steigern.

Die „Problem-Frau"

Ich weiß, diese Bezeichnung klingt hart, aber sie ist leider zutreffend. Denn „Problem-Frauen" haben meist nicht nur selbst viele Probleme in ihrem Leben – sie können dir auch jede Menge bereiten, wenn du es zulässt. Der Flirtcoach und Autor Lodovico Satana widmet sich diesem Frauentyp sehr ausführlich und bezeichnet solche speziellen Vertreterinnen des weiblichen Geschlechts als *„LSE-Frauen"* (LSE = *Low Self Esteem*, dt.: niedriges Selbstbewusstsein).

„Problem-Frauen" fehlt oft das Gespür für bestimmte Grenzen von sozialem Verhalten; manchmal kennen sie diese Grenzen auch, pfeifen aber bewusst darauf. Sie können morgens um fünf Uhr schreiend vor deiner Haustür stehen oder dich mit einer riesigen Szene vor all deinen Freunden blamieren. In Beziehungen sind sie oft sehr manipulativ und emotional unausgeglichen. Sie können im einen Moment sanft und zärtlich und eine Stunde später furchtbar zickig und giftig sein. Auf Alpha-Verhalten und C&F reagieren solche Frauen meistens negativ, weil sie damit nichts anfangen können und sich sehr schnell angegriffen fühlen. Oft haben diese Frauen auch psychische Probleme, von selbstverletzendem Verhalten oder Bulimie bis hin zu schweren Persönlichkeitsstörungen. Versuche bei einer solchen Frau bitte nicht, den Seelenklempner zu spielen, denn du verschwendest damit nur deine Zeit und machst damit sogar noch alles schlimmer. Überlasse das Therapieren solcher Frauen professionell ausgebildeten Seelsorgern und Psychologen. Nach der Formel *„Gleich und gleich gesellt sich gern"* ziehen Problem-Frauen oft Problem-Männer in ihr Leben, die entweder schwach und leicht zu manipulieren oder aggressiv und egoistisch sind. Das hängt vom jeweiligen Charakter der Problem-Frau ab.

Am besten, du machst um diese Frauen einen so großen Bogen wie der Metzger-Meister um die Salatbar. Musst du dich aber trotzdem mit einer solchen Dame abgeben, dann lass nicht zu, dass sie anfängt, dein Leben zu bestimmen, und dir ständig Vorschriften macht. Ziehe klare Grenzen und sage es ihr deutlich, wenn dir etwas nicht passt, zum Beispiel, wenn sie dich wieder einmal anschreit. Es gibt leichte und schwere Fälle von Problem-Frauen. Deshalb ist es möglich, dass du zwar an eine Drama-Queen gerätst, aber dennoch ganz gut mit ihr leben kannst. Wenn eine Frau aber anfängt, extrem herumzuspinnen und dein körperliches oder psychisches Wohlbefinden zu gefährden, dann trenne dich auf jeden Fall von ihr.

Das waren jetzt ein paar Sonderfälle. Die meisten Frauen sind jedoch ziemlich stabile und freundliche Wesen. Ein wichtiges Auswahlkriterium ist für mich, ob eine Frau Humor hat, gerne lacht und selbst Scherze macht. **Denn mit verspielten und humorvollen Frauen hat man den meisten Spaß – sowohl beim Flirten als auch in einer Beziehung.**

Teil 7

Hindernisse auf dem Weg

Probleme sind Gelegenheiten zu zeigen, was man kann.
Duke Ellington, Jazzmusiker

Im folgenden Kapitel geht es um schwierige Situationen, die dir bei deinen Flirts oder Dates begegnen können. Dabei soll es sowohl um die Konkurrenz durch andere Männer gehen als auch um die Tests der Frauen. Ich werde dir zeigen, wie du in solchen Situationen am besten reagierst und wie du sie bereits im Vorfeld vermeiden kannst.

AMOGing – Konkurrenz durch andere Männer

Ich war mit ein paar Kumpels in einer Disko unterwegs, als sie plötzlich an mir vorüber lief. Ihr weißes Sommerkleid passte perfekt zu ihren langen blonden Haaren und ihrem hübschen Gesicht. Ich zählte innerlich bis drei, lief ihr dann ohne nachzudenken hinterher, fasste sie am Arm und drehte sie um: „Sag mal, bist du eine Braut oder eine Brautjungfer, weil du so ein weißes Kleid trägst?", fragte ich. Sie lachte und schüttelte den Kopf. „Aber du suchst doch bestimmt nach einem Bräutigam, oder?", sagte ich grinsend und sie lachte wieder. Der Flirt war „on". Wir kamen ins Gespräch, erzählten von unseren Studiengängen und quatschten über Hobbys und Filme. Ich hatte sie gerade an der Taille gefasst und an mich herangezogen, als plötzlich ein fremder Kerl neben uns stand und sich dreist in unser Gespräch einmischte: „Hey, das ist aber eine ziemlich doofe Anmache", sagte er zu mir und

dann, an die Frau gewandt: „Ich zeig dir jetzt mal, wie ein echter Checker das macht." Er begann ein Gespräch mit ihr und ich war kurz sprachlos über so viel Unverschämtheit. Es war ein klassischer Fall von AMOGing.

AMOG steht für „*Alpha Male Other Guy*". Gemeint ist damit ein anderer selbstbewusster Kerl oder Eroberer, der versucht, dir dein Mädel auszuspannen, oder der in einer Gruppe, die du gerade angesprochen hast, der Anführer ist und dir Ärger macht, weil er deine Konkurrenz fürchtet. Ich selbst habe bisher nur wenige AMOGs erlebt, denn die meisten Männer trauen sich ja nicht einmal, eine Frau anzusprechen, geschweige denn, einen laufenden Flirt zu stören. Wenn du aber einem AMOG begegnest, solltest du wissen, wie man mit einer solchen Situation umgeht. Denn du kannst fast jeden AMOG ausschalten und vertreiben, wenn du weißt, wie.

Jedes Mal, wenn ein anderer Mann versucht, dich vor einer Frau schlecht dastehen zu lassen, weil er in dir einen Konkurrenten sieht, ist es AMOGing. Und leider kommt es auch unter Christen vor. Der AMOG befindet sich dann absolut nicht im Willen Jesu, denn er versucht dich auf gemeine Weise auszustechen und schlecht zu machen, um seine eigenen Chancen zu erhöhen. Das ist ziemlich niederträchtig, unfair und respektlos. Deshalb brauchst du meiner Meinung nach auch kein schlechtes Gewissen zu haben, wenn du dich gegen solche Angriffe wehrst, denn es ist im Grunde einfach nur verbale Selbstverteidigung. Wichtig ist aber, dass du dabei nicht aggressiv wirst, sondern locker und humorvoll bleibst. **Denn wer aggressiv wird, büßt bei Frauen Sympathiepunkte ein.**

Zunächst einmal solltest du zwischen einer witzigen, aber etwas spitzen Bemerkung und echtem AMOGing unterscheiden können: Wenn ein anderer Mann dich einfach nur zum Spaß ein bisschen herausfordert, solltest du einfach mit C&F kontern, jedoch so, dass der andere merkt, dass du es nicht böse meinst. Echtes AMOGing dagegen fühlt sich wie ein verbaler Schlag in die Magengrube an. **Es kratzt schwer an deinem Image und hat das Ziel, deine Chancen bei einer Frau zu zerstören.**

Du solltest in solchen Situationen darauf achten, ob die Frau den AMOG kennt und mit ihm befreundet ist oder nicht. Ist er zum Beispiel ein Kumpel oder Arbeitskollege von ihr, solltest du so lange es geht freundlich bleiben und versuchen, dich mit ihm anzufreunden. Rede ein paar Sätze mit ihm und gib ihm ein bisschen Wertschätzung, ohne dabei jedoch unterwürfig zu sein.

Kennt die Frau den AMOG allerdings nicht, wiegt sein Angriff doppelt schwer, weil er sich dann als völlig Außenstehender in eure Angelegenheiten einmischt. Dann kannst du ihm gegenüber auch von Anfang an schroffer reagieren. Denn wer so frech ist, in fremde Flirts hineinzuplatzen, hat eine kräftige Abreibung verdient.

Fordert der AMOG dich verbal heraus, kannst du ihm auf gleichem Level begegnen. Wenn er zum Beispiel sagt: *„Na, du hast ja mal eine komische Jacke an"*, antworte: *„Ja, aber zum Glück habe ich nicht deine Frisur."* Oder du schaust ihn an und sagst in gespielt formellem Tonfall: *„Es tut mir schrecklich leid, aber ich habe gerade keine Zeit für Sie. Wenden Sie sich bitte an mein Büro und machen Sie einen Termin aus!"*

Am besten ist es aber, wenn du mit der Frau eine Allianz bildest und mit ihr auf witzige Art und Weise über den AMOG sprichst. Du könntest dann zum Beispiel auf die gleiche Lästerei über deine Jacke antworten: *„Schön, dass sie dir aufgefallen ist!"*, dann, an die Frau gewandt: *„Wow, er ist wirklich gut. Ich glaube, er ist von Beruf Modestylist und designt diese pinkfarbene Unterwäsche mit den Herzchen drauf, die keiner tragen will."*

Mache die Frau dadurch zu deiner Komplizin und setze **Neg-Hits** aus dem C&F-Kapitel ein, um dem AMOG auf humorvolle, aber zugleich selbstbewusste Art die Stirn zu bieten und ihm klar zu machen, dass du dich von ihm nicht vertreiben oder einschüchtern lässt. Zeige dich unbeeindruckt von seinen Sprüchen. **Die meisten AMOGs räumen dann innerhalb weniger Minuten von selbst das Feld.**

Du kannst auch so tun, als ob du bereits mit der Frau zusammen bist (woher soll er wissen, dass das nicht stimmt?), indem du so etwas sagst wie: *„Los, zieh Leine, meine Freundin mag dich nicht!"* Oder du ignorierst seinen Kommentar von Anfang an, würdigst ihn keines Blickes und sagst einfach nur zu der Frau gewandt: *„Sag mal, ist das ein Freund von dir? Ich glaube, er ist schon ziemlich betrunken ..."* Wenn der AMOG einen dummen Spruch ablässt, kannst du diesen einfach ignorieren, etwas näher an ihn herantreten, übertrieben in der Luft schnuppern und ihn fragen: *„Sag mal, kann es sein, dass du ziemlich stark nach Alkohol riechst?"* Auch wenn das gar nicht der Fall ist, wird ihm das seine Position vor der Frau erschweren.

Beginnt ein AMOG dich körperlich anzugreifen, zum Beispiel, indem er dich wegschubst, bleibe friedlich und sage so etwas wie: *„Uuuui, gleich fängt er an mit Sand zu werfen ... wie früher auf dem Kinderspielplatz."* Oder: *„Lass das mal besser – ich stehe nicht so auf Körperkontakt mit Männern!"*, oder: *„Wow, deine letzte Antiaggressionstherapie scheint nicht so erfolgreich gewesen zu sein."*

Sollte dich ein AMOG einmal ernsthaft angreifen, ist das so ziemlich das Dümmste, was er tun kann! Denn die meisten Frauen wollen mit gewalttätigen Männern nichts zu tun haben und machen einen großen Bogen um sie. Sie wissen, dass ein Mann, der sich nicht unter Kontrolle hat, auch ihnen gegenüber gewalttätig sein könnte. Sieh zu, dass du dich und die Frau in einer solchen Situation aus dem Gefahrenbereich bringst, und flirte dann einfach weiter mit ihr.

Sehr effektiv in der Abwehr von AMOGs ist auch KINO: Denn wer den Körperkontakt zu einer Frau hält, der ist ihr immer näher – körperlich und auch emotional. Hast du die Frau in eurem vorherigen Gespräch also schon etwas aufgewärmt und die KINO-Eskalation gestartet, kannst du sie in einer AMOGing-Situation an dich heranziehen, ihre Arme um deinen Hals legen und im Spaß zu ihr sagen: *„Schau mal Schatz, der Kellner ist da! Was möchtest du bestellen? Also ich hätte gern eine Hummercremesuppe ..."* Kontert der AMOG dann mit einem dämlichen Spruch, ziehst du sie einfach weg und sagst: *„Na, so ein ungezogener Kerl! Komm, Schatz, wir gehen in ein anderes Restaurant! Sei froh, dass ich dich vor solchen Rüpeln beschütze."*

Du kannst dich auch einfach dreist zwischen die Frau und den AMOG stellen, sodass du ihm den Rücken zukehrst. Oder du nimmst ihre beiden Hände wie beim Tanzen und drehst die Frau so, dass sie dem AMOG den Rücken zukehrt. Dann redest du einfach weiter mit ihr, ohne ihn zu beachten.

In 80 Prozent der Fälle brauchst du das alles aber gar nicht. Du kannst dich einfach mit einem Grinsen neben die Frau stellen und dem Eindringling bei seinem Baggerversuch zuschauen. **Denn die meisten Männer haben keine Ahnung vom Flirten und fliegen deshalb von selbst aus dem Gespräch mit der Frau, weil ihnen der Redestoff ausgeht oder die Frau sie abblitzen lässt.** Wenn der AMOG dann wirklich zu einer Gefahr wird, kannst du immer noch eingreifen, indem du zum Beispiel anfängst, seine Flirtversuche negativ zu kommentieren: *„Ach* *du Schreck, was für eine lauwarme Nummer! Komm schon, Junge, das kannst du doch sicher besser ... hoffentlich."*

Bist du bereits in einer Beziehung und siehst, wie sich ein fremder Mann an deine Freundin heranmacht, dann laufe von hinten an sie heran, fasse deine Freundin an der Hüfte und fange direkt vor seinen Augen an, mit ihr zu schmusen. Das sagt mehr als tausend Worte. Würdige ihn dabei kaum eines Blickes, sage nur kurz *„Hi"*, ignoriere ihn ansonsten aber und konzentriere dich auf deine Süße. Wenn er sich dann immer noch nicht von selbst verabschiedet, sage einfach zu deiner Freundin: *„Hey Schatz, komm mal mit, ich muss dir da hinten etwas zeigen ..."* – und zieh sie dann einfach von ihm weg.

Wie schon gesagt, kommt echtes AMOGing nur selten vor. Du solltest deshalb jetzt nicht überall AMOGs und Angriffe auf dich sehen. Am ehesten stößt man in Diskos und Bars darauf, auf einer privaten Party oder im Alltag dagegen kaum. **Die meisten AMOG-Situationen kannst du mit Selbstbewusstsein und C&F entschärfen.** Denn viele AMOGs geben bereits nach zwei Minuten auf und ziehen weiter, wenn sie auf Widerstand durch einen anderen Mann stoßen.

Du solltest auch bei frechen AMOGs immer versuchen, friedlich zu bleiben. Denn ein Alpha geht durch die Welt und hat die **„Freundes-Brille"** auf: Er sieht überall nur Freunde um sich herum und geht grundsätzlich davon aus, dass ihm die meisten Menschen freundlich gesinnt sind. Ein problembehafteter Mensch hingegen sieht die Welt negativ und wittert deshalb überall Feinde und Angriffe auf seine Person. Beide Typen leben in derselben Welt und ziehen das in ihr Leben, woran sie innerlich glauben: der eine Probleme, der andere Freunde.

In der eingangs beschriebenen Situation in der Disko habe ich einen Mix aus all diesen Tipps angewandt, um den Kerl loszuwerden:

Ich war zunächst baff angesichts so viel Dreistigkeit und wusste für ein paar Sekunden nicht, wie ich reagieren sollte. Dann legte ich den Arm um die Frau, die wir hier kurz Wendy nennen, zog sie an mich heran und sagte zu ihm: *„Lieb von dir, aber ich brauche keine Hilfe beim Flirten! Außerdem sind Wendy und ich schon über die Kennenlernphase hinaus."*

Dadurch zerfetzte ich seinen Frame in der Luft und kehrte die Situation mit meinem eigenen Frame um: *„Ich weiß, was ich tue, und diese Frau steht auf mich!"* Doch der Kerl ließ nicht locker. Er schwafelte irgendetwas daher, er würde doch so gut aussehen, reichte der Frau die

Hand und stellte sich vor. Die fühlte sich von dem kleinen Hahnenkampf um ihre Person geschmeichelt und hörte ihm bereitwillig zu. Der Typ begann nun damit, ihr langweilige Standardfragen zu stellen.

Während er redete, hielt ich Wendy immer noch im Arm und warf ab und zu einen amüsierten Kommentar ins Gespräch ein. Schon bald ging ihm der Redestoff aus und er begann ins Rudern zu kommen, während seine Verhörfragen Wendy allmählich langweilten. Als er merkte, dass er mich nicht vertreiben konnte und auch nichts mehr zu sagen hatte, gab er schließlich auf und zog weiter. Am Ende des Abends hatte ich Wendys E-Mail-Adresse in der Tasche und die wichtige Lektion gelernt, dass man AMOG-Situationen oft einfach nur mit C&F und Selbstbewusstsein aussitzen kann.

Dass sich Männer nach außen hin sichtbare Konkurrenzkämpfe um Frauen liefern, kommt aber eher in Filmen und Romanen vor als in der Realität. Das größte Hindernis bei der Eroberung einer Frau sind deshalb nur selten andere Männer, sondern meistens die Frauen selbst. In Form von bestimmten Tests werfen sie dir Knüppel zwischen die Beine und stehen mit ihrer Unentschlossenheit sowohl dir als auch sich selbst manchmal im Weg. Deshalb wollen wir uns diese Dinge im nächsten Kapitel ausführlicher anschauen.

Die Tests der Frauen

Frauen verhalten sich manchmal etwas merkwürdig – jedenfalls aus der Sicht von uns Männern. Sie machen plötzlich aus einer Kleinigkeit ein großes Problem, lassen sich stark von ihren Emotionen beeinflussen oder spielen seltsame Spielchen mit uns.

Über Jahrtausende hinweg war es für eine Frau nicht nur angenehm, sondern auch überlebenswichtig, einen starken Mann an ihrer Seite zu haben, auf den sie sich verlassen konnte. Bevor sich eine Frau auf einen Mann einließ, musste sie sich deshalb zuerst vergewissern, ob er die Eigenschaften eines Alpha-Mannes besaß und vor allem, ob er auch unter Stress und in schwierigen Situationen einen kühlen Kopf bewahren und sie vor wilden Tieren oder feindlichen Kriegern schützen konnte.

Nun prüft man solche Dinge nicht in einem netten Gespräch bei Stachelbeertorte und Holundertee ab, etwa: *„Liebling, kannst du dich eigentlich in einer Gruppe durchsetzen, mich beschützen und die Kont-*

rolle über eine schwierige Situation behalten?" Ich glaube, jeder Mann würde auf diese Frage sofort mit *„Na klar!"* antworten und sich seiner Fähigkeiten rühmen. Doch so schnell lässt sich das weibliche Unterbewusstsein nicht überzeugen. *„Worte sind Silber, Taten sind Gold"*, denkt es sich und hat deshalb im Lauf der Jahrhunderte eine Reihe von **Tests** entwickelt, mit denen Frauen Männer auch heute noch durchchecken, bevor sie sich auf eine Beziehung mit ihnen einlassen oder diese auf das nächste Level bringen (z. B. feste Beziehung, Ehe).

Solche Tests sind aber nicht böse gemeint! Fast immer laufen sie auf einer unterbewussten und instinktiven Ebene ab und die meisten Frauen merken selbst nicht einmal, dass sie dich durch ihr testendes Verhalten über einen psychologischen Hindernisparcours laufen lassen. Sie tun diese Dinge also *nicht bewusst*, sondern aus ihrem weiblichen Instinkt heraus, der die Tests auslöst und steuert.

Es gibt sehr viele Wege, wie eine Frau einen Mann testen kann, doch kann man sie in vier Kategorien einteilen: Der **„Zicken-Schild"** schützt eine Frau vor zu vielen Bewerbern und führt eine Vorauswahl durch. Der **„Quality-Test"** („Qualitäts-Test") soll die *Nice Guys* von den Alphas trennen. Das **Drama** entsteht, wenn sexuelle Lust aufkommt oder es eine Schieflage in der Beziehung gibt. Und durch **Manipulationsversuche** testen Frauen, ob sie einen Mann in einer Beziehung unter ihren Pantoffel kriegen und kontrollieren können oder ob er sich zu behaupten weiß. Lass uns diese einzelnen Punkte nun genauer unter die Lupe nehmen und dabei auch nach den besten Reaktionsmöglichkeiten schauen.

a.) Der „Zicken-Schild"

Dir ist bestimmt schon einmal aufgefallen, dass man Frauen an bestimmten Orten schwieriger ansprechen kann als an anderen. Während du im Park, im Einkaufszentrum, im Bus oder an sonst einem Alltagsort meist relativ leicht mit ihnen ins Gespräch kommst, können dieselben Frauen, wenn sie dir in einer Bar oder einem Club begegnen, auf einmal sehr zickig und zurückweisend sein. Du gehst auf sie zu und sagst: *„Hey, schönes Kleid ..."*, da unterbrechen sie dich schon und sagen Dinge wie: *„Danke – mein Freund hat es mir gekauft! Und jetzt verzieh dich bitte, ich unterhalte mich gerade mit meiner Freundin."* Später erfährst du, dass sie gar keinen Freund hat, und wunderst dich über ihre unfreundliche Art.

Natürlich kann man auch in Diskos auf hübsche Frauen treffen, die freundlich sind. Doch viele reagieren auch zickig und kläffen dich an, als hättest du sie gerade mit dem Satz *„Schönes Kleid, aber gab es keines mehr in deiner Größe?"* angesprochen. Sie zeigen dir die kalte Schulter, weisen deinen Flirtversuch ab, rollen mit den Augen, geben sich wortkarg und tun alles, um dich eine gewisse Arroganz spüren zu lassen. Mit anderen Worten, sie fahren ihre Schutzschilde hoch, weshalb man dieses Phänomen als *„Zicken-Schild"* (englisch: *„bitch shield"*) bezeichnet.

Meistens fahren Frauen diese Zicken-Schilde hoch, wenn sie sich in einem Umfeld bewegen, in dem es viele flirtwillige Männer gibt. Das kann in einem Club oder einer Bar sein, aber auch auf einer christlichen Freizeit, wo manchmal fast genauso schlimm gezickt wird wie in einer Münchner Edeldisko. Die Zicken-Schilde haben einen bestimmten Grund: **Sie sind nämlich einfach nur ein Test, um Männer zu prüfen, und dienen zugleich dem Schutz der Frau.**

Lass mich dir kurz erklären, woher diese emotionalen Schutzschilde kommen: Am Anfang ihrer Pubertät ist eine attraktive Frau selbst noch sehr unsicher, was das Flirten und Dating betrifft. Sie weist ungeliebte Verehrer dann meist noch höflich zurück. Im Laufe der Zeit erlebt sie jedoch immer öfter, dass Männer sie anflirten, wovon sie irgendwann regelrecht genervt ist. Als Folge daraus entwickelt sie gewisse Abwehrmechanismen.

Hinzu kommt, dass sich viele Männer selbst nach einem höflichen Korb in ihrem Ego verletzt fühlen und dann plötzlich grob zu der Frau werden und anfangen, sie zu beschimpfen. Oft tut eine hübsche Frau in solchen Situationen dann zwar so, als ob diese Beleidigungen an ihr abprallen, doch in Wahrheit verletzt es sie. Das kleine Mädchen tief in ihrem Inneren wird dadurch verwundet und es nimmt sich vor: *„Das nächste Mal werde ich gleich von Anfang an pampig, damit ich solche Kerle schneller loswerde!"* Die Strategie dahinter lautet: *Verletze den anderen, bevor er dich verletzt!* Wahrscheinlich hat sie gar nichts gegen einen netten Flirt, **doch die aufdringliche und plumpe Art, mit der viele Kerle versuchen, sie anzubaggern, zwingt sie schließlich dazu, ihre Abwehrschilde hochzufahren.** Und je schöner eine Frau ist, umso mehr muss sie sich vor solchen Männern schützen. Denn besonders hübsche Frauen werden natürlich öfter angeflirtet als andere, und deshalb legen sie sich im Laufe der Zeit einen besonders dicken Schutzpanzer zu, der aus zickigem und abweisendem Verhalten besteht. Frauen sind also nicht einfach so zum Spaß zickig und gemein zu Männern, sondern werden praktisch dazu gezwungen, um mit der großen Masse der Verehrer zurechtzukommen und sich vor den Rüpeln zu schützen.

> Ich traf mich einmal mit einer hübschen Studentin zu einem Date. Sie sah aus wie ein Model, war aber zugleich eine intelligente, fröhliche und sehr kommunikative junge Frau. Als wir beide mit einem Eis in der Hand durch den Park schlenderten, sagte sie mir, dass sie nicht glaubt, in einem Club unter all den betrunkenen Typen ihren zukünftigen Ehemann zu finden. Clubs und Partys sind für sie nur da, um mit ihren Freundinnen abzutanzen und Spaß zu haben. Wenn ein Mann nun versucht, sie dort anzusprechen, würde sie sehr schnell pampig werden, wofür sie dann oft als „Zicke" beschimpft wird. Sie meinte, dass es ihr oft selbst leidtut, wenn sie einem Mann auf der Tanzfläche oder an der Bar eine knallharte Abfuhr geben muss. „Aber wenn ich das nicht tue, dann sehen das auch die anderen Männer im Club. Und dann kommen immer mehr solcher Typen auf mich zu und fangen an, mich zu bedrängen. Viele werden dann auch aufdringlich und fangen an, mir an den Hintern oder sogar an die Brüste zu fassen", sagte sie. Deshalb fährt sie jedes Mal ihren Zicken-Schild hoch, sobald sie einen Club betritt, und weist Männer, die sie ansprechen wollen, sofort schroff ab. Ohne dieses Verhalten hätte sie nämlich nur wenig Chancen, in der Disko einen schönen Abend zusammen mit ihren Freundinnen zu verbringen.

Der Zicken-Schild erfüllt neben dem Schutz einer Frau aber auch noch eine andere wichtige Funktion: **Er sortiert uninteressante Männer aus!** Gerade attraktive Frauen haben oft viele Verehrer und müssen dieses Bewerberfeld irgendwie ausdünnen, sprich, die Spreu der Weicheier vom Weizen der interessanten Typen trennen. Hübsche Frauen legen außerdem großen Wert darauf, einen selbstbewussten Alpha-Mann an ihrer Seite zu haben. Durch den Zicken-Schild prüfen sie, ob sich ein Mann schnell abschrecken lässt und entmutigt aufgibt oder ob er am Ball bleibt und somit Alpha-Qualitäten wie Durchhaltevermögen und Zielstrebigkeit beweist. Indem sie ihn durch ihr zickiges Verhalten ein bisschen unter Druck setzen, prüfen sie aber auch, ob er ein ernsthaftes

Interesse an ihnen hat. Und es funktioniert! **Denn die Zicken-Schilde sind der Hauptgrund, weshalb sich viele Männer nicht trauen, eine attraktive Frau anzusprechen.** Deshalb sind sie die erste Hürde, die der zukünftige Partner einer solchen Frau zu nehmen hat. Lass dich von einer frechen oder pampigen Antwort also nicht gleich abschrecken, sondern bleibe ruhig und kontere mit C&F. (Im Kapitel über das Selbstbewusstsein haben wir dazu ja bereits ein paar Beispiele besprochen.)

Du kannst dir den Zicken-Schild einer Frau wie einen Wachhund vorstellen, an dem du dich erst vorbeitrauen musst, bevor du den Turm der Prinzessin betreten kannst. Wenn du eine Frau ansprichst und sie dich durch eine schnippische Antwort ein bisschen herausfordert, dann nimm das nicht persönlich. Weiche nicht zurück, nur weil sie dir kurz einen scharfen Wind um die Ohren pfeifen lässt, sondern bestehe diesen Test.

In meinem Leben habe ich schon viele Frauen kennengelernt – diejenigen, die am taffsten waren und von ihrem Verhalten manchmal auch etwas männlich wirkten, waren innerlich oft sehr sensible Wesen, auch wenn das von außen gar nicht zu sehen war. Sie sehnen sich nach einem selbstbewussten, starken Mann, der dazu in der Lage ist, ihre Tests zu bestehen und ihre zärtliche Seite zu entdecken und zu lieben.

Deine Hauptwerkzeuge, um den Zicken-Schild einer Frau zu knacken, sind Selbstbewusstsein und viel C&F-Humor. Du signalisierst einer Frau dadurch: *„Ich bin anders als der Rest der Bewerber, weil ich standhaft bin. Und ich werde dich nicht beleidigen, sondern durch meinen Humor für mich gewinnen!"* Zeige ihr, dass du dich nicht einschüchtern lässt und hinter ihren Test schauen kannst. Hast du in einer Zicken-Schild-Situation die Anfangshürden genommen und deine Standfestigkeit sowie deinen Humor bewiesen, wird eine Frau meist offener und freundlicher. Reagiert sie aber weiterhin unfreundlich und pampig, lässt du sie stehen und suchst dir eine andere, nettere Frau.

Abschließend möchte ich noch anmerken, dass nicht jede Frau mit einem dicken Zicken-Schild durch die Gegend läuft. Diesen Eindruck möchte ich dir auf keinen Fall vermitteln. Ich habe auch schon in Clubs und Diskos hübsche Frauen kennengelernt, ohne dass sie mich angezickt hätten. Und im Alltag, z. B. im Bus, im Stadtpark oder beim Shoppen in der Fußgängerzone, sind Frauen meist überhaupt nicht in diesem „Alarmzustand", weil sie dort Ruhe vor unverschämten und betrunkenen Kerlen haben. Ihre Zicken-Schilde sind dann meistens kleiner oder sogar überhaupt nicht vorhanden. Deshalb haben sich manche Flirtprofis auch auf das Ansprechen von Frauen in Alltagssituationen spezialisiert. Denn wieso sollten sie in der Disko mit anderen Männern konkurrieren, wenn sie die Frauen doch ganz einfach und unkompliziert im Alltag ansprechen können?

b.) Quality-Tests

Der Quality-Test ist eine Methode, um die Stärke und das Selbstbewusstsein eines Mannes zu prüfen. Fast jede Frau verwendet solche Tests in der einen oder anderen Form, egal ob es die umschwärmte Schönheit auf dem Modelaufsteg oder das graue Mäuschen aus dem Strickladen ist. **Quality-Tests treten meist auf, nachdem du den Zicken-Schild einer Frau überwunden hast, und sollen dich dann noch einmal *genauer* unter die Lupe nehmen.** Deshalb stellen sie eine feinere Form der Prüfung dar. Sie sind sozusagen **Qualifizierungsfragen auf Anabolika** (siehe dazu das Kapitel *„Push & Pull und Freeze Outs"*).

Sobald Quality-Tests in einem Gespräch auftauchen, sind sie für dich ein gutes Zeichen. Denn sie zeigen, dass du den Zicken-Schild erfolgreich überwunden hast und die Frau dich nun genauer unter die Lupe nimmt, weil sie sich für dich zu interessieren beginnt. In der internationalen Flirt-Community werden diese Tests eigentlich als *„Shit-Tests"* bezeichnet, weil sie die Spreu vom Weizen, das heißt geeignete Männer von weniger geeigneten Männern, trennen sollen. Da mir dieser Begriff und seine Ausrichtung aber nicht gefallen, möchte ich den salonfähigeren und auch viel treffenderen Begriff der Quality-Tests einführen. Dahinter steckt aber genau das Gleiche.

> Eine Christin trieb es einmal auf die Spitze, als sie mir in den ersten Minuten unseres Dates schnippisch sagte:„Ich habe im Internet schon über hundert Date-Anfragen bekommen. Ich frage mich, wieso ich mich ausgerechnet mit dir treffe ..." Ein Quality-Test wie aus dem Lehrbuch! Ich lächelte sie nur an und sagte:„Vielleicht weil die anderen hundert Anfragen ziemlich öde waren? Übrigens solltest du etwas netter sein, sonst ist dieses Date schneller vorbei, als du glaubst. Dann darfst du weiter im Internet suchen." Erst nach dieser taffen Antwort wurde sie freundlicher, denn ich hatte ihren Test bestanden und nicht angefangen, mich vor ihr zu rechtfertigen.

Vom Grundprinzip her sind Quality-Tests meist so aufgebaut, **dass die Frau dich absichtlich einer unangenehmen Situation aussetzt, dich schlecht behandelt oder herausfordert, um dadurch deinen Widerspruch zu provozieren.** Bleibt dieser aus, macht sie unter Umständen so lange weiter, bis sie das Interesse an dir verliert. Bestehst du den Test aber und zeigst Selbstbewusstsein, sammelst du bei ihr viele Pluspunkte.

Vielleicht glaubst du, dass christliche Frauen so ein Verhalten nicht an den Tag legen, ständig nur selig lächelnd durch die Gegend laufen und rein gar nichts mit solchen Tests zu tun haben würden. Doch das ist falsch! Denn christliche Frauen haben die gleichen Bedürfnissen und dasselbe instinktive Programm wie alle anderen Frauen auch. Besonders die sehr Hübschen unter ihnen können dich mit Tests konfrontieren, die denen ihrer weltlichen Geschlechtsgenossinnen in nichts nachstehen.

Grund ist, dass dieses Verhalten einfach zum Partnerfindungsprozess dazugehört und seit Jahrtausenden existiert. Und nun verrate ich dir das Geheimnis dahinter: **Frauen wollen dich durch diese Tests nicht kleinkriegen oder fertigmachen – sie testen dich, weil sie an deiner männlichen Stärke scheitern** *wollen*. Ja, du hast richtig gelesen: Sie *wollen* mit solchen Tests scheitern.

Insgeheim hofft nämlich jede Frau, dass sich der von ihr getestete Mann als stark erweist, die Situation mit Humor nimmt und sich von ihrer Provokation nicht unterkriegen lässt. **Mit ihren Quality-Tests möchte sie sich gegen dich werfen wie eine Meereswelle gegen einen Felsen, an dem sie sich bricht, egal, wie oft sie es probiert.** Indem du ihre Tests bestehst und mit Humor und Selbstbewusstsein vom Tisch fegst, steigst du im Ansehen einer Frau auf und sie fühlt sich immer stärker zu dir hingezogen.

Es ist genau so, wie wenn eine Frau zum Spaß einen Ringkampf mit dir anfängt. Sie möchte dich dann ebenfalls nicht wirklich besiegen, sondern deine männliche Stärke herausfordern und spüren. Diese Unterlegenheit des Weiblichen unter das Männliche können Frauen sehr genießen, wenn es auf eine starke, aber zugleich auch zärtliche Weise geschieht. **Ich spreche hier also nicht von Gewalt gegenüber Frauen oder Macho-Gehabe, sondern von einem selbstbewussten Handeln des Mannes und einer sanften Unterwerfung der Frau.** Ein unsicherer und mit Minderwertigkeitskomplexen beladender Mann reagiert mit Wutausbrüchen und Gewalt auf die Herausforderungen und Tests einer

Frau. Ein selbstbewusster Mann dagegen reagiert ruhig, aber bestimmt, denn er weiß, dass er mit ihren Tests fertigwerden kann, und auch, was die Frau dabei in ihm sucht.

Wenn du mehrere Quality-Tests einer Frau nicht bestehst oder gewalttätig reagierst, wirst du irgendwann deine Anziehung auf sie verlieren und ihr Interesse an dir wird schwinden – egal ob ihr nur miteinander geflirtet habt, in einer Beziehung oder sogar schon verheiratet seid. Denn keine Frau, die sich mit ihrem Mann einen scherzhaften Ringkampf liefert, will tatsächlich erleben, dass sie am Ende stärker ist und er wimmernd am Boden liegt. Ebenso wollen Frauen nicht, dass du an ihren Quality-Tests scheiterst, aber sie müssen sie dennoch anwenden, um dich auf Alpha-Qualitäten zu überprüfen und deine Stärke als Mann zu spüren.

Deshalb solltest du **Quality-Tests niemals als einen persönlichen Angriff auf dich sehen, sondern im Gegenteil als etwas Positives!** Denn wie schon erwähnt, sind die Tests einer Frau ein starkes Anzeichen dafür, dass sie sich ernsthaft für dich interessiert. Wieso sollte sie auch einen Mann auf Partner-Qualitäten überprüfen, wenn sie ihn sowieso uninteressant findet?

Betrachte die Quality-Tests deshalb einfach als notwendige „Spielchen", die, je nach Frauentyp, mal mehr, mal weniger intensiv gespielt werden. Eine temperamentvolle Latina wird dich vielleicht öfter und stärker testen als eine zurückhaltende und höfliche Asiatin. Beide Frauen testen dich dann zwar auf ihre jeweils eigene Art, aber testen werden sie dich auf jeden Fall! **Jedes Mal, wenn Frauen anfangen, dich mit Quality-Tests zu konfrontieren, wollen sie schauen, wie du reagierst, wenn du unter Druck gerätst oder sie dich herausfordern.** Sie wollen dann sehen, dass du cool und selbstbewusst bleibst und mit der Situation umgehen kannst. Bestehst du die Tests, hast du ein paar dicke Pluspunkte gesammelt und die Frau fühlt sich noch stärker zu dir hingezogen als vorher. Zum Glück musst du nicht Superman sein, um solche Tests zu bestehen. **Ein bisschen C&F und Selbstbewusstsein reichen dafür meistens aus.** Quality-Tests können in verschiedenen Formen auftreten. Im Folgenden möchte ich dir deshalb die häufigsten Beispiele nennen:

Sprichst du eine fremde Frau an, stellt sie dir meist am Anfang eine Qualifizierungsfrage. **Sie will damit erreichen, dass du dich bei ihr sozusagen „bewirbst",** indem du ihr aufzählst, was für einen tollen Job du hast, wie viel Geld du verdienst, wie spannend dein Leben ist usw. An und für sich kannst du über diese Dinge sprechen. Doch sollte euer

Gespräch nicht nur um solche Status-Symbole kreisen und erst recht solltest du dich nicht von einer Frau „verhören" lassen. **Immer dann, wenn du mit einer Frau redest und das Gefühl hast, dass du sie von dir überzeugen oder dich vor ihr rechtfertigen musst, sollten bei dir die Alarmglocken schrillen!** Denn dann befindest du dich mitten in einem Quality-Test und solltest dort schleunigst wieder herauskommen.

Frauen wissen, dass ein selbstbewusster Mann es nicht nötig hat, sich vor anderen zu rechtfertigen. Und wenn du ein cooler Typ bist, wird die Frau das hoffentlich von selbst merken, ohne dass du ihr deine Vorzüge oder dein Gehalt unter die Nase reiben musst. Am besten ist es, wenn du ihren Test deshalb gar nicht ernst nimmst und mit C&F abblockst. Stellt sie dir zu viele persönliche Fragen, kannst du lachen und sagen: *„Sag mal, bist du von der CIA – oder wieso willst du das alles von mir wissen?"*

Du kannst dir auch einen Spaß daraus machen und ihr bewusst Blödsinn erzählen, sodass sie merkt, dass du ihre Tests durchschaust und nicht ernst nimmst. Will sie zum Beispiel wissen, was du arbeitest, kannst du antworten: *„Also ich lege bei McDonald's immer die Gurkenscheiben auf die Hamburger. Das sind diese kleinen, die jeder so eklig findet."* Oder *„Ich bin der Chef einer Murmeltier-Zuchtfarm auf der Schwäbischen Alb."* Indem du ihrer Frage ausweichst und bestimmte Informationen über dich am Anfang noch zurückhältst, neckst du sie und weckst dadurch zugleich ihre Neugier. **Denn Frauen lieben geheimnisvolle Männer, die ihnen nicht immer gleich das geben, was sie wollen, und die am Anfang für eine gewisse Zeit undurchschaubar sind.** James Bond würde dir das sofort bestätigen. Stellt sie dir also zu viele Fragen, dann lasse sie ruhig ein bisschen zappeln und herumrätseln.

Du kannst daraus auch ein kleines C&F-Spiel machen: Will sie zum Beispiel wissen, was du beruflich machst oder wie du heißt, kannst du sie angrinsen und sagen: *„Rate mal!"* Das macht die ganze Sache interessanter und du springst nicht wie ein brav dressierter Dackel durch den Reifen, den sie dir mit ihrer Qualifizierungsfrage hinhält. Lässt sie sich auf das Spiel ein und rät falsch, kannst du dein C&F weitertreiben und sagen: *„Oh wow, du bist echt gut! ... Aber das war leider trotzdem falsch."* Frauen lieben solche neckischen Spielereien und wollen dann oft unbedingt die richtige Antwort wissen. Dann kannst du das Spielchen mit C&F noch etwas hinauszögern und ihr, sobald *du* Lust hast, sagen, wie alt du bist, was du beruflich machst, woher du kommst usw.

Ein weiterer, sehr beliebter Quality-Test ist der Satz: *„Ich habe einen Freund. "* Ich kann dir aus eigener Erfahrung sagen, dass dieser Satz in acht von zehn Fällen gelogen ist. **Die meisten Frauen, die dir gleich am Anfang eures Gespräches auf die Nase binden wollen, dass sie einen Freund haben, sind in Wahrheit Single.** Ich habe schon mit einigen Frauen geflirtet, die tatsächlich einen Freund hatten, von dem ich aber nichts wusste. Und meistens hatten es diese Frauen auch gar nicht eilig, mir davon zu erzählen. Erst nachdem sie den Flirt eine Weile ausgekostet hatten, ließen sie in einem Nebensatz die Bemerkung fallen, dass sie bereits vergeben sind.

Anders herum habe ich es erlebt, dass die meisten Frauen, die mir sofort nach dem Ansprechen mit eifrigem Gesichtsausdruck versicherten, dass sie einen Freund hätten, in Wahrheit nicht in einer Beziehung waren. Es ist für sie einfach nur ein bequemer Weg, das Selbstbewusstsein eines Mannes zu testen und nervende Verehrer loszuwerden. Wenn du also eine Frau ansprichst und diesen Satz sehr schnell von ihr hörst, solltest du ihn erst einmal ignorieren. **Die Wahrscheinlichkeit ist dann nämlich sehr groß, dass es sich dabei nur um einen Quality-Test handelt.**

Ich reagiere in solchen Fällen meistens mit C&F und zeige der Frau dadurch, dass ich ihren Test nicht ernst nehme: *„Du hast einen Freund? Schön! Und ich habe einen Goldhamster, der heißt Fridolin. Was studierst du eigentlich? "*, oder: *„So, ist das ansteckend? Gehst du deshalb zum Arzt? "*, oder: *„Natürlich hast du einen Freund ... "* (verschwörerische Blicke nach links und rechts) *„ ... Aber mal unter uns: Sehen deinen Freund auch andere Menschen oder nur du ganz allein? "*, oder: *„ Und du bist ihm doch treu, oder? Na, dann können wir ja problemlos weiterreden ... "*

Entscheidend ist, dass du ihren Test abblockst und ungerührt mit eurem Flirt fortfährst. Nur wenn sie dann darauf beharrt, dass sie wirklich einen Freund hat, solltest du das ernst nehmen. Denn dann hat sie entweder wirklich einen oder sie möchte einfach nicht mit dir flirten.

Eine andere Strategie, mit der Frauen oft testen, sind **spitze Bemerkungen**. Sie wollen dadurch schauen, ob dein Selbstbewusstsein echt ist oder ob sie es schaffen, dich aus dem Konzept zu bringen. Zum Beispiel so: *„Hihi, du hast ja schon ein kleines Bäuchlein! Du machst wohl zu wenig Sport. "*

Die schlechteste Reaktion darauf wäre jetzt, wenn du anfangen würdest, dich zu verteidigen, eingeschnappt zu sein oder dein Selbstbewusstsein zu verlieren. Besser ist es, auf solche provozierenden Sprüche mit einem guten Schuss Humor oder Selbstironie zu reagieren. Schlage dir zum Beispiel mit der flachen Hand auf den Bauch und sage: *„Ja, und ich bin stolz darauf – das hat schließlich alles Geld gekostet!"* Oder: *„Ja, und die Mädels stehen auf meinen Waschbär-Bauch! Komm, gib's zu, du doch auch!"* Oder du sagst gespielt entrüstet: *„Du unsensible Göre – ich bin im dritten Monat schwanger, sieht man das nicht?"*, und machst dich dann mit C&F darüber lustig, dass sie anscheinend keine Ahnung von Schwangerschaftsphasen hat. Egal was du sagst, du lässt dich von ihrem Kommentar nicht aus dem Konzept bringen oder dein Selbstbewusstsein erschüttern und machst einfach weiter.

Oft ist es am besten, eine Frau in Quality-Test-Situationen einfach nicht ernst zu nehmen. Wenn sie dir zum Beispiel sagt, dass sie später einen reichen Mann heiraten will, schaust du sie verdutzt an und fragst provokant: *„Und was will so einer mit dir?"* Wenn sie anmerkt, dass du von der Körpergröße her etwas klein geraten bist, bleibe selbstbewusst und sage: *„Keine Sorge, Schätzchen, für dich reicht's allemal."* Und das sagst du selbst dann noch, wenn sie 2,30 Meter groß ist!

Manchmal flirten Frauen auch mit dir, brechen dann aber diesen Frame und tun so, als wäre da nichts gewesen. Dann sagen sie zum Beispiel: *„Dachtest du etwa, ich finde dich süß?"* Viele Männer sind dann baff und wissen nicht, was sie sagen sollen. Kontere dann am besten, indem du ihren Frame spiegelst und antwortest: *„Wie kommst du denn jetzt darauf?"* Oder: *„Wieso nicht? Ich dachte ja auch, du wärst nett ..."*

Wenn sie anfängt, dich mit verbalen Nadelstichen zu ärgern, oder ein bisschen die Zicke spielt, kannst du ihr mit dem Zeigefinger drohen und sagen: *„Ich warne dich: Wenn du damit nicht gleich aufhörst, musst du mit Eselsohren in der Ecke stehen!"* Oder: *„Also, wenn du so weiter machst, gibt's nachher kein Happy Meal für dich!"* Oder: *„Kommst du mit diesem Verhalten immer durch oder nur bei Männern ohne Rückgrat?"* Oder du lachst und sagst: *„Wer hat dich denn aus dem Käfig gelassen? Komm, gib's zu, du warst doch bestimmt so eine Testperson bei einem Biowaffenexperiment, das furchtbar schiefgelaufen ist ..."* Du kannst auch KINO anwenden und sie deine physische Kraft ein bisschen spüren lassen, indem du sagst: *„Ach, komm her, du kleine süße Kratzbürste, ich will mit dir kämpfen."* Dann packst du sie an der Hüfte, ziehst sie an dich heran und kitzelst sie durch.

Wenn dich eine Frau mit ihren Bemerkungen herausfordert, ist es einfach wichtig, dass du dich nicht von ihrem Frame einschüchtern lässt, sondern einen Konter gibst und das Thema dann in eine andere Richtung lenkst. Du kannst dann zum Beispiel direkt nach dem Konter eine witzige Begebenheit aus deinem Leben erzählen (*„Da fällt mir übrigens eine tolle Geschichte ein ...“*) oder eine Routine verwenden (*„Was ist eigentlich der weiteste Ort, an den du jemals gereist bist?“*)

Wenn sie sichtliches Vergnügen an deinem C&F hat und eine freche und selbstbewusste Frau ist, kann es für euch beide auch witzig sein, wenn du den Spieß einfach umdrehst. Auf ihre Bemerkung, du seist zu klein, kannst du zum Beispiel frech kontern und das Gespräch dann in eine andere Richtung lenken: *„Was heißt hier klein – du bist einfach zu groß! Ich glaube, du hast dir dein Kleid aus einem Drei-Mann-Zelt genäht – aber immerhin ist dir das ja ganz gut gelungen. Was sind das da eigentlich für Knöpfe ...?“* Dann kannst du fließend zu KINO überleiten, indem du so tust, als wolltest du ihr das Kleid an den Knöpfen aufmachen und sie ausziehen. Ist sie eine freche und verspielte Frau, wird sie dich für deine dreiste Art lieben.

Du kannst C&F fast immer wie ein Multifunktionswerkzeug einsetzen, um die Quality-Tests einer Frau ins Leere laufen zu lassen. Dadurch entschärfst du die Situation, zeigst der Frau, dass sie dich nicht einschüchtern kann, und sorgst obendrein für jede Menge Spaß für euch beide.

Ich war mit Daria auf einem Date in einer Bar. Wir schmusten miteinander und ich schlüpfte mit meinen Fingern unter ihr T-Shirt, um an ihrem Bauchnabelpiercing herumzuspielen. Nach einer Weile sagte sie leicht entrüstet: „Sag mal, was hast du denn da immer an meinem Piercing zu suchen? Das gefällt dir wohl, was? Du hattest wohl noch keine Frau mit Bauchnabelpiercing."

Ich hätte jetzt peinlich ertappt meine Hand zurückziehen und mich rechtfertigen können: „Nee Quatsch ... Jetzt lass mich doch." Aber das wäre genau das Falsche gewesen! Es hätte ziemlich schwach gewirkt und so, als ob ich nicht den Mut besitzen würde, zu meinen Handlungen zu stehen. Stattdessen setzte ich C&F ein und sagte: „Na ja, eigentlich hatte ich gehofft, dass das dein Lautstärkeregler ist, mit dem ich dich mal etwas leiser stellen kann ..." Sie ließ daraufhin ihr lautes Lachen hören und wir schmusten einfach weiter.

Neben solchen verbalen Tests gibt es auch noch eine ganze Reihe nonverbaler Tests, die sich durch ein bestimmtes Verhalten äußern. Mit ihnen will eine Frau neben deinem Selbstbewusstsein auch dein Sozialverhalten testen. Das tut sie zum Beispiel, indem **sie dich warten lässt**. Die innere Haltung, mit der sie dabei auftritt, lautet dann: *„Ich bin wichtiger als du und du hast dich gefälligst nach mir zu richten!"*

Du stehst zum Beispiel pünktlich an ihrer Türe und willst sie zu eurem Date abholen. Doch sie liegt faul auf dem Sofa herum und gibt dir zu verstehen, dass sie sich jetzt noch eine halbe Stunde lang die Finger feilen und mit ihrer Freundin Tina telefonieren will. Kein Alpha-Mann würde sich so ein Verhalten gefallen lassen!

Sage ihr dann, dass du ihr noch fünf Minuten gibst, um das Telefonat zu beenden und sich fertig zu machen. Denn es kann ja wirklich sein, dass sie mit ihrer Freundin noch etwas Wichtiges zu besprechen hat, was keinen Aufschub duldet. Hat sich nach Ablauf dieser Frist aber immer noch nichts bei ihr getan, gibst du ihr durch Zeichensprache zu verstehen, dass du *jetzt* gehen willst. Reagiert sie darauf nicht, gehst du einfach zu ihr rüber und fängst an sie zu kitzeln, sodass das Telefonieren für sie unmöglich wird. Vielleicht nimmst du ihr auch das Telefon aus der Hand und sagst: *„Tina? Sorry, aber sie kann jetzt leider nicht mehr telefonieren. Sie hat ein Date mit einem süßen Typen. Mach's gut!"*, und legst auf. Wenn sie dann wütend reagiert, sagst du: *„Stopp, Schätzchen! Ich sah mich leider gezwungen, dich von deinem ‚Telefon-Wahn' zu befreien. Außerdem warte ich schon seit ein paar Minuten und ich mag keine Frauen, die sich nicht an Verabredungen halten."* Damit sollte die Sache erledigt sein. Denn *sie* hat sich hier danebenbenommen, nicht du!

Anderes Szenario, gleicher Test: Du hast ein erstes Date und gehst mit der Frau in eine Bar. Dort lässt sie dich plötzlich stehen, um mit ein paar zufällig getroffenen Freunden einen längeren Plausch zu halten, bei dem sie dich völlig ignoriert und vergisst.

Hat sie wirklich etwas Wichtiges mit ihnen zu besprechen, kannst du ihr ruhig ein paar Minuten dafür geben. Hast du aber den Eindruck, dass sie mit ihren Freunden nur Small Talk hält und es sich um einen Test handelt, solltest du nicht treudoof wie Dackel Waldi in der Ecke stehen und auf Frauchen warten, sondern selbst aktiv werden. Du könntest dich dann einfach neben sie stellen und dich ihren Freunden vorstellen. Das ist deutliches Alpha-Verhalten und zeugt von Sozialkompetenz. Mache dann etwas Small Talk, versuche aber auch, sie wieder aus der Gruppe herauszulösen und euer Date fortzusetzen.

Statt zu der Gruppe hinüberzugehen, könntest du aber auch einfach ein Gespräch mit einer zufällig an der Bar herumstehenden Schönheit beginnen, aus dem auch ruhig ein kleiner Flirt werden darf (auch wenn du ihn dann vielleicht gar nicht ernst meinst). Die Botschaft, die du deinem Date dabei sendest, ist ziemlich deutlich: *„Ich lasse nicht zu, dass man so mit mir umgeht. Wenn du mich ignorierst und schlecht behandelst, suche ich mir einfach eine nettere Frau.*" Du wirst erstaunt sein, wie schnell die soeben Entschwundene plötzlich das Gespräch mit ihren Freunden abbricht und wieder an deine Seite zurückkehren wird, um ihr Revier zu verteidigen.

Das ist übrigens auch die richtige Reaktion, wenn sie dich **auf einem Date einmal unanständig lange (und ohne dir Bescheid zu sagen) warten lässt.** Kommt sie dann mit einer halben Stunde Verspätung angezwitschert und sieht dich im Gespräch mit der hübschen Brünetten vom Nachbartisch oder der Kellnerin, wird sie es sich in Zukunft zweimal überlegen, ob sie so eine Nummer noch einmal mit dir abzieht. Natürlich machst du sie dadurch ein bisschen eifersüchtig, doch das ist die richtige und selbstbewusste Antwort auf so einen fiesen kleinen Test. Denn sie will ja gerade deine Alpha-Qualitäten sehen! Wenn die Frau aber zum Beispiel tatsächlich noch etwas Wichtiges mit ihrer Freundin am Telefon besprechen muss oder aus triftigen Gründen zu spät zu eurer Verabredung kommt, brauchst du solche Maßnahmen natürlich nicht. In solchen Fällen wirst du dann aber auch deutlich merken, dass du es nicht mit einem Test zu tun hast.

Eine Frau versucht dich vielleicht auch als Chauffeur oder Arbeitssklaven einzuspannen. Auch das ist ein Test. *„Du, ich muss heute dringend neue Schuhe kaufen und danach ins Fitnessstudio gehen. Könntest du nicht mein Zimmer streichen und meine Sachen aus der Reinigung holen?"*

Was auch immer sie von dir verlangt, überlege dir, ob du es wirklich tun willst und ob es wirklich notwendig ist. Du hast, genau wie sie auch, ein Leben mit Terminen und Verpflichtungen. Wirf deshalb nicht gleich deine Pläne über Bord, sobald sie nach dir klingelt – du bist schließlich nicht ihr Hausdiener. Wenn sie häufig versucht, dich mit Arbeit zu beladen oder einzuengen, solltest du sie mit einem Wort bekannt machen, für das Alpha-Männer bekannt sind und das, in einem ruhigen Tonfall gesprochen, sehr sexy sein kann: *„Nein!"*

Eine Variante des Wartenlassens ist das **Herunterfahren der Kommunikation**. Dieser Quality-Test findet vor allem kurz nach dem Ansprechen und dem ersten E-Mail-Kontakt statt. Du hast sie angesprochen, ihre Kontaktdaten geholt und sie angeschrieben oder sogar schon ein erstes Date mit ihr gehabt. Und nun antwortet sie dir plötzlich nicht mehr oder sagt eure geplanten Treffen kurzfristig ab.

Deine E-Mails quittiert sie mit einem sparsamen Dreizeiler und der Bemerkung, dass sie gerade keine Zeit hat, dir aber *„bald richtig zurückschreiben"* wird. Das Beste ist dann, wenn du sie einfach für eine Weile ignorierst und sie ebenfalls warten lässt. Schreibe ihr kurz und bündig eine Nachricht, etwa: *„Cool, ich freue mich auf deine Antwort. Ciao."* Und dann wartest du einfach, bis sie sich wieder bei dir meldet, lebst in der Zwischenzeit dein Leben und datest andere Frauen.

Zeige keine Anzeichen von *Neediness* oder sonstiger Abhängigkeit, denn das würde deine Anziehung auf sie nur zerstören. Ein selbstbewusster Mann hat Besseres zu tun als zehn Mal am Tag sein E-Mail-Postfach zu checken und zu hoffen, dass irgendeine Madame ihm gnädigerweise eine E-Mail zurückgeschrieben hat.

Wenn sie dir gegenüber so unverbindlich bleibt, bist du ihr ebenfalls nichts schuldig und kannst guten Gewissens andere Frauen treffen – und das solltest du auch tun! Habe Spaß und zeige es auch, indem du z. B. Bilder bei Facebook postest, die sie sieht. Darauf solltest du entweder zusammen mit anderen Frauen oder bei tollen Aktivitäten mit Kumpels zu sehen sein. Denn wenn eine Frau dich absichtlich in der Warteschleife hält, darf sie ruhig sehen, dass du in der Zwischenzeit andere Leute triffst und nicht wie ein Trauerkloß zu Hause herumsitzt und auf sie wartest.

Hat sie sich dann binnen fünf Tagen immer noch nicht bei dir gemeldet, solltest du mit einer kurzen E-Mail und etwas C&F nachfragen: *„Hey, wie geht's dir denn? Du bist doch nicht etwa in ein Loch gefallen und steckst jetzt fest, oder? ;-) Melde dich mal!"* Kommt überhaupt nichts mehr zurück, vergiss sie!

Wenn du mit einer Frau ein erstes Date hattest, das gut gelaufen ist, und du dir sicher bist, dass sie es auch genossen hat, kannst du ihr spät abends nach dem Date noch eine kurze „Erinnerungs-SMS" mit C&F schreiben. Beispiel: *„Ich fand es heute echt schön mit dir! Ich wünsche*

dir eine gute Nacht – und sei immer schön artig, du freches kleines Ding!
Ich habe nämlich gute Beziehungen und weiß alles ... ;-) " (Natürlich
kannst du einen anderen C&F-Spruch bringen. Achte darauf, dass er
irgendwie zu eurem Date und zu der Frau passt.)

Durch diese SMS rufst du bei ihr nochmals die schöne Erinnerung
an dich und die guten Gefühle, die sie auf eurem Date hatte, hervor.
Außerdem weiß sie dann, dass du das Treffen mit ihr schön fandst. Diese
Gedanken werden sie dann beim Einschlafen und auch in den nachfol-
genden Tagen begleiten, besonders wenn du (wie im letzten Satz unseres
Beispiels) etwas mysteriös, aber humorvoll bleibst. Denn umso mehr die
Gedanken einer Frau sich mit dir befassen und positive Gefühle bei ihr
auslösen, umso eher verliebt sie sich in dich.

Wenn ich eine Frau frisch kennengelernt habe oder ein Date mit ihr
hatte, schreibe ich ihr übrigens zurück, wann immer ich will. Ich pfeife
also bewusst auf die bekannte *„Drei-Tage-sollst-du-warten"*-Regel,
eben weil sie inzwischen so bekannt und dadurch vorhersehbar und langweilig geworden ist. Doch am Anfang eines Kennenlernprozesses kann
es trotzdem gut sein, wenn man nicht sofort auf die E-Mails einer Frau
antwortet, sondern hin und wieder für ein oder zwei Tage damit wartet.

Du gibst einer Frau dadurch bewusst einen kleinen *Freeze Out*, entziehst ihr also deine Aufmerksamkeit für kurze Zeit und **gibst ihr dadurch
die Gelegenheit, dich zu vermissen.** In solchen Fällen ist der *Freeze Out*
keine Form der Bestrafung, sondern soll deinen Alpha-Status aufbauen.
Du zeigst damit, dass du dich nicht zu sehr auf sie fixierst, sondern ein
Leben führst, in dem auch noch andere Menschen vorkommen, und dass
du euer Kennenlernen entspannt und ohne Druck angehst.

Ein *Freeze-Out* ist vor allem dann gut, wenn du den Eindruck hast, dass
du bei dem letzten Treffen mit einer Frau ziemlich *needy* warst oder ihr zu
früh zu viel Aufmerksamkeit geschenkt hast. **Meistens merkst du das daran,
dass sich die Frau dir gegenüber dann weniger anstrengt oder spürbar
zurückhaltender wird.** Dann können ein paar Tage *Freeze Out* manchmal
wahre Wunder wirken und deine Position ihr gegenüber stärken. Denn kein
Nice Guy mit starker *Neediness* würde so etwas tun. Nach ein bis drei Tagen
Wartezeit meldest du dich dann bei ihr und federst den *Freeze Out* ab, indem du ihr in einer E-Mail schreibst: *„Sorry für die späte Antwort! Ich war
gerade mit anderen Sachen beschäftigt. "* Das ist nicht gelogen, weil du in
der Zwischenzeit ja tatsächlich andere Dinge gemacht hast.

Zu guter Letzt kann es auch sein, dass dich eine Frau durch **respektloses Verhalten in aller Öffentlichkeit testet**. Meistens kommen solche Tests nur von sehr dominanten Frauen oder wenn du bereits durch viele vorhergehende Tests gerasselt bist und sie dich als Mann einfach nicht mehr ernst nimmt. Sie fängt dann an, dich vor anderen Leuten und auch vor deinen Freunden lautstark zu kritisieren oder zu beschimpfen und bringt dich dadurch in Verlegenheit. Am besten, du nimmst sie dann beiseite und stellst sie unter vier Augen zur Rede. Mache ihr klar, dass du so ein Verhalten nicht akzeptieren wirst und dass es Folgen hat, wenn sie ihre Laune nicht gleich bessert. Zickt sie dann weiter herum, gehst du nach Hause oder wirfst sie aus deiner Wohnung und strafst sie erst einmal für ein paar Tage mit einem *Freeze-Out* ab. Erst dann suchst du wieder das Gespräch mit ihr, wenn sie es nicht schon von sich aus in der Zwischenzeit getan hat. Lasse dir dann von ihr aber keine Vorwürfe machen und reagiere mit C&F. **Denn wer sich benimmt wie ein kleines, ungezogenes Kind, wird auch so von dir behandelt.**

Oft versuchen Frauen dich bei ihren Tests mit Worten in die Bredouille zu bringen, weil sie sich auf diesem Feld auskennen und dort ihre kommunikative Stärke ausspielen können. Deshalb sammelst du viele Sympathiepunkte, wenn du diese Tests bestehst und dich als ebenbürtiges Gegenüber erweist. Meistens ist die Flucht nach vorn mit C&F die beste Reaktion darauf:

> Sie: „Sag mal, stalkst du mich?"

> Du: „Ja! Und übrigens: Deine neuen Schlafzimmermöbel sehen vom Baum in deinem Garten echt gut aus."

Lass dich von ihr nicht in die Defensive drängen und fange nicht an, dich zu rechtfertigen. Stattdessen drehst du ihre Vorwürfe ins Absurde und zeigst ihr dadurch, dass du dich nicht einschüchtern lässt und auch nichts zu verbergen hast. Denn wenn du anfängst, dich zu verteidigen, machst du dich nur umso mehr verdächtig.

> Sie: „Du wirkst ziemlich erfahren im Umgang mit Frauen. Bist du so ein Aufreißer-Typ, der ständig eine andere datet?"

> Du: „Nun, sagen wir's mal so: Du bist diese Woche Nummer 17 ... Aber bislang schlägst du dich ganz gut."

Mit C&F lässt du solche Tests ins Leere laufen und bist obendrein auf eine gewisse Weise unkontrollierbar für die Frau und dadurch umso interessanter.

Ich möchte an dieser Stelle noch kurz auf eine weitere Unterart des C&F eingehen, die vor allem bei Quality-Tests zum Einsatz kommt: das sogenannte *„Reframing"* (dt.: etwas neu formen, neu definieren). Beim Reframing gibst du einer Situation (bzw. dem Frame einer Frau) eine völlig neue Bedeutung und schaust sie aus einem für dich vorteilhaften Blickwinkel an:

> Sie: „Nenne mir einen guten Grund, wieso ich mit dir ausgehen sollte!"

> Du: „Na ja, weil mir deine Eltern eine ganze Menge Geld dafür zahlen ..."

> Oder: „Weil es Spaß macht und die Gefahr senkt, dass du irgendwann alt und einsam in einem Haus voller Katzen lebst."

Du lässt dich also gar nicht auf ihre Realität *(„Ich bin mehr wert als du!")* oder ihren Qualifizierungs-Frame *(„Wer bist du schon? Los, qualifiziere dich!")* ein und drehst den Spieß einfach um. **Sie – nicht du – muss dankbar dafür sein, dass ihr euch trefft.** Dein Ziel ist es dabei, sie von ihrem hohen Ross herunterzuholen, ihren Test abzuschmettern und das Machtverhältnis auszugleichen oder sogar zu deinen Gunsten zu verschieben.

C&F-Humor tut dir dabei auch noch einen anderen Gefallen: Es sortiert die Frauen ohne Humor aus! Meine Erfahrung hat mir immer wieder gezeigt, dass problematische Frauentypen auf C&F nicht besonders gut reagieren. Das sind meistens recht humorlose Damen, die sehr unzufrieden mit sich und ihrem Leben sind. Sie haben oft ein niedriges Selbstwertgefühl, sind emotional unausgeglichen und regen sich deshalb schnell über Kleinigkeiten auf oder werden aggressiv, wenn du sie mit C&F neckst. Oftmals sind das dann nur die äußeren Symptome von psychischen Problemen. **C&F ist deshalb ein gutes Mittel, um solche Frauen zu identifizieren und frühzeitig auszusortieren.** Denn selbstbewusste, ausgeglichene und psychisch stabile Frauen kommen mit dieser Art von neckischem Alpha-Humor nicht nur sehr gut klar, sie fühlen sich davon auch stark angezogen und sehen darin eine Einladung zum Flirten. Sollte es aber vorkommen, dass kaum eine Frau gut auf dein

C&F reagiert, so ist nicht plötzlich die gesamte Frauenwelt verrückt geworden, sondern der Fehler liegt bei dir! Dann solltest du deinen C&F-Stil und die Zielrichtung deiner C&F-Sprüche überdenken. Meistens bist du dann einfach nur frech (oder sogar beleidigend) und vernachlässigst die witzige oder kreative Komponente.

c.) Drama

Mit Drama meine ich keine ernsthaften Probleme (*„Ich habe meinen Job verloren"*) oder Manipulation in Form von Nörgeleien (*„Du lässt ständig die Zimmertüre offen stehen!"*), sondern kleinere Probleme, aus denen Frauen manchmal einen regelrechten Weltkrieg basteln können (*„Wieso hast du gelbe statt rote Paprika mitgebracht?"*).

Die Gründe für Drama können verschieden sein: Vielleicht hat eine Frau gerade „ihre Tage" und fühlt sich nicht gut, oder sie hat vor Kurzem etwas Negatives erlebt und sucht ein Ventil, um ihren Frust abzulassen. Neben diesen offensichtlichen Gründen, die fast jeder Mann kennt, gibt es aber noch vier weitere Faktoren, die ich dir kurz erklären möchte:

Drama kann für Frauen ein äußerst stimulierendes Erlebnis sein. In solchen Fällen steht nicht der Auslöser für das Drama im Mittelpunkt, sondern das Drama selbst. Es ist dann wie eine Bühne, auf der die Frau im Mittelpunkt der allgemeinen Aufmerksamkeit steht und das damit verbundene prickelnde Gefühl genießt. Im Prinzip geht es ihr dann darum, beachtet zu werden. Zusätzlich kommen noch unterbewusste Faktoren dazu: Drama gibt Dingen eine Bedeutung und sorgt für Spannung und Abwechslung im grauen Alltag.

Manchmal kann auch sexuelle Lust Auslöser für Drama sein. Wenn eine Frau merkt, dass sie immer größere sexuelle Lust auf dich bekommt, weiß sie manchmal nicht, wie sie mit der Situation umgehen soll. Dann kann Drama entstehen, dessen Auslöser oft so nichtig und unlogisch ist wie die Storyline in einem Actionfilm mit Dolph Lundgren in der Hauptrolle.

Auch starke Eifersucht auf andere Frauen und die damit einhergehende Angst, dich zu verlieren, kann der Auslöser für Drama sein. Auf der einen Seite begehrt sie dich dann und empfindet das Interesse, das dir andere Frauen entgegenbringen, als erregend. Auf der anderen Seite will sie dich aber auch irgendwie kontrollieren und sichergehen, dass du ihr gehörst. Das Drama dient ihr dann als Ventil, um Dampf abzulassen und dir zu kommunizieren: *„Ich will dich – und du Holzklotz merkst es nicht einmal!"* Du solltest das Drama einer Frau in solchen Situationen nicht allzu ernst nehmen und erst recht nicht versuchen, die Auslöser dafür zu analysieren oder sie zu beseelsorgen. **In solchen Situationen will sie dich einfach nur spüren und braucht keinen Hobbypsychologen an ihrer Seite, sondern Körperkontakt.** Deshalb solltest du sie mit C&F noch etwas anheizen, sie dir dann schnappen und ordentlich durchknuddeln (Ehepaare gehen natürlich über Knuddeln hinaus ...). Sie weiß und vor allem *spürt* dann, dass du sie liebst und dass sie deine Prinzessin ist.

Noch öfter wird Drama von Frauen aber eingesetzt, um ihren Mann aus seinem verbalen Schneckenhaus zu holen und ein für sie bedeutsames Gespräch in Gang zu setzen. So mancher Mann wurde um drei Uhr nachts von seiner Frau fast in den Wahnsinn getrieben, weil sie plötzlich mit ihm über die gemeinsame Beziehung reden wollte. Frauen fordern Männer dann verbal heraus, weil sie sich zu wenig von ihnen beachtet fühlen und ihnen die Kommunikation mit dem Mann fehlt. Manchmal reden sie sich aber auch aus einer emotionalen Stimmung heraus ein Problem ein, wo eigentlich gar keines ist. Denn Frauen können manchmal richtig gut darin sein, aus Kleinigkeiten wie etwa einem vergessenen Einkaufszettel einen Ehekrach zu machen.

Neben den Gefühlsaspekten nutzen Frauen ihr Drama manchmal auch, um Männer zu kontrollieren und zu steuern. Vor allem attraktive Frauen sind es gewohnt, immer das zu bekommen, was sie wollen, und zwar „sofort und jetzt gleich". Wenn ein Mann einmal nicht spuren und nach ihrer Pfeife tanzen möchte, setzen sie Drama ein und werden zickig, um ihren Forderungen Nachdruck zu verleihen – egal ob auf dem Date oder in einer Beziehung.

Das reicht oft aus, um die meisten Männer einknicken zu lassen. Um ihr Gesicht vor sich selbst zu wahren, reden sich Männer das Ganze dann oft schön, indem sie behaupten, wahre Gentlemen zu sein und der Frau jeden Wunsch von den Augen ablesen zu müssen. In Wahrheit sind sie aber einfach nur zum Manipulationsopfer einer verzogenen Göre geworden. **Aus Angst, die Frau zu verlieren, geben sie nach – und verlieren sie dann meistens genau deshalb**, weil die Frau im Laufe der Zeit feststellt, dass es solchen Männern an der nötigen Stärke und Standhaftigkeit fehlt.

Du solltest dir an dieser Stelle einfach merken: Lass dich nicht in das Drama hineinziehen. Vertritt deine Meinung und deine Wünsche selbstbewusst, mit einer gelassenen Haltung und unabhängig davon, ob Oma Inge vor dir steht oder das aktuell angesagte Supermodel. **Wenn sie sich wie ein kleines, zorniges Mädchen aufführt, dann behandle sie auch so.** Das macht deutlich, dass du dich nicht von ihr terrorisieren lässt. Wenn du C&F in solchen Situationen richtig einsetzt, kann sie am Ende sogar über sich selbst lachen. Ich lächle dann zum Beispiel herausfordernd und sage Sätze wie: *„Hast du gestern auch so gebrüllt, als deine Mama dich gewickelt hat?"*, oder: *„Wenn du nicht gleich brav bist, kriegst du Eselsohren aufgesetzt und musst dich in die Ecke stellen!"* Ich gehe manchmal sogar so weit, einer Frau dann den Kopf zu tätscheln und zu sagen: *„Ooooch, ist die Kleine sauer? Hat die Kleine heute noch kein Fläschchen bekommen?"*

Gegen Drama-Anfälle vorzugehen ist auch deshalb gut, weil es dich davor schützen kann, in den Sog einer negativen und psychisch labilen Person zu geraten. **Denn manche Frauen sehen äußerlich schöner aus, als sie es innerlich sind.** Wenn du einer solchen Frau in die Fänge gerätst und widerspruchslos mit dir machen lässt, was ihre jeweiligen Launen gerade diktieren, ist das ein Erste-Klasse-Ticket in deine ganz persönliche Horrorshow – mit Zugabe! So etwas solltest du dir wirklich nicht antun. Prüfe also, wem du dich aussetzt, und bleibe gelassen wie ein Berg im japanischen Akaishi-Gebirge, wenn du auf Drama stößt. Deine innere Einstellung sollte dabei in etwa so lauten: *„Ich bleibe Herr über meine Emotionen und ich erlaube dir nicht, meine Gefühle durcheinanderzubringen oder mich wütend zu machen."*

Wenn du diese Haltung in einer Drama-Situation zum Ausdruck bringst, macht das Eindruck. Denn die meisten hübschen Frauen suchen einen selbstbewussten Mann, der ihnen auf Augenhöhe begegnet und sich nicht ihren Launen anpasst. Einen Mann, der tiefer blickt und nicht nur ihren wohlgeformten Körper sieht, sondern auch ihren Geist und Charakter. Einen Mann, der sie nicht zur perfekten Übergöttin erhebt, sondern als einzigartigen und liebenswerten Menschen sieht, mit Gaben, aber auch mit Ecken und Kanten. Ein solcher Mann ist für Frauen nicht nur sehr interessant, sondern stellt für sie auch eine Herausforderung dar. Die Gejagte wird dann manchmal selbst zur Jägerin und fängt nun ihrerseits an, um *deine* Gunst und Aufmerksamkeit zu buhlen.

d.) Betaisierung und Manipulationsversuche

Die Filmdiva und Sängerin Marlene Dietrich sagte einmal: *„Die meisten Frauen setzen alles daran, einen Mann zu ändern, und wenn sie ihn dann geändert haben, mögen sie ihn nicht mehr."* Dieser Satz lässt tief in die weibliche Psyche blicken und erklärt uns einiges in punkto Beziehungsdynamik.

Eine Frau freut sich, wenn sie in dem Mann an ihrer Seite Alpha-Eigenschaften erkennt, und fühlt sich von diesen angezogen. Ist sie dann mit ihm in einer festen Beziehung, können diese Eigenschaften aus Sicht der Frau aber auch gefährlich werden, weil der Mann damit eben nicht nur sie, sondern auch noch andere Frauen anziehen kann, die ihm dann vielleicht besser gefallen könnten.

Deshalb versucht eine Frau oft, diese Eigenschaften zu entschärfen, ihren Mann zu zähmen, an sich zu binden und ihm so ein Stück von seinem attraktiven Verhalten als Eroberer zu nehmen. Nach und nach versucht sie ihn und sein Leben in den Griff zu bekommen und greift dabei auch zum Mittel der **Manipulation**.

Meist geschieht das auf einer sehr sanften Ebene und nicht mit dem Rammbock direkt durch die Haustüre. Du liegst zum Beispiel schmusend mit ihr auf der Couch und denkst an nichts Böses, da fängt sie plötzlich an: *„Schaaatz, sag mal, musst du wirklich zwei Mal pro Woche ins Fußballtraining gehen? Ich will dich doch lieber bei mir haben."* Kein Problem, du gehst ab sofort nur noch einmal pro Woche ins Training und deine Wampe wächst.

Ein paar Tage später: *„Schaaatz, ich finde, diese Lederjacke passt einfach nicht mehr zu dir. Ich habe da neulich sooo einen tollen Stoffmantel mit buntem Inka-Muster gesehen, den will ich dir unbedingt kaufen."* Zwei Wochen später: *„Schaaatz, dein bester Freund Klaus ist irgendwie total doof und immer so laut. Ich mag nicht, dass du dich weiterhin mit ihm triffst!"* Und so weiter und so fort. Sie zieht dem Tiger nach und nach die Krallen und ehe du dich versiehst, hat sie die Führung in eurer Beziehung übernommen und bestimmt dein Leben. **Und spätestens dann bist du nicht mehr der attraktive Alpha-Mann, der sie am Anfang faszinierte und in den sie sich verliebt hat.**

Man bezeichnet dieses Phänomen als den **„Prozess der Betaisierung"**, weil Frauen dabei versuchen, ihre Männer auf den zweiten Platz in der Beziehung zu verweisen, während sie selbst die Hosen anhaben. Der Mann wird also vom Alpha zum Beta gemacht, daher die Bezeichnung „Betaisierung". Vor allem *Nice Guys* sind für solche Manipulationen anfällig und geben ihnen schnell nach.

„*Ist doch in Ordnung*", sagen sie sich, „*dann hat die Frau schließlich das, was sie will, und ist glücklich. Happy wife – happy life!*" Doch genau hier geschieht nun das Paradoxe: Indem sie dich für andere Frauen uninteressanter macht, dich deiner Wildheit beraubt und das Vollkornbrot, das du einst warst, in einen Weichkeks verwandelt, wirst du auch ein Stück weit uninteressant für deine eigene Frau. Denn wie Marlene Dietrich so treffend gesagt hat, **versuchen die meisten Frauen zwar, ihren Mann zu zähmen, hoffen aber insgeheim, das niemals vollständig hinzubekommen.**

Wenn sich der wilde, motorradfahrende Kerl, in den sie sich einst verliebt hat, vollständig zum Windel wechselnden Papa und Castingshow guckenden Durchschnittsspießer verwandelt hat, vermisst eine Frau plötzlich seine ursprüngliche Attraktivität und Männlichkeit. **An ihrer Sehnsucht nach den Alpha-Eigenschaften hat sich nämlich rein gar nichts geändert, sie möchte eben nur nicht, dass auch noch andere Frauen in deren Genuss kommen.** Deshalb solltest du dich auch in einer Beziehung nie vollständig aufgeben oder einer Frau den Generalschlüssel zu sämtlichen Bereichen deines Lebens in die Hand drücken.

> Vor ein paar Jahren hatte ich die Gelegenheit, einen voll betaisierten Mann in freier Wildbahn beobachten zu können. Ich saß in der Uni-Mensa an einem Tisch, neben mir ein fremdes Pärchen. Mir fiel sofort auf, das signalisierte die Körperhaltung des jungen Mannes, dass er sehr niedergeschlagen war: hängende Schultern, Blick nach unten gerichtet, leise Stimme. Ganz anders dagegen seine Freundin, eine resolute und laute Dame. Sie bestimmte von Anfang an, was gegessen und was gemacht wurde.
>
> Zur Gruppe seiner Freunde, die einen Tisch weiter saßen, durfte er sich nicht setzen. Stattdessen musste er bei ihr bleiben und wurde für seine Fügsamkeit mit ständigen Nörgeleien und Kritik „belohnt". Als ihm dann ein kleines Malheur passierte und er die

Suppe verkleckerte, rollte sie mit den Augen und sagte in vorwurfsvollem Ton: „Ach Schatz, was machst du denn jetzt schon
wieder!" Er entschuldigte sich sofort und zog den Kopf noch
weiter ein, als wäre er ein kleines Kind, das gerade von seiner
Mutter gerügt worden war. Seine Angst vor erneuten „Fehlern"
sorgte aber nur dafür, dass ihm noch mehr Missgeschicke pas-
sierten, was weitere Rügen nach sich zog. Es war ein Trauerspiel.

Ich kann für diesen Mann nur hoffen, dass seine Freundin ihn bald
darauf verlassen hat. Denn von sich aus beenden solche Männer Beziehungen meistens nicht, auch wenn sie darunter leiden. Dahinter steckt
oft die falsche Angst, keine andere Frau mehr bekommen zu können,
was zu starker *Neediness* führt, die den Betaisierungsprozess nur noch
weiter beschleunigt.

Die Bibel sagt uns glasklar, dass der **Mann – und nicht die Frau
– das Haupt einer Familie ist und dass er sie in Liebe führen soll!**
Denn Frauen brauchen einen starken Mann an ihrer Seite, auf den sie sich
verlassen können, der sie und den Rest der Familie führt und sich nicht
von jeder Kritik oder Außenmeinung aus dem Konzept bringen lässt.

Um zu prüfen, ob ein Mann diese Stärke hat, setzt ihn eine Frau eben
solchen Situationen aus: *Sie kritisiert ihn*, um zu sehen, ob er den Konflikt
in Ruhe lösen kann und stark bleibt. *Sie verwirrt ihn*, indem sie ständig
ihre Meinung ändert, und möchte dabei sehen, dass er fest wie ein Fels
zu *seiner* Meinung steht. Sie versucht, *sein Leben völlig umzukrempeln*
und ihn zu ändern, als wäre er ihre Spielzeugpuppe, und will dabei doch
nur sehen, dass er bestimmte Dinge verteidigt und zu sich selbst steht.
**Geht ein Mann stattdessen immer mehr Kompromisse ein und gibt
er ständig nur nach, folgt die Betaisierung.**

Ich kannte einmal eine Familie, in der die Frau ihren Mann so sehr
betaisiert hatte, dass sie ihn einfach nicht mehr ernst nehmen *konnte*, was
schließlich auch auf die Kinder übersprang, die ihrem Vater nach Lust und
Laune auf der Nase herumtanzten. Er hatte durch sein schwaches Verhalten einfach jede Glaubwürdigkeit innerhalb seiner Familie verspielt.

Es ist ein Paradoxon, dass Frauen dazu tendieren, ihre Männer in
einer Beziehung zu unterwerfen, ohne dass sie das wirklich wollen.
Und viele Männer erwischt das eiskalt, weil sie glauben, dass sie sich
nie wieder anstrengen müssen, sobald sie in einer festen Beziehung sind.
Doch das ist falsch. Lass es mich in einem Bild ausdrücken: Niemand

käme auf die Idee zu glauben, dass allein die Anschaffung eines Gartens ausreicht, um seine Früchte zu ernten. Man muss ihn pflegen und sich darum kümmern. So ist es auch in einer Beziehung. Wenn sich beide Partner nicht darum kümmern, verwildert sie wie ein Garten, in dem nie das Unkraut gejätet wird, und irgendwann wird ihr das Licht und die Luft zum Leben fehlen und sie wird eingehen. Wenn aber ein Mann und eine Frau ihre gemeinsame Beziehung pflegen, wird sie aufblühen und sie können beide deren Früchte genießen. Zu deinem Job als Mann gehört dabei, dass du in eurer Beziehung die Verantwortung und Führung übernimmst und diese Rolle nicht an die Frau abgibst.

Das bedeutet nicht, dass du jetzt hinter jeder Meinungsverschiedenheit einen Manipulationsversuch sehen sollst. Manchmal ist eine Frau auch einfach nur schlecht drauf oder gereizt, und Kompromisse gehören zu einer Partnerschaft auf jeden Fall dazu. **Gedanken solltest du dir aber machen, wenn du *ständig* den Kürzeren ziehst und nachgeben musst, während die Frau fast nie von ihrer Meinung abrückt.** Manipulationen haben nämlich oft einen Befehlscharakter, mit dem die Frau versucht, dich dazu zu bringen, nach ihrer Pfeife zu tanzen. Wenn so etwas geschieht, sollten deine Alarmglocken schrillen. Zur Veranschaulichung will ich dir ein paar Alltagsbeispiele für weibliche Manipulation nennen:

Gemischte Signale

Eine weit verbreitete Manipulationstechnik sind **„gemischte Signale"**. Sie kommen häufig schon am Anfang des Flirtprozesses vor und dahinter steckt nichts anderes als das Prinzip von *Push & Pull*. Ein Beispiel:

> Du hast vor ein paar Tagen eine Frau kennengelernt und dich bereits zwei Mal mit ihr getroffen. In einer E-Mail schlägst du ihr nun ein drittes Date vor. Sie sagt begeistert zu, doch einen Tag vor dem geplanten Treffen sagt sie dir plötzlich aus irgendeinem fadenscheinigen Grund ab (z. B. Kopfweh, sie braucht auf einmal Zeit für sich, ihre Katze hat sich überfressen und deshalb Magenkrämpfe etc.). Im Klartext: Die Spiele beginnen! Sie fängt an, dich zu testen, und will feststellen, wie sehr du nach ihrer Pfeife tanzt. Zwei Tage später schlägt sie dann ein Treffen vor, zu dem es auch kommt (natürlich, denn schließlich ist ihr Wille dir Befehl – zumindest will sie dir das weismachen). So weit ist noch alles recht normal und es gibt keinen Grund zur Sorge.

Als du aber zum vereinbarten Zeitpunkt bei ihr eintriffst, hat sie schlechte Laune, ist verschlossen, ignoriert dich und surft lieber mit dem Laptop im Internet herum, als sich mit dir abzugeben. Du bemühst dich, den Abend doch noch irgendwie zu retten – scheinbar mit Erfolg. Denn wenig später taut sie plötzlich auf und beginnt sogar mit dir zu schmusen. Doch bevor du sie küssen kannst, entzieht sie sich dir wieder und sagt, sie müsse jetzt schleunigst ins Bett und du müsstest jetzt gehen. Am nächsten Tag schreibst du ihr eine liebestrunkene E-Mail und schwärmst davon, wie schön du den Abend mit ihr fandest, doch sie antwortet dir tagelang nicht.

Die Strategie dahinter lautet: *„Ich gebe dir nur so viel, wie es braucht, um dich anzulocken, und ziehe mich dann wieder zurück."* Manche Frauen sind wahre Meister in diesem gnadenlosen Spiel. Sie geben dir etwas von ihrer Aufmerksamkeit und entziehen sie dir dann schnell wieder.

Einige Frauen angeln sich zum Beispiel gezielt einen reichen Mann, betaisieren ihn und lassen ihn dann tanzen wie eine Marionette. Fortan muss er sich ihre Gunst durch Geschenke erkaufen. Die weiblichen Druckmittel sind dabei Sex und Zuwendung, die sie ihm entzieht oder gewährt, wann immer sie es will. Lässt du dich auf solche Manipulationen ein, bist du irgendwann vollständig vom Wohlwollen einer Frau abhängig und sie kann dich an der Leine ihrer Gunst Gassi führen wie einen Zwergpinscher. Vor allem Männer mit niedrigem Selbstbewusstsein sind anfällig für solche Manipulationsversuche, weil sie kaum zu sich selbst stehen können und eine starke *Neediness* entwickeln. Ein selbstbewusster Mann, der weiß, dass er jederzeit eine andere Frau kennenlernen kann, wird deutlich seltener Opfer dieser Spielchen.

Die Lösung solcher Situationen besteht darin, dieselbe Technik gegen die Frau zu verwenden! Behandelt sie dich schlecht und hat nie Zeit für dich, hast du eben auch mal keine Zeit für sie. Und behandelt sie dich schlecht auf eurem Date, sagst du: *„Ich habe den Eindruck, dass du dich gerade nicht wirklich mit mir treffen willst. Melde dich bitte erst wieder bei mir, wenn deine gute Laune zurückgekehrt ist!"* – und dann pack deine Sachen und geh!

Außerdem ist es wichtig, dass du deine Unabhängigkeit ein Stück weit behältst – auch in einer Beziehung. Lebe dein Leben und fokussiere dich dabei nicht nur auf die Frau. In schlimmen Fällen kann auch eine klare

Ansage wie: *„Schätzchen, so lasse ich mich nicht von dir behandeln und wenn du so weitermachst, suche ich mir eine nettere Frau!"*, weiterhelfen (bist du verheiratet, solltest du diesen Satz nicht sagen, sondern nach einer anderen Lösung suchen). Allerdings sollten von dir dann auch Taten folgen, wenn sie ihre Manipulationsversuche trotzdem nicht aufgibt. Meiner Erfahrung nach greifen übrigens vor allem „Problem-Frauen" zu krassen Manipulationsmitteln. Psychisch stabile Frauen machen das zwar auch ab und zu, allerdings deutlich seltener.

Sie erteilt dir Befehle

Sie versucht euer gemeinsames Date oder euer Beziehungsleben zu bestimmen und gibt dominant vor, was wann zu tun ist und wo ihr hingeht. Mit anderen Worten, sie hält dir einen brennenden Reifen hin und will, dass du auf Befehl durchspringst: *„Schatz, am Samstag kommst du bei mir vorbei und wechselst meine Winterreifen."* Punkt! Basta! Sie bestimmt über deine Zeit!

Lass ihr so ein dominantes Verhalten nicht durchgehen, indem du sie in solchen Situationen einfach nicht ernst nimmst. *„Was gibst du mir dafür?"*, wäre eine Gegenantwort im C&F-Stil. **Stell dir vor, sie wäre ein kleines Kind, das versucht, dich herumzukommandieren. Was würdest du in so einer Situation sagen, ohne dabei beleidigend zu werden?** Orientiere dich daran! Übrigens können solche Manipulationsversuche im Befehlsstil in einer langjährigen Beziehung ebenso auftauchen wie beim Flirt mit einer Frau an einer Bar, die man gerade eben erst kennengelernt hat. Und die Lösung ist wie so oft selbstbewusstes C&F und Reframing:

Sie: „Du bist doch sicher ein Gentleman, los, besorg mir ein Bier!"

Du: „Wieso, bist du pleite? Hast du all dein Geld für Schuhe verprasst?"

Merk dir eins: **Keine Frau auf dieser Welt (außer vielleicht deine Mutter) hat das Recht, dir Befehle zu erteilen oder dich zu etwas zu drängen, was du nicht möchtest.** Das gilt erst recht, wenn du die Frau erst vor Kurzem kennengelernt hast. Es wäre psychologisch ungesund für dich als Mensch und es wäre **schädlich für eure Beziehung**, wenn du so ein Verhalten regelmäßig durchgehen lassen würdest. Denn unterwürfige und schwache Männer mit niedrigem Selbstbewusstsein werden von attraktiven Frauen schneller aussortiert, als Reiner Calmund dir die Würstchen vom Grill klauen kann. Sollte sie dich einmal in eine unbequeme Situation bringen, dann verwende C&F, um dich herauszureden. Nehmen wir einmal an, deine Freundin ist eifersüchtig und versucht dich zu kontrollieren:

> Sie: „Wo warst du gestern? Ich habe zweimal versucht dich anzurufen!"

> Du: „Ach du, das war echt eine verrückte Geschichte. Da kam dieser alte Freund vorbei und plötzlich waren wir in Las Vegas und haben mit zehn Stripperinnen gefeiert ..."

Du greifst mit dieser übertriebenen Antwort ihre Angst auf, dass du dich mit anderen Frauen treffen könntest, und nimmst ihre Frage gleichzeitig nicht ernst, indem du sie *ad absurdum* führst. Wenn die Frau dann anfängt herumzutoben, kannst du sie noch etwas necken, sie dann in den Arm nehmen, sie küssen und ihr sagen, wie wunderschön sie ist. Dann weiß und spürt sie, dass du sie liebst und dass sie sich keine Sorgen zu machen braucht. Behalte deinen neckischen Frame aber so lange bei, bis sie ihre eifersüchtige und kontrollierende Haltung aufgibt.

Eine weichere Variante der Befehls-Manipulation ist die **„Mutterrolle"**: Sie fängt an dich zu bemuttern und versucht dir dadurch den Frame *„Du bist ein kleiner Junge und ich sage dir, wo es langgeht"* überzustülpen. Meist beginnt so eine Manipulation, indem die Frau dir weise Ratschläge gibt, wie du dein Leben zu führen hast: *„Zieh die Hose bitte aus, die steht dir doch sowieso nicht"*, oder: *„Isst du schon wieder Wurst? Dabei ist Fleisch doch so ungesund. Du solltest ab sofort Veganer werden, das ist besser für dich!"* Bei solchen Sätzen sollten deine Alarmglocken sofort schrillen! **Denn es gibt nur einen Menschen, der weiß, was gut für dich ist – und das bist du selbst!** Lass niemals zu, dass andere Menschen über dein Leben bestimmen und es für dich leben. Ersticke solche Mutter-Manipulationen daher im Keim, indem du Reframing anwendest, ihr einen Klaps auf den Hintern gibst (welcher Junge würde das bei seiner Mutter wagen?) und deinerseits mit C&F den Frame *„Ich bin ein Mann und du bist eine kleine Göre"* etablierst: *„Danke für den Rat, Schätzchen, aber Gott gab mir selbst einen Kopf zum Denken – und der sagt mir gerade, dass ihm diese Wurst ganz ausgezeichnet schmeckt!"*

Sie wechselt ständig ihre Meinung

Der Autor Oliver Herford hat einmal ironisch gesagt: *„Die Meinungen der Frauen sind oft sauberer als die von uns Männern – denn sie wechseln sie öfter."* Frauen sind oft unsicherer und passen sich ihrem Umfeld schneller an als Männer. Häufig orientieren sie sich dabei an den Vorgaben des Gruppen-Alphas. Meiner Meinung nach wurden Frauen so geschaffen, damit sie ihrem Mann leichter nachfolgen und mit diesem zusammen eine Familie gründen können, ohne dass es ständig zu Meinungsverschiedenheiten und Streitigkeiten kommt. *„Könnte man daraus nicht einen wunderbaren Test basteln",* fragt sich hier das weibliche Unterbewusstsein und macht sich auch gleich ans Werk.

Das Ganze sieht in der Praxis dann so aus: Die Frau sagt, dass sie etwas Bestimmtes möchte, und sobald du dich ihrer Meinung angeschlossen hast, wechselt sie diese Meinung ins genaue Gegenteil! Folgst du ihr auch dorthin, wechselt sie ihre Meinung abermals.

Dabei will sie testen, ob du den Mumm hast, deinen eigenen Standpunkt zu vertreten, oder ob du dich wie ein Fähnchen im Wind ihrer Meinung anpasst. Tust du das *öfter*, befindest du dich auf dem schnellsten Weg in die Betaisierung. Deshalb solltest du in solchen Situationen kurz nachdenken, eine vernünftige Entscheidung für euch beide treffen und dann nach Möglichkeit auch dabei bleiben. Korrekturen sind im Nachhinein zwar okay, aber werde dabei nicht zum besagten Fähnchen im Wind.

Sie kritisiert ständig an dir herum und macht dir Vorwürfe

„Lieber in einer kleinen Ecke unter dem Dach wohnen als in einem prächtigen Haus mit einer ständig nörgelnden Frau", seufzt König Salomo in der Bibel (Sprüche 21,9). An welche seiner über tausend Frauen hat er dabei wohl gedacht? Andauerndes Nörgeln höhlt irgendwann auch den stärksten Fels von einem Mann aus und ist häufig Auslöser für Streit. Während die Stärke des Mannes seine *physische* Überlegenheit ist, sind die Waffen der Frau *psychologischer* Art, worunter auch das Nörgeln fällt. Manche Männer fühlen sich in solchen Situationen, in denen die psychologisch-kommunikative Stärke der Frauen von Vorteil ist, überfordert, weil ihnen die Worte fehlen. Deshalb schlagen sie manchmal im Affekt zu, aber das ist das Schlechteste, was man tun kann. Merke dir eines: Ein selbstbewusster Mann schlägt keine Frau – basta! Physische

Gewalt gegenüber einer Frau ist das Eingeständnis, dass du schwach bist und die Situation dich überfordert. Es gibt viel bessere Wege zu reagieren und meistens führen sie dich auf den Pfad des C&F-Humors.

Ein Beispiel dafür, wie eine Frau ihren Mann durch geschickte Manipulation und Sticheleien steuern kann, finden wir in der Geschichte von Simson und Delilah im Alten Testament.

Delilah war eine Philisterin und mit dem Israeliten Simson in einer Beziehung. Simson war von Natur aus sehr stark und Gott gebrauchte ihn, um die Israeliten vor dem feindlichen Philistervolk zu schützen, also vor den Landsleuten seiner Freundin. Delilah jammerte Simson deshalb so lange die Ohren voll, bis er schließlich nachgab und das Geheimnis seiner großen Kraft ausplauderte, woraufhin sie ihn an seine Feinde verriet. Simson wurde gefangen genommen und musste als Sklave schuften.

Trotz seiner großen Muskelkraft war Simson am Ende den weiblichen Manipulationen Delilahs unterlegen. Hätte Simson sich stattdessen einen Spaß daraus gemacht, Delilahs Anstürme und Quengeleien immer wieder mit frechen und witzigen Sprüchen abzuschmettern und ihnen auszuweichen, wäre es ihm wahrscheinlich besser ergangen und Delilah hätte irgendwann aufgegeben.

Nicht jede Nörgelei oder Kritik ist auch gleich ein Test. Manchmal ist sie ja auch berechtigt oder es verbirgt sich ihre kleine Schwester dahinter, das Drama. In solchen Fällen ist das tiefere Motiv dann oft der Wunsch einer Frau nach körperlicher Zuwendung und Liebe. Echtes Nörgeln hingegen taucht regelmäßig und über einen längeren Zeitraum auf, sägt an deinen Nerven und belastet eure Beziehung spürbar.

Wenn eine Frau an mir herumkritisiert, rede ich kurz mit ihr darüber und versuche die Situation mit ihr zu klären. Macht sie dann aber weiter, wechsle ich in den C&F-Modus und drehe das, was sie nervt, absichtlich noch ein bisschen auf, um sie damit zu ärgern und ihr zu zeigen, dass sie auf diese Tour bei mir nichts erreicht:

Ich sitze mit einer Frau auf der Couch und sehe fern. Plötzlich sagt sie: „Schalt um, ich habe keine Lust auf Actionfilm!" Ich greife nach der Fernbedienung und sage: „Aber natürlich, warte kurz …" Doch statt umzuschalten, mache ich den Ton lauter. Dann schaue ich sie frech grinsend an und sage: „Ist es so besser,

Schatz?" Der anschließende Ringkampf um die Fernbedienung ist natürlich gut geeignet, um in eine wilde Schmuserei überzugehen. Anschließend können wir uns dann immer noch auf das Fernsehprogramm einigen.

Fange in Nörgel-Situationen nicht an, dich zu rechtfertigen, sondern behalte deinen Alpha-Frame! Stimme ihr z. B. zu und zeige dich dann trotzdem unbeeindruckt. So nimmst du ihr den Wind aus den Segeln.

Sie: „Du bist manchmal ein richtiger Idiot!"

Du: „Ja, aber einer, der zugleich auch ziemlich sexy ist."

Zu der Manipulationstechnik des Nörgelns gehört auch das **Schmollen** und **Zurückziehen** einer Frau. Locke sie dann mit C&F aus ihrer Ecke, nenne sie deine kleine „*Schmoll-Maus*", leite in die KINO-Eskalation über und mache etwas Schönes für euch beide daraus.

Sollte es eine Frau in irgendeiner Form einmal übertreiben, sage ihr ruhig und klar, dass so etwas nicht mit dir läuft, weil du anders bist als die rückgratlosen Typen, mit denen sie bisher zu tun hatte. Sie ist zu Gast in *deiner Welt* und hat sich entsprechend zu benehmen, wenn sie ihre Aufenthaltserlaubnis nicht verlieren will.

Sie will dich eifersüchtig machen

Frauen benutzen manchmal andere Männer, um dich bewusst in Konkurrenz zu setzen und so dein Selbstbewusstsein zu testen. Mache dir dabei eine Sache bewusst: **Wir Männer werden meistens nur dann eifersüchtig, wenn wir uns einem anderen Mann unterlegen fühlen.** Deshalb eignen sich andere Männer aus der Sicht einer Frau gut, um dein Selbstbewusstsein zu testen. Und der einfachste Weg, dies zu tun, ist, indem eine Frau die Technik des „**Geschichtenerzählens**" verwendet und dir von heimlichen Verehrern oder einem Arbeitskollegen erzählt, der seltsame Andeutungen machen und ihr „*immer so komische Blicke*" zuwerfen würde. Lass dich in solchen Situationen nicht eifersüchtig machen und verwende C&F: „*Er wirft dir komische Blicke zu? Vielleicht hat er ein Augen-Problem oder seine Kontaktlinsen tun ihm weh ...*" wäre hier eine mögliche Antwort.

Bleibe unbeeindruckt, akzeptiere den anderen Mann nicht als Konkurrenten und ziehe die Situation ins Lächerliche.

Wenn sie dir zum Beispiel von einem tollen Typen aus ihrem Fitnessstudio erzählt, der sie ständig auf einen Drink einladen möchte, könntest du zum Beispiel lachend sagen: *„ Was für eine super Idee! Wir können uns ja alle drei treffen, er hat bestimmt nichts dagegen. Wir werden sicher eine große, glückliche Familie! Wenn du willst, können wir ihn ja adoptieren, dann muss er nicht ins Tierheim. Wir könnten ihn ‚Wauzi‘ nennen ... "*

Du blockst die Konkurrenz oder „Gefahr" also ab, indem du diesen Test nicht ernst nimmst. Alternativ kannst du die Frau auch ihre eigene Medizin schmecken lassen, indem du übertriebenes C&F anwendest: *„Hey, das passt mir ganz gut, dass er dich auf einen Drink einladen will! Weißt du, ich habe neulich auch dieses Unterwäschemodel kennengelernt, das nebenbei als Ärztin arbeitet und mit mir unbedingt einen Trip durch das Himalaya-Gebirge machen möchte. Sie hat schon das Einmann-Zelt für uns beide gekauft. Du hast doch sicher nichts dagegen, oder? "*

Auch wenn die Geschichte offensichtlich erfunden ist, werden im Kopf der Frau Bilder entstehen. Außerdem lässt du durchblicken, dass du das Spielchen ebenfalls beherrschst und dich nicht an ihr festklammerst. Die meisten Frauen verstehen die Botschaft dahinter: *„Noch ist das nur ein Fantasie-Szenario ... doch wenn du mir untreu wirst, kann es wahr werden und ich suche mir eine andere Frau! "*

Wenn dir aber wirklich nicht zum Lachen zumute ist, kannst du auch von Anfang an schärfer reagieren: *„Wenn du unbedingt mit diesem Typen auf einen Drink ausgehen musst, okay. Ich vertraue dir und weiß, dass du die Grenzen dabei kennst. Beschwere dich dann aber bitte nicht, wenn ich mir auch mal dasselbe herausnehme und mit einer anderen Frau ausgehe. Schließlich gilt in unserer Beziehung Gleichberechtigung. "* Sie wird sich dann zweimal überlegen, ob sie solche Spielchen wirklich mit dir spielen möchte.

Selbstbewusstsein, Humor und *Social Proof* durch andere Frauen sind die besten Antworten, wenn deine Frau versucht, dich eifersüchtig zu machen. Vergiss dabei aber nicht, dass sie es meistens gar nicht böse meint: **Eine Frau möchte dich oft nur deshalb eifersüchtig machen, damit du wieder einmal wahrnimmst, was für eine tolle Frau du an deiner Seite hast.** Ihre Absicht ist also nicht, dich zu verletzen, sondern dich heiß auf sie zu machen, nach dem Motto: *„Schau her, ich bin (immer noch) eine begehrenswerte Frau!"*

Deshalb solltest du bei deinen Gegenmaßnahmen immer auf dein Bauchgefühl hören und dabei niemals zu einem gefühllosen Roboter werden. Wenn sie zum Beispiel versucht, dich mit einem anderen Mann eifersüchtig zu machen, und du tust so, als ob dir das komplett egal wäre, kann der Schuss gewaltig nach hinten losgehen. Der Ex-Freund einer guten Freundin von mir hat diesen Fehler begangen: Als sie ihm von den realen Flirtversuchen eines Kommilitonen erzählte, reagierte er völlig gleichgültig. Sie fühlte sich dadurch verletzt und glaubte, ihr Freund würde sie nicht mehr lieben. Obwohl sie es ursprünglich nicht vorgehabt hatte, traf sie sich daraufhin mit dem anderen Mann und kam schließlich mit ihm zusammen.

Sie nutzt deine Schwächen aus

Manche Frauen tendieren dazu, deine Schwächen auszunutzen. Sobald sie einen wunden Punkt gefunden haben, bei dem du unsicher wirst oder dich schämst, sprechen sie ihn immer wieder an, um zu schauen, ob sie dich damit auf die Palme bringen können. **Oft will das weibliche Unterbewusstsein dich mit solchen Nadelstichen auf Probleme in deinem Leben aufmerksam machen und dich dazu auffordern, diese Probleme endlich anzupacken.** Spielt eine Frau auf solche wunden Punkte in deinem Leben an, dann bleibe ruhig und lass dich nicht provozieren. Verwende C&F-Antworten und lache auch ruhig mal über dich selbst, denn das können nur selbstbewusste Männer. Sieh dann aber auch zu, dass du deine problematischen Lebensbereiche in Ordnung bringst, oder lerne zumindest, emotional darüberzustehen und dich nicht provozieren zu lassen. Nehmen wir zum Beispiel an, dein wunder Punkt sei Geld:

> Sie: „Lisas Freund hat sich jetzt einen Porsche gekauft! Der hat einfach einen tollen Job und verdient sehr viel Geld …"

> Du: „Da hast du Recht! Ich habe übrigens gehört, dass er sich demnächst auch eine neue Freundin kaufen möchte …"

Die Botschaft zwischen den Zeilen lautet dabei: *„Ich lasse mich nicht eifersüchtig machen oder vergleichen. Wenn er viel Geld hat, ist das schön für ihn. Vielleicht ist es aber auch der einzige Grund, wieso*

Lisa bei ihm bleibt. "Danach wechselst du einfach das Thema und versuchst, diesen Lebensbereich in Ordnung zu bringen (suche dir zum Beispiel einen anderen Job, der besser bezahlt ist). Ändere dich aber nur, wenn du dich wirklich ändern *willst*!

So, das war jetzt ein kleiner Ausflug in die dunkle Seite der weiblichen Psyche. Ich weiß, dass die politisch Korrekten und *Nice Guys* da draußen jetzt toben und alles abstreiten werden, was in diesem Kapitel steht. Doch ich möchte sie an dieser Stelle einfach noch einmal auf die biblische Geschichte von Simson und Delilah (in Richter 16,4–23) hinweisen. Hier finden wir ein paar wunderbare Beispiele für das weibliche Drama und die weibliche Manipulation: Sie verrät ihn immer wieder an die Feinde, schafft es aber, den Spieß so umzudrehen, dass er ein schlechtes Gewissen bekommt und ihr trotzdem nachläuft. Diese Tests existieren also schon seit grauer Vorzeit und kommen in jedem Land der Erde vor.

Mir war es einfach wichtig, dich über diese Dinge aufzuklären. Ich will dir damit jedoch nicht den Eindruck vermitteln, dass dich alle Frauen permanent testen wollen. **Der Hang zum Testen und dessen Häufigkeit ist bei jeder Frau individuell ausgeprägt und kommt mal mehr, mal weniger stark vor.**

Frauen, die selbst ein niedriges Selbstwertgefühl haben, testen dich zum Beispiel öfter und aggressiver als selbstbewusste und emotional stabile Frauen. Sieh die Infos in diesem Kapitel deshalb bitte nicht als Leitfaden nach dem Motto *„So sind die Frauen ständig"*, sondern eher als Vorbereitung für den Ernstfall. Denn absolut *jeder* Mann steht in der Gefahr, betaisert zu werden, egal wie muskelbepackt oder selbstbewusst er auf dich wirkt. Wie gesagt: **Die Stärke von uns Männern liegt hauptsächlich im körperlichen Bereich, die der Frauen dagegen im psychologisch-kommunikativen Bereich**, weshalb sie ihre Tests ausgezeichnet beherrschen. Diesen Unterschied kannst du auch daran erkennen, wie beide Seiten ihre geschlechtsinternen Konflikte austragen: Wenn Männer sich streiten, fliegen schon mal ordentlich die Fetzen und manchmal auch die Fäuste. Doch danach ist meist relativ schnell wieder Ruhe. Frauen dagegen fechten ihre Konflikte und Konkurrenzkämpfe viel subtiler und manchmal auch länger aus als Männer: Da wird gemobbt, gelästert, gestichelt und intrigiert, doch Fäuste fliegen dabei nicht.

Männer und Frauen sollten sich ihrer jeweiligen Stärken in einer Beziehung bewusst sein: Setzen sie diese destruktiv ein, verursachen sie schlimme Verletzungen. Doch wo beide Seiten ihre Stärken nutzen, um eine positive Beziehung zu bauen, kann etwas Wunderschönes entstehen.

Sitzt du bereits in einer Manipulationsfalle fest, dann fang an, dich Stück für Stück daraus zu befreien. Sag öfter Nein, wenn du etwas nicht willst, stehe zu deinen Ansichten und mache dich nicht zu sehr von der Meinung anderer Leute abhängig. Manchmal ist es auch gut, wenn du dich dann mit einem Gemeindeseelsorger auf ein paar Gespräche triffst und mit ihm problematische Bereiche in deinem Leben anschaust.

Vermeide aber, einer Frau das Gefühl zu geben, dass du alles tun und jede Demütigung in Kauf nehmen wirst, nur um bei ihr zu bleiben. Denn dann wird sie irgendwann den Respekt vor dir verlieren. Mein Ziel ist es nicht, dass du am Ende dieses Kapitels paranoid wirst und hinter jedem Streit mit deinem Date oder deiner Freundin einen Versuch siehst, dich unterzubuttern. Ich will es noch einmal deutlich sagen: **Nicht jede Meinungsverschiedenheit zwischen euch ist gleich ein Test!** Wenn du z. B. die Werte oder Meinungen einer Frau schlechtmachst oder nicht ernst nimmst, wird sie berechtigten Widerspruch dagegen einlegen. Und wenn du ihr etwas versprochen, aber nicht eingehalten hast oder Vereinbarungen (etwa deinen Haushaltspflichten) nicht nachkommst und sie sich dann darüber beklagt, ist das ebenfalls kein Test, sondern ihre berechtigte Kritik an dir. Und manchmal hat eine Frau auch einfach nur einen schlechten Tag, ist mies drauf und braucht dann umso mehr deine starke Schulter zum Anlehnen.

Doch es gibt eben auch Situationen, in denen Frauen dich testen und dabei schauen möchten, ob du dir alles gefallen lässt oder dich als Mann behaupten kannst. In diesem Kapitel wollte ich dich darauf aufmerksam machen und dich dafür sensibilisieren. **Dann kannst du bestimmte Entwicklungen, die deiner Beziehung mit einer Frau schaden können, schneller aufdecken und ihnen entgegensteuern.** Wenn du ein bisschen auf die Dinge in diesem Kapitel achtest, wirst du im Laufe der Zeit ein immer besseres Gefühl dafür bekommen, was ein Test ist und was nicht.

Vergiss aber nie, dass sich Frauen über ihre Tests meist gar nicht bewusst sind oder wissen, was sie da tun. Denn sie werden dabei nicht von dem bewussten Teil ihres Gehirns gesteuert, sondern von ihren Instinkten. **Mit ihren Tests wollen sie dich nicht kleinkriegen oder scheitern sehen, sondern deine Männlichkeit und deine Stärke spüren.** Wenn du dich in verschiedenen Situationen immer wieder fragst: *„Was will ich eigentlich? Will ich wirklich das, was sie gerade will?"*, wird es dir gelingen, viele Tests aufzudecken.

Und die Generalantwort darauf lautet: ein gesundes Maß an Selbstbewusstsein, der Mut, zu sich selbst zu stehen, C&F-Humor und manchmal auch, die Frau nicht ganz ernst zu nehmen. Ein selbstbewusster Mann, der so handelt, besteht die meisten Tests, ohne überhaupt zu bemerken, dass sie da sind.

Sollte das bei einer Frau aber alles nichts helfen, ist es ratsam, dass du dich nach einer anderen Bekanntschaft mit Östrogen im Blut umschaust. Denn es gibt ein paar Frauen da draußen, die gewaltige Probleme mit sich selbst und ihrem Umfeld haben. Eine Beziehung mit ihnen ist in etwa genauso spaßig, wie barfuß durch glühend heißen Wüstensand zu laufen. So etwas solltest du dir wirklich nicht antun.

Festgefahren in der „Friend Zone"

Grundsätzlich ist es gut, weibliche Freunde zu haben, mit denen du dich triffst und Zeit verbringst. Du kannst von ihnen viel darüber lernen, wie Frauen ticken und was sie mögen. Doch wenn du eine Frau attraktiv findest und gern eine Beziehung mit ihr haben willst, ist es ungünstig, wenn sie nur einen lieben Kumpel in dir sieht. Du steckst dann nämlich in der sogenannten *„Friend Zone"* (dt. etwa „Kumpelzone") dieser Frau fest, sie sieht also keinen möglichen Partner in dir.

Der Begriff *„Friend Zone"* leitet sich von einem Satz ab, den Frauen oft zu *Nice Guys* sagen, wenn die ihnen auf ebenso inbrünstige wie peinliche Weise ihre Liebe gestanden haben: ***„Lass uns einfach Freunde bleiben!"*** Das hört sich zunächst gut an, ist aber kompletter Blödsinn. Denn natürlich hat die Freundschaft ab diesem Moment einen Knacks bekommen, weil für die eine Seite mehr Gefühle im Spiel sind als für die andere. Viel ehrlicher wäre deshalb der Satz:

> „Ich fühle mich nicht zu dir hingezogen und ich verspüre auch kein erotisches Knistern zwischen uns. Ich glaube, das liegt daran, dass du mir gegenüber so unterwürfig bist wie Nachbars Zwergpudel. Ich suche mir lieber einen echten Kerl, der nicht so tut, als wäre ich die letzte Frau auf Erden, und der mir mehr zu bieten hat als nur Nettigkeiten."

Wenn du in der *Friend Zone* steckst, kannst du dich noch so gut mit einer Frau unterhalten oder ihr alle Wünsche von den Augen ablesen. Am Ende wirst du dich doch nur beim schalen Verlierer-Bier im Party-raum ihrer übrigen *Nice-Guy*-Verehrer wiederfinden, während sie sich im Zimmer nebenan mit ihrem neuen Freund vergnügt. Wir haben im Kapitel über die *Nice Guys* ja schon intensiv über die Problematik gesprochen. Der natürliche Lebensraum des *Nice Guys* ist nun mal die Zone der platonischen Freundschaft, in der er seiner Traumfrau so lange die Fuß-nägel lackieren darf, bis sie von ihrem Bräutigam abgeholt wird. Nutze die Flirthilfen, um eine solche Situation von Anfang an zu vermeiden.

Doch auch als Eroberer kannst du in die *Friend Zone* abrutschen: Wenn du die Flirthilfen bei einer Frau einsetzt, wird ihr Interesse an dir steigen. Doch manchen Männern fehlt es dann an Selbstbewusstsein, die letzten Schritte hin zu einer Beziehung zu machen, oder sie gelangen plötzlich an einen Punkt, an dem sie sich nicht getrauen weiterzugehen (meistens ist dieser Punkt der erste Kuss).

Wenn du mit einer Frau z. B. drei bis fünf Dates hattest und sie Inte-resse an dir zeigt (zum Beispiel, weil sie sich immer noch mit dir trifft und dir IoIs gibt), solltest du sie küssen. Tust du das nicht, wird sie sich enttäuscht von dir abwenden und dich in die Kumpelzone stecken. **Denn aus ihrer Sicht bist du dann entweder ein *Nice Guy*, dem der Mut fehlt, die entscheidenden Schritte zu machen, oder du interessierst dich nicht wirklich für sie.** Beide Eindrücke solltest du vermeiden, wenn dich die Frau ehrlich interessiert.

Das Fiese ist, dass man nur schwer wieder herauskommt, wenn man einmal in die *Friend Zone* hineingerutscht ist. Denn hat eine Frau dir erst einmal den Kumpel-Stempel aufgedrückt, wirst du ihn so schnell nicht mehr los.

Meistens hat sie dich dann schon längst unter die Lupe genommen und dir die Chance gegeben, dich zu präsentieren, mit ihr zu flirten und die richtigen Schritte zu machen. Doch dann hast du angefangen zu zögern, worauf ihr Interesse an dir zu schwinden begann. Der Hauptfehler, den die meisten Männer dabei machen, ist, in typisches *Nice-Guy*-Verhalten zu verfallen:

Sie sind einfach nur „nett" zu der Frau, schenken ihr zu früh zu viel Aufmerksamkeit, springen durch jeden Reifen, den sie von der Frau hingehalten bekommen, und vor allem, sie wenden kein

KINO an, wodurch keine Anziehung und kein erotisches Knistern entsteht. Ein solches Verhalten befördert dich ruckzuck in die *Friend-Zone* einer Frau.

Meine christlichen Kumpel-Freundinnen haben mir jedenfalls schon oft die Ohren über Männer vollgejammert, die sie eigentlich interessant fanden, die aus ihrer Sicht dann aber einfach *„zu brav"* waren, *„zu sehr geklammert"* haben oder sich *„einfach nicht trauten"* zu flirten und sie anzufassen.

Trotzdem kannst du dich gegen die *Friend Zone* wehren. Denn letztlich ist sie nichts anderes als ein bestimmter Frame, mit dem dich die Frau sieht. Änderst du ihre Sichtweise auf dich, wird sich auch ihre Einstellung dir gegenüber verändern.

Um aus der *Friend Zone* herauszukommen, tust du am besten genau das Gegenteil von dem, was dich dort hineingebracht hat: Mache viel C&F mit ihr und necke sie oft auf humorvolle Weise. Nimm sie nicht allzu ernst und sieh auch mal das kleine Mädchen in ihr. Übe dich in den Alpha-Eigenschaften und richte dein Leben nicht nur nach ihr und ihren Wünschen aus. Behandle sie so wie jeden anderen deiner Freunde und entziehe ihr den Status der besonderen Aufmerksamkeit. Flirte vor ihren Augen mit anderen Frauen. Triff dich mit anderen Frauen und sieh zu, dass sie davon erfährt, indem du zum Beispiel in einem Gespräch mit ihr beiläufig ein Date erwähnst. Du kannst auch Fotos, auf denen du mit anderen Frauen zu sehen bist, im Internet posten oder dich auf einer Party mit einer anderen Frau an deiner Seite sehen lassen (andere Frauen sind der beste *Social Proof*, den du haben kannst).

Wichtig ist einfach, dass sie merkt, dass andere Frauen dich als Mann interessant und begehrenswert finden und du bei ihnen nicht in der Kumpelzone bist. So kannst du nach und nach ihre Sichtweise auf dich verändern. Sie wird dann versuchen, dir IoIs zu geben, deine Aufmerksamkeit zu binden und deinen neuen Frame zu testen. Fällst du gleich am Anfang darauf herein und läufst ihr sofort wieder hinterher, landest du noch tiefer in der *Friend Zone* als zuvor. Deshalb reagiere am Anfang noch nicht auf ihre Zuwendung. Erst wenn sich ihr Verhalten dir gegenüber wirklich geändert hat und du merkst, dass sie Interesse an dir entwickelt, solltest du dich ihr wieder zuwenden und mit viel KINO bei ihr weitermachen. (Das ist in den meisten *Friend-Zone*-Situationen aber frühestens nach zwei bis drei Wochen der Fall.)

Am besten ist es aber dafür zu sorgen, dass du gar nicht erst in der Kumpel-Schublade landest. **Und dazu eignet sich nichts so gut wie die KINO-Eskalation.** Denn wenn du beim Flirten mit einer Frau von Anfang an die Tipps aus dem KINO-Kapitel befolgst, kannst du eigentlich gar nicht in der *Friend-Zone* landen. Durch deine Berührungen machst du ihr nämlich von Anfang an klar: *„Ich interessiere mich für dich als Frau und nicht als Kumpel-Freundin!"* **Ich kann die Wichtigkeit von KINO an dieser Stelle nicht oft genug betonen!** In Verbindung mit C&F sowie Selbstbewusstsein ist es das *beste* Ausbruchswerkzeug aus dem *Friend-Zone*-Gefängnis.

Sollte aber keiner dieser Tipps fruchten, gehe erst einmal für eine Weile auf Abstand zu deiner *Miss Friend-Zone* und triff dich mit zehn anderen Frauen. Du kommst bei ihr ja momentan sowieso nicht weiter, und sich zu verkrampfen bringt dir dann auch nichts. Gib ihr das Vergnügen, dich eine Zeit lang zu vermissen, und mache dir währenddessen bewusst, dass auch noch andere Mütter schöne Töchter haben.

Teil 8

Beziehungsaufbau

Es ist der Traum jeder Frau,
der Traum eines Mannes zu sein.

Barbra Streisand, Sängerin und Schauspielerin

Warum es keine Sünde ist, mehrere Frauen gleichzeitig kennenzulernen

Wenn du dich unter christlichen Singles bewegst und die Flirthilfen anwendest, wirst du schon bald Frauen kennenlernen. Dabei wird es mit Sicherheit passieren, dass du plötzlich mehr als eine Interessentin hast, die bei dir anklopft. Wenn du zum Beispiel im Internet auf christlichen Singleseiten unterwegs bist, kommt es sogar relativ oft vor, dass dich mehrere Frauen zur gleichen Zeit anschreiben und kennenlernen wollen. Viele christliche Männer sind dann überfordert und fragen sich: *„Ist es moralisch in Ordnung, wenn ich mich mit mehreren Frauen parallel treffe?"*

Das Problem dabei ist, dass du die Zeit nicht einfach anhalten oder eine Frau fragen kannst, ob sie sich mal eben drei Wochen gedulden kann, weil du dich in der Zwischenzeit erst noch mit ein paar anderen Kandidatinnen treffen möchtest. Keine Frau möchte das Gefühl bekommen, dein „Plan B" zu sein. Du hast also nur die Wahl, dich entweder komplett auf eine Frau zu konzentrieren und alle anderen zu ignorieren oder mehrere Frauen gleichzeitig kennenzulernen.

Meiner Meinung nach ist es völlig in Ordnung, wenn man mehrere Frauen gleichzeitig kennenlernt, und ich kann darin auch nichts Verwerfliches finden. Verwerflich wäre es nur dann, wenn sich die Frauen scharenweise in dich verlieben und du jeder Einzelnen vorgaukeln würdest, sie wäre deine große Liebe, während du sie in Wahrheit nur ausnutzt.

Doch in einer solchen Situation befinden sich nur die wenigsten Männer, von daher wird dieses Problem dich wohl nicht betreffen.

Trotzdem haben besonders christliche Single-Männer häufig ein schlechtes Gewissen, wenn sie sich montags mit Frau X und mittwochs mit Frau Y treffen, und fühlen sich dann irgendwie unehrlich. **Sie verzichten dann meistens darauf, mehrere Frauen auf einmal kennenzulernen, und lassen sich dadurch interessante Begegnungen entgehen.** Entscheiden sie sich dann doch für mehrere Dates gleichzeitig, reiben sie den Frauen oft schon beim ersten Treffen unter die Nase, dass sie auch noch Kontakt zu anderen Vertreterinnen des schönen Geschlechts haben.

Doch was soll es bringen, wenn du einer Frau aus einer seltsamen Mischung aus Pflichtgefühl und schlechtem Gewissen sagst, dass du neben ihr noch andere Frauen triffst? Das wäre so, als ob du zu einem Vorstellungsgespräch in einem Unternehmen eingeladen bist, in das Büro reinstiefelst und der versammelten Auswahlkommission direkt ins Gesicht sagst: *„Übrigens habe ich mich auch bei den Konkurrenzfirmen beworben!"* Irritierte Blicke werden das Mindeste sein, was du bekommst. So ähnlich ist es auch im Partnerfindungsprozess: Fast jede Frau rechnet irgendwie damit, dass du auch noch andere Frauen triffst, sie wird aber sicher keine Freudensprünge machen, wenn du ihr davon erzählst. Wenn du Glück hast, ist es ihr egal. Im schlimmsten Fall hält sie dich danach für einen Angeber oder wirft dir vor, in ihr nur eine austauschbare Nummer zu sehen und sie nicht ernst zu nehmen. Deshalb solltest du das einfach bleiben lassen.

Meiner Meinung nach geht es eine Frau, die du gerade erst kennenlernst, auch gar nichts an, mit wem du dich alles triffst. Denn schließlich seid ihr beide noch kein Paar, sondern Singles auf Partnersuche. Du kennst sie noch nicht einmal richtig, wieso solltest du ihr also das Recht einräumen zu bestimmen, wen du triffst und wen nicht?

Merke dir bitte eines: **Keine Frau auf dieser Welt hat das Recht zu bestimmen, mit wem du dich triffst, solange ihr noch nicht offiziell zusammen seid!** Und „offiziell" bedeutet, dass es die ganze Welt inklusive eurer Freunde und Familien erfahren darf. Solange diese Verbindlichkeit noch nicht besteht, seid ihr beide Singles und dürft treffen, wen ihr wollt.

Trotzdem kritisieren es Frauen oft, wenn sie mitbekommen, dass ein Single-Mann Dates mit verschiedenen Frauen hat. **Ironisch ist daran aber, dass sie damit etwas kritisieren und uns Männern verbieten wollen, was sie selbst tun!**

Die meisten Single-Frauen konzentrieren sich nämlich nicht nur auf *einen* Mann, sondern fahren oft mehrgleisig: Sie kochen zusammen mit Tim, treffen sich mit Stefan im Park, gehen mit Daniel ins Kino und schauen dann einfach mal, ob sich etwas daraus ergibt. Deshalb finde ich: **Wenn du dich als Mann mit mehreren potenziellen Partnerinnen triffst, um sie kennenzulernen, ist das völlig in Ordnung. Denn die Frauen tun genau dasselbe.** Du kannst davon ausgehen, dass jede Single-Frau, auch die, mit der du dich aktuell triffst, sich noch ein paar andere Eisen im Feuer hält, und zwar so lange, bis sie in einer festen Beziehung ist.

> Eine gute Kumpel-Freundin erzählte mir einmal, dass sie sich gerade mit zwei Männern gleichzeitig treffe, ohne dass die beiden voneinander wüssten. Sie sagte, dass sie beide Männer in Ruhe kennenlernen und sich dann den Besten angeln wolle. Ich wünschte ihr dabei alles Gute und ließ in diesem Zusammenhang auch die Bemerkung fallen, dass ich mich gerade ebenfalls mit mehr als einer Frau träfe. Da schoss sie plötzlich hoch:"Was? So etwas darfst du nicht machen!" Als ich sie fragte, wieso, meinte sie: "Na, weil du ein Mann bist – so etwas dürft ihr nicht! Das ist uns Frauen vorbehalten!"

Nun, ich bin da anderer Meinung. Doch wieso sehen es Single-Frauen als ihr gottgegebenes Recht an, mehrere Männer gleichzeitig kennenlernen zu dürfen, während sie uns den Kontakt zu mehreren Frauen verbieten wollen?

Über Jahrtausende hinweg war es für Frauen überlebenswichtig, einen Mann als Ernährer und Versorger zu haben. Das Konzept der wirtschaftlich unabhängigen Frau, wie wir es heute kennen, ist so neu, dass unsere Instinkte davon noch nichts mitbekommen haben. Folglich ticken die Instinkte einer modernen Frau im Tanktop und mit dem Smartphone in der Hand noch immer so wie bei ihren Geschlechtsgenossinnen der Vergangenheit. Und wie bei uns Männern, so gibt es natürlich auch unter den Frauen einen internen Konkurrenzkampf um die besten Partner. Es geht für sie darum, die Schönste, Klügste etc. zu sein, um sich einen guten Mann mit Alpha-Eigenschaften als Vater für die gemeinsamen Kinder zu sichern.

Damit sich ihre Chancen bei der Partnersuche erhöhen, trägt jede Frau ein instinktives Programm in sich, das ihr dringend rät, ihre Hoffnungen nicht nur auf einen einzigen Mann zu setzen. Denn noch vor knapp hundert Jahren war es für eine Frau schlicht und ergreifend zu gefährlich, nur mit einem einzigen Mann anzubandeln und dabei zu riskieren, dass ihr eine andere Frau diesen vor der Nase wegschnappte und sie am Ende allein dastand. Sie riskierte damit nicht nur, weiterhin Single zu bleiben, sondern ihr fehlte dann auch ein Beschützer, ein Ernährer und ein Mann, mit dem sie Kinder haben konnte. Für eine Frau war es früher überlebenswichtig, einen Mann zu finden und zu heiraten. Kam keiner, der sie erwählte, hatte sie Pech gehabt. Auch heute ist es noch so, dass Frauen bei der Partnerwahl oft den passiv-abwartenden Part übernehmen, weil es die klassische Rollenverteilung so vorschreibt. Wir Männer haben es dabei etwas leichter, weil man uns den aktiven Part zuschreibt und wir dadurch unser Schicksal eher in die Hand nehmen können.

Weil das so ist, raten die Instinkte einer Frau ihr auch noch heute, sich mehr als nur einen potenziellen Partner warmzuhalten, und zwar so lange, bis sie erwählt wurde und in einer festen Beziehung ist. Einer Frau müssen solche Dinge nicht erst beigebracht werden, sie realisiert sie unterbewusst und richtet ihr Verhalten entsprechend aus. Auf christlichen Freizeiten kann man das beispielsweise schön beobachten und den Frauen regelrecht dabei zuschauen, wie sie ihre Runden drehen. Sie unterhalten sich dann mit diesem Mann, flirten ein bisschen mit jenem und führen tiefe Gespräche in der *Comfort*-Zone mit einem dritten. So halten sie sich mehrere Optionen offen.

Natürlich ist dieses Verhalten bei jeder Frau unterschiedlich stark ausgeprägt und es spielen dabei auch noch andere Faktoren eine Rolle, zum Beispiel, wie ernsthaft sie gerade auf der Suche nach einem Partner ist oder ob sie einfach nur gern zum Spaß herumflirtet. Aber im Großen und Ganzen sind sich Frauen über das Prinzip der Chancenerhöhung durch mehrere Kontakte bewusst, was ich auch gar nicht verurteile.

Wieso sollte dasselbe also nicht auch für uns Männer gelten? Wenn du dich mit mehreren Frauen triffst und mit ihnen flirtest, brauchst du kein schlechtes Gewissen zu haben. Solange du noch nicht mit einer von ihnen zusammen bist, ist das völlig in Ordnung. Denn schließlich drohen dir dieselben „Gefahren" wie einer Frau: Ich glaube, jeder Mann hat schon einmal erlebt, dass er sich mit einer Frau getroffen und sich Hoffnungen auf eine Beziehung gemacht hat, doch plötzlich brach sie den Kontakt zu ihm ab oder kam am Arm ihres neuen Freundes um die

Ecke gelaufen. Dann könnte man sich in den Hintern beißen, dass man nur auf diese eine Frau fokussiert war und währenddessen anderen tollen Frauen eine Abfuhr gegeben hat. **Ich finde es deshalb klug, wenn du dich mit mehreren Frauen triffst, solange du noch nicht mit einer von ihnen zusammen bist.** Denn kein Bauer sät seine Saat nur auf einem Feld aus. Sie könnte dort auf schlechten Boden fallen, und wenn er dann nicht auch noch woanders gesät hat, steht er schließlich ohne Ernte da.

Daneben gibt es noch weitere Gründe, die dafür sprechen, dass du dir am Anfang der Kennenlernphase mehrere Optionen offen halten solltest: Es kann sich herausstellen, dass die Chemie zwischen dir und der Frau doch nicht so gut ist, wie du am Anfang gedacht hast. Du könntest zum Beispiel in den ersten drei Treffen Dinge erfahren, die für dich problematisch sind, zum Beispiel, dass die Frau oft zum FKK-Strand geht, fanatische Veganerin ist oder früher mal ein Mann war und Ottmar hieß.

Es kann auch sein, dass du nach dem zweiten Date herausfindest, dass deine Favoritin gerade in einer Lebensphase steckt, in der sie sich einfach nicht fest an einen Mann binden möchte oder kann. Und wie bereits erwähnt, kommt es auch immer wieder vor, dass eine Frau **plötzlich und ohne erkennbaren Grund den Kontakt zu dir abbricht.** Meistens steckt dann ein anderer Mann dahinter, den sie inzwischen kennengelernt hat und für den sie sich einfach mehr interessiert. In einer solchen Situation kannst du eine Frau dann zwar anschreiben und nach den Gründen ihres plötzlichen Schweigens fragen. Doch aus eigener Erfahrung kann ich dir sagen, dass sie dir darauf meistens keine Antwort geben wird, und wenn doch, wird sie dir nicht die volle Wahrheit sagen aus Angst, dich zu verletzen.

Sich mit mehreren Frauen zu verabreden hat auch den Vorteil, dass du viel entspannter auf die einzelnen Dates gehen kannst und dabei weniger aufgeregt bist. Geht ein Treffen dann mal in die Hose, ist das nur halb so schlimm, weil du dich schließlich noch mit anderen Frauen triffst. Durch diese innere Gewissheit strahlst du deutlich mehr Selbstsicherheit aus und kannst dich in aller Ruhe auf die einzelnen Frauen einlassen und sie ohne Hektik oder Torschlusspanik kennenlernen. **Das in diesem Buch oft zitierte Alpha-Verhalten wird sich dann fast von selbst bei dir einstellen und du wirst weniger anfällig für Tests und Manipulationsversuche sein.**

Aber übertreibe es dabei nicht! Es gab Zeiten, in denen ich bis zu sechs Frauen parallel gedatet habe. Und obwohl das für eine gewisse Zeit reizvoll war, würde ich es heute nicht mehr tun. Denn man verzettelt sich dabei und kann sich nicht mehr richtig auf die einzelnen Frauen konzentrieren und einlassen. Wenn du also nach dem dritten oder vierten Date merkst, dass es mit einer Frau in Richtung Beziehung geht, ist es völlig angebracht, dass du deine anderen Optionen erst einmal auf Eis legst und dich hauptsächlich auf deine Favoritin konzentrierst.

Die „Eine" gibt es nicht
– bis du sie dazu machst!

Viele christliche Singles sind der Meinung, dass es für sie nur einen einzigen möglichen Partner auf dieser Welt gibt, den Gott bereits vor ihrer Geburt festgelegt hat. Früher war ich selbst ein Anhänger dieser Theorie. Ich war felsenfest davon überzeugt, dass es irgendwo auf der Welt für jeden Menschen den *einzig richtigen* Partner gibt, und zwar wirklich nur *einen einzigen*. In meiner Vorstellung konnte das natürlich auch bedeuten, dass ich in Deutschland wohnte, während meine zukünftige Frau zur selben Zeit irgendwo in Singapur lebte, bis sich unsere Wege irgendwann auf wundersame Weise wie in einem romantischen Hollywoodfilm kreuzen würden. Dramatische Lovestory und Sternchenregen natürlich inklusive.

Heute halte ich diese Theorie für kompletten Unfug. Inzwischen lautet mein Motto: **Es gibt für jeden Menschen *mehrere* mögliche Partner, mit denen er glücklich werden kann. Und eine Frau wird erst dann „die Eine" für mich sein, *wenn ich sie dazu mache*.** Lass mich das bitte erklären, denn diese These entstand nicht aus Ungeduld oder Frustration, sondern aus Erfahrung. Zuerst einmal muss man feststellen, dass nirgendwo in der Bibel geschrieben steht: *„Es gibt für jeden Christen nur eine einzige ganz bestimmte und von Gott vorher für ihn ausgewählte Frau, die er suchen muss wie die Nadel im Heuhaufen."*

Es steht nicht einmal in der Bibel, dass garantiert jeder christliche Single heiraten oder einen Partner finden wird! Das hat Gott uns nirgendwo versprochen. Er hat uns aber versprochen, dass er sich um unsere Bedürfnisse kümmert, und ich glaube, dass dazu auch ein Partner bzw.

eine Partnerin gehört, zumal Gott selbst in 1. Mose 2,18 sagt: *„Es ist nicht gut, dass der Mensch allein lebt."*

Deshalb glaube ich, dass Gott möchte, dass jeder Mensch einen passenden Ehepartner findet. **Ich glaube aber nicht**, dass es für jeden Menschen **nur *einen einzigen* und *vorherbestimmten* Partner** gibt, den er suchen muss – und wenn er ihn nicht findet, hat er eben Pech gehabt.

Dass so eine Vorstellung auch völlig absurd ist und nicht der Wahrheit entspricht, kannst du selbst feststellen, indem du dir Folgendes klarmachst: Wenn es für jeden Menschen einen fest vorherbestimmten Partner gibt, würde es ausreichen, dass nur zwei falsche Personen einander heiraten, um das *komplette* System *weltweit* und für *alle Zeiten* durcheinander zu bringen! Denn dann würden ja die ursprünglich vorgesehenen Partner der beiden falsch Verheirateten ebenfalls die falschen Personen heiraten müssen, wodurch am Ende *alle* Singles dieser Erde in einer Kettenreaktion den falschen Partner zugeteilt bekämen.

Vielmehr glaube ich, dass Gott uns einen Rahmen gibt, in dem wir unseren Partner suchen sollen. Er stellt bestimmte Vorgaben auf, lässt uns ansonsten aber freie Hand: Deine zukünftige Partnerin sollte zum Beispiel an Jesus glauben und dir sowohl von ihrem Äußeren als auch von ihrem Charakter her gefallen. Ob sie dann aber brünett, blond oder rothaarig ist, Susanne oder Claudia heißt, in Dortmund oder Downtown Los Angeles wohnt, ist völlig egal.

Deshalb rate ich dir, nicht nach *„der Einen"* zu suchen, sondern nach einer Frau, die für dich *einzigartig* ist, weil du für sie so empfindest. Du suchst dann nicht nach der Nadel im Heuhaufen, sondern nach einem bestimmten Frauentyp, der dir gefällt und deinen Kriterien entspricht.

Begegnest du dann einer Frau aus der Gruppe dieses Frauentyps, wirst du sagen: *„Genau so eine habe ich gesucht! Sie ist genau mein Typ und wir passen zusammen!"* Wenn dann noch die Chemie zwischen euch stimmt und ihr euch ineinander verliebt, werdet ihr ein Paar und heiratet. Und dann – *erst dann!* – ist diese Frau *„die einzig Richtige"* für dich, von der du immer geträumt hast und von der du wusstest, dass Gott sie dir eines Tages schenken wird. Dann ist es auch richtig und wichtig, dass du ihr die Treue hältst und sie bewusst und mit dem ganzen Entschluss deines Herzens zu *„der Einen"* machst und sie auch so behandelst.

Die erste Zeit in einer Beziehung

Die „Vorstufe"

Wenn du dich mit einer Frau regelmäßig triffst und merkst, dass ihr beide euch auf eine Beziehung zubewegt, beginnt eine Phase, die Andy und ich *„die Vorstufe"* nennen. Damit ist die Zeit vor einer Beziehung gemeint, in der ihr merkt, dass ihr euch ineinander verliebt, aber in der ihr noch nicht *offiziell* zusammen seid. Es ist also eine Kennenlernphase, die bereits schon einen leichten Beziehungscharakter hat.

Die Vorstufe **beginnt meistens nach dem vierten Date** mit den ersten Kosenamen und den ersten Zärtlichkeiten, z. B. Händchenhalten, Kuscheln und Küssen. In dieser Zeit solltest du aufhören, dich mit anderen Frauen auf Dates zu treffen, und dich auf deine „Favoritin" konzentrieren.

Gerade in christlichen Kreisen hört man immer wieder, dass der erste Kuss den Beginn einer Beziehung markiert. Das trifft bei vielen Paaren zwar zu, liegt aber meistens nur daran, dass sich viele Männer mit Berührungen und der KINO-Eskalation schwer tun. Sie küssen deshalb erst sehr spät oder gar nicht, sodass schließlich die Frau die Initiative ergreifen muss. Besser ist es aber, wenn der Mann seinen Mut zusammennimmt und diesen Schritt macht. Dann muss ein erster Kuss z. B. beim dritten Date aber noch nicht den Beginn einer Beziehung bedeuten, sondern markiert oft einfach nur den Beginn der Vorstufe. Die Frau möchte dich während dieser Phase dann meist noch etwas besser kennenlernen, ehe du sie deine Freundin nennen darfst.

In der Vorstufe solltest du viel mit der Frau reden und zwar auch über euren Glauben an Jesus, eure Lebensziele und die Dinge, die jedem von euch im Alltag wichtig sind. Verzichtet aber noch darauf, euch eine gemeinsame Zukunft als Ehepaar auszumalen, denn das wäre noch zu früh und würde eure Kennenlernzeit unnötig mit schweren Themen beladen. Natürlich kommen auch in den Vorstufen-Gesprächen mal schwierige Themen aus der eigenen Vergangenheit auf. Doch im Großen und Ganzen solltest du darauf achten, dass ihr beide eine schöne und unbeschwerte Zeit miteinander habt. Behalte deinen Frame als Eroberer bei und nutze immer wieder C&F und Comfort-Routinen, wo es gerade passt.

Nichts ist so wichtig, wie dass du mit deiner zukünftigen Frau gut und viel reden kannst! Deshalb solltest du bereits in der Vorstufe darauf achten, ob die Kommunikation zwischen dir und der Frau klappt.

Befragt man glücklich verheiratete Paare zu der Phase, in der sie sich kennengelernt und verliebt haben, sagen sie meistens: *„Wir haben unheimlich viel miteinander geredet!"* Man ist fasziniert von dem anderen und interessiert sich immer mehr für die Dinge, die ihm wichtig sind.

Wenn zwischen euch also nur sehr wenig Kommunikation stattfindet und das Körperliche im Vordergrund steht, ist das keine gute Basis für eine Beziehung.

Ich sage manchmal salopp: *„Die Frau fürs Leben ist wie der beste Freund – nur mit Brüsten!"* Etwas feiner ausgedrückt könnte man sagen: **Jede Beziehung beginnt so ähnlich wie eine gute Freundschaft.** Es ist ein bisschen so, wie wenn du einen neuen besten Kumpel kennenlernst: Irgendwie spürt ihr beide, dass die Chemie zwischen euch stimmt und ihr auf der gleichen Welle surft. Hast du eine Frau gefunden, bei der es sich so ähnlich anfühlt, dann bist du mit ihr auf einem guten Weg. Wichtig ist dann aber, dass es nicht bei Freundschaft allein bleibt, sondern dass mehr daraus wird. Und dazu gehört eben das Umeinanderwerben, das Prickeln, der Einsatz von KINO und die heißen Flirts zwischen euch.

Verbringe Zeit mit der Frau, unternehmt Ausflüge, z. B. ins Schwimmbad, besichtigt eine Burg, geht auf Veranstaltungen, ins Kino oder in den Park, kocht zusammen und lernt euch einfach immer besser kennen. **Erdrücke sie dabei aber nicht mit deiner Liebe und Aufmerksamkeit.** Wenn du das Gefühl hast, dass du es übertrieben hast und sie sich von dir zurückzieht, dann wende *Push & Pull* in abgeschwächter Form an und bringe eure Beziehung damit wieder in die Balance.

Wundere dich übrigens nicht, wenn die Frau auch in der Vorstufe eher passiv bleibt, wenn es um Berührungen geht. Die meisten Frauen sind in diesen Dingen einfach schüchtern und erwarten, dass du anfängst, den Körperkontakt aufzubauen. Es entspricht einfach nicht ihrer weiblichen Natur, am Anfang eures Kennenlernens den ersten Schritt dabei zu machen.

In der Vorstufe sind auch Dinge angebracht, die vorher noch tabu waren. Du solltest zum Beispiel dein *Push & Pull* zurückfahren und deiner Frau auch Dinge sagen, die vorher eher *needy* gewirkt hätten. Wenn du sie vermisst oder an sie denkst und sie gern in den Arm nehmen würdest, darfst du ihr das ruhig in einer SMS oder E-Mail schreiben. Solange das nicht dreimal am Tag geschieht, ist es okay. Passe dich bei deinen Liebeserklärungen ihrem Verhalten an: Reagiert sie positiv und mit eigenen Liebes-Nachrichten darauf, ist alles in Ordnung. Fällt ihre Reaktion dagegen eher kühl oder distanziert aus, braucht sie einfach noch etwas Zeit. Dann solltest du mit deinen Liebeserklärungen vorsichtiger umgehen und stattdessen lieber noch etwas mehr Anziehung durch die Flirthilfen aufbauen.

Auch kleine Zeichen der Zuneigung (z. B. Geschenke) sind in der Vorstufe angebracht. Am Anfang des Kennenlernens, zum Beispiel beim zweiten Date, ist es keine gute Idee, schon mit einem Blumenstrauß vor der Türe zu stehen, weil es zu viel Druck und Erwartungen gegenüber der Frau aufbauen würde. In der Vorstufe sieht es hingegen anders aus, zum Beispiel nach eurem ersten Kuss. Dann ist ein Geschenk eine romantische Geste, die völlig in Ordnung ist. **Für viele Frauen sind romantische Geschenke wie zum Beispiel Blumen (vor allem Rosen), Sekt oder Pralinen wichtige Signalzeichen, dass du sie erobern willst und dass ihr auf dem Weg in eine Beziehung seid.** Sie wünschen sich solche Dinge von dir, weil sie dann das Gefühl haben, dass du sie *„so, wie es sich gehört"* eroberst und nicht nur ein frech-lustiger Typ bist, sondern auch ein Gentleman, von dem sie ihren Freundinnen vorschwärmen können.

Achte aber darauf, dass deine Geschenke am Anfang nicht zu groß oder zu teuer sind, sonst fühlt sich die Frau dir gegenüber eventuell verpflichtet oder gekauft, was sie auf Distanz gehen lässt. Mache auch keine sehr ausgefallenen oder mit viel Arbeit verbundenen Geschenke in der Vorstufe, denn das bewirkt das Gleiche: Sie wird sich unter Druck gesetzt fühlen und sich von dir distanzieren. Frauen wünschen sich vielmehr *kleine* **Zeichen der Zuneigung (zwei einzelne Rosen mit Gebinde zum Beispiel statt gleich einem ganzen Rosenstrauß), die zur aktuellen Phase eures Kennenlernens passen.** Hebe dir die großen Geschenk-Ideen also lieber für später auf, wenn ihr offiziell zusammen seid.

Variiere deine romantischen Aufmerksamkeiten auch, das heißt, kaufe ihr zum Beispiel nicht ständig nur Pralinen, sondern bringe ihr auch einmal etwas anderes mit. Ein Freund von mir, der sich aktuell in der Vorstufe befindet, hat seiner Flamme neulich ein paar Tapas-Gerichte mitgebracht, als er sie besuchte. Das ist mal etwas anderes und deshalb eine originelle Idee, vorausgesetzt, der Frau schmecken solche Speisen.

Lasse deiner romantischen Ader also freien Lauf, aber übertreibe es nicht. Wenn du dich dabei ertappst, dass du ihr bei jedem Treffen Blumen mitbringst, ist das zu viel. Sie bekommt dann schnell den Eindruck, dass du versuchst, ihre Liebe durch Geschenke zu kaufen. Das positive Bild, das sie von dir als selbstbewusstem Mann hat, würde dadurch ins Wanken geraten, bis es irgendwann in Richtung *Nice Guy* umschlägt. **Nutze statt vieler Geschenke also besser die Flirthilfen aus diesem Buch, um die knisternde Spannung zwischen euch aufrechtzuerhalten und immer wieder neu mit der Frau zu flirten.** Denn das ist für sie ein viel wertvolleres Geschenk und gibt ihr auf Dauer mehr, als es materielle Dinge jemals könnten.

Am besten ist es, wenn der Übergang von der Vorstufe in eine richtige Beziehung dann kein großer Schritt mehr für euch ist, weil es sich bei euren letzten Treffen bereits so angefühlt hat, als ob ihr schon zusammen wärt. Du solltest die Vorstufen-Zeit auch nicht unnötig in die Länge ziehen. Meistens dauert sie nur wenige Wochen, dann ist eigentlich klar, ob eine Beziehung daraus wird oder nicht. Wenn ihr beide euch immer stärker zueinander hingezogen fühlt, solltest du die Frau auf eine Beziehung ansprechen. Wenn sie dann zögert und meint, dass sie sich noch nicht sicher ist, musst du entscheiden, wie du weitermachen willst: Du kannst dich dann von ihr trennen und es mit einer anderen versuchen oder ihr eine Bedenkzeit einräumen, während der du *Push & Pull* einsetzt und ihr zeigst, dass du sie zwar liebst, aber auch nicht *needy* bist. Kommt ihr beide dann schließlich zusammen, solltet ihr eure Beziehung vor euren Freunden und euren Familien bekannt machen, damit sie offiziell wird.

Die ersten Wochen in einer Beziehung

Nun hast du eine Freundin gefunden und freust dich wie ein Keks. Oder du gehörst zu den Zeitgenossen, die sich zwar eine Freundin wünschen, gleichzeitig aber auch ein bisschen Panik schieben, nach dem Motto: *„Werde ich ihr für immer treu sein können? Soll ich nicht doch noch nach einer anderen Frau suchen? Und welche Farbe soll mein Hochzeitsanzug haben?"* Immer mit der Ruhe! Im Moment seid ihr einfach nur zusammen und genießt die schöne Zeit miteinander. Das reicht für die nächsten Monate erst einmal aus und du solltest dir noch nicht unnötig den Kopf zerbrechen. Von Hochzeit und *„Treue, bis dass der Tod euch scheidet"* kann erst einmal noch nicht die Rede sein. **Denn jetzt fangt ihr in Wahrheit erst so richtig an, euch kennenzulernen.**

Als frisch verliebtes Pärchen solltet ihr der Versuchung widerstehen, die ganze Zeit nur schmusend auf der Couch herumzusitzen. Denn das wird euch beiden schnell langweilig werden und führt zu öder Routine, worunter letzten Endes auch die Beziehung leiden wird. **Unternehmt Ausflüge**, sucht gemeinsame **Interessen** oder **Hobbys** (außer Schmusen), die euch beiden Spaß machen, und übt sie aus. Das schweißt zusammen und stabilisiert eure Verbindung. Außerdem könnt ihr euch dadurch in verschiedenen Situationen erleben und lernt euren Partner immer besser kennen.

Gib der Frau auch die Gelegenheit, dich anzuhimmeln und dich zu bewundern, zum Beispiel indem du etwas mit ihr unternimmst, in dem du richtig gut bist. Das kann ein Hobby von dir sein, das du ihr zeigst, oder ein Musikstück, das du für sie auf deinem Instrument spielst. Sie sollte ihren Freundinnen einfach etwas von diesem tollen Kerl erzählen können, mit dem sie jetzt zusammen ist.

Trefft euch oft und lasst nicht mehr als zwei oder drei Tage zwischen euren Treffen verstreichen. Sich oft zu treffen ist wichtig, um die Bindung zwischen euch aufrechtzuerhalten und etwaigen Problemen frühzeitig begegnen zu können. Denn **Frauen zerbrechen sich manchmal unnötig den Kopf über eine Beziehung**, interpretieren dann ganze Romane in die kleinsten Details und reden sich Probleme ein, wo eigentlich gar keine sind. Solche Gedankenspiralen können bei einer Frau Zweifel und Skepsis an der Richtigkeit eurer Beziehung aufkommen lassen und deshalb solltest du diese Gedanken deiner Frau ernst nehmen. Rede mit ihr geduldig darüber, nimm ihre etwaigen Bedenken und Zweifel ernst und hilf ihr darüber hinweg. **Sei der starke Fels in ihrem aufgewühlten Gedankenmeer.**

Andy sagte mir einmal: *„Frauen entscheiden mit dem Herzen, ob sie sich auf eine Beziehung einlassen wollen, und mit dem Kopf, ob sie diese Beziehung beenden wollen! Sie ‚zerdenken‘ dann eine Beziehung so lange, bis sie keine Lust mehr darauf haben."* Deshalb sind regelmäßige Treffen so wichtig! Denn die Gedanken des Zweifels entstehen fast immer in den Zeiträumen, in denen ihr euch nicht seht und in denen deine Frau dich nicht körperlich spüren kann.

Du solltest außerdem beobachten, ob weiterhin IoIs von ihr kommen. Lacht sie über deine Scherze? Lässt sie deine Berührungen zu und zeigt sie dir ihr Interesse und ihre Wertschätzung? Falls nicht, solltest du die Flirthilfen anwenden und ihr zur Not einen kleinen *Freeze Out* geben.

Gib Erfahrungsdefizite offen zu. Wenn sie dich fragt, wie viele Frauen du schon vor ihr hattest, und sie deine erste Freundin ist, dann gib ihr eine ehrliche Antwort und stehe selbstbewusst zu dir. Sie hat dich schließlich nicht wegen der beeindruckenden Zahl deiner Ex-Freundinnen ausgewählt, sondern aufgrund deines Charakters. Für sie wird dadurch aber manches verständlicher, was du vielleicht machst oder nicht machst.

Auch das Körperliche ist ein wichtiges Thema. Ich weiß, dass viele Gemeindeleiter und Pastoren hier zur äußersten Vorsicht raten, und ich stimme zu, dass man gewisse Grenzen einhalten sollte. Doch Körperkontakt ist meiner Erfahrung nach in einer Beziehung sehr wichtig. Durch das Schmusen entstehen **Vertrauen**, **Intimität** und **Geborgenheit** und diese Gefühle brauchen Frauen immer von ihrem Partner – besonders am Anfang einer Beziehung. **Küssen und Schmusen sind deshalb sehr wichtig.** Das kann man sogar wissenschaftlich erklären:

In unserem Körper gibt es ein Hormon namens **Oxytocin**. Man nennt es auch das „Kuschel-" oder „Bindungshormon", denn unser Körper schüttet Oxytocin vor allem bei **körperlichen Berührungen** oder Massagen (das ist KINO!) und beim **vertrauensvollen Zusammensein** (das ist *Comfort*!) mit einem anderen Menschen aus. Auch wenn wir an einen geliebten Partner denken, zusammen mit anderen Menschen singen oder wenn eine Frau ein Kind zur Welt bringt und es an ihrer Brust stillt, wird Oxytocin ausgeschüttet.

Das Hormon ist also für die emotionale Bindung an den Partner und an die eigenen Kinder verantwortlich. Es erhöht den Grad an zwischenmenschlichem Vertrauen sowie die Treue in einer Partnerschaft und führt bei verliebten Paaren zu vermehrtem Augenkontakt.

In Tierversuchen hat man festgestellt, dass Tiere nach einer einzigen Injektion von Oxytocin direkt ins Gehirn eine lebenslange Bindung eingingen – selbst wenn die Versuchstiere unterschiedlichen Arten angehörten und beispielsweise ein Hund und eine Katze waren. Umgekehrt führte die Injektion von Oxytocin-Blockern aber dazu, dass eine Mutter-Kind- oder Paarbindung nicht zustande kam. Berührungen und Zärtlichkeit haben deshalb einen festen Platz in einer Beziehung, denn sie erhöhen das Gefühl der engen Verbundenheit.

Wenn du den Oxytocin-Spiegel deiner Freundin erhöhen willst, solltest du sie für ein paar Minuten umarmen, sie intensiv küssen oder zärtlich streicheln. Denn auf diese Weise wird das Hormon ausgeschüttet, erhöht das Wohlbefinden und stärkt die Verbindung zwischen euch. Wenn sich deine Freundin einmal wegen irgendetwas aufregt und du nimmst sie in den Arm, kannst du sie dadurch oft beruhigen und zur Entspannung bringen. **Frauen brauchen das Hormon besonders am Anfang einer Beziehung, um das Kribbeln der bekannten Schmetterlinge im Bauch zu spüren und sich schneller zu verlieben.** Bleibt es aus, fehlt ihnen etwas, ohne dass sie dabei genau sagen könnten, was es ist. *„Irgendetwas fehlt mir in unserer Beziehung",* ist in solchen Fällen ein typischer Satz. Hörst du ihn, solltest du mit deiner Freundin viele tiefe Gespräche führen (und dadurch *Comfort* aufbauen) und viel KINO anwenden.

Daneben verbessert Oxytocin auch die Gehirnleistung, baut Stress ab und verbessert das Immunsystem. Es wird außerdem beim Flirten und in hohem Maße auch beim Sex ausgeschüttet. Regelmäßiger Sex schweißt die Partner aufgrund der hohen Oxytocin-Ausschüttung deshalb enger zusammen, weshalb ein gesundes Sexualleben in einer Ehe nicht fehlen sollte.

Dazu noch ein wichtiger Hinweis: **Manche Frauen mögen es nicht, wenn du mit ihnen in aller Öffentlichkeit oder vor den Augen ihrer Freunde herumschmust.** Auf meine Nachfrage, wieso das so ist, haben mir Frauen immer wieder gesagt, dass sie in den ersten Wochen einer Beziehung noch vorsichtig mit Zärtlichkeiten vor den Augen anderer Menschen sein wollen, weil man schließlich noch nicht sagen könne, ob und wie lange die Beziehung hält. Außerdem sagten sie, dass sie sich beim Schmusen in der Öffentlichkeit irgendwie „billig" oder obszön vorkämen. Und manche denken dabei auch an ihre partnerlosen Freundinnen, die eure Schmuserei neidisch mitansehen müssen, und wollen ihnen das ersparen. Deshalb solltest du rechtzeitig mit deiner Freundin über dieses Thema sprechen und sie fragen, ob der Austausch von Zärtlichkeiten in der Öffentlichkeit für sie okay ist.

Apropos Freundeskreis: Die Freundinnen deiner Flamme spielen auch für dich eine wichtige Rolle, denn sie sind meistens die wichtigsten Ratgeberinnen im Leben einer Frau. Liebesbeziehungen können kommen und gehen, aber echte Freunde sind für gewöhnlich eine Konstante im Leben eines Menschen.

Deshalb kannst du dir sicher sein, dass deine Frau mit ihren Freundinnen über dich spricht und sich dafür interessiert, was sie von dir halten.

Ihre Freundinnen können dabei entweder zu deinen Verbündeten oder zu deinen Gegnern werden. Wenn sie von dir begeistert sind, werden sie deine Frau in der Ansicht bestätigen, dass sie mit dir einen guten Fang gemacht hat, und du wirst ein deutlich entspannteres Beziehungsleben haben. Sind sie dir gegenüber aber skeptisch oder sogar feindselig gesinnt, werden sie das auch deiner Freundin klarmachen und sie in Momenten des Zweifels darin bestärken, dass du der Falsche für sie bist. Versuche deshalb, im Freundeskreis deiner Herzensdame einen guten Eindruck zu machen.

Sei dabei einfach höflich und aufgeschlossen und zeige ohne anzugeben, was du kannst und wer du bist. Aber verbiege dich auch nicht dabei! Deine Freundin sollte einfach stolz auf dich sein können, wenn sie dich ihrem Freundeskreis vorstellt. In den meisten Fällen ist das auch kein Problem und ihre Freundinnen werden sich über eure Beziehung freuen.

Doch manchmal hast du eben Pech und stellst fest, dass der Freundeskreis einer Frau aus einem Haufen zickiger Giftschlangen besteht, die dich grundlos hassen. Ist das der Fall, muss sich deine Freundin irgendwann entscheiden, wie wichtig du ihr bist. Meine Philosophie lautet dabei: **Sollte mich eine Frau verlassen, weil ihre Freundinnen mich nicht mögen, dann soll sie es besser heute als morgen tun! Denn dann kann und will ich auch nicht mit ihr zusammen sein.** Doch wie gesagt, ist so ein Problem eher die Ausnahme als die Regel.

Bist du über beide Ohren verliebt, ist es normal, dass du dabei auch etwas *needy* wirst und ständig bei deiner Freundin sein möchtest. Versuche dir dann aber trotzdem ein Stück weit deine Unabhängigkeit zu bewahren. Genieße die Zeit mit ihr, schmiede mit ihr Zukunftspläne, gib aber auch **dein eigenes Leben** nicht auf und konzentriere dich nicht nur auf sie. Pflege vor allem deine bisherigen Freundschaften weiterhin und fange nicht an, deine alten Freunde zu ignorieren oder völlig zu vernachlässigen. **Mache deine Freundin nicht zu schnell zur tragenden Säule all deiner Hoffnungen, Träume und Wünsche.** Schmiede auch Pläne, die von ihr unabhängig sind, und widme dich weiterhin deinen Hobbys und Zielen. So hat sie dich schließlich kennen- und lieben gelernt.

Bleibe auch ein Stück weit unberechenbar für sie, bleibe wild. Ändere nur die Dinge in deinem Leben, die du *wirklich* ändern willst. Du möchtest im Sommer eine Bergtour mit Freunden machen und freust dich schon seit Langem darauf? Dann halte an diesem Plan fest und mache ihn nicht von deiner Freundin abhängig! Oder du sparst auf ein tolles Auto? Dann bleibe auch hier am Ball und erfülle dir diesen Traum, unabhängig von der Meinung deiner Freundin. Teile dein Leben mit ihr, aber mache es nicht zu früh von ihr und eurer gemeinsamen Zukunft abhängig. Denn dann stehst du nicht orientierungslos da, wie ein begossener Pudel, wenn sie sich plötzlich von dir trennen sollte, und rutschst auch nicht so schnell in die *Neediness*.

Bleibe eine Herausforderung für sie, sodass sie sich auch weiterhin ein bisschen auf die Zehenspitzen stellen und anstrengen muss. Und vor allem: **Wende die Techniken des Eroberers an, wie ich sie dir in diesem Buch beschrieben habe, allen voran C&F und KINO!** Denn eine Frau möchte immer wieder neu erobert und verführt werden, auch in einer Beziehung.

Teil 9

Die Schönheit des Spiels und der „G-Faktor"

Es muss von Herzen kommen, was auf Herzen wirken soll.

Johann Wolfgang von Goethe, Dichter

Nun sind wir am Ende unserer Reise angekommen und eine neue wartet auf dich. In diesem Buch haben Andy und ich unsere Erfahrungen und Weisheiten mit dir geteilt, in der Hoffnung, dass sie dir weiterhelfen und dir das Leben erleichtern werden. Auch wir haben die Flirthilfen einmal lernen müssen und wissen, dass der Weg nicht immer einfach ist. Doch sie funktionieren wirklich und Tausende von Männern wenden sie erfolgreich an, um ihr eigenes Leben und das ihrer Frauen zu bereichern.

Trotzdem ist dieses Buch nicht die Bibel. Es erhebt nicht den Anspruch, die allumfassende und endgültige Wahrheit in Bezug auf Frauen zu sein. Und es soll dir das eigene Denken auch nicht abnehmen. Der Kampfkunstmeister und Schauspieler Bruce Lee sagte einmal in Bezug auf die von ihm entwickelte Kampfkunst Jeet Kune Do: *„Die höchste Kunst ist keine Kunst. Die höchste Form ist keine Form."*

Was er damit meinte, war, dass seine Schüler nicht in starren Abläufen gefangen sein, sondern auf jede Situation individuell reagieren sollten. Ziel einer jeden Kampfkunst ist es, die Fundamente und Grundbewegungen gründlich zu lernen, dann aber irgendwann an den Punkt zu kommen, wo man **das Gelernte so sehr verinnerlicht hat, dass man, wenn man es anwenden muss, spontan aus dem Bauch heraus das Richtige tut**. So ist es auch mit den Informationen in diesem Buch. Ich bin überzeugt, dass die Dinge, die in diesem Buch stehen, dir weiterhelfen und dein Selbstbewusstsein sowie deinen Erfolg bei Frauen gewaltig steigern können. Sie sollen wie Stützräder an einem Fahrrad sein, die dir so lange helfen, bis du deinen ganz persönlichen Weg zu mehr Erfolg bei Frauen gefunden hast.

Denn die Flirthilfen sind kein starres Regelwerk. Du kannst sie nehmen und damit improvisieren wie ein Komponist mit Noten. Lerne sie und wende sie an! Sammle eigene Erfahrungen damit, reife in deiner Persönlichkeit, werde selbstbewusster und handle dann so, wie du es willst. **Halte dich am Anfang an die Regeln, verinnerliche sie und dann vergiss sie und *lebe* einfach!** Wenn du dann auf Probleme oder Herausforderungen stößt, kannst du jederzeit zu diesem Buch zurückkehren und einzelne Kapitel nachlesen.

Wenn du die Worte in diesem Buch allerdings nur liest und nicht danach handelst, wird sich in deinem Leben kaum etwas verändern. Frei nach dem Autor Heinz Goldmann kann man sagen: ***Gelesen* bedeutet nicht auch *verstanden*. *Verstanden* heißt nicht auch *angewandt*. Und *angewandt* bedeutet nicht auch *beibehalten*.**

Deshalb ist es wichtig, dass du in die Welt hinausgehst und anfängst, die Flirthilfen auszuprobieren. Denke darüber nach, ringe damit, schmeiße Dinge über Bord, die dir hinderlich erscheinen, und **entwickle deinen eigenen Stil.** Lass dich auch von Misserfolgen nicht abschrecken. Erinnere dich daran, dass sie oft nur verkleidete Lernerfahrungen sind, die dich letzten Endes stärker machen werden.

Die größte Herausforderung liegt dabei in dir selbst. Es ist die Angst vor Ablehnung, Niederlage und Blamage, die uns oft daran hindert, im Leben vorwärtszukommen. Sie zu überwinden kostet Mut. Doch es lohnt sich, diesen Preis zu zahlen und das Wagnis einzugehen. Denn am Ende des Weges wartet der Erfolg.

Wenn du das nächste Mal vor einer fremden Frau stehst und sie ansprechen willst, hast du die Wahl: Du kannst dir ausmalen, wie sie dich abweist und dir einen Korb geben wird. Du kannst dir aber auch vorstellen, welcher Sieg auf dich warten könnte, und dass am Ende vielleicht sogar eine wunderschöne Beziehung daraus entsteht.

Am Wichtigsten ist dabei, dass du deine spielerische Leichtigkeit nicht verlierst und das Flirten nicht als etwas Problematisches siehst. **Habe Spaß mit Frauen und genieße den Umgang mit ihnen. Dann wird dir vieles leichter fallen und der Erfolg kommt fast von alleine.**

Ich habe mich in diesem Buch vor allem auf das konzentriert, was du als Mensch in deinem direkten Einflussbereich tun kannst, um Frauen kennenzulernen und in eine Beziehung zu kommen.

Andy und ich sind davon überzeugt, dass eines der Hauptprobleme vieler christlicher Singles darin besteht, dass sie sich manchmal hinter Gott verstecken und meinen, nichts zum Finden ihres Partners beitragen zu müssen oder zu können. **Doch von nichts kommt nichts.** Der Reformator Martin Luther sagte einmal: *„ Man muss beten, als ob alles Arbeiten nichts nützt, und man muss arbeiten, als ob alles Beten nichts nützt.* " Und knapp vierhundert Jahre später äußerte sich sein Namensvetter, der Pastor und US-Bürgerrechtler Martin Luther King, ähnlich, als er sagte: „Kein Problem wird gelöst, wenn wir nur träge darauf warten, dass Gott allein sich darum kümmert."

Wir dürfen auf Gott vertrauen und ich bin davon überzeugt, dass er Männer und Frauen als Ehepartner zusammenführt. Aber ich bin ebenso davon überzeugt, dass wir Menschen unseren Beitrag dazu leisten dürfen, ja sogar sollen.

Das ist in etwa so wie bei einem Autokauf. Stell dir vor, ein Vater gibt seinem Sohn Geld, damit er sich ein Auto kaufen kann. Er sagt vorher aber zu ihm: *„ Das Auto sollte folgende Kriterien erfüllen: Es muss zwei Airbags besitzen, vier Türen und einen Kofferraum, in den zwei Reisetaschen passen. Alles andere, wie zum Beispiel die Marke, das Automodell, die Farbe oder die Motorgröße, darfst du aber frei auswählen. "* Ich glaube, so ähnlich ist das mit der Partnersuche und Gott. Er gibt uns ein paar Dinge vor, weil sie gut für uns sind, und rät uns zum Beispiel, eine Partnerin zu wählen, die auch an ihn glaubt. Doch er lässt uns bei der Partnerwahl auch viel freie Hand.

Gott ist kein Oberlehrer, der uns alles vorschreibt, sondern er gab uns einen freien Willen, um Dinge selbst zu wählen, und überlässt uns Entscheidungen, weil er in uns keine Roboter sieht, sondern seine Kinder. Trotzdem gibt es auch Dinge, die wir nicht in der Hand haben und bei denen wir voll auf Gott vertrauen müssen. **Alles, was unserer Kontrolle entzogen ist, weil nur er es in der Hand hat, bezeichne ich als den „G-Faktor", den „Gott-Faktor".** Er taucht in jeder Beziehung auf und ist ein Element, welches wir nicht kontrollieren können.

Es kann sein, dass du zehn Frauen kennenlernst, ohne dass die Richtige dabei ist. Und du wirst manchen Flirt haben, aus dem am Ende leider doch nichts wird. Da hilft dann nur eines: Akzeptiere es und gib nicht auf! **Denn im Grunde genommen musst du nicht hundert Frauen kennenlernen, sondern nur eine – die Richtige.** Und vielleicht wirst du sie schon bei deinem nächsten Date finden.

Bleibe auf jeden Fall im Gespräch mit Gott! Höre in deiner persönlichen Gebetszeit auf das, was er dir sagen möchte. Und wenn er dir nichts Bestimmtes zum Thema Partnersuche sagt, dann folge deinem eingeschlagenen Weg einfach weiter und vertraue darauf, dass es der Richtige für dich ist. Du kannst dich darauf verlassen, dass Gott dich liebt, egal wie steinig dein Weg auch ist.

Ich denke immer wieder über die neutestamentliche Geschichte der **Hochzeit zu Kana** (Johannes 2,1–13) nach. Dort tat Jesus sein erstes Wunder und ich werde einfach nicht schlau daraus! Wieso hat der Sohn Gottes am Beginn seines öffentlichen Wirkens ausgerechnet Wasser zu einem alkoholischen Getränk gemacht? Eigentlich ein Skandal! Als ich neulich wieder einmal über das *„Warum"* grübelte, hörte ich plötzlich eine leise Stimme in meinem Inneren, die sagte: *„Weil ich mich um euch kümmere. Weil ihr mir wichtig seid und ich auch eure kleinen Sorgen und Wünsche ernst nehme. Weil ich euch liebe und ihr mir nicht egal seid. Darum."* Vielleicht ging es in Kana darum, dass der Bräutigam sein Gesicht nicht vor den Gästen verlor oder dass die Feier einfach weitergehen konnte und sich keine miese Stimmung breitmachte. Aber eigentlich ist mir das egal. Denn ich bewundere nicht so sehr das chemische Wunder zu Kana (Wasser wird zu Wein), sondern die Liebe dahinter. Und diese Liebe gilt auch dir und mir, gerade heute – an diesem Tag – und auch beim Thema Beziehung und Partnersuche. Weil wir ihm nicht egal sind, weil er uns liebt.

Zum Abschluss noch ein Tipp: **In der Gemeinschaft anderer Menschen lernt es sich schöner und schneller.** Suche dir deshalb gleichgesinnte Christen, die dieses Buch ebenfalls gelesen haben. Gründet Männerhauskreise oder Treffen, in denen ihr eure Erfahrungen im Umgang mit Frauen austauscht. Gründet Internet-Gruppen, in denen sich Gleichgesinnte, die in derselben Stadt wohnen, begegnen können. Auf diese Weise können auch schöne Männer-Freundschaften entstehen.

Und vergiss eines niemals: **Die meisten Männer auf dieser Welt wissen nicht einmal die Hälfte der Dinge, die du in diesem Buch gelesen hast,** und dennoch finden auch sie die richtige Partnerin. Das heißt, es geht auch ohne die Flirthilfen, nur wirst du es mit ihnen deutlich leichter haben. **Andy und ich freuen uns übrigens immer, wenn wir von den Erfolgsgeschichten unserer Leser hören! Du kannst uns deshalb gern auf unserer Webseite ein Feedback geben (www. eroberer-tipps.net).**

Okay, und nun genug mit den ganzen Weisheiten – ich bin schließlich nicht Meister Yoda aus *Star Wars*! Ich gehe jetzt zu meiner Freundin. Oder E-Gitarre spielen. Oder ein paar Teletubbies jagen. Und du? Ich hoffe, du gehst raus und stürzt dich ins wilde bunte Leben. Ich habe gehört, dass es da draußen ein paar nette Mädels gibt, die dich unbedingt kennenlernen wollen …

Gottes Segen wünschen dir dabei
Micha & Andy

Weiterführende Infos

Die Buchautoren im Internet

Andy und ich haben eine eigene Webseite mit zusätzlichen Infos und Kontaktmöglichkeiten (www.eroberer-tipps.net). Außerdem sind wir bei Youtube vertreten (unser Kanal heißt „*Eroberer-Tipps*") und haben eine Facebook-Seite (gib im Suchfenster „*Rückkehr der Eroberer*" ein).

Buchempfehlungen

John Eldredge: Der Weg des ungezähmten Mannes

Ein Klassiker der christlichen Männerliteratur! Es handelt davon, wie Männer ihre Identität in Gott finden, reifen und von seelischen Wunden geheilt werden können. Außerdem erklärt das Buch, wie man zu einem guten christlichen Ehemann und Vater wird und es auch bleibt.

Lodovico Satana: Lob des Sexismus

Der beste deutsche Flirtratgeber in der nichtchristlichen Buchszene. Witzig, klar und mit viel Erfahrung geschrieben. Dieses Buch ist u. a. für seine Einteilung von Frauentypen in die Oberbegriffe LSE und HSE bekannt. Da verzeiht man auch den etwas doofen Buchtitel. Allerdings vertritt der Autor in Bezug auf Sex keinen christlich-konservativen Standpunkt und hält Treue in einer Beziehung für überflüssig.

David DeAngelo: Double Your Dating

Mein erstes Flirthandbuch und für mich bis heute ein unerreichter Klassiker. David DeAngelo hat den Begriff „C&F" geprägt wie kein anderer und ist ein Meister dieser Technik, die er in diesem Buch erklärt. Der witzig-originelle Schreibstil gibt zudem Einblicke in die Denk- und Verhaltensweise des Autors.

Leil Lowndes: Undercover Sex Signals

Die Schauspielerin Leil Lowndes erklärt in ihrem Buch die körpersprachlichen Signale, die Frauen aussenden, wenn sie einen Mann attraktiv finden und von ihm angeflirtet werden möchten. Das Buch enthält viele anschauliche Fotos und Erklärungen sowie einige brauchbare Tipps zum Thema Flirten und Dating.

Neil Strauss: Die perfekte Masche („The Game")

Die Biografie des Journalisten Neil Strauss (engl. Originaltitel: „The Game") ist eine Reise durch die Anfänge der modernen Pickup-Szene rund um den legendären Flirtcoach „Mystery". Es liest sich wie ein Who-is-who der Szene. In dem Buch beschreibt Strauss seinen Aufstieg vom totalen *Nice Guy* zu einem der besten und berühmtesten Pickup-Artists der Welt. Es liest sich wie ein Roman, die Flirttipps werden meiner Meinung nach aber zu wenig erklärt. Als Urlaubslektüre ist es aber super geeignet.

Bodo Schäfer: Der Weg zur finanziellen Freiheit

Kein Buch über Männer und Frauen, aber ein richtig gutes Buch über die Wichtigkeit von Zielen im Leben und wie man sie erreicht. Der Autor ist ein deutscher Self-Made-Millionär und erklärt die Wichtigkeit einer optimistischen Lebenseinstellung. Außerdem gibt er viele Tipps zum Thema Erfolg und Geld. Das Buch ist ein motivierender Klassiker der Erfolgsliteratur und hilft dir auf dem Weg zum Alpha-Mann.

Filme und Videos

„Let the Game begin"

Ein Spielfilm über Pickup-Artists (PUAs). Gibt Einblicke in die Pickup-Community und zeigt die Anwendung diverser Flirthilfen. Der Film ist meines Wissens nach nur auf Englisch erhältlich. Du kannst ihn im Internet kaufen, er lässt sich auch auf deutschen DVD-Playern abspielen. (DVD, 2010, 110 Minuten, Regie: Amit Gupta)

„P.S. Ich liebe Dich"

Empfehlenswerter Film wegen seiner treffenden Darstellung eines Alpha-Mannes.

Auf YouTube gibt es zahlreiche Videos von Pickup-Artists:

Die englische Fernsehserie **„Keys to the VIP"** zeigt viele Infield-Videos, in denen jeweils zwei Pickup-Artists in einer Disko gegeneinander antreten und zeigen, was sie können. Eine Jury erfahrener Flirtcoachs beobachtet sie dabei und analysiert die Flirthilfen. Besonders empfehlenswert ist die Folge mit dem **„PUA Cajun"**.

Unter den englischsprachigen Flirtcoachs kann ich dir außerdem die Youtube-Videos von **Richard La Ruina** alias **„PUA Gambler"** und auch die Videos von **David Wygant** empfehlen, der eine sehr direkte und natürliche Art hat.

Unter den deutschsprachigen Flirtcoachs empfehle ich dir den Youtube-Kanal von **Maximilian Pütz** alias **„PUA Joker"**, die Reihe **„Zigarette mit Karsten"** auf Karstens Youtube-Kanal „LiebeVollTV" und auch die Jungs von **„Royalflushseduction"**, die auf ihrem gleichnamigen Kanal einige sehr gute Infield-Videos zeigen, in denen man sie beim Flirten beobachten kann.

Chringles.net

Partnersuche für christliche Singles

Das Ziel von Chringles.net ist es, christliche Singles in der Schweiz, Deutschland und Österreich auf einfache Art & Weise zusammenzubringen.

Die Zahlen sprechen für sich – pro Woche verlieben sich mehrere Singles über unsere Plattformen:

Chringles.ch
Christliche Singles aus der Schweiz

Chringles.de
Christliche Singles aus Deutschland

Chringles.at
Christliche Singles aus Österreich

www.Chringles.net